y 2 2966

Paris

Hoffmann, Ernst-Theodor

Contes mystèrieux

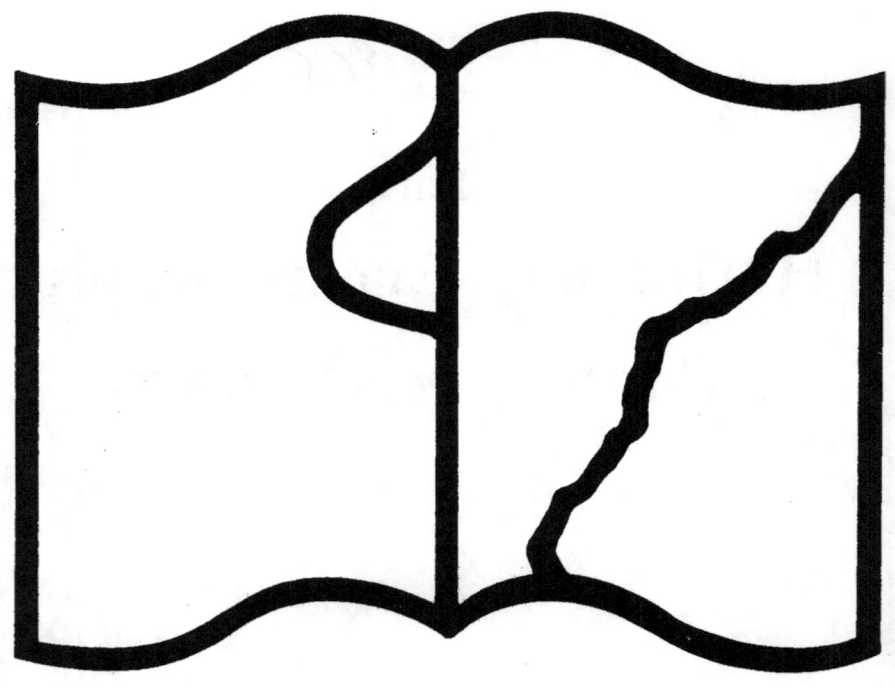

**Symbole applicable
pour tout, ou partie
des documents microfilmés**

Texte détérioré — reliure défectueuse

NF Z 43-120-11

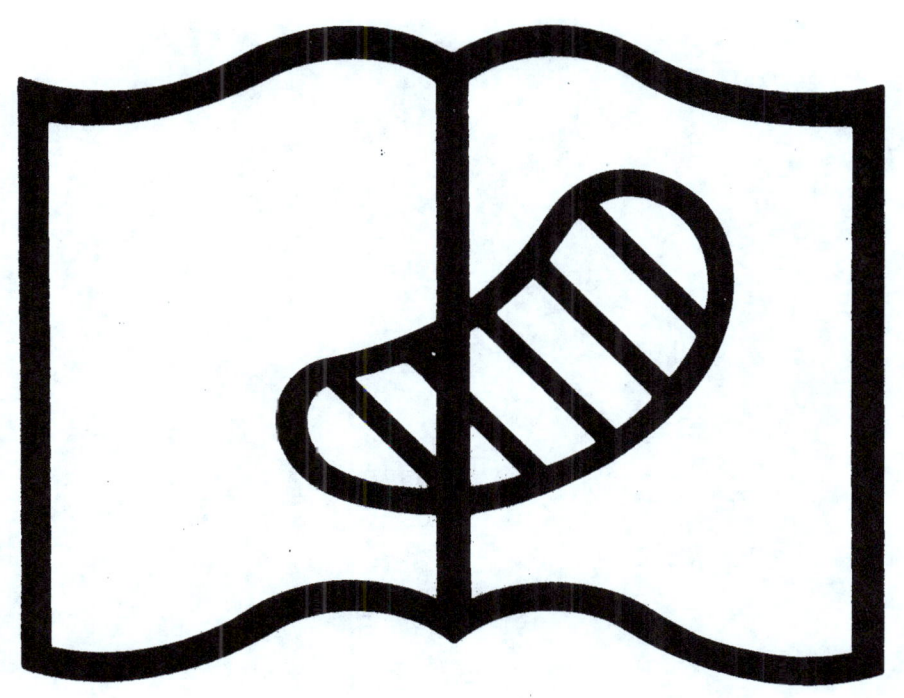

Symbole applicable
pour tout, ou partie
des documents microfilmés

Original illisible

NF Z 43-120-10

HOFFMANN
ILLUSTRÉ
PAR FOULQUIER.
TRADUCTION DE LA BÉDOLLIÈRE.

CONTES MYSTÉRIEUX

MAÎTRE FLOH[1].
CONTE.

SEPT AVENTURES DE DEUX AMIS.

PREMIÈRE AVENTURE.
INTRODUCTION.

Où le lecteur en apprend autant de la vie du sieur Peregrinus Tyss qu'il faut justement qu'il en sache. — Les cadeaux de Noël chez le relieur Lammer Birt dans la rue de Kalbach; et commencement de la première aventure. — Les deux Aline.

Il était une fois, — quel auteur ose maintenant commencer ainsi une histoire? — passée de mode, — ennuyeuse! — s'écrie le bienveillant, ou plutôt le malveillant lecteur, qui, suivant le conseil d'un ancien poëte romain, veut de suite être amené *medias in res*. Il lui semble qu'un hôte, conteur filandreux, entre, prend une large place et tousse pour commencer un sermon sans fin, et il ferme, de mauvaise humeur, le livre qu'il avait à peine ouvert.

[1] Maître Puce.

Aline, Aline, de la lumière !

Le présent éditeur des *Merveilleuses aventures de maître Floh* est pourtant convaincu que ce commencement est très-bon, et même précisément le meilleur pour son histoire, attendu que les plus excellentes conteuses de fables, comme, par exemple, les vieilles femmes et les nourrices, s'en sont servies de tout temps.

Toutefois, comme chaque auteur écrit principalement pour être lu, il ne veut pas (l'éditeur déjà nommé) ôter au lecteur bien disposé l'envie de devenir pour lui un lecteur sérieux. Et alors, sans plus de détours, il raconte que le cœur de Peregrinus Tyss, dont les singulières aventures vont faire le sujet de ce volume, n'avait jamais senti à un jour de Noël son cœur battre si violemment d'une joyeuse et inquiète attente que le jour même où commence notre récit.

Peregrinus se trouvait dans une chambre sombre, placée près du salon magnifique où il recevait ordinairement les présents de Noël. Tantôt il se glissait doucement çà et là, écoutait un peu aux portes, et tantôt il se recueillait tranquillement dans un coin où, les yeux fermés, il aspirait les parfums mystiques de la frangipane et des gâteaux de tout genre qui partaient de la chambre. Et alors il se sentait trembler d'un frisson mystérieux, lorsqu'en ouvrant tout à coup les yeux, les brillantes lumières qui sortaient des fentes de la porte éblouissaient sa vue et dansaient çà et là sur le mur.

Enfin une cloche d'argent retentit, les portes du salon s'ouvrirent, et Peregrinus se précipita dans une véritable mer de feu de bougies pétillantes de Noël, de toutes couleurs.

Peregrinus ébloui s'arrêta fixe devant la table où se trouvaient rangés en bel ordre les plus magnifiques cadeaux, et il poussa un cri d'admiration.

Jamais l'arbre de Noël n'avait porté de si beaux fruits, car toutes les sucreries qui ont un nom, et avec elles des noix d'or, des pommes d'or du jardin des Hespérides, étaient suspendues aux branches, qui pliaient sous leur poids. Le nombre des joujoux de choix (comme militaires de plomb, chasseurs, livres d'images ouverts, etc.), peut à peine se décrire.

Il ne s'aventura pas à toucher encore à une seule des richesses qui lui étaient données; il avait assez à faire de surmonter son étonnement et de savourer sa joie en pensant que tout cela était véritablement à lui.

— O mes chers parents! ô ma bonne Aline!

Ainsi s'écria Peregrinus dans le sentiment de son enthousiasme extrême.

— Eh bien, répondit Aline, ai-je bien fait les choses, petit Pellegrin? Es-tu bien content, mon enfant? Ne veux-tu pas regarder de près tous ces jolis objets? Ne veux-tu pas essayer le nouveau cheval et le beau renard?

— Un cheval magnifique! dit Peregrinus en contemplant avec des larmes dans les yeux un cheval de bois tout bridé, superbe, de pure race arabe.

Et il monta aussitôt sur le noble animal. Peregrinus pouvait être du reste un excellent cavalier, mais il avait sans doute cette fois fait une faute quelconque en équitation, car Pontife (c'était le nom du cheval) se cabra en hennissant et se jeta assez misérablement sur le dos, les jambes en l'air. Avant qu'Aline, mortellement effrayée, eût pu voler à son secours, Peregrinus s'était relevé et avait saisi la bride de l'animal, qui voulait s'échapper en lançant maintes ruades. Mais notre cavalier s'élança de nouveau sur son dos, et employant tour à tour la force, l'adresse et toutes les ressources de l'art, il parvint à si bien dompter l'étalon, que celui-ci trembla, gémit, et reconnut Peregrinus pour son maître.

Aline, lorsque Peregrinus eut mis pied à terre, conduisit dans l'écurie le coursier docile.

Les exercices d'équitation, qui avaient causé dans la chambre, et même dans la maison, un bruit un peu désordonné, étant alors terminés, et Peregrinus s'assit à la table pour considérer de plus près les autres brillants cadeaux.

Avec quel bien-être ne dévora-t-il pas quelques morceaux de frangipane, tout en faisant tour à jouer les ressorts de cette poupée mouvante, et regardant les images de ce livre. Parfois, en général expérimenté, il jetait un coup d'œil sur son armée, qu'il trouvait bien uniformément habillée, et qu'il regardait avec raison comme invincible, parce qu'aucun soldat n'avait d'estomac hors du corps. Il en arriva en dernier aux objets de chasse; mais il remarqua avec chagrin qu'il ne s'y trouvait qu'un lièvre, un renard, et que le cerf et le sanglier manquaient absolument. Et cependant ils devaient être là, personne ne le savait mieux que Peregrinus, qui avait tout acheté lui-même avec un soin minutieux. Cependant!...

Il nous paraît bien nécessaire d'éviter au lecteur des singulières méprises dans lesquelles il pourrait tomber si l'auteur continuait son récit à tort et à travers, sans penser que si lui sait le fond de cette exposition de jouets d'enfants dont il parle, il n'en est pas de même du lecteur, qui l'ignore et n'a rien au fait.

On se tromperait fort si l'on s'imaginait que Peregrinus Tyss est un enfant à qui une bonne mère ou bien une femme quelconque, sa parente, portant le nom romantique d'Aline, fait des cadeaux de jour de Noël.

Le sieur Peregrinus Tyss avait trente-six ans, et était bien près de ce que l'on appelle les meilleures années. Six ans auparavant, on disait de lui qu'il était un très-beau garçon, et maintenant on le nommait à bon droit un homme de belle tournure; mais toujours, autrefois comme aujourd'hui, on se plaignait et on s'était plaint que Peregrinus se tenait trop éloigné du monde, qu'il ne connaissait pas la vie, et que certainement il devait être atteint de quelque aliénation mentale. Les pères dont les filles étaient en âge d'être mariées pensaient que le bon Tyss ferait très-bien, pour se guérir, de se choisir une femme, et qu'il n'avait pas de refus bien probable à craindre. Et la pensée des pères avait sur ce dernier point cela de raisonnable, que le sieur Peregrinus, en outre des agréments de sa personne, dont nous avons parlé, possédait aussi une fortune très-considérable, que son père, le sieur Balthazar, marchand très-renommé, lui avait laissée en héritage.

A des hommes ainsi dotés une fille, lorsqu'elle se trouve dans l'âge de vingt-trois à vingt-quatre ans, répond à cette demande innocente:

— Voulez-vous faire mon bonheur en me donnant votre main? avec un front rougissant, des yeux baissés et ces paroles :

— Parlez à mes parents; j'obéirai à leurs ordres; c'est à eux à décider.

Et quant aux parents, ils joignent les mains et disent:

— Puisque c'est la volonté de Dieu, nous ne nous y opposerons pas, mon fils!

Mais le sieur Peregrinus Tyss ne paraissait pas avoir la moindre disposition pour le mariage; car s'il évitait en général la société des hommes, il montrait en particulier une étrange idiosyncrasie contre les femmes. La présence d'une femme faisait tomber de son front des gouttes de sueur, et si l'une d'elles lui parlait, et qu'elle fût assez jolie, il éprouvait une espèce de crainte qui liait la langue et donnait à tous ses membres un tremblement nerveux. Cela venait peut-être aussi de ce que sa vieille gouvernante était d'une laideur telle que, dans le quartier où demeurait le sieur Peregrinus, plusieurs bourgeois la regardaient comme un phénomène d'histoire naturelle. Ses cheveux à moitié noirs et à moitié gris, ses yeux éraillés, son gros nez couleur de cuivre se recourbant sur les lèvres d'un bleu pâle, lui donnaient l'apparence complète d'une sorcière du Bloksberg, et elle eût, deux siècles plus tôt, difficilement échappé au bûcher; mais le sieur Peregrinus Tyss, et beaucoup d'autres encore, la regardaient comme une femme excellente. Et elle l'était en effet. Il est à considérer toutefois que, pour le soutien de son corps et d'autres nécessités, elle buvait bien quelques petits verres d'eau-de-vie pendant la journée, et qu'elle tirait aussi trop souvent de sa poche une tabatière énorme de laque noire, au moyen de laquelle elle remplissait ses narines considérables de véritable tabac d'Offenbach.

Le bienveillant lecteur aura déjà remarqué que cette notable personne est la même Aline qui a préparé les cadeaux de nouvelle année.

Elle avait reçu, le ciel sait pourquoi, le nom célèbre de la reine de Golconde.

Toutefois, si les pères désiraient que le riche et beau sieur Peregrinus se départît de sa manie pour les femmes et se décidât au mariage, les vieux garçons, par contre, prétendaient que le sieur Peregrinus avait parfaitement raison de n'en faire aucun cas; car il n'avait pas l'humeur, disaient-ils, convenable pour une chose pareille.

Le pis de tout cela était qu'en prononçant le mot humeur, ils prenaient un air mystérieux, et s'il arrivait qu'on les questionnât davantage, ils donnaient très-clairement à comprendre que le sieur Peregrinus était malheureusement un peu fou, défaut qui datait de sa plus tendre enfance.

Les gens (et ils étaient nombreux) qui pensaient que le pauvre Peregrinus n'avait pas sa raison appartenaient principalement à ces hommes qui sont fermement convaincus que sur le grand chemin de la vie, que l'on doit suivre en se conformant à la raison et à la sagesse, le nez est le meilleur guide, et qui garnissent d'épouvantails maints bosquets, maintes prairies de leur voisinage, plutôt que de se laisser séduire par leurs parfums odorants ou les fleurs qui les émaillent.

Il est vrai aussi que Peregrinus avait en lui bien des choses étranges, où les gens ne comprenaient rien.

Nous avons déjà dit que le père de Peregrinus Tyss était un commerçant très-riche, et nous ajouterons qu'il possédait une maison sur le marché aux chevaux, et que c'est dans une chambre de cette maison, et dans la même chambre où Peregrinus enfant recevait les cadeaux de Noël, que Peregrinus homme fait les recevait encore, et alors il n'y a pas à douter que la ville où se passent les aventures singulières qui vont être racontées n'est autre que la célèbre et charmante ville de Francfort-sur-le-Mein.

Nous n'avons rien de particulier à raconter sur les parents de Peregrinus, sinon qu'ils étaient des gens très-tranquilles, dont on n'avait que du bien à dire. La considération illimitée dont le sieur Tyss jouissait à la bourse avait été acquise par la justesse, la certitude de ses opérations et les richesses qu'il avait amassées, et parce qu'il avait conservé la simplicité de ses manières et n'avait jamais fait parade de sa fortune. Il ne montrait d'avarice ni dans les grandes ni dans les petites choses, et était d'une indulgence extrême pour les débiteurs insolvables tombés dans le malheur, même par leur faute.

Le mariage du sieur Tyss était resté très-longtemps infructueux. Mais enfin, après environ vingt années de mariage, madame Tyss combla de joie son mari en lui donnant un bel enfant, qui était justement notre Peregrinus.

On peut se figurer le bonheur des deux époux. On parle encore à présent de la magnifique fête que le sieur Tyss donna à l'occasion du baptême, et dans laquelle les plus nobles vins du Rhin furent prodigués comme dans un festin royal; mais ce qui augmenta encore la réputation du sieur Tyss fut qu'il invita à ce baptême quelques personnes qui avaient agi hostilement à son égard et lui avaient fait très-souvent du tort, et d'autres auxquels il croyait avoir été nuisible, de sorte que ce repas fut une véritable fête de paix et de réconciliation.

Hélas! le bon sieur Tyss ne prévoyait guère que ce même fils, dont la naissance lui causait tant de joie, serait bientôt pour lui un sujet d'amers chagrins. Déjà, dans son bas âge, l'enfant Peregrinus annonçait une singulière disposition d'humeur : car, après avoir crié pendant plusieurs semaines jour et nuit sans s'arrêter un instant, il se tut tout à fait et devint complètement immobile, sans que l'on pût lui trouver la moindre maladie physique. Il semblait incapable d'éprouver la plus légère sensation ; sa petite figure ne se crispait ni pour pleurer ni pour rire, et il ressemblait à une poupée inanimée. Sa mère s'imagina qu'elle avait été frappée en couches de la figure du vieux teneur de livres, qui, depuis vingt ans, était assis roide et muet, et avec un visage impassible, devant son grand livre dans le comptoir, et elle versa bien des larmes brûlantes sur le petit automate.

Enfin il vint à la marraine l'heureuse idée d'apporter au petit Peregrinus un arlequin très-bariolé et en somme assez laid. Les yeux de l'enfant s'animèrent d'une façon étrange, sa bouche se crispa pour un doux sourire. Il saisit la poupée et la serra contre sa poitrine aussitôt qu'on la lui donna. Alors l'enfant regarda le poucun le brillant joujou avec un regard presque intelligent, de sorte qu'il sembla que le sentiment et la raison se fussent tous à coup éveillés en lui, et même avec plus de vivacité qu'on n'en trouve d'ordinaire chez les enfants de cet âge.

— Vous ne l'élèverez pas, il montre trop de conception, dit la marraine. Regardez les yeux ; ils pensent déjà plus qu'ils ne devraient penser.

Toutefois le temps où les enfants doivent parler était passé depuis longtemps, et il n'avait pas encore prononcé une syllabe. On aurait pu le croire sourd-muet s'il n'avait pas regardé parfois celui qui lui parlait avec un regard si attentif, et en laissant lui bien voir sur sa figure, joyeuse ou triste, les affections qu'il éprouvait, qu'il ne pouvait venir en doute à personne que non-seulement il entendait, mais qu'il comprît tout.

L'étonnement de la mère ne fut pas moins grand lorsqu'elle eut acquis la preuve de ce que lui avait dit la nourrice, c'est-à-dire que pendant la nuit l'enfant, lorsqu'il était couché et croyait n'être pas entendu, disait quelques mots, quelques phrases, et non pas dans un tel baragouin qu'il fût impossible de le comprendre avec une certaine habitude.

Le ciel a donné aux femmes le tact tout particulier de suivre intelligemment les différents développements de la nature humaine à partir du berceau, et c'est pour cela qu'elles nous sont de beaucoup supérieures pour l'éducation de ces premières années de l'enfance.

En conséquence de ce tact, madame Tyss se garda bien de vouloir exciter l'enfant à parler ; elle essayait seulement d'une manière adroite de lui offrir des occasions de développer le beau talent de la parole, lentement, mais clairement, à donner à l'admiration de tous. Cependant il témoignait toujours une répugnance assez grande pour ce genre d'éloquence, et paraissait être surtout content lorsqu'on le laissait tranquille.

Mais le sieur Tyss éprouva des chagrins plus grands encore. Lorsque l'enfant devint un jeune garçon, et par conséquent en âge d'apprendre, il fallait les plus grandes peines pour lui enseigner la moindre chose. Il en était de la lecture et de l'écriture comme du parler. Quelquefois il était impossible d'en rien tirer, et d'autres fois il faisait, contre toute espérance, des progrès rapides. Les professeurs abandonnaient la maison l'un après l'autre, non parce que l'élève montrait de la mauvaise volonté, mais parce qu'il leur était impossible de comprendre sa nature. Peregrinus était tranquille, convenable, assidu, et cependant il n'y avait pas à penser à employer avec lui cette éducation systématique que suivent ordinairement les professeurs. Sa nature s'y refusait absolument ; en revanche, il s'adonnait de tout cœur à ce que lui indiquait son sentiment intime, et tout le reste l'inquiétait peu. Mais toute chose extraordinaire éveillait sa fantaisie, et il s'y faisait une vie exclusive.

Ainsi on lui avait donné une esquisse de la ville de Pékin, avec ses rues, ses maisons, et ce dessin tenait tout le mur de sa chambre. En voyant cette ville féerique et les habitants singuliers qui semblaient se presser dans ses rues, Peregrinus se sentit comme par un coup de baguette, transporté dans un autre monde, où il se trouvait à son aise. Il se jeta avec un ardent désir sur tout ce qu'il put trouver de la Chine et des Chinois, et surtout de Pékin. Il s'efforçait de se former sa voix, en chantant au dessin du luth chinois qu'il possédait, et il cherchait, au moyen de petits papiers découpés, à donner à sa robe de chambre l'apparence la plus chinoise possible, pour pouvoir se promener convenablement dans les rues de Pékin, et il était dans l'enthousiasme. Nulle autre chose ne pouvait attirer son attention, et cela augmenta le désespoir des professeurs, qui ne pouvaient l'enlever de Pékin. Ce qui fit que son père finit en ever Pékin de sa chambre.

Le sieur Tyss voyait aussi comme une chose de mauvais augure que le jeune Peregrinus témoignait plus de goût pour les pfennings que pour les ducats, car il montrait contre les sacs d'argent et les grands livres une aversion bien marquée. Mais ce qui paraissait étrange, c'est qu'il ne pouvait entendre prononcer le mot change sans être attaqué d'un tremblement nerveux, et il assurait que cela lui faisait le même effet que s'il entendait gratter une vitre avec la pointe d'un couteau.

Il n'y avait pas à penser à en faire un commerçant, et malgré tout le plaisir qu'eût eu le sieur Tyss en voyant son fils marcher sur ses traces, cependant il renonça à cette espérance, dans l'espoir que Peregrinus s'adonnerait à une profession qui saurait mieux lui plaire.

Le sieur Tyss avait pour principe que l'homme le plus riche doit avoir une occupation, et conséquemment il avait en horreur les gens inoccupés, et Peregrinus, malgré toutes les connaissances qu'il acquérait par lui-même et qui dormaient en lui confusément mêlées, avait justement les plus grandes dispositions à ne rien faire. C'était là le plus amer chagrin du vieux Tyss.

Peregrinus ne voulait absolument rien savoir du monde réel ; le père, de son côté, ne pouvait vivre ailleurs ; et il devait nécessairement arriver que plus Peregrinus avançait en âge, et plus il se formait une scission entre le père et le fils, au grand désespoir de la mère, qui passait volontiers à son enfant, qui était bon, aimant, le meilleur des fils enfin, son incompréhensible propension aux rêveries et aux chimères. Et elle ne pouvait comprendre pourquoi le père voulait absolument forcer son fils à prendre un état.

Le vieux Tyss, d'après le conseil d'amis éprouvés, envoya son fils à l'université d'Iéna ; mais lorsqu'il revint, trois ans après, le vieillard s'écria plein de chagrin et de colère : « Ne l'avais-je pas prévu ? Il est parti Jean le rêveur, et il revient Jean le rêveur. »

Et en cela il avait parfaitement raison. Peregrinus n'avait rien changé à sa manière d'être, il était resté toujours le même. Cependant le vieillard ne perdit pas l'espoir de mettre à la raison son fils à tête dure, pensant que s'il le poussait de vive force dans les affaires, il y prendrait goût à la fin, et deviendrait tout autre.

Il lui donna pour Hambourg une commission qui ne demandait pas des connaissances commerciales précisément bien étendues, et le recommanda en outre à un de ses amis de ce pays, qui devait le seconder parfaitement en tout.

Peregrinus arriva à Hambourg, porta non-seulement la lettre de recommandation à son adresse, mais remit aussi aux divers commerçants amis de son père tous les papiers qu'avaient rapport à l'affaire dont il était chargé, et puis il disparut sans que personne pût savoir où il était allé.

L'ami écrivit aussitôt au sieur Tyss :

« Votre honorée du... m'a été remise exactement par votre fils, celui-ci m'a pas reparu, et il est aussitôt reparti de Hambourg.

» Le poivre n'est pas en faveur, les cotons sont mous, le café seul est un peu demandé, le sucre brut se soutient, et l'indigo va monter, selon toutes les prévisions.

» J'ai l'honneur, etc. »

Cette lettre aurait jeté le sieur Tyss et sa femme dans la plus grande inquiétude, s'ils n'avaient, par le même poste, reçu une lettre de leur fils, dans laquelle il s'excusait avec les expressions du plus vif regret de n'avoir pu remplir la commission de son père d'une manière convenable, parce qu'il s'était trouvé irrésistiblement entraîné vers des pays lointains, d'où il espérait pouvoir revenir heureusement dans sa patrie après le délai d'une année.

— Il n'y a pas de mal, dit le vieillard, que le jeune homme voie un peu le monde, cela le tirera de ses rêveries.

— Mais il pourra manquer d'argent dans un aussi grand voyage, dit la mère, puisque dans son étourderie il a oublié d'écrire où il allait.

— S'il a besoin d'argent, reprit le sieur Tyss en riant, il fera d'autant mieux connaissance avec le monde véritable, et s'il ne nous a pas écrit où il doit aller, il sait pourtant qu'il devra adresser ses lettres.

On n'a jamais su où Peregrinus avait dirigé son voyage ; plusieurs prétendaient qu'il était allé dans les grandes Indes ; d'autres prétendaient qu'il en avait seulement eu l'idée, toujours est-il qu'il dut aller assez loin, car il revint à Francfort non pas après le délai d'une année, comme il l'avait annoncé à ses parents, mais après trois ans d'absence. Il revenait à pied et dans un costume en assez mauvais état. Il trouva la maison de ses parents fermée. Il avait beau frapper et sonner, personne ne bougeait au dedans.

Enfin un voisin revint de la bourse, et Peregrinus lui demanda si son père était en voyage.

Le voisin fit trois pas en arrière de surprise, et s'écria :

— Monsieur Peregrinus Tyss, vous voilà enfin revenu ! c'est bien vous ! mais vous ne savez donc pas ?

Et Peregrinus apprit que pendant son absence son père et sa mère étaient morts l'un après l'autre ; la police avait mis les scellés, et l'avait invité par des annonces publiques, car on ignorait le lieu de sa demeure, à se rendre à Francfort pour recevoir son héritage.

Peregrinus resta devant le voisin sans pouvoir prononcer une parole. Pour la première fois le chagrin de la vie déchira sa poitrine, et il vit tomber en éclats le beau monde brillant où il avait vécu si joyeusement jusqu'alors.

Le voisin vit que Peregrinus était complètement incapable de faire même la plus petite démarche pour ses intérêts. Il le reçut chez lui, se chargea de tout, et s'en acquitta avec une telle ardeur que le soir même Peregrinus se trouva installé dans la maison paternelle.

Épuisé, brisé par une inconsolable douleur qu'il n'avait jamais connue, il tomba dans le grand fauteuil de son père, qui se trouvait à la place où il avait toujours été, et une voix lui dit

— Il est heureux que vous soyez enfin de retour, monsieur Peregrinus; ah! pourquoi n'êtes-vous pas revenu plus tôt?

Peregrinus leva la tête, et il aperçut droite devant lui la vieille que son père avait prise à son service, parce qu'il avait pensé que son affreuse laideur l'empêcherait de trouver une place ailleurs. Elle l'avait soigné dans son enfance, et n'avait jamais quitté la maison.

Peregrinus la regarda longtemps d'un œil fixe; enfin il lui dit en souriant d'une manière étrange :

— C'est toi, Aline? n'est-ce pas que mes parents vivent encore? Et puis il se leva, se promena dans la chambre, il regarda chaque chaise, chaque table, chaque gravure, et puis dit d'une voix calme :

— Oui, tout est encore comme je l'ai laissé, et rien ne doit plus y être changé.

A partir de ce moment Peregrinus mena la vie singulière dont nous avons donné une idée en commençant ce volume. Fuyant toute société, il vivait avec la vieille servante dans cette immense maison, dans la retraite la plus profonde; d'abord il voulait l'habiter seul, mais il loua plus tard quelques chambres à un vieillard qui avait été l'ami de son père. Cet homme paraissait d'ailleurs aussi sauvage que Peregrinus, et en somme ils se supportaient très-bien l'un et l'autre, car ils ne se voyaient jamais.

Il y avait toutefois quatre fêtes de famille que Peregrinus célébrait très-solennellement, c'étaient les jours de naissance de son père et de sa mère, le premier jour de la fête de Pâques, et sa propre fête.

Dans ces journées, Aline devait mettre autant de couverts à table qu'il y avait ordinairement de personnes invitées autrefois par son père, préparer les mêmes plats qu'on y servait ordinairement, et mettre sur la table le vin que son père avait l'habitude de lui donner.

Il est bien entendu qu'il fallait apporter la même argenterie, les mêmes assiettes, les mêmes verres dont on se servait autrefois, et qui se trouvaient encore en bon état dans les objets de la succession, même après avoir servi si longtemps à l'usage journalier. Peregrinus était très-strict à cet égard.

La table une fois dressée, Peregrinus s'y asseyait tout seul, mangeait et buvait peu, écoutait la conversation de ses parents et des hôtes imaginaires, et répondait à propos à chaque demande qui lui était adressée par les convives.

Lorsque sa mère écartait sa chaise, il se levait avec tout le monde, et saluait chaque personne avec la plus grande politesse. Ensuite il se retirait à l'écart et laissait à son Aline le soin de faire la distribution des nombreux plats qui étaient restés intacts, ainsi que le vin, à de pauvres gens; ordre que cette bonne âme exécutait avec la ponctualité la plus grande.

Peregrinus commençait l'anniversaire du jour de naissance de ses parents dès le matin, en portant dans la chambre où ceux-ci se tenaient pour déjeuner une belle couronne de fleurs, et il leur récitait des vers appris par cœur.

Quant à son jour de naissance à lui, comme il ne pouvait naturellement pas s'asseoir à table, attendu qu'il ne faisait que d'entrer dans le monde, Aline devait se charger de tout comme du soin de verser à boire aux hommes, en un mot elle devait faire ce que l'on appelle les honneurs de la maison.

Du reste tout se passait comme dans les autres fêtes.

En outre Peregrinus avait un jour ou plutôt un soir particulier de joie et de plaisir dans l'année, c'était le jour des cadeaux de la veille de Noël, qui avait autrefois jeté son jeune cœur, plus que toute autre chose, dans les plus doux ravissements.

Il achetait lui-même les bougies de couleurs diverses, les jouets, tout à fait dans le genre de ce que ses parents lui avaient donné dans son enfance, et alors le jour de Noël avait lieu pour lui, avec ses cadeaux, de la manière que connaît maintenant le lecteur.

— Je suis très-contrarié, dit Peregrinus après avoir joué pendant quelque temps, de ce que le cerf et le sanglier manquent. Où peuvent-ils être restés? Ah! qu'est-ce que ceci?

Et il apercevait dans la même moment une boîte qui n'était pas encore ouverte, qu'il saisit rapidement, croyant y trouver le gibier oublié; mais en l'ouvrant, il la trouva vide, et se rejeta tout à coup en arrière, comme s'il était saisi d'un effroi subit.

— C'est étrange! se dit-il, c'est étrange! que fait là cette boîte? En serait-il sorti quelque chose de menaçant que mon œil a été impuissant à saisir?

Aline assura que la boîte s'était trouvée parmi les autres jouets, et qu'elle avait en vain fait tous ses efforts pour l'ouvrir, mais qu'elle avait cru qu'il s'y trouvait quelque chose de particulier, et qu'elle avait pensé tout d'abord qu'elle céderait à la main plus exercée de son maître.

— C'est étrange, très-étrange! dit Peregrinus, et je m'étais aussi fait un vrai plaisir de ce gibier: j'espère qu'il n'y a pas là de fâcheux présage. Mais qui pourrait admettre par une sainte nuit de Noël de pareilles idées folles, qui ne reposent sur rien? Aline, donne-moi la corbeille.

Aline apporta une grande corbeille blanche à anses, dans laquelle Peregrinus empaqueta très-soigneusement les jouets, les sucreries, les bougies. Puis il prit la corbeille sous son bras, posa sur ses épaules le grand arbre de Noël, et quitta la chambre.

Le sieur Peregrinus avait la louable et charmante habitude de rêver quelques heures au beau temps passé de l'enfance devant tous ces cadeaux qu'il s'était faits à lui-même, et après il allait dans une pauvre famille où il savait qu'il se trouvait de joyeux enfants, et là il apparaissait comme le Christ saint avec des cadeaux éclatants et variés. Et alors, quand les enfants étaient au plus fort de leur joie, il s'échappait sans bruit et courait souvent presque toute la nuit dans les rues, parce qu'il ne pouvait se débarrasser d'une émotion qui bouleversait sa poitrine, et que sa maison lui semblait un tombeau sombre dans lequel toutes ses joies étaient ensevelies.

Cette fois, ces cadeaux étaient destinés aux enfants d'un pauvre relieur nommé Lammer Hirt, homme diligent et habile, qui travaillait depuis quelque temps pour le sieur Peregrinus. Celui-ci connaissait ses trois enfants, âgés de cinq à neuf ans, d'un charmant et gai caractère.

Le relieur Lammer Hirt demeurait au dernier étage d'une étroite maison située rue Kalbach, et comme le vent d'orage sifflait et qu'il tombait à la fois de la neige et de la pluie, on peut penser que Peregrinus n'arriva pas sans quelque peine à son but. A travers les fenêtres de Lammer Hirt brillaient deux misérables lumières. Peregrinus monta péniblement les marches du roide escalier.

— Ouvrez, dit-il tout en frappant à la porte de la chambre, le Christ saint envoie ses dons aux bons petits enfants.

Le relieur ouvrit tout saisi, et reconnut Peregrinus après l'avoir considéré bien longtemps.

— Mon estimable monsieur Tyss, s'écria-t-il plein d'étonnement, comment reçois-je cet honneur dans la sainte veillée de Noël?

Mais celui-ci ne le laissa pas achever, et il s'écria à voix haute:

— Enfants, enfants, prenez! le Christ saint vous envoie ces cadeaux! Et s'emparant d'une table qui se trouvait au milieu de la chambre, il se mit à tirer les jouets de la grande corbeille. Il avait laissé à la porte l'arbre de Noël tout ruisselant d'eau.

Le relieur ne savait encore que penser de ce manège, mais sa femme le comprenait mieux, car elle souriait à Peregrinus les yeux tout pleins de larmes; quant aux enfants, ils se tenaient un peu au loin et dévoraient des yeux chaque objet, comme s'il sortait de l'enfer, et souvent ils ne pouvaient s'empêcher de jeter un cri de joie et d'admiration.

Lorsque Peregrinus eut enfin disposé et distribué les joujoux selon l'âge de chaque enfant, il alluma les bougies et s'écria : — Allons, allons! les enfants, prenez! ce sont des cadeaux que le Christ vous envoie.

Alors ceux-ci, en pensant que tout cela était pour eux, se mirent à sauter et à pousser des cris de joie, tandis que les parents se préparaient à remercier leur bienfaiteur. Mais c'était justement les remercîments des parents et des enfants que Peregrinus voulait surtout éviter, et il allait, comme à l'ordinaire, s'esquiver sans bruit; il était déjà à la porte, lorsque celle-ci s'ouvrit tout à coup.

Une jeune femme brillamment habillée apparut resplendissante à la lueur claire des bougies, et se mit devant lui.

Elle était admirablement gracieuse et charmante; mais, toutefois, sa personne avait d'étranges singularités. Elle était petite, plus petite que ne le sont ordinairement les femmes; mais elle était faite dans la perfection. Sa figure était régulière et pleine d'expression; mais ses prunelles très-larges et ses grands sourcils noirs, bien dessinés et placés plus haut que d'habitude, lui donnaient quelque chose d'étrange et d'inusité. Elle était habillée ou plutôt parée comme si elle venait du bal. Un magnifique diadème étincelait dans ses cheveux noirs, de riches dentelles couvraient à demi sa poitrine bien pleine; sa robe, d'une soie épaisse, de couleur jaune et lilas, dessinait sa taille fine et retombait en mille plis jusqu'à terre, mais cependant cacher ses jolis petits pieds chaussés en blanc. Ses manches brodées étaient assez courtes et ses gants glacés montaient assez peu pour laisser voir la plus belle partie d'un bras éblouissant. Un riche collier et de brillantes boucles d'oreilles complétaient sa parure.

Peregrinus et le relieur restèrent bouleversés, et les enfants laissèrent les joujoux pour regarder, la bouche béante, la dame étrangère. Tout le monde comprendra qu'il puisse en être ainsi; mais comme les femmes sont moins surprises des choses extraordinaires et reprennent ordinairement leur sang-froid assez vite, la femme du relieur fut la première qui retrouva la parole.

— En quoi pouvons-nous vous servir, belle dame? dit-elle.

La dame entra jusqu'au milieu de la chambre, et Peregrinus oppressé voulut saisir ce moment pour s'échapper; mais la dame le prit par les deux mains, et lui dit d'une voix douce et murmurante à peine :

— Le bonheur m'a donc souri, je vous ai donc atteint! O Peregrinus, mon cher Peregrinus! que le moment est charmant, et combien il calme l'âme!

Et elle leva sa main droite, de sorte qu'elle toucha les lèvres de Peregrinus, qui fut contraint de la baiser; mais son front se couvrait des gouttes d'une sueur froide.

Lorsqu'elle quitta ses mains il aurait pu s'enfuir, mais il se sentait dominé, et il ne pouvait pas plus bouger qu'un pauvre animal magnétisé par le regard du serpent à sonnettes.

— Cher Peregrinus, lui dit la dame, laissez-moi prendre part à cette belle fête, préparée avec un sentiment noble, un cœur tendre, pour de charmants enfants; je veux aussi y apporter quelque chose.

Et alors elle tira d'une petite corbeille qu'elle portait au bras, et que l'on avait à peine remarquée, de charmants joujoux. Elle les mit en ordre sur la table, avec une activité pleine de grâce, puis elle y conduisit les enfants et leur montra ce qu'elle leur avait apporté, et elle fut si aimable avec eux, qu'il était impossible d'imaginer rien de plus charmant. Le relieur croyait rêver ; mais sa femme riait malicieusement, car elle était convaincue qu'il avait existé une liaison entre cette dame et Peregrinus.

Pendant que les parents s'étonnaient, et que les enfants étaient pleins de joie, la dame étrangère prit place sur le canapé vieux et fragile, et attira auprès d'elle Peregrinus, qui doutait de lui-même.

— Mon cher ami, lui murmura-t-elle doucement à l'oreille, combien je me sens joyeuse et heureuse à tes côtés !

— Mais, dit en bégayant Peregrinus, mais, ma très-honorée dame !

Et tout d'un coup, le ciel sait comment, les lèvres de la dame se trouvèrent si près des siennes, qu'avant que l'idée lui fût venue de lui donner un baiser, le baiser était donné par elle. On peut facilement s'imaginer qu'il en perdit de nouveau et tout à fait la parole.

— Mon doux ami, continua la dame étrangère en se rapprochant tellement de Peregrinus qu'il s'en fallait de peu de chose qu'elle ne vînt s'asseoir sur ses genoux, je sais ce qui cause tes chagrins, je sais ce qui, ce soir, a si douloureusement troublé ton pieux et tendre cœur. Mais console-toi ! ce que tu as perdu, ce que tu osais à peine espérer jamais revoir, je veux te le rendre.

Et en parlant ainsi, la dame sortit de la corbeille où avaient été les joujoux une boîte de buis, et la remit dans les mains de Peregrinus.

C'étaient le cerf et le sanglier qui avaient manqué dans les joujoux de Noël. Il serait difficile de dépeindre les sentiments divers qui agitaient Peregrinus.

La subite présence de la dame étrangère, malgré toute sa grâce et son amabilité, avait pourtant quelque chose qui ressemblait assez à une apparition magique pour faire courir un frisson glacé dans tous les membres de bien d'autres personnes qui auraient pu avoir moins de répugnance que Peregrinus pour le contact d'une femme ; mais celui-ci, déjà tourmenté, éprouvait un cruel effroi en faisant la remarque que cette dame était instruite si exactement de tout ce qu'il avait fait dans le plus profond secret. Et cependant, malgré sa terreur, en attachant ses yeux sur le regard triomphant de ses admirables prunelles noires, qui brillaient sous de longs cils soyeux, en respirant sa douce haleine, en sentant la chaleur électrique de son corps, au milieu de ce péril étrange, il sentait se former dans son âme la douleur ineffable d'un inexplicable désir qu'il n'avait jamais éprouvé.

Alors, pour la première fois, il trouva son genre de vie et ses jeux avec les cadeaux de Noël enfantins et ridicules, et il était couvert de confusion en pensant que cette dame savait tout cela, et le présent qu'elle venait de lui faire était évidemment une preuve vivante qu'elle l'avait compris mieux que personne au monde, et qu'elle avait montré la tendresse de sentiments la plus exquise pour chercher à l'égayer. Il résolut de conserver à jamais les présents si chers et de ne plus la quitter, et, maîtrisé par un sentiment irrésistible, il serra sur sa poitrine la boîte où se trouvaient le cerf et le sanglier.

— Oh ! quel bonheur, murmura alors la dame ; mes cadeaux t'ont fait plaisir ! O mon bien-aimé Peregrinus ! mes songes et mes pressentiments ne m'ont donc pas trompée !

Peregrinus revint assez à lui-même pour être capable de dire très-distinctement :

— Mais, ma très-honorée dame, si je savais seulement à qui j'ai l'honneur...

— Méchant ! interrompit la dame en lui caressant doucement la joue, méchant ! tu fais semblant de ne plus reconnaître ta fidèle Aline. Il est temps de laisser à ces pauvres gens leur liberté ; accompagnez-moi, monsieur Tyss.

Lorsque Peregrinus entendit le nom d'Aline, il pensa naturellement à sa vieille servante, et il lui sembla qu'un moulin à vent tournait dans sa tête.

Lorsque la dame étrangère prit congé, de la manière la plus avenante et la plus gracieuse, de la femme et des enfants du relieur, celui-ci put à peine, dans son étonnement et son émoi, bégayer quelques mots inintelligibles. Les enfants avaient l'air de connaître depuis longtemps la dame étrangère ; quant à la femme, elle lui dit :

— Un beau et bon monsieur comme vous, monsieur Tyss, mérite d'avoir une fiancée aussi belle et aussi bonne, qui l'aide à accomplir des œuvres de bienfaisance au milieu de la nuit. Je vous en complimente de tout mon cœur.

La dame remercia, touchée, et assura que la fête de son mariage serait aussi pour eux un heureux jour ; elle leur défendit sérieusement de les reconduire, et prit elle-même une petite bougie de dessus la table de Noël pour descendre les escaliers. L'on peut se figurer si le sieur Tyss, sur le bras duquel s'appuyait la dame, éprouvait une émotion étrange lorsqu'elle lui dit : — Accompagnez-moi, monsieur Tyss.

— C'est bien, se dit Tyss à lui-même, cela veut dire : Menez-moi jusqu'au bas des escaliers, où sa voiture attend devant la porte avec un domestique, ou plutôt une maison tout entière; car, après tout, c'est peut-être une folle princesse qui...... Que Dieu me délivre de ce tourment étrange et me conserve mon peu de raison !

Le sieur Tyss ne pressentait guère que ce qui lui était arrivé jusqu'ici n'était que le prélude de la plus incroyable aventure, et fit très-bien, sans s'en douter, de prier d'abord le ciel de lui conserver son bon sens.

Lorsqu'ils eurent descendu l'escalier, la porte de la maison s'ouvrit, mue par des mains invisibles, et elle se referma aussitôt sur eux de la même manière. Peregrinus n'y fit pas attention, car il éprouva un trop grand étonnement en ne trouvant au dehors ni voiture, ni laquais.

— Mais, au nom du ciel, s'écria-t-il, où est votre voiture, très-charmante dame ?

— Une voiture ! répondit la dame, une voiture ! Pourquoi une voiture ? Croyez-vous donc que mon inquiétude, mon impatience de vous trouver, m'aient permis de me faire voiturer ici ? J'ai couru à travers l'orage et la tempête, poussée par l'espérance et le désir, jusqu'à ce que je vous aie rencontré. Je remercie Dieu de m'avoir accordé cette grâce. Conduisez-moi dans ma demeure, elle est à quelques pas d'ici.

Peregrinus employa toutes les forces de son esprit à deviner comment il était possible qu'une dame dans cette toilette, en souliers de satin blanc, eût fait seulement quelques pas au dehors sans abîmer complètement son costume dans les tourbillons de pluie et de neige, tandis qu'en elle-même il n'y remarquait aucune trace de désordre. Il ne put refuser d'accompagner la dame, et fut très-réjoui de voir que le temps avait changé. Le terrible orage était allé plus loin, il n'y avait plus un nuage au ciel, la pleine lune jetait d'en haut sa lumière amie ; seulement, la bise mordante prouvait qu'on était en hiver.

A peine Peregrinus avait-il fait quelques pas que la dame commença à se plaindre doucement, et puis à dire, en gémissant à voix haute, qu'elle était glacée de froid.

Peregrinus, dont le sang bouillait dans les veines, n'avait pas songé un instant qu'elle pût avoir froid avec une robe si légère, sans châle et sans fichu. Il s'aperçut à l'instant son étourderie, et voulut l'envelopper dans son manteau.

— Non ! non, mon cher Peregrinus, reprit la dame, cela serait inutile. Oh ! mes pieds, mes pieds ! s'écria-t-elle encore : ce froid horrible me fera mourir.

Et la dame était sur le point de tomber évanouie, et d'une voix mourante elle dit :

— Porte-moi, porte-moi, mon doux ami !

Alors Peregrinus prit, sans hésiter plus longtemps, la dame dans ses bras, comme un enfant, elle pesait si peu ! et il l'enveloppa soigneusement dans son manteau.

Mais à peine eut-il fait quelques pas avec ce doux fardeau, qu'il se sentit de plus en plus comme dominé par l'ivresse sauvage d'un brûlant désir. Il couvrit de brûlants baisers le cou et le sein nu de la charmante créature, tout en courant tout droit devant lui à travers les rues.

Enfin il lui sembla qu'il s'éveillait tout à coup ; il se trouva devant la porte d'une maison, sur le marché aux chevaux, et reconnut, tout étonné, que cette porte était la sienne.

L'idée lui vint alors seulement qu'il n'avait pas demandé à cette dame où se trouvait sa demeure ; alors il rassembla toutes ses forces pour lui dire :

— Madame, être céleste, où demeurez-vous ?

— Mais, dit la dame en allongeant sa tête hors du manteau, voici ma maison, je suis ton Aline ! je demeure avec toi. Ouvre vite la porte.

— Non ! jamais, s'écria Peregrinus stupéfait, et il mit la dame à terre.

— Comment, Peregrinus ! lui dit celle-ci, comment ! tu veux me chasser, et cependant tu sais ma terrible histoire ; tu sais que, véritable enfant du malheur, je n'ai ni toit ni asile, et que je vais mourir ici si tu ne m'accueilles pas comme à l'ordinaire ! Cependant tu désires peut-être ma mort. Eh bien ! qu'il en soit ainsi. Porte-moi au moins à la fontaine, pour qu'on ne trouve pas mon cadavre devant toi-même. Malheur à moi ! malheur à moi ! le froid !...

Et elle tomba sans connaissance.

Alors l'inquiétude et le désespoir serrèrent et meurtrirent le cœur de Peregrinus comme avec une tenaille de fer, et il s'écria d'une voix sauvage :

— Qu'il en soit ce qu'il voudra, je ne peux pas faire autrement !

Il releva la dame inanimée, la prit dans ses bras, et sonna fortement la cloche.

Il passa rapidement devant le valet qui ouvrit la porte, et il se mit à appeler déjà du bas des escaliers, quand il se contentait de cogner doucement à l'ordinaire.

— Aline ! Aline ! de la lumière ! de la lumière ! et cela avec tant de force que tout l'étage immense en retentit.

— Qu'y a-t-il ? qu'est-ce que cela ? dit Aline en ouvrant de grands yeux lorsqu'elle vit Peregrinus écarter son manteau, qui cachait la dame évanouie, et la poser avec de tendres précautions sur le sofa.

— Vite! cria-t-il, vite! Aline, du feu dans la cheminée, du vulnéraire, du thé, du punch! prépare un lit.

Aline ne bougeait pas, mais continuait, tout en regardant la dame, à dire:

— Comment? qu'est-ce? que veut dire cela?

Alors Peregrinus parla d'une comtesse, peut-être bien d'une princesse, qu'il avait trouvée chez le relieur Lammer Hirt, qui avait perdu connaissance dans la rue, et qu'il lui avait fallu porter à la maison, et il se mit à crier, en voyant Aline rester encore tranquille, et en frappant du pied:

— Au nom du diable! du feu, vous dis-je, du thé, du vulnéraire!

Alors les yeux de la vieille flamboyèrent comme les yeux de chat, et son nez parut s'allonger et briller d'un éclat phosphorique. Elle alla chercher dans sa poche sa tabatière noire, frappa sur le couvercle si fort qu'il en retentit, et prit une grande prise. Puis elle mit ses deux bras sur ses hanches, et dit d'un ton railleur:

— Voyez-vous ça! une comtesse, une princesse, que l'on rencontre chez le pauvre relieur de la rue Kalbach, et qui se trouve mal au milieu de la rue. Oh! oh! je sais fort bien où l'on trouve des dames ainsi parées pendant la nuit. Voilà de jolis tours et une belle conduite! Apporter une fille effrontée dans une maison honnête, et, pour combler la mesure, invoquer le diable un jour de nuit de Noël! Et je prêterais les mains à cela dans mes vieux jours! Non, monsieur Tyss, allez-en chercher une autre, cela ne me regarde plus; je quitte demain la maison.

Et la vieille sortit, et ferma la porte avec tant de force que tout en retentit.

Peregrinus se tordait les mains d'inquiétude et de désespoir. La dame ne donnait aucun signe de vie. Cependant, au moment où, dans son trouble extrême, il venait de trouver une bouteille d'eau de Cologne, et se préparait à en frotter adroitement les tempes de la dame, celle-ci s'élança tout d'un coup fraîche et gaillarde du sofa, en criant:

— Enfin nous sommes seuls! enfin, ô mon Peregrinus! je puis te dire pourquoi je t'ai poursuivi jusque dans la demeure du relieur Lammer Hirt, où il ne m'était pas possible de te quitter cette nuit. Peregrinus, livrez-moi le prisonnier que vous tenez enfermé près de vous, dans votre chambre. Je sais que vous n'y êtes forcé en aucune façon, et que cela dépend absolument de votre bon vouloir; mais je connais aussi votre bon et tendre cœur; ainsi donc, mon cher Peregrinus! songez la liberté à votre prisonnier!

— Comment! dit Peregrinus dans le plus profond étonnement, quel prisonnier? Qui est enfermé chez moi?

— Oui, continua la dame en saisissant une de ses mains et la serrant tendrement contre sa poitrine; oui, je dois le reconnaître, un esprit grand et noble peut seul abandonner les avantages que lui a donnés le heureux hasard. Il est vrai que vous renonceriez à plusieurs choses qu'il vous serait facile d'obtenir si vous refusiez de lui rendre la liberté, mais réfléchissez, Peregrinus, que le sort, que la vie d'Aline dépendent tout à fait de la possession de ce prisonnier que...

— Si vous le voulez pas, femme angélique, interrompit Peregrinus, que je regarde comme un rêve de fièvre tout ce qui m'arrive, et que je ne devienne pas fou sur la place, dites-moi de quoi vous parlez, de quel prisonnier?

— Comment! répondit la dame, comment! Peregrinus, je ne vous comprends pas; voudriez-vous nier par hasard qu'il est véritablement votre captif? N'étais-je pas là avec lui quand vous l'avez acheté à la chasse?

— Mais qui? s'écria Peregrinus hors de lui. Quel est-il, lui? C'est la première fois de ma vie que je vous vois, madame, qui êtes-vous? et lui, quel est-il?

Alors la dame, éperdue de douleur, se jeta aux pieds de Peregrinus, et s'écria, tout en versant des torrents de larmes:

— Peregrinus, sois humain, sois généreux, rends-le-moi.

Et pendant ce temps Peregrinus criait de son côté:

— J'en deviendrai fou!

Tout à coup la dame se remit. Elle parut plus grande qu'avant, ses yeux jetèrent des flammes, ses lèvres tremblèrent, et elle dit avec des gestes furieux:

— Ah! barbare, tu n'as pas un cœur humain, tu es inexorable, tu veux ma mort, ma perte, tu ne veux pas me le rendre, non, jamais! Ah! malheureuse que je suis! perdue! perdue!

Et elle s'élança en dehors de la porte, et Peregrinus l'entendit descendre précipitamment l'escalier, tandis que ses gémissements remplissaient la maison tout entière, jusqu'au moment où un grand coup fut frappé à la porte de la maison.

Alors régna partout un silence de mort.

DEUXIÈME AVENTURE.

Le dompteur de puces. — Triste sort de la princesse Gamaheh à Famagusta. — Maladresse du génie Thétel. — Remarquables essais microscopiques. — La belle Hollandaise. — Singulière aventure du jeune sieur Georges Pépusch.

Il se trouvait dans ce temps à Francfort un homme qui avait une singulière profession. On l'appelait le dompteur de puces, parce qu'il était parvenu (et certes non pas sans peine) à donner une espèce d'instruction à ces animaux, et à leur apprendre différents jolis tours d'adresse.

Sur une grande table du plus pur et du plus beau marbre blanc on voyait avec étonnement des puces qui traînaient des canons, des caissons de poudre, des voitures, tandis que d'autres arrivaient en sautant, le fusil au bras, la giberne au dos, le sabre au côté.

Au commandement du maître, elles exécutaient les évolutions les plus difficiles, et tout paraissait plus vif et plus gai qu'avec des soldats véritables, parce que le commandement de marche s'exécutait en sauts et en entrechats admirables, et que les à droite et à gauche devenaient des pirouettes.

Toute l'armée avait un merveilleux aplomb, et le général paraissait en même temps un grand maître de ballet. Mais les voitures traînées par quatre, six et huit puces, paraissaient plus charmantes et plus étonnantes encore. Les cochers et les domestiques étaient des scarabées d'or de l'espèce la plus petite et presque invisibles; mais il était à peu près impossible de reconnaître les personnages assis à l'intérieur.

On se trouvait naturellement forcé de penser à l'équipage de la fée Mab que le brave Mercutio, dans la tragédie de Roméo et Juliette de Shakspeare, décrit si bien que l'on peut croire qu'il lui a souvent passé sur le nez.

Mais ce n'était seulement en examinant toute la table avec une bonne loupe que l'on admirait dans son entier le talent du dompteur de puces; car alors on voyait le luxe, la beauté des harnais, le travail précieux des armes, l'éclat, la netteté des uniformes, et l'on ne pouvait se défendre de l'étonnement le plus profond.

On avait peine à se figurer quel genre d'instruments devait employer le dompteur pour faire proprement, et dans les proportions voulues, certains petits accessoires, comme, par exemple, éperons, têtes de cannes, etc., et ce travail, qui pouvait passer pour un chef-d'œuvre de tailleur, et qui ne consistait en rien moins que de livrer à une puce des pantalons de cheval, où la prise de la mesure, qui semblerait devoir être des plus difficiles, devenait par le fait une chose des moins difficiles à faire et des moins importantes.

Le dompteur de puces recevait d'innombrables visites, la salle était continuellement remplie de personnes que n'effrayait pas le haut prix des billets d'entrée.

Le soir aussi la foule était grande, plus grande encore, car il venait aussi alors d'autres personnes, qui n'attachaient pas beaucoup d'importance à toutes ces habiles niaiseries, mais qui s'y rendaient pour admirer une œuvre qui avait une tout autre importance, et qui attirait l'attention des véritables amateurs de l'étude de la nature. Cette œuvre de nuit qui microscope de nuit, semblable au microscope de jour, avait la forme d'une lanterne magique, et dessinait sur le mur les objets éclairés avec une clarté et une exactitude qui ne laissaient rien à désirer.

Le dompteur de puces faisait aussi un commerce de ces microscopes, les plus beaux que l'on pût trouver, et on les payait très-cher et avec grand plaisir.

Or un jeune homme, nommé Georges Pépusch, avec lequel le lecteur fera bientôt plus ample connaissance, éprouva le désir d'aller visiter le dompteur de puces, quoiqu'il fût déjà tard.

Arrivé déjà sur les escaliers, il entendit une altercation qui devenait de plus en plus vive, et qui enfin dégénéra en cris et en malédictions, et comme il allait entrer, la porte de la salle s'ouvrit avec violence, et des hommes se sont précipitamment confusément mêlés ensemble. Ils étaient pâles et semblaient remplis d'effroi.

— Le maudit sorcier! le suppôt de Satan! je veux l'appeler en justice! Il faut qu'il quitte la ville, l'affreux escamoteur!

Ainsi criaient ces gens, talonnés par l'effroi, et cherchant à sortir de la maison au plus vite.

Un regard jeté dans la salle apprit aussitôt au jeune Pépusch la cause de la peur terrible qui mettait tous ces gens en fuite. Tout vivait là dedans. Une dégoûtante mêlée des plus affreuses créatures remplissait la chambre. La race des pucerons, des hannetons, des araignées, des insectes qui vivent dans la vase, grossis d'une manière démesurée, étendaient leurs trompes, marchaient sur leurs longues pattes velues, et les terribles fourmilières déchiraient de leurs tenailles dentelées les moucherons, qui se défendaient et les frappaient de leurs longues ailes; et pendant ce temps des serpents du vinaigre, des anguilles de colle, des polypes à cent bras s'entrelaçaient, et à travers les intervalles de leurs replis, des animaux d'infusion passaient leur tête, semblable à une laide face humaine.

Pépusch n'avait jamais rien vu de plus affreux, et il se sentait déjà glacé d'effroi, lorsque quelque chose d'informe vint lui voler à la figure. Il se trouva tout d'un coup enveloppé d'un nuage de farine. Alors sa peur se dissipa, car il s'aperçut aussitôt que ce ne pouvait être que la perruque ronde du dompteur de puces, et c'était elle en effet.

Lorsque Pépusch eut essuyé la poudre de ses yeux, tout ce monde désordonné d'insectes avait disparu. Le dompteur de puces était étendu hors d'haleine dans un grand fauteuil.

— Leuwenhoek, dit Pépusch, Leuwenhoek, vous voyez ce qui vous revient de toutes vos manières d'être. Vous avez été de nouveau forcé de recourir à vos vassaux pour vous débarrasser de ces gens, n'est-il pas vrai?

— Est-ce vous? demanda le dompteur d'animaux d'une voix faible, est-ce vous, bon Pépusch? Ah! je suis perdu, complètement perdu! Je commence à croire que vous aviez les meilleures intentions, et que j'ai mal fait de ne pas écouter vos avis.

— Que s'est-il passé? demanda tranquillement Pépusch.

— Prenez la loupe, lui répondit le dompteur d'une voix larmoyante en tournant le visage vers son mur, les deux mains sur ses yeux, et regardez sur la table de marbre.

Pépusch vit, sans avoir besoin de verres, que l'armée gisait morte: sur la table rien ne bougeait, les petites voitures étaient renversées, etc. Les babiles puces paraissaient avoir changé de forme. Au moyen de la loupe, il découvrit bientôt qu'il ne s'y trouvait plus une seule puce, mais que ce qu'il avait pris pour elles était des pépins de fruits et des grains de poivre, qui se trouvaient fourrés dans les armes et les uniformes.

— Je ne sais, reprit le dompteur triste et abattu, je ne sais quel est le mauvais esprit qui me frappa d'aveuglement et m'empêcha de remarquer la désertion de mon armée jusqu'au moment où la foule s'assembla autour de la table et s'apprêta à y jeter les yeux. Vous pouvez vous imaginer, Pépusch, quels furent les murmures et la colère des spectateurs en se voyant trompés. Ils m'accusèrent du plus grossier charlatanisme, et leur colère allant toujours croissant malgré mes explications, qu'ils n'écoutaient pas, ils voulurent se jeter sur moi et se venger par leurs mains. Que pouvais-je faire de mieux pour échapper à leurs mauvais traitements que de mettre le grand microscope en mouvement, et les entourer de créatures dont ils seraient épouvantés, comme cela arrive ordinairement avec ce peuple?

— Mais, dites-moi, Leuwenhoek, demanda Pépusch, comment a-t-il été possible que votre armée bien exercée, et qui s'est toujours montrée si fidèle, se soit dispersée tout à coup, sans que vous vous en soyez aperçu?

— Oh! dit en gémissant le dompteur, oh! Pépusch! il m'a abandonné lui, qui me donnait mon pouvoir sur ce petit peuple, et c'est à sa trahison que je dois attribuer mon aveuglement et mes infortunes.

— Ne vous ai-je pas averti depuis longtemps, répliqua Pépusch, de ne faire reposer toute votre affaire sur des jongleries que vous ne pouviez, je le sais, effectuer sans la possession du maître? Et maintenant vous avez appris combien cette possession est difficile, en dépit de toutes vos peines. Qu'aviez-vous besoin de vous adonner à de semblables niaiseries qui pouvaient troubler votre existence; tandis que votre microscope nocturne et votre habileté à fabriquer des lentilles pour ce genre d'optique étaient déjà bien connus?

— Il y a bien d'autres choses cachées derrière ces niaiseries, répliqua le dompteur, et je ne puis les abandonner sans abandonner en même temps la vie.

— Mais alors où est Elverding? demanda Pépusch en l'interrompant.

— Où elle est? répliqua le dompteur en se tordant les mains, où est Elverding! Elle est partie, partie dans le monde, disparue! Tuez-moi de suite, Pépusch! car je vois bien que votre colère s'augmente et en vient à la fureur. Finissez-en avec moi!

— Vous voyez, lui dit Pépusch en lui jetant un sombre regard, ce qu'ont produit votre folie et votre sotte conduite. Qui vous a donné le droit d'enfermer la pauvre Dortje comme une esclave, et ensuite de la montrer, pour attirer les gens, comme une curiosité d'histoire naturelle? Pourquoi avez-vous fait violence à ses inclinations, et n'avez-vous rien omis pour que vous donnât sa main, tandis que vous auriez dû remarquer que nous aimions ardemment tous les deux? Elle s'est enfuie! Eh bien, elle n'est toujours plus en votre pouvoir, et bien que je ne sache pas ce moment où je dois la chercher, je suis toutefois bien certain de la trouver. Ainsi, Leuwenhoek, remettez votre perruque, et résignez-vous à votre sort; c'est le mieux et le plus sage que vous ayez à faire.

Le dompteur de puces remit de la main gauche sa perruque sur sa tête chauve, tandis que de la droite il saisit le bras de Pépusch.

— Pépusch, lui dit-il, vous êtes mon véritable ami, car vous êtes le seul homme dans toute la ville de Francfort qui sache que je suis enterré dans la vieille église de Delft depuis l'année 1725, et vous ne l'avez confié à personne. Quoique je ne puisse me mettre bien en tête que je suis bien réellement cet Antoine Leuwenhoek enterré à Delft, cependant, en regardant mes travaux et en me rappelant ma vie, je suis forcé de le croire, et il m'est assez naturel que personne ne m'en parle. Je reconnais, mon très-cher Pépusch que relativement à Dortje Elverding, j'ai assez mal agi, et surtout tout différemment de ce que vous pouviez penser. J'ai eu raison toutefois de regarder vos demandes en mariage comme une folie, mais j'ai eu tort d'avoir manqué de franchise à votre égard, et de ne pas vous avoir dit quelle est la nature de ma liaison avec Dortje Elverding. Vous auriez compris combien j'agissais sagement en vous dissuadant de ce grand désir dont l'accomplissement ne pouvait que vous nuire. Pépusch, asseyez-vous auprès de moi et écoutez une histoire bien étrange.

— C'est ce que je vais faire, répondit Pépusch en prenant place sur un fauteuil rembourré vis-à-vis du dompteur, tout en continuant à le regarder d'un air de rancune.

— Vous êtes, mon cher ami Pépusch, très-instruit en histoire, dit le dompteur, et par cela même vous savez, sans nul doute, que le roi Sékakis avait formé, il y a quelques années, une liaison intime avec la reine des fleurs, et que la gracieuse princesse Gamaheh fut le fruit de cet amour. Cela devrait être moins connu, et aussi ne puis-je vous dire de quelle manière la princesse Gamaheh vint à Famagusta. Quelques-uns prétendent, et non sans quelque vraisemblance, que son but était de s'y cacher pour échapper aux poursuites du méchant prince Egel, ennemi juré de la reine des fleurs.

Toujours est-il qu'un jour, dans cette retraite, elle se promenait en respirant l'air frais du soir, et qu'elle arriva ainsi dans un sombre et charmant petit bois de cyprès. Séduite par l'agréable murmure de la brise, le bruit des ruisseaux et le mélodieux ramage des oiseaux, la princesse s'étendit sur la mousse tendre et odorante, et s'endormit bientôt d'un profond sommeil.

Justement l'ennemi qu'elle avait voulu fuir, l'affreux prince Egel, se mit à la tête de la vase, vit la princesse, et devint tellement amoureux de la belle dormeuse, qu'il ne put résister au désir de lui donner un baiser.

Il s'glissa doucement près d'elle, et l'embrassa derrière l'oreille gauche.

Maintenant vous saurez, mon cher Pépusch, que la dame qu'embrasse le prince Egel est perdue, car c'est le premier vampire du monde. Et il arriva que le prince Egel embrassa si longtemps la princesse, que la vie la quitta.

Alors le prince Egel resta rassasié et ivre de sang, au point que ses gens durent promptement s'élancer de la vase pour le conduire à sa demeure.

En vain la racine mandragore sortit-elle de la terre et se plaça-t-elle sur la blessure faite par les baisers de l'horrible prince Egel; en vain à son cri de douleur toutes les fleurs vinrent-elles joindre le concert de leurs lamentations amères!

Il arriva que le génie Thétel passa près de là, et il fut aussi profondément touché de la beauté de Gamaheh et de sa mort malheureuse. Il prit la princesse dans ses bras, la serra sur sa poitrine, s'efforça de lui souffler de nouveau la vie avec son haleine, mais elle ne s'éveilla pas de son sommeil de mort. Alors le génie Thétel aperçut l'horrible prince Egel, qui était tellement ivre et si pesant, que ses gens avaient renoncé à le porter jusqu'à sa demeure.

Le génie, enflammé de colère, jeta une poignée de sel de cristal sur le corps du hideux ennemi, et aussitôt tout l'ichor purpurin que le monstre avait bu du corps de la princesse Gamaheh se répandit au dehors, et il rendit l'âme avec mille affreuses grimaces. Toutes les fleurs qui se trouvaient à l'entour trempèrent leurs vêtements dans cet ichor, et, en souvenir de la princesse assassinée, se colorèrent d'un rouge si riche, qu'aucun peintre sur la terre n'eût été capable d'en inventer un pareil.

Vous savez, Pépusch, que les plus beaux œillets nuancés en rouge sombre, les amaryllis et les chéiranthes viennent expressément de cette forêt de cyprès où le prince Egel but le sang de la princesse.

Le génie Thétel avait, avant l'arrivée de la nuit, beaucoup de choses à terminer à Samarcande; il avait donc grande hâte de partir. Il jeta encore un regard sur la princesse, resta comme fixé par enchantement à la même place, et la considéra avec la plus grande compassion. Soudain il lui vint une idée. Au lieu d'aller plus loin, il prit la princesse dans ses bras, et l'enleva bien haut au milieu des airs.

Au même moment deux savants, et je ne le cacherai pas que j'étais un des deux, observaient le cours des étoiles de la plate-forme d'une haute tour.

Ces deux mages reconnurent bien haut au-dessus de leurs têtes le génie Thétel; mais ils ne distinguèrent pas la princesse, et ils s'épuisèrent en suppositions pour donner un sens à ce qu'ils avaient vu, mais sans pouvoir rien trouver de raisonnable. Bientôt après le sort malheureux de la princesse Gamaheh fut connu à Famagusta, et les mages reconnurent alors l'apparition du génie avec la jeune fille dans ses bras.

Tous deux présumèrent que le génie Thétel avait sans doute trouvé un moyen de rendre l'existence à la princesse, et ils résolurent de s'en informer à la ville de Samarcande, vers laquelle il avait paru diriger son vol.

A Samarcande, personne ne savait rien de la princesse, et l'on ne s'en occupait pas.

Plusieurs années après, les deux mages s'étaient brouillés, ce qui arrive d'autant plus souvent entre les savants que leur science est plus grande, et, selon l'immuable coutume, ils partagèrent entre eux leurs découvertes les plus importantes.

Vous n'avez pas oublié, Pépusch, que je suis moi-même un de ces deux mages. Aussi ne fus-je pas médiocrement surpris d'un lot échu à mon collègue, qui contenait, à propos de la princesse Gamaheh, la chose la plus surprenante et en même temps la plus heureuse que l'on pût imaginer.

Voici comment cela fut découvert :

Mon collègue avait reçu d'un de ses amis, très-savant, de Samarcande les tulipes les plus belles et les plus rares. Elles s'étaient maintenues si fraîches, qu'on aurait pu croire qu'elles venaient d'être séparées de leur tige. Cela l'invita à étudier au moyen du microscope l'intérieur de la plante et même la poussière de la fleur. Il disséqua un beau lis et une tulipe jaune, et découvrit au milieu une graine charmante et étrange qui captiva toute son attention. Mais quel fut son étonnement lorsque, au moyen d'un fort verre grossissant, il vit très-distinctement que la graine n'était autre chose que la princesse Gamaheh, qui semblait dormir d'un sommeil doux et paisible, mollement couchée dans le calice, sur la poussière de la fleur.

Quoique je fusse à une grande distance de mon collègue, je me mis toutefois aussitôt en route, et me rendis en grande hâte auprès de lui.

Il avait laissé l'opération de côté, pour me laisser le plaisir du premier coup d'œil, et peut-être aussi par la crainte de tout détruire en voulant agir seulement d'après son idée. Je me convainquis bientôt

Aline, la vieille gouvernante.

de la vérité de sa découverte, et j'eus aussi la conviction intime qu'il serait possible d'arracher la princesse à son sommeil et de lui rendre sa première forme. L'esprit sublime qui vivait en nous nous en fit bientôt trouver le moyen.

Comme vous n'êtes pas, mon cher Pépusch, précisément très au fait des mystères de notre art, je vous épargnerai le détail des opérations que nous entreprîmes pour arriver à notre but. Il vous suffira de savoir qu'au moyen de différents verres, que je préparai en grande partie moi-même, il nous réussit non-seulement de sortir la princesse saine et sauve de son lit de fleurs, mais encore de la faire grandir, de manière qu'elle finit par atteindre sa taille naturelle.

La vie manquait encore, il est vrai, et une dernière opération, de toutes la plus difficile, pouvait seule peut-être la lui rendre.

Nous fîmes réfléchir son image au moyen d'un excellent microscope de soleil à verre concave, et nous la dégageâmes du mur blanc sans qu'elle fût endommagée. Aussitôt que l'image se trouva flotter dans le vide, nous fîmes tomber sur elle avec la rapidité de l'éclair dans le verre, qui éclata en mille morceaux.

La princesse était là devant nous, fraîche et vivante ! Nous poussâmes des cris de joie ; mais notre effroi fut d'autant plus grand lorsque nous remarquâmes que le cours du sang s'arrêtait juste à la place où elle avait reçu le baiser du prince Egel.

Déjà elle allait tomber sans connaissance, lorsque nous vîmes paraître à cette place, derrière l'oreille, un petit point noir qui disparut presque aussitôt. Le sang prit à l'instant son libre cours ; la princesse revint à la vie, et notre œuvre fut achevée.

Nous savions très-bien de quel prix inestimable était pour nous la possession de la princesse, et chacun de nous s'efforça de prouver que ses droits étaient mieux fondés que ceux de l'autre. Mon collègue disait que la tulipe dans laquelle il avait trouvé la princesse lui appartenait, et qu'il avait fait la découverte qu'il m'avait communiquée, de manière que je n'avais été là que comme aide, et que par conséquent je n'avais pas le droit de demander pour récompense l'objet même du travail.

Je prétendais de mon côté que j'avais trouvé la dernière opération, la plus difficile, et celle qui avait rendu l'existence à la princesse, opération à laquelle mon collègue n'avait fait alors que me prêter la main ; et j'ajoutais que s'il avait eu un droit de possession légitime sur l'embryon couché dans la poussière de fleurs, la personne vivante devait m'appartenir.

Nous disputâmes ainsi plusieurs heures, jusqu'à ce qu'après nous être bien échauffés la gorge à crier, nous en arrivâmes à une convention.

Mon collègue m'abandonna la princesse en échange d'une importante lentille de verre mystérieuse, dont je lui laisserais la possession ; et cette lentille est justement la cause de notre inimitié actuelle. Il prétend que j'ai soustrait ce verre, et c'est un grossier et infâme mensonge ; et si, comme je le crois, ce verre lui a été pris, je jure sur l'honneur et la conscience que je n'y suis pour rien, et que je ne comprends même pas comment cela a pu se faire. Le verre n'est pas précisément petit, puisqu'un grain de poudre est tout au plus huit fois plus gros. Vous le voyez, ami Pépusch, je vous ai donné toute ma confiance ; maintenant vous savez que Dortje Elverding n'est autre que la princesse Gamaheh rappelée à la vie, et vous comprenez qu'un pauvre jeune homme comme vous ne peut prétendre à une haute liaison mystérieuse avec...

— N'allez pas plus loin, interrompit Pépusch en souriant d'un air satanique, une confidence en vaut une autre, et je vous confierai de mon côté que je savais déjà bien avant vous, et mieux que vous, ce que vous m'avez raconté. Je ne saurais assez m'étonner de votre mesquinerie dans votre ridicule manière de voir. Apprenez ce que vous auriez dû savoir depuis longtemps ; si votre science, à l'exception de ce qui a rapport aux verres, n'était pas si bornée ; apprenez que je suis le chardon Zéhérit, qui se trouvait sur la place même où la princesse Gamaheh avait posé sa tête, détail que j'ai trouvé à propos de ne pas vous communiquer.

— Pépusch ! s'écria le dompteur de puces, êtes-vous fou ? Le chardon Zéhérit fleurit dans les Indes lointaines et dans une belle vallée entourée de hautes montagnes, où les plus savants mages de la terre ont coutume de s'assembler. L'archiviste Lindorst peut vous le dire mieux que personne. Et vous, que j'ai vu courir à l'école en petite veste, que j'ai connu tout maigre de faim et d'études, appelé par tous l'étudiant jaune d'Iéna, vous voulez être le chardon Zéhérit ! Allons donc ! allez conter cela à d'autres et laissez-moi tranquille.

— Ah ! vous êtes un bien grand savant, Leuwenhoek, reprit Pépusch en riant. Eh bien ! pensez de moi ce que vous voudrez, mais ne soyez pas assez ridicule pour nier que le chardon Zéhérit, au moment où il sentit la douce haleine de Gamaheh, fut saisi de désirs et d'un ardent amour, et que lorsqu'il toucha les tempes de la belle princesse, celle-ci s'éprit aussi d'amour dans son sommeil. Cependant, avec le secours de la racine Mandragore, je serais parvenu à rappeler la princesse à la vie, si le stupide génie Thétel n'était venu se jeter à la traverse avec ses tentatives de la sauver.

Il est vrai que Thétel, courroucé, mit la main à la salière qu'il porte toujours avec lui dans ses voyages, attachée à sa ceinture, comme Pantagruel sa barque de plantes, et qu'il en prit une bonne poignée de sel, qu'il jeta sur le prince Egel, mais bien maladroitement, pour le tuer, car tout s'en alla dans la vase, et le prince Egel n'en reçut pas un seul grain. Ce fut le chardon Zéhérit qui le perça de ses pointes, et le tua en même temps en vengeant la mort de la princesse. Et il se dévoua lui-même à la mort.

Seulement le génie Thétel, qui se mêle de choses qui ne le regardent pas, fut cause que la princesse resta si longtemps endormie du sommeil des fleurs. Le chardon Zéhérit s'éveilla bien plus tôt. Car la mort de tous les deux n'était autre chose que la torpeur du sommeil des fleurs, après lequel elles renaissent, mais sous une autre forme. Et vous combleriez la mesure de vos erreurs grossières si vous vous imaginiez que la princesse Gamaheh était tout à fait semblable à Dortje Elverding, et que c'est votre science qui l'a rappelée à la vie.

Il est de vous, mon bon Leuwenhoek, comme du maladroit serviteur dans l'histoire remarquable et vraie des trois oranges, qui délivra deux jeunes filles de leurs oranges, sans être auparavant certain de leur conserver la vie, et qui les vit mourir misérablement sous ses yeux. Ce n'est pas vous qui avez complété l'œuvre que vous aviez assez maladroitement commencée, mais bien celui qui s'est enfui, et dont vous déplorez et sentez si cruellement la perte.

— Ah ! s'écria le dompteur de puces hors de lui, mes pressentiments ! mes pressentiments ! Mais vous ! Pépusch ! vous, pour qui j'ai eu tant de bontés, vous êtes mon ennemi le plus cruel et le plus acharné ; je le vois bien maintenant. Au lieu de me conseiller, au lieu de me venir en aide dans mon infortune, vous étalez devant moi une foule de farces ridicules bonnes pour des fous.

— Les farces ridicules sont dans votre tête, s'écria Pépusch courroucé; plus tard vous vous repentirez de vos folies, charlatan entêté, je vais à la recherche d'Elverding. Mais, pour que vous ne tourmentiez plus d'honnêtes gens...

Pépusch mit la main sur la vis qui mettait en mouvement tout le mécanisme du microscope.

— Tuez moi de suite! s'écria le dompteur de puces. Mais dans le même moment tout craqua à la fois, et le dompteur tomba sans connaissance sur le parquet.

Comment peut-il se faire, se disait Georges Pépusch à lui-même lorsqu'il se trouva dans la rue, qu'un homme à qui il faut absolument une chambre bien close et un lit bien rembourré, se soit mis à errer par les rues, dans la nuit, avec l'orage et la pluie les plus terribles? S'il a oublié la clef de sa maison, et si, joint à cela l'amour, un désir fou l'a poussé, qu'il s'en prenne à lui-même.

Il avait beau frapper et sonner...

Et alors toute sa conduite lui parut une folie. Il se rappela le moment où il avait vu Dortje Elverding pour la première fois.

Le dompteur de puces avait pendant plusieurs années montré son habile spectacle, et avait attiré un nombreux concours de monde tant que la chose avait été nouvelle.

Bientôt les puces exercées et éduquées furent connues de tous, et l'on n'accorda plus d'admiration au tailleur, au sellier, à l'armurier de tous ces petits êtres, bien que l'on eût dans le principe parlé de magie, de choses incompréhensibles; le dompteur de puces parut être complétement oublié.

Bientôt le bruit courut qu'une nièce du dompteur, qui jusqu'alors ne s'était pas montrée, assistait aux représentations. Cette nièce, disait-on, était si belle, si gracieuse et si bien parée, qu'il était impossible de s'en faire une idée.

Le monde changeant des jeunes modernes qui donnent ordinairement le ton et la mesure dans le monde, comme d'habiles chefs d'orchestre, s'y précipita en foule; et comme parmi ces sortes de personnes on ne connaît que les extrêmes, la nièce du dompteur causa un prodige inconnu jusqu'alors.

Le bon ton fut de visiter le dompteur. Quiconque n'avait pas vu la nièce du dompteur était un homme auquel il n'était pas permis de parler.

Le dompteur se trouva ainsi hors d'embarras; mais personne ne pouvait s'habituer au prénom de Dortje de la jeune fille. Et comme justement dans le même temps madame Bethmann, une célèbre actrice, s'était montrée tendre, ravissante, adorable dans le rôle de la reine de Golconde, et avait paru l'idéal de ce charme inexplicable qui ravit chez les femmes, on donna à la Hollandaise le nom d'Aline.

Dans ce temps Georges Pépusch vint à Berlin. La belle nièce de Leuwenhoek était le sujet de toutes les conversations; et à la table d'hôte de l'hôtel où Pépusch était logé on ne parla pendant tout le temps du dîner que des attraits merveilleux de la jeune fille, qui séduisaient les jeunes, les vieux et même les femmes, et on l'invita d'une manière pressante à se mettre au plus tôt au courant de ce qui était de plus haute mode à Berlin en allant voir la jeune Hollandaise.

Pépusch avait un tempérament mélancolique et impétueux. Chaque plaisir était pour lui trop infailliblement suivi d'un déboire, et cela le rendait sombre, taciturne et souvent injuste pour son entourage. On peut d'après cela penser que Pépusch n'était pas très-disposé à courir après les filles jeunes et jolies; il alla pourtant chez le dompteur de puces, plus pour confirmer l'opinion qu'il s'était déjà formée d'avance que pour voir la merveille dangereuse. Il trouva la Hollandaise très-jolie, gracieuse, agréable, et en la regardant il dut sourire complaisamment à sa sagacité, qui lui avait fait deviner d'avance que les têtes que la petite avait complétement fait tourner étaient déjà assez mobiles.

La belle possédait admirablement le ton léger et plein d'aisance qui témoigne de l'habitude de vivre dans le très haut monde. Avec cette gracieuse coquetterie qui invite à presser le bout du doigt que l'on présente amicalement, elle savait, tout en attirant les soupirants, les tenir dans les bornes de la plus aimable convenance.

Personne ne s'inquiéta de l'étranger Pépusch, qui eut le loisir d'observer la belle enfant dans toutes ses manières; et après avoir longtemps et longtemps considéré son charmant visage, il s'éleva dans le fond de sa pensée un vague souvenir, comme s'il avait déjà vu quelque part cette Hollandaise, mais tout autrement entourée et dans un tout autre costume; il lui semblait même qu'elle devait alors avoir eu une autre forme.

En vain il se tourmenta pour rendre ce souvenir moins confus, bien que la pensée d'avoir déjà vu la petite gagnât chez lui toujours plus de certitude.

Deux savants observaient le cours des astres.

Le sang lui monta au visage lorsque enfin quelqu'un le poussa légèrement et murmura ces mots à son oreille :

— N'est-ce pas, monsieur le philosophe, que vous avez aussi été frappé par la foudre?

C'était son voisin de la table d'hôte, qui avait dit qu'il considérait l'extase dans laquelle tout le monde était plongé comme une folie, qui devait se dissiper aussi vite qu'elle était venue.

Pépusch remarqua que la salle était presque vide, et que les dernières personnes en sortaient, tandis que son regard était resté invariablement fixé sur la petite. Elle le salua avec un gracieux sourire amical.

L'image de la Hollandaise ne quitta plus Pépusch; elle le martyrisait pendant ses nuits sans sommeil, passées à rassembler, mais en vain, jusqu'à la moindre trace de ses souvenirs. Sa vue pouvait seule aider sa mémoire; et dans cette idée il résolut d'aller le jour suivant et tous les autres jours rendre visite au dompteur de puces, et de regarder pendant deux ou trois heures de suite la charmante Dortje Elverding.

Lorsqu'un homme ne peut chasser l'image d'une charmante jeune fille qui d'une façon ou de l'autre attire son attention, c'est un premier pas de fait vers l'amour, et il arriva que Pépusch, tout en croyant ne penser qu'à éveiller un souvenir, s'éprit complètement de la belle Hollandaise.

Qui voulait maintenant penser aux puces sur lesquelles la jeune fille avait remporté une victoire si éclatante en attirant tout vers elle ? Le dompteur comprit lui-même qu'il jouait un assez pauvre rôle avec ses insectes ; il remit son armée à d'autres temps, et donna à son théâtre une autre direction, dans laquelle sa belle nièce remplissait le premier rôle.

Il avait eu l'heureuse idée d'organiser des soirées divertissantes, où l'on s'abonnait à un prix assez élevé, et dans lesquelles, après avoir fait quelques tours curieux au moyen de l'optique, sa nièce faisait les frais de la soirée. Cette belle fille faisait briller dans tout son éclat ses talents de société, et elle utilisait le plus petit entr'acte pour donner un nouvel attrait à la réunion en chantant et en s'accompagnant de la guitare.

Sa voix n'était pas d'une grande étendue, sa méthode n'était pas large, souvent les principes lui faisaient défaut ; mais le doux son, la clarté, la précision de son chant étaient bien d'accord avec l'harmonie de son être ; et enfin lorsqu'elle faisait sous ses noires paupières soyeuses briller ses yeux pleins de langueur, comme l'humide lueur de la lune, et qu'elle les laissait errer sur les spectateurs, alors chacun se sentait la poitrine oppressée, et même les pédants les plus récalcitrants étaient forcés de se taire.

Pépusch poursuivait ardemment ses études dans ces réunions : c'est dire qu'il regardait fixement la Hollandaise pendant deux heures, et puis il s'en allait avec les autres.

Une fois il se trouva plus près d'elle que de coutume, et l'entendit très-distinctement dire à un jeune homme :

— Dites-moi donc quel est ce spectre qui me fixe chaque soir des heures entières... et s'en va ensuite sans dire un seul mot ?

Pépusch se sentit très-offensé : il tempêta, fit un grand bruit dans sa chambre, et devint si insupportable, que pas un de ses amis n'eût voulu le reconnaître en cet état.

Il jura bien fort et bien haut de ne plus revoir la malicieuse Hollandaise, et il ne manqua pas dans la soirée du lendemain de se trouver chez Leuwenhoek à l'heure habituelle et de regarder la belle Dortje encore plus fixement que d'habitude, si cela était possible. Il est vrai que sur l'escalier il s'épouvanta de se voir en monter les marches, et fit en toute hâte le projet de se tenir très-loin de cet objet séduisant. Il se tint réellement parole, en ce qu'il alla se blottir dans un coin de la salle ; mais son projet de se tenir les yeux baissés échoua complètement, et, comme nous l'avons dit, il regarda la Hollandaise dans les yeux plus fixement que de coutume.

Il ne sut lui-même comment il se fit que Dortje Elverding se trouva debout tout près de lui dans son coin.

Avec une petite voix qui était une délicieuse mélodie, elle lui dit :

— Je ne vous connais pas, monsieur, de vous avoir déjà vu ailleurs qu'à Berlin, et cependant je trouve dans les traits de votre visage et dans tout votre être quelque chose de connu. Il me semble que il y a longtemps nous étions très-liés ensemble, mais dans un pays lointain et dans d'autres circonstances. Je vous prie, monsieur, sortez-moi de cette incertitude, et, si je ne suis pas abusée par une ressemblance, renouvelons les relations amicales que je retrouve comme un rêve dans mes souvenirs.

Le sieur Georges Pépusch éprouva en entendant ces gracieuses paroles une étrange impression. Sa poitrine se serrait, son front était brûlant, un frisson glacé agitait ses membres comme s'il eût été suivi d'un violent accès de fièvre.

Bien que cela ne pût guère signifier autre chose sinon que le sieur Pépusch était amoureux fou de la Hollandaise, cependant une autre cause pouvait expliquer l'état de trouble qui lui ôtait la parole et presque le sentiment.

Aussitôt que Dortje Elverding lui eut dit qu'elle le croyait avoir connu dans des temps éloignés, une figure vint en remplacer une autre en lui-même, comme une image dans une lanterne magique succède à un autre verre ; et il envisageait un passé déjà très éloigné, passé caché derrière le temps, où pour la première fois il avait goûté le lait de sa mère, et dans lequel passé il avait existé avec Dortje Elverding.

Bref, la pensée qui, après tant d'efforts de mémoire, prenait pour la première fois une forme claire et précise brillait dans ce moment comme un éclair, et cette pensée lui révélait que Dortje Elverding était la princesse Gamaheh, fille du roi Sekalis, qu'il avait déjà aimée dans ces temps verdoyants où il était le chardon Zéhérit. Il fit bien de ne faire part à personne de cette idée, car on l'aurait cru fou et peut-être bien enfermé, quoique l'idée fixe d'un maniaque puisse souvent n'être que l'ironie d'un être qui a précédé l'être actuel.

— Mais, au nom du ciel ! vous paraissez muet, monsieur !... dit la petite en touchant de son charmant petit doigt la poitrine de Georges.

Mais de cette pointe de doigt sortit un éclair électrique qui pénétra jusqu'au cœur de Georges et le tira de sa torpeur. Dans une complète extase, il saisit la main de la jeune fille, la couvrit de baisers et s'écria : — Céleste, divine créature !

Le bienveillant lecteur se fera facilement une idée de ce que le sieur Georges Pépusch put dire dans ce moment.

Il suffira de savoir que la jeune fille accueillit les protestations d'amour de Georges comme il pouvait le désirer, et que cette minute féconde en événements, passée dans un coin de la salle de Leuwenhoek, enfanta un amour qui mit d'abord le bon Georges Pépusch dans le ciel et le précipita après dans l'enfer. Le caractère de Pepusch étant naturellement mélancolique et partant grondeur et soupçonneux, la manière d'être de Dortje devait nécessairement faire naître de nombreuses occasions de jalousie. Ce défaut excitait l'humeur tant soit peu malicieuse de Dortje, et elle prenait plaisir à tourmenter son mieux le pauvre Georges.

Mais comme toute chose ne peut aller que jusqu'à une certaine limite, il arriva qu'à la fin Pépusch ne put plus longtemps retenir sa mauvaise humeur.

Une fois il parla ouvertement du temps merveilleux où le chardon Zéhérit avait si tendrement aimé la fille du roi Sekalis, et il se rappela avec l'enthousiasme du plus violent amour que son combat avec le roi Egel lui avait donné les droits les plus incontestables à sa main.

Dortje assura qu'elle se souvenait parfaitement de ce temps et de tous ces détails, et que ce pressentiment s'était justement éveillé dans son âme lorsque Pépusch avait fixé sur elle son regard de chardon.

La petite sut parler de ces choses merveilleuses avec tant de grâce, elle parut si enthousiasmée de l'amour du chardon Zéhérit, que la destinée avait poussé à étudier à Iéna et à retrouver ensuite à Berlin la princesse Gamaheh, que le sieur Georges Pépusch était dans l'Eldorado du ravissement. Les amants étaient à la fenêtre, et la jeune fille permit de amoureux Georges lui passât le bras autour du corps. Dans cette position pleine de laisser aller, ils causèrent ensemble, et de la causerie on vit aux souvenirs rêveurs des prodiges de Famagusta. Alors il arriva qu'un très-bel officier des hussards de la garde passa par là avec un uniforme complètement neuf, et salua très-amicalement la petite, qu'il avait connue dans les réunions de ce soir.

Dortje avait les yeux à demi fermés, et sa tête n'était pas tournée du côté de la rue : on aurait pu croire qu'il lui était impossible de remarquer l'officier ; mais le charme d'un brillant uniforme neuf est puissant. La petite, peut-être déjà avertie par le bruit significatif du sabre sur le pavé, leva les yeux, s'échappa des bras de Georges, ouvrit la fenêtre, jeta une petite main un baiser à l'officier, et le suivit des yeux jusqu'à ce qu'il eût tourné le coin de la rue.

— Gamaheh ! s'écria le chardon Zéhérit hors de lui : Gamaheh ! que signifie ceci ? Vous moquez-vous de moi ? Est-ce là la foi que vous avez jurée au chardon ?

La petite se retourna, se mit à rire à gorge déployée et s'écria :

— Allez, Georges, allez ! ne suis-je pas la fille du noble et vieux roi Sekalis ? N'êtes-vous pas le chardon Zéhérit ? Eh bien ! ce charmant officier est le génie Thétel, qui me plaît beaucoup plus que le triste et piquant chardon.

Et puis elle s'élança au dehors.

Georges Pépusch entra, comme on peut le croire, dans une fureur terrible et dans un violent désespoir ; il descendit à pas pressés chez lui en courant, comme s'il était poursuivi par mille diables. Le hasard voulut que Georges rencontrât un ami assis près d'une calèche de poste et prêt à partir.

— Attendez-moi, je voyage avec vous ! s'écria-t-il.

Il courut à sa maison, prit un pardessus, fourra de l'argent dans ses poches, remit la clef de sa chambre à son hôtesse, monta dans la calèche et s'éloigna avec son ami.

Malgré cette séparation hostile, l'amour pour la belle Hollandaise n'était nullement éteint dans le cœur de Georges, et il pouvait aussi peu se résoudre à abandonner les prétentions qu'il avait, comme chardon Zéhérit, à la main de Gamaheh. Il renouvela ces prétentions, lorsque quelques années il rencontra de nouveau Leuwenhoek à la Haye. Le lecteur sait déjà quelle ardeur il mit à les accompagner à Francfort.

Georges Pépusch courait désolé dans la nuit à travers les rues, lorsque la lueur extraordinaire d'une lumière qui partait des fentes d'un volet d'une chambre située au rez-de-chaussée d'une belle maison attira ses regards. Il crut que le feu était dans cette chambre, et grimpa après la grille pour regarder dans l'intérieur.

Ce qu'il aperçut le jeta dans un étonnement immense.

Un beau feu clair flambait dans la cheminée, placée juste en face de la fenêtre. Devant cette cheminée était assise ou plutôt couchée, dans un large fauteuil antique, la petite Hollandaise parée comme un ange. Elle paraissait dormir, tandis qu'un homme très-vieux et très-petit, portant sur le nez des lunettes, était agenouillé devant le feu et regardait un pot dans lequel il faisait probablement bouillir un breuvage.

Pépusch voulait s'élever encore plus haut pour mieux embrasser le groupe des yeux, lorsqu'il se sentit tout d'un coup saisi par les jambes et fortement tiré en bas. En même temps une voix rauque s'écria :
— Voyez-vous ce voleur? Allons, allons, au violon, mon cher !

C'était le garde de nuit qui avait vu Georges grimper à la grille, et qui s'imaginait naturellement qu'il voulait s'introduire dans la maison.

Georges, malgré ses protestations, fut livré par le garde de nuit à une patrouille qui était accourue à son aide, et ses pérégrinations nocturnes se terminèrent agréablement dans la prison du corps de garde.

TROISIÈME AVENTURE.

Apparition d'un nouveau monstre. — Éclaircissements lointains sur le sort de la princesse Gamaheh. — Remarquable liaison amicale inspirée par le sieur Peregrinus Tyss. — Renseignements sur le vieux monsieur qui loue un logement dans sa maison. — Très-singulier effet d'une assez petite lentille microscopique. — Arrestation inattendue du héros de l'histoire.

Toute personne à laquelle il arriverait dans une soirée des aventures semblables à celles qui survinrent à Peregrinus Tyss se trouverait dans une disposition d'esprit qui ne lui permettrait pas de dormir.

Le sieur Peregrinus se retournait dans son lit, et quand il en arrivait au délire qui précède ordinairement le sommeil, il retrouvait dans ses bras la belle petite créature et sentait sur ses lèvres ses brûlants baisers. Alors il se réveillait en sursaut et croyait encore, en veillant, entendre la douce voix d'Aline. Dans l'agitation brûlante qui le dévorait, il désirait qu'elle ne se fût pas enfuie, et cependant il craignait qu'elle ne rentrât, et he tant enlacé tout à fait dans des liens indissolubles.

Ce combat de sentiments contraires oppressait sa poitrine et le jetait dans une inquiétude jusqu'alors inconnue, mais en même temps pleine de charmes.

— Ne dors pas, Peregrinus, ne dors pas, noble cavalier; je veux parler un instant avec toi.

Ainsi murmurait une voix tout près de Peregrinus.

— Ne dors pas! ne dors pas! lui répétait-elle sans cesse, jusqu'au moment où il ouvrit enfin les yeux, qu'il tenait fermés, pour voir plus distinctement Aline.

A la lueur incertaine de sa lampe de nuit il aperçut sur la couverture blanche de son lit un petit monstre de la hauteur d'une palme tout au plus. Il en eut peur un moment, et puis il avança la main vers lui pour le saisir et ce n'était pas un jeu de sa fantaisie.

Le petit monstre disparut sans laisser de traces.

Mais déjà Peregrinus l'avait assez vu pour en conserver le souvenir.

Sa tête d'oiseau roulait deux yeux ronds et brillants, et de son bec de moineau sortait un grand objet roide et pointu, assez semblable à une mince rapière; il portait deux cornes au front. Le cou, comme c'est l'usage chez les oiseaux, commençait immédiatement au-dessous de la tête, et allait toujours en s'épaississant, de manière qu'il prenait de suite, sans transition, la forme du ventre, qui ressemblait à une noix et paraissait couvert d'écailles d'un brun sombre comme l'armadille. Mais ses bras et ses jambes étaient ce qu'il y avait en lui de plus étrange et de plus étonnant. Les premiers avaient deux articulations, et sortaient des deux joues de la créature juste près du bec, et de suite au-dessous de ces bras se trouvaient deux pieds, et plus loin deux autres pieds encore avec une double articulation comme les bras. Ces derniers pieds semblaient être ceux en qui la créature paraissait mettre sa confiance, car, outre qu'ils étaient plus longs et plus forts que les autres, ils étaient garnis de belles bottes dorées, avec des éperons de diamants.

Comme nous l'avons dit, le petit monstre avait disparu sans laisser de traces aussitôt que Peregrinus avait étendu la main vers lui, et il aurait certainement pris cette apparition pour un jeu de ses sens surexcités, si au coin du lit et en bas il n'eût entendu une douce voix qui s'exprimait ainsi :

— Au nom du ciel, mon cher Peregrinus, me serais-je abusé avec vous; hier vous avez agi si noblement avec moi, et aujourd'hui que je vais vous prouver ma reconnaissance, vous étendez vers moi une main meurtrière. Mon aspect vous est peut-être inconnu, et j'ai eu tort de me présenter à vous sous ma forme microscopique, afin que vous puissiez me voir, ce qui n'est pas si facile que vous pourriez le croire. Dans ce moment même je suis sur votre couvre-pied blanc, et vous ne me voyez pas le moins du monde. Ne vous offensez pas, Peregrinus, de ce que les nerfs de votre main ne sont vraiment un peu trop grossiers pour ma taille délicate. Mais jurez-moi que je suis en sûreté près de vous, et vous n'entreprendrez rien d'hostile contre moi, et alors je m'approcherai de vous et vous raconterai bien des choses qu'il vous sera très-utile de savoir.

— Dites-moi d'abord qui vous êtes, répondit Peregrinus à la voix, bon ami inconnu, le reste viendra tout seul. Je peux toutefois vous assurer d'avance que ma nature répugne à tout ce qui est hostile, et que je continuerai à agir noblement envers vous, bien qu'en même temps je ne puisse comprendre de quelle manière j'ai déjà pu vous prouver ma générosité. Toutefois, conservez toujours votre incognito, car votre vue n'a rien de bien gracieux.

— Je le répète avec plaisir, monsieur Peregrinus, reprit la voix après avoir légèrement toussé, vous êtes un homme noble, mais peu versé dans les sciences, et surtout un peu inexpérimenté. Sinon vous m'eussiez reconnu au premier coup d'œil.

Je pourrais vous parler d'une manière emphatique; je pourrais dire que je suis un de ces rois les plus puissants, et que je règne sur une immensité de millions de sujets; mais je n'en ferai rien, par une modestie naturelle, et aussi à la fin parce que le mot roi n'est pas tout à fait un terme bien exact ici.

Le peuple à la tête duquel j'ai l'honneur d'être placé vit en république. Un sénat, composé au plus de quarante-cinq mille neuf cent quatre-vingt-dix-neuf membres, peut remplacer le régent pour des choses de peu d'importance; mais celui-ci est à la tête du sénat et porte le nom de maître.

Et sans plus de périphrases, je vous apprends que moi qui vous parle, sans que vous puissiez me découvrir, je ne suis personne autre que maître Floh[1] !

Je ne doute pas un seul instant que vous ne connaissiez mon peuple, car vous avez certainement, très-honoré monsieur, rafraîchi et restauré avec votre sang bon nombre de ceux à qui je commande. Mais vous devez savoir au moins que mon peuple est animé d'un désir de liberté presque sans frein, et est particulièrement composé de sauteurs sans cervelle, toujours prêts à s'esquiver au solide établissement par des bonds incessants. Vous pouvez vous figurer, monsieur Peregrinus, le talent qu'il faut pour dominer un tel peuple, et par cela même vous aurez sans doute pour moi le respect qui m'est dû. Donnez-m'en l'assurance, monsieur Peregrinus, avant que je continue mon récit.

Pendant quelques instants il parut à Peregrinus qu'une grosse meule poussée par des eaux mugissantes tournait dans sa tête. Puis il reprit un peu de tranquillité, et il réfléchit que l'apparition de la dame étrangère chez le relieur Lammerhirt était tout aussi étonnante que ce qui se passait dans l'instant présent, et que ceci était peut-être la conséquence naturelle des incroyables aventures sous lesquelles il se trouvait jeté.

Il assura à maître Floh qu'il avait déjà pour ses talents une considération immense, et qu'il était d'autant plus curieux d'en apprendre de lui davantage, attendu que sa voix était très-timbrée et qu'une certaine délicatesse dans ses expressions faisait deviner la fine et charmante structure de son corps.

— Je vous remercie beaucoup, mon cher monsieur Tyss, reprit maître Floh, de la bonne opinion que vous avez de ma personne, et j'espère vous prouver que vous avez deviné juste.

Sachez maintenant, excellent homme, le service que vous m'avez rendu. Toutefois il est pour cela nécessaire que je vous raconte ma biographie tout entière.

Écoutez donc.

Mon père était le célèbre... mais je me rappelle que le beau don de la patience n'est pas la vertu particulière des lecteurs et de ceux qui écoutent, et je me rappelle aussi que les descriptions de la vie intime, autrefois si recherchées, sont maintenant en grande défaveur. Je veux donc être toujours logique, et n'indiquer légèrement et en matière d'épisode ce qui se rattache à mon séjour tout récent chez vous. Par cela même que je suis maître Floh, vous devez, cher monsieur Peregrinus, reconnaître en moi un être de la plus profonde érudition et de l'expérience la plus consommée dans toutes les branches de la science. Toutefois je mesures pas l'étendue de ma science à votre aune, car le monde étonnant où je vis avec mon peuple vous est complètement inconnu. Quel serait votre étonnement si vos sens s'ouvraient pour ce monde nouveau! Il vous semblerait l'empire des plus incompréhensibles prodiges! Ne trouvez donc pas étrange que tout ce qui vient de ces régions vous fasse l'effet d'une fable désordonnée sortie d'un cerveau présent; mais suivez attentivement mon récit, et confiez-vous à mes paroles.

Mon peuple est certainement bien plus avancé en beaucoup de points que vous autres hommes, dans tout ce qui a rapport par exemple à la connaissance des secrets de la nature, à la force, à l'agilité et à la souplesse du corps et de l'esprit. Cependant comme vous nous avons des passions, et souvent comme chez vous elles sont la source de bien des malheurs et parfois même de notre perte.

Et moi aussi j'étais aimé, adoré de mon peuple; ma souveraineté aurait pu me porter au comble de la félicité si je n'avais été aveuglé par une passion malheureuse pour une personne qui me dominait complètement sans pouvoir devenir jamais mon épouse. On reproche ordinairement à notre race un amour du beau sexe poussé quelquefois jusqu'à l'inconvenance. Lors même que ce reproche serait fondé, personne n'ignore aussi que, d'un autre côté...

Mais allons au fait.

Je vis la fille du roi Sekalis, la belle Gamaheh, et je devins aussitôt si fortement épris d'elle que j'oubliai mon peuple et moi-même, et vécus dans la plus parfaite joie, en m'égarant sur le plus beau cou,

[1] Maître Puce.

sur le plus beau sein, et en chatouillant l'admirable femme de mes doux baisers. Souvent elle me poursuivait de ses doigts de rose, sans jamais pouvoir me saisir. C'était pour moi comme une gracieuse caresse, comme le charmant badinage d'un amour heureux.

Quelle n'est pas la folie d'un amant, même lorsque cet amant est maître Floh !

Il vous suffira de savoir que la pauvre Gamaheh fut assaillie par l'affreux prince Egel, qui lui donna la mort par un baiser. J'aurais réussi à la sauver si un maître vantard et un maître sot ne s'étaient mal à propos mêlés dans cette affaire pour tout gâter. Le vantard était le chardon Zéhérit, et le maître sot le génie Thétel. Lorsque celui-ci m'enleva dans les airs avec la princesse endormie, je me cramponnai solidement à la dentelle de Bruxelles qu'elle portait au cou, et fus ainsi le compagnon de voyage de Gamaheh, sans être vu du génie. Il arriva que nous passâmes en volant au-dessus de la tête de deux mages qui observaient à ce moment d'une haute tour le cours des astres. Alors un des deux mages tourna de mon côté un verre d'une telle puissance que je fus ébloui de l'éclat de l'instrument magique. Je fus pris d'un tel vertige que j'essayai en vain de me retenir; je tombai, perdu sans espoir, de cette hauteur affreuse, mais heureusement sur le nez du mage, et ma légèreté, ma souplesse extraordinaire me sauvèrent la vie.

J'étais encore trop étourdi pour pouvoir m'élancer du nez du mage afin de me mettre tout à fait en sûreté, lorsque le monstre, le traître Leuwenhoek (c'était son nom) me donna la chasse de ses doigts habiles et me plaça aussitôt sous un microscope universel. Bien qu'il fût déjà nuit et qu'il dût pour cela allumer la lampe, c'était un observateur trop habile et trop au fait de la science pour ne pas me reconnaître pour maître Floh.

Ravi de l'heureux hasard qui lui jetait dans les mains un prisonnier de mon importance, et décidé à en tirer tout le parti possible, il me chargea de chaînes, et alors commença une captivité pleine de tourments, dont je fus hier matin délivré par vous, monsieur Tyss.

Avec ma possession, le terrible Leuwenhoek avait acquis plein pouvoir sur mes vassaux, qu'il rassemblait en troupe autour de lui, et auxquels il donnait, avec de durs traitements, une prétendue éducation qui nous priva bientôt de notre liberté et de tous les agréments de la vie. Quant à ce qui a rapport aux études, aux sciences et aux arts, Leuwenhoek reconnut bientôt, à son grand étonnement et à son humiliation grande, que nous étions presque plus instruits que lui. La haute éducation qu'il nous donnait par force consistait principalement en représentations dont nous devions être l'objet principal. Et cela amena une foule de nécessités qui nous étaient inconnues jusqu'alors, et auxquelles il fallut nous soumettre à la sueur de notre front. Nous devions prendre le costume de diverses professions, porter des armes, et ainsi de suite. Alors se formèrent parmi nous des tailleurs, des cordonniers, des friseurs, des brodeurs, des fabricants de boutons, d'armes, de sellerie, des armuriers, des carrossiers et une foule d'autres ouvriers qui ne travaillaient que pour satisfaire un luxe inutile et corrupteur.

Le pire de cela était que Leuwenhoek n'avait pour but que son propre intérêt, et qu'il ne montrait nos talents aux hommes que pour en tirer de l'argent. En outre, l'honneur de notre éducation n'en revenait qu'à lui, et il recevait les louanges que seuls nous avions méritées. Leuwenhoek savait fort bien qu'en me perdant il perdait l'empire sur mon peuple; il en resserrait encore le charme qui me liait à lui, et ma captivité n'en était que plus horrible.

Je pensais à la belle Gamaheh avec le plus ardent amour, et je cherchais les moyens de m'informer de son sort. Mais un hasard favorable m'apporta de lui-même ce que l'esprit le plus subtil n'aurait pu procurer. L'ami et l'associé de mon mage, le vieux Swammerdam, avait découvert la princesse Gamaheh dans la poussière de fleur d'une tulipe, et il avait fait part de cette découverte à son ami. Celui-ci, par des moyens que je ne prétendrai pas vous expliquer, mon bon monsieur Tyss, par la raison que vous n'y comprendriez rien, parvint à rendre la princesse sa forme naturelle et à la rappeler à la vie. En résumé, ces deux très-doctes personnes se montrèrent aussi sottement maladroites que le génie Thétel et le chardon Zéhérit. C'est-à-dire que, dans leur empressement, ils avaient oublié la chose principale, et il arriva que la princesse, dans l'instant même où elle revint à la vie, fut sur le point de la perdre encore. Moi seul savais ce qu'il fallait faire; l'amour pour la belle Gamaheh, qui brûlait dans mon cœur plus violemment que jamais, me donna des forces de géant. Je brisai mes chaînes et m'élançai d'un saut vigoureux sur l'épaule de cette belle.

Une seule piqûre me suffit pour remettre en mouvement le sang qui s'arrêtait. Elle vécut; mais je dois vous dire, monsieur Peregrinus, que cette piqûre doit être renouvelée si la princesse veut conserver sa jeunesse et sa beauté : sans cette précaution, elle deviendrait en quelques mois décrépite comme une vieille femme. Par cela même je lui deviens indispensable, et la seule crainte de la perdre explique l'ingratitude dont elle a payé mon amour. Elle me livra à l'affreux tourmenteur Leuwenhoek, qui me chargea de chaînes plus pesantes encore, mais pour son propre malheur. Malgré toutes ses précautions, je parvins enfin, dans un moment où la surveillance s'était ralentie, à m'élancer hors de ma prison. Malgré le poids incommode de mes bottes de cavalier, que je n'avais pas eu le temps de défaire, j'arrivai heureusement à la boutique de jouets d'enfants où vous faisiez vos achats. Presque au même instant, à ma grande frayeur, Gamaheh entra dans la boutique. Je me crus perdu; vous seul, noble monsieur Peregrinus, pouviez me sauver, je vous racontai tout bas mes peines, et vous eûtes la bonté d'ouvrir la boîte où je m'élançai, et avec laquelle vous partîtes à l'instant. Gamaheh me chercha en vain, et elle apprit seulement plus tard ma nouvelle évasion et le lieu de ma retraite.

Du moment où je fus en liberté, Leuwenhoek perdit toute puissance sur mon peuple. Ils s'échappèrent tous, et laissèrent au tyran par dérision des grains de poivre, des pepins de fruits, qu'ils mirent dans leurs habits. Merci, encore une fois, de grand cœur, pour votre bienfait, dont je vous serai reconnaissant plus que personne au monde; permettez-moi de rester quelques jours chez vous ; je pourrai vous être utile, plus utile que vous ne le croyez, sans doute, dans plusieurs circonstances de votre vie. Toutefois je pourrais regarder comme dangereux l'ardent amour qui vous enflamme pour l'être charmant...

— Que dites-vous, interrompit Peregrinus, que dites-vous, maître ? Moi, amoureux !

— Sans doute, continua maître Floh. Jugez de mon étonnement, de mon effroi, lorsque vous entrâtes hier, tenant la princesse dans vos bras et enflammé d'une sauvage ardeur, et surtout lorsqu'elle employa l'art de la séduction, qu'elle possède malheureusement trop bien, pour vous pousser à me livrer à elle. Mais là j'ai reconnu votre immense générosité; vous êtes resté inflexible, et avec une admirable habileté vous avez feint d'ignorer ma présence chez vous, et de ne pas absolument savoir ce que demandait la princesse.

— Et c'est aussi la vérité, interrompit Peregrinus, vous me savez gré de choses que j'ai faites sans intention. Dans la boutique où j'ai acheté les jouets d'enfants, je n'ai vu ni vous ni la charmante jeune femme qui est venue me rendre visite chez le relieur Lammer Hirt, et à laquelle il vous plaît de donner le nom étrange de Gamaheh. J'ignorais absolument que parmi les boîtes que j'emportais, et dans lesquelles je croyais n'avoir mis que du gibier de bois et des soldats de plomb, il s'en trouvât une dans laquelle vous aviez trouvé un refuge, et jamais il ne me serais imaginé que vous étiez le prisonnier de la gracieuse femme qui vous réclamait avec tant de violence. Ainsi, maître Floh, n'allez pas vous mettre en tête des choses dont je n'ai pas eu la moindre idée.

— Vous voulez, répondit maître Floh, échapper à ma reconnaissance par cet habile détour, cher monsieur Peregrinus, et cela, à ma grande joie, me donne encore une nouvelle et vive preuve de votre caractère désintéressé. Sachez donc, noble monsieur, que Leuwenhoek et Gamaheh s'efforceront en vain de me reprendre, tant que vous m'accorderez votre protection. Il faut que vous me remettiez volontairement dans les mains de mes tourmenteurs; tout autre moyen serait inutile.

— Monsieur Peregrinus, vous êtes amoureux.

— Oh ! ne dites pas cela, interrompit Peregrinus, ne nommez pas amour un fol emportement qui n'a duré qu'une minute et qui est déjà passé.

Et en parlant ainsi, la punition du mensonge se fit sentir ; à l'instant même son visage se couvrit de rougeur, et il cacha sa tête sous la couverture.

— Il n'y a rien d'étonnant, continua maître Floh, que vous n'ayez pu résister aux admirables attraits de la princesse Gamaheh, lorsqu'elle a employé contre vous les filets maints charmes que savent employer aussi bien d'autres femmes charmantes, sans être pour cela princesses de Gamaheh : elle cherchera à s'emparer de vous d'une manière si complète , que vous ne vivrez plus que pour elle, pour obéir à ses caprices, et alors malheur à moi ! Il s'agira de savoir si votre grand cœur est assez fort pour triompher de sa passion, ou s'il préfère céder aux désirs de Gamaheh et jeter de nouveau dans le malheur non-seulement votre protégé, mais encore tout un peuple infortuné que vous avez arraché à l'esclavage; ou bien vous résisterez aux manœuvres séductrices de cet être faux et méchant, et vous ferez le bonheur de mon peuple. Oh ! si vous vouliez, si vous pouviez être assez fort pour me le promettre !

— Maître, répondit Peregrinus en sortant sa tête de la couverture, cher maître, vous avez raison, rien n'est plus dangereux que les séductions des femmes, elles sont toutes fausses, perfides; elles jouent avec nous comme les chats avec les souris, et en retour de nos tendres efforts, elles nous renvoient la raillerie et le dédain. C'est pour cela que la sueur froide de la mort couvrait mon front chaque fois que je m'approchais d'un être de ce sexe, et je crois qu'Aline, ou, si vous voulez, la princesse Gamaheh, fait partie, bien que mon cerveau humain assez malade ne puisse rien comprendre à tout ceci et qu'il me semble que je fais un rêve confus, et que je lis un volume des *Mille et une Nuits*. Mais, quoi qu'il arrive, je vous ai pris sous ma protection, cher maître, et rien ne pourra me faire vous livrer à vos ennemis., et d'ailleurs je ne veux jamais revoir cette jeune séductrice. Je vous le promets solennellement, et je vous tendrais en même temps la main, si vous en aviez une qui fût capable de répondre au loyal serrement de la mienne.

Et en disant cela, Peregrinus sortit son bras de la couverture et le tendit en avant.

— Eh bien, reprit l'invisible, maintenant je suis consolé et tout à fait tranquille. Si je ne peux vous tendre la main, permettez-moi au moins de vous piquer le pouce droit pour vous témoigner ma joie et sceller plus étroitement encore le pacte de notre amitié.

Peregrinus sentit aussitôt au pouce de la main droite une piqûre tellement douloureuse qu'il ne pouvait évidemment avoir été faite que par le maître de toutes les puces.

— Vous piquez comme le diable! s'écria Peregrinus.

— Que ceci, répliqua maître Floh, vous soit une vive preuve de mon cordial dévouement; mais il est juste que je vous laisse un gage de ma reconnaissance qui appartient à ce que l'art a jamais fait de plus admirable. Ce n'est rien autre chose qu'un microscope, qu'un opticien de mon peuple fit lorsqu'il était encore au service de Leuwenhoek. L'instrument vous paraîtra peut-être un peu petit, car il est en effet cent vingt fois moins gros qu'un grain de sable; mais sa grosseur n'a rien de commun avec son usage. Je vais poser ce verre dans la pupille de votre œil gauche, et cet œil deviendra microscopique. L'effet vous en surprendra, mais je ne veux vous en rien dire et vous prier de me permettre d'entreprendre cette opération, persuadé comme je le suis que cet œil microscopique vous sera très-utile. Et maintenant dormez bien, monsieur Peregrinus, vous avez encore besoin de repos.

Peregrinus s'endormit en effet, et se réveilla au grand jour. Il entendit le frottement bien connu du balai de la vieille Aline, qui mettait en ordre la chambre voisine.

Un petit enfant pris en faute ne craint pas plus les verges de sa mère que Peregrinus ne craignait les reproches de la vieille femme. Celle-ci entra enfin sans bruit et portant le café. Peregrinus jeta un coup d'œil de sa couverture, et resta tout étonné en voyant le rayon de soleil qui animait la figure de la gouvernante.

— Dormez-vous encore, cher monsieur Tyss? demanda la vieille du ton le plus doux qu'elle pût tirer de son gosier.

— Non, chère Aline; laissez le déjeuner sur la table, je vais sortir à l'instant du lit.

Lorsque Peregrinus se leva en effet, il lui sembla sentir dans la chambre le doux souffle de la charmante créature qu'il avait tenue dans ses bras; il éprouvait une impression inconnue et mêlée d'une certaine terreur; il aurait voulu savoir pour tout au monde ce qu'était devenu le secret de son amour, car l'être charmant s'était montré et puis s'était évanoui comme le secret lui-même.

Pendant qu'il s'efforçait en vain de boire son café et de mordre dans son petit pain, la vieille entra et se mit à faire çà et là différentes choses, tandis qu'elle murmurait tout bas :

— Étrange, incroyable ! à quoi ne peut-on pas s'attendre ? qui se serait imaginé rien de pareil ?

Peregrinus, qui ne put plus longtemps maîtriser les battements de son cœur, lui demanda :

— Qu'y a-t-il d'étrange, chère Aline ?

— Bien des choses, bien des choses ! répondit la vieille en souriant avec malice, et elle continua à ranger la chambre.

La poitrine du pauvre Peregrinus prête à se briser, et involontairement il s'écria avec l'accent du plus douloureux désir :

— Ah ! Aline !

— Oui, monsieur Tyss, je suis là : que voulez-vous ? dit la vieille en se plaçant tout à coup devant Peregrinus, comme pour attendre ses ordres.

Peregrinus jeta un coup d'œil sur l'affreux visage cuivré et ridé de la vieille, et l'espèce d'horreur qu'il éprouva fit naître en lui un sentiment subit de mauvaise humeur.

— Qu'est devenue la dame qui était ici hier au soir? demanda-t-il d'une voix rude. Lui avez-vous ouvert la porte de la rue ? avez-vous été lui chercher une voiture, comme je vous l'avais ordonné ? L'a-t-on reconduite chez elle ?

— Ouvert la porte ! dit la vieille avec une fatale grimace, destinée à prendre la forme d'un sourire malicieux, allé chercher une voiture! reconduite à la maison ! Tout cela était inutile. La belle dame, la charmante créature, est restée dans la maison ; elle y est encore, et ne la quittera pas de sitôt.

Peregrinus éprouva un joyeux effroi. Alors la vieille lui raconta que, lorsque la belle dame avait descendu les marches d'un saut, le vieux M. Swammer s'était trouvé sur la porte de sa chambre, avec un très-grand flambeau dans les mains, et, avec beaucoup de salutations, l'avait engagée à entrer chez lui, ce qu'elle avait fait sans façon, et alors le sieur Swammer avait fermé et verrouillé sa porte.

— La conduite de M. Swammer, le misanthrope, continua Aline, m'a paru si singulière, que je n'ai pu m'empêcher d'écouter un peu à la porte, et de jeter un rapide regard par le trou de la serrure, et, là, le sieur Swammer s'est tenu au milieu de la chambre et a parlé à la dame avec un accent si touchant et si plaintif que les larmes m'en sont venues aux yeux, bien que je n'aie pas compris un seul mot, car le sieur Swammer parlait dans une langue étrangère. Mais je n'ai pas douté un seul instant qu'il ne se soit donné tant de peines pour remettre la dame dans le chemin de la vertu et de la crainte du Seigneur. Toujours est-il qu'il s'est échauffé de plus en plus, jusqu'à ce que la dame fût tombée à genoux devant lui, et lui eût respectueusement baisé la main après avoir versé quelques larmes. Alors le sieur Swammer a relevé la dame, l'a embrassée sur le front et l'a conduite dans un fauteuil.

Et puis il s'est occupé d'allumer un grand feu, a préparé devant un breuvage, qui, à ce que j'ai pu comprendre, m'a paru être du vin chaud.

Malheureusement, j'ai pris à ce moment du tabac, et j'ai éternué assez fort ; mais j'ai tremblé de tous mes membres et suis restée presque anéantie lorsque le sieur Swammer a étendu son bras vers la porte, et d'une voix terrible, qui m'a pénétrée jusqu'à la moelle des os, il s'est écrié :

— Retire-toi, Satan qui épie !

Je ne sais comment je suis revenue dans ma chambre, et le matin, en ouvrant les yeux, il m'a semblé voir un spectre. Le sieur Swammer était devant mon lit. Il portait une pelisse doublée de zibeline, avec des ganses et des glands d'or, et il avait le chapeau sur la tête et la canne à la main.

— Bonne dame Aline, m'a-t-il dit, d'importantes affaires m'appellent au dehors, je ne reviendrai probablement dans quelques heures. Faites attention, je vous prie, qu'il ne se fasse aucun bruit sur le palier de mon appartement, et que personne ne se hasarde à essayer d'entrer chez moi. Une grande dame, une princesse étrangère enfin, pour que seule vous le sachiez, et belle et riche, s'est réfugiée chez moi. J'ai été dans le temps son instituteur à la cour royale de son père ; c'est pourquoi elle a confiance en moi, et je veux et je dois la protéger contre tout danger. Je vous dis cela, dame Aline, pour que vous rendiez à cette dame les honneurs dus à son rang. Si le sieur Tyss le permet, je prendrai vos services en considération, si vous serez royalement récompensée, si vous pouvez toutefois vous taire et ne parler à personne du séjour de la princesse chez moi.

Et puis M. Swammer s'est éloigné précipitamment.

— Mais, comment, demanda Peregrinus, cette dame que j'ai rencontrée chez le relieur dans la rue Kalbach peut-elle être une princesse réfugiée chez M. Swammer ?

— Pour moi, reprit Aline, je crois plus encore les paroles de M. Swammer que ce que mes yeux ont vu. Et c'est probable que ce qui est arrivé dans la chambre du relieur Lammerhirt était une vision magique, ou bien peut-être le trouble de la fuite a-t-il porté la princesse à une démarche aussi singulière. Au reste, j'apprendrai tout cela de sa bouche.

— Et qu'avez-vous fait des soupçons et des mauvaises pensées que vous aviez sur le compte de cette dame ? reprit Peregrinus, mais uniquement pour prolonger la conversation sur ce sujet.

— Ah ! tout cela est parti, dit la vieille en prenant un air mielleux. Il suffit de voir un seul moment en face la chère dame pour voir qu'elle est évidemment princesse, et avec cela belle comme un ange. Lorsque M. Swammer fut parti, je regardai encore un peu par le trou de la serrure pour voir ce qu'elle faisait. Elle était couchée sur un sofa, sa jolie petite tête appuyée sur une main, de sorte que les boucles de sa chevelure noire animaient l'air de couler entre ses doigts blancs comme la neige ; ce qui faisait le meilleur effet du monde. Elle avait une robe de gaze d'argent, qui laissait voir à travers son léger tissu sa charmante poitrine et ses bras ronds et délicats. Elle portait aux pieds des pantoufles dorées; une d'elles était tombée, ce qui permettait de voir qu'elle n'avait point de bas, et le pied nu dépassait la robe. C'était un charmant spectacle. Elle est encore probablement étendue sur le sofa, et si vous voulez regarder par le trou de la serrure, monsieur Tyss...

— Que dis-tu ? interrompit Peregrinus avec violence : moi, j'irais contempler un spectacle capable de m'entraîner à mille folies peut-être !...

— Courage, Peregrinus, résiste à la tentation ! murmura tout près de Peregrinus une voix que celui-ci reconnut pour celle de maître Floh.

La vieille sourit mystérieusement, et elle reprit après une légère pause :

— Je vous dirai franchement, monsieur Tyss, ce que je pense de tout ceci. Que la dame étrangère soit ou ne soit pas une princesse, il n'en reste pas moins vrai qu'elle est très-riche et très-grande dame, et que M. Swammer s'intéresse vivement à elle, parce qu'il la connaît depuis longtemps. Et pourquoi s'est-elle réfugiée chez vous, cher monsieur Tyss ? Évidemment parce qu'elle était amoureuse de vous à en mourir, et que l'amour rend fou et porte une princesse comme les autres aux aventures les plus étranges et les plus inattendues.

Une bohémienne avait prophétisé à feu madame votre mère que vous trouveriez le bonheur dans un mariage tout à fait inattendu. Cela peut se vérifier...

Et Aline fit de nouveau une description des attraits de la charmante jeune dame.

On peut se figurer l'agitation de Peregrinus.

— Plus un mot de toutes ces choses, dame Aline! s'écria-t-il tout à coup. Cela a-t-il le sens commun? Une dame pareille être amoureuse de moi!

— Dame, reprit la vieille, si cela n'était pas, elle n'aurait pas si misérablement soupiré, elle ne se serait pas écriée d'une voix si larmoyante :

— Non, cher Peregrinus, mon doux ami, tu ne seras pas, tu ne peux pas être aussi cruel envers moi! Je te reverrai pour jouir d'un bonheur céleste...

Et cette dame n'a-t-elle pas tout bouleversé M. Swammer? M'a-t-il jamais donné un centime autre qu'un écu de six livres à la veille de Noël? Ce matin il m'a fait cadeau de ce beau carolin blanc, avec une figure épanouie qui n'est pas dans ses habitudes, et cela comme une douceur donnée par avance pour les services que je pourrais rendre à la dame? Il y a quelque chose là-dessous. Que voulez-vous parier que M. Swammer viendra vous faire des propositions de mariage?

Et alors la vieille vanta de nouveau les charmes et la grâce de la dame avec un tel enthousiasme, que Peregrinus enflammé se leva tout à coup et s'écria comme hors de lui-même :

— Il en sera ce qui doit en être. Allons, descendons pour regarder au trou de la serrure!

En vain maître Floh, qui avait sauté sur la cravate de Peregrinus et s'était caché dans un pli, essaya-t-il de faire entendre maintes remontrances au passionné Peregrinus. Celui-ci n'y fit pas attention, et maître Floh apprit, ce qu'il aurait dû savoir depuis bien longtemps, que l'on peut se faire écouter du plus entêté des hommes, mais jamais d'un amoureux.

La dame était en effet étendue sur un sofa, comme l'avait dit la vieille, et Peregrinus trouva que la parole humaine n'était capable d'exprimer les charmes célestes répandus sur cette charmante créature. Son costume de gaze d'argent, avec de singulières broderies, était tout fantastique, et pouvait passer pour un négligé très-convenable que la princesse Gamaheh portait peut-être à Famagusta au moment où le méchant prince Egel l'avait fait mourir d'un baiser.

Au reste, le costume était si ravissant et si étrange, qu'il est à supposer que l'invention n'en avait pu avoir été conçue ni par la cervelle du plus habile costumier de théâtre ni par l'esprit de la plus sublime modiste.

— Oui, c'est elle, c'est la princesse Gamaheh! murmura Peregrinus tout tremblant de joie et d'ardents désirs.

Mais lorsque la charmante enfant dit en soupirant :

— Peregrinus, mon Peregrinus!...

Alors le délire de la plus folle passion s'empara de Peregrinus, et sans une angoisse indicible qui lui ôta l'énergie de la décision, il eût enfoncé les portes pour se précipiter aux pieds de cette image des anges.

Puisque tout jeune homme qui aime pour la première fois s'éprend d'un objet céleste où lui dit d'un ange, que l'on veuille bien aussi permettre à Peregrinus de regarder Dortje Elverding comme un être au-dessus de l'humanité.

— Reprenez vos sens, pensez à votre serment, mon honorable monsieur Tyss. Vous ne voulez plus jamais revoir la séductrice Gamaheh, et maintenant... Je pourrais vous jeter dans l'œil votre microscope; mais vous devez avoir remarqué déjà que la méchante petite sait que vous êtes là depuis longtemps, et que tout ce qu'elle fait est un calcul artificieux pour vous séduire. Ayez confiance en moi, je n'ai que de bonnes intentions.

Maître Floh murmurait ces paroles dans un pli de la cravate. Malgré tout le doute inquiet qui s'élevait dans l'âme de Peregrinus, celui-ci ne pouvait s'arracher de ce spectacle enchanteur, tandis que la petite, profitant de ce qu'elle paraissait ne pas savoir qu'elle était observée, prenait à chaque instant de nouvelles poses plus séduisantes, et s'entendait à mettre hors de lui-même le pauvre Peregrinus.

Celui-ci serait peut-être encore sur le palier de l'appartement mystérieux, ou bien il aurait fini par sonner de toutes ses forces; mais la vieille l'avertit que le vieux M. Swammer rentrait, et Peregrinus remonta rapidement les escaliers pour retourner dans sa chambre.

Là, il s'abandonna tout entier à ses pensées amoureuses; mais en même temps les soupçons éveillés par les avertissements de maître Floh lui revinrent à l'esprit.

— Dois-je croire véritablement, se demanda-t-il, que cette belle créature est la princesse Gamaheh, la fille d'un grand roi? Si cela est vrai, ne serait-ce pas une folie à un homme comme moi d'aspirer à la possession d'une si haute personne? Et si elle demande que je lui livre un prisonnier, dont dépend son existence (et cela serait conforme aux assertions de maître Floh), alors il est à peu près indubitable que tout ce que je peux prendre pour de l'amour n'est qu'un moyen qu'elle emploie pour me faire consentir à sa demande. Cependant la quitter, la perdre, c'est l'enfer, c'est la mort!

Peregrinus fut tiré de ces réflexions douloureuses par un coup discrètement frappé à la porte.

Celui qui entra n'était autre que le locataire du sieur Peregrinus, le vieux Swammer, autrefois un affreux vieillard courbé et morose. Il paraissait tout d'un coup rajeuni de vingt ans; son front était sans rides, son œil vif, sa bouche riante; il portait en place de sa laide perruque des cheveux blancs bien à lui, et, comme l'avait dit Aline, une belle pelisse remplaçait la redingote grise.

Il s'avança vers Peregrinus avec une mine joyeuse qui ne lui avait jamais appartenu jusqu'alors.

— Je serais au désespoir, lui dit-il, de vous déranger de vos affaires, mais mon devoir de locataire me force à vous avertir que cette nuit j'ai dû accorder l'hospitalité à une femme désolée, qui venait de se soustraire à la tyrannie d'un de ses oncles. Comme elle doit séjourner quelque temps ici, j'ai cru devoir en prévenir mon bon propriétaire, et lui demander son agrément à ce sujet.

— Et quelle est cette femme? répondit Peregrinus involontairement, et sans penser que cette demande était justement celle qu'il fallait faire pour se mettre sur la trace de cet étrange secret.

— Il est juste, répondit le sieur Swammer, qu'un maître de maison connaisse les personnes qui viennent demeurer chez lui. Apprenez donc, mon estimable monsieur Tyss, que la jeune fille qui s'est réfugiée chez moi n'est autre que la charmante Hollandaise Dortje Elverding, nièce du célèbre Leuwenhoek, qui, vous le savez, donne ici des représentations microscopiques. Leuwenhoek est de mes amis, toutefois je dois reconnaître qu'il est un homme dur, et que la jeune Dortje, qui est aussi ma filleule, est affreusement maltraitée par lui. Une sortie terrible qu'il lui fit hier au soir a contraint la jeune fille à s'échapper, et il est tout naturel qu'elle soit venue chercher chez moi aide et protection.

— Dortje Elverding? Leuwenhoek? dit Peregrinus rêvant à moitié. N'est-ce pas un descendant du naturaliste Antoine de Leuwenhoek, qui fit des microscopes si renommés?

— On ne peut assurer que Leuwenhoek soit précisément un descendant de cet homme célèbre, répondit le sieur Swammer en riant, puisque c'est cet homme célèbre lui-même, et que ceux-là disent un mensonge qui prétendent qu'il fut enterré à Delft, il y a cent ans environ. Soyez-en certain, monsieur Tyss, sans cela vous auriez de la peine à croire que, bien que par abréviation et pour ne pas donner à causer aux niais sur les objets de ma science, je me nomme Swammer, je n'en suis pas moins le célèbre Swammerdam. Tout le monde prétend que je suis mort en 1680. Mais remarquez, monsieur Tyss, que je suis là devant vous, bien vivant et en pleine santé, et que je puis démontrer que j'existe à tout le monde, même aux plus sots, par biblia naturæ. Vous me croyez, n'est-ce pas, monsieur Tyss?

— Il m'est arrivé tant de choses incroyables depuis si peu de temps, dit Peregrinus d'un ton qui décelait son trouble intérieur, que si tout cela ne m'était pas prouvé par le témoignage de mes sens, j'en douterais éternellement. Mais maintenant j'admets tout, même les choses les plus impossibles et les plus extravagantes. Il se peut que vous soyez le feu sieur Johann Swammerdam, et qu'en votre qualité de revenant vous soyez plus instruit que les autres hommes; quant à la fuite de Dortje Elverding ou princesse Gamaheh, ou tout autre nom qu'il vous plaira de lui donner, vous êtes dans une erreur complète. Apprenez tout ce qui s'est passé.

Et il lui raconta son aventure avec la dame, depuis son entrée chez Lämmer Hirt jusqu'au moment où elle avait été recueillie par le sieur Swammer.

— Il me semble, dit le sieur Swammer lorsque Peregrinus eut terminé son récit, que tout ce qu'il vous a plu de me raconter est un rêve étonnant, mais en même temps rempli de délices. Je ne m'en occuperai pas toutefois davantage, et vous demanderai votre amitié, dont j'aurai peut-être très-grand besoin. Oubliez mes mauvaises sauvages, et permettez-moi de vous fréquenter davantage. Votre père était un homme d'une haute intelligence, et c'était mon ami; mais son fils l'emporte de beaucoup sur lui sous le rapport des sciences, du jugement et de la sûreté du coup d'œil dans les choses de la vie. Vous ne sauriez croire combien je vous estime, mon excellent, mon très-digne monsieur Tyss.

— Maintenant il est temps, murmura maître Floh.

Et dans le même instant Peregrinus sentit dans la pupille de l'œil une légère douleur qui ne dura qu'un moment. Il comprit que maître Floh lui avait mis dans l'œil le verre microscopique.

L'effet en vrai allait bien au delà de tout ce qu'il eût pu imaginer.

Derrière la peau épaisse du sieur Swammer, il remarqua des nerfs étranges et des ramifications dont il lui fut permis de suivre les détours merveilleux variés jusqu'au plus profond du cerveau.

Il reconnut que c'était la pensée de Swammer, et elle disait à peu près :

— Je ne m'attendais pas à en être quitte à si bon marché, et je croyais être interrogé plus habilement. M. le papa était un homme assez nul, mais le fils l'est encore plus, et il joint à cela une assez jolie dose d'originalité enfantine. Il vient me narrer avec une niaise naïveté toute son histoire avec la princesse, et il ne lui vient pas dans l'idée qu'elle m'a déjà raconté tout cela, comme devait le faire présumer une intimité établie avec elle depuis bien longtemps. Mais qu'importe! il me faut faire l'aimable avec lui, puisqu'il m'est nécessaire. Il est assez confiant pour croire tout ce que je voudrai bien lui dire, et assez stupidement bienveillant pour se sacrifier pour mes intérêts. Quant à ma reconnaissance, il peut s'attendre à ce que, lorsque tout aura réussi et que Gamaheh m'appartiendra de nouveau, je rirai bien de lui derrière son dos.

— Il me semble, dit le sieur Swammer en s'approchant plus près de Peregrinus, qu'il y a une puce sur votre cravate, mon cher monsieur Tyss.

— Diantre! disait la pensée, serait-ce véritablement maître Floh? ce serait une maudite affaire, si Gamaheh avait dit juste!

Peregrinus se rejeta vivement en arrière, en ajoutant qu'il ne détestait pas les puces.

— Alors je vous fais mille compliments respectueux, mon cher et très-estimable monsieur Tyss, dit le sieur Swammer en s'inclinant beaucoup plus bas.

— Je voudrais que Satan l'étranglât, maudit animal! disait la pensée.

Maître Floh retira le verre de la pupille de l'œil de Peregrinus écrasé d'étonnement, et lui dit:

— Vous avez reconnu, monsieur Peregrinus, le surprenant effet d'un instrument dont on ne trouvera jamais le pareil dans le monde, et vous pouvez penser quel avantage il vous donne sur les autres hommes, dont les pensées les plus profondes sont dévoilées à vos yeux. Mais si vous portiez constamment ce verre dans l'œil, la connaissance des pensées des autres vous annihilerait, car vous n'éprouveriez que trop souvent le désappointement qui vous est survenu tout à l'heure. Lorsque vous quitterez votre maison, je resterai avec vous placé dans votre cravate, votre jabot ou tout autre endroit favorable ou commode. Lorsque vous voudrez connaître la pensée de la personne qui parlera avec vous, il vous suffira de faire claquer votre pouce, et vous aurez à l'instant le verre dans l'œil.

Peregrinus, comprenant l'immense importance de ce présent, voulait s'épuiser en chaudes actions de grâces, lorsque deux estafiers du grand conseil entrèrent et lui annoncèrent qu'il était accusé d'un grand méfait, et que cette accusation nécessitait son arrestation préventive et la visite de ses papiers.

Peregrinus jura haut et clair qu'il ne se reconnaissait pas coupable de la moindre faute.

Un des employés dit en souriant que son innocence complète serait peut-être reconnue dans quelques heures, mais que jusqu'à ce moment il devait se conformer aux ordres de l'autorité.

Peregrinus n'eut rien de mieux à faire que de monter dans la voiture et de se laisser emmener en prison.

On peut s'imaginer tout ce qu'il éprouva en passant devant l'appartement de M. Swammer.

Maître Floh s'étala dans la cravate du prisonnier.

QUATRIÈME AVENTURE.

Rencontre inattendue de deux amis. — Désespoir d'amour du chardon Zéhérit. — Combat d'optique de deux mages. — État de somnambulisme de la princesse Gamaheh. — Les pensées du songe. — Comment Dertje Elverding dit presque la vérité, et comment le chardon Zéhérit se sauve avec elle.

On reconnut bientôt que le garde de nuit s'était trompé en arrêtant le sieur Pepusch comme un voleur de nuit. Mais comme on prétendit absolument voir quelque irrégularité dans ses papiers, on l'invita à trouver un répondant parmi les bourgeois patentés de la ville de Francfort, faute de quoi il lui faudrait se résigner à séjourner à la préfecture.

Georges Pepusch se trouvait donc dans une très-jolie chambre, où il se fatiguait à chercher la personne qui pourrait lui servir de répondant dans la ville. Il était resté absent si longtemps, qu'il pouvait craindre d'avoir été oublié même de ceux qui l'avaient autrefois intimement connu, et il ignorait aussi leurs adresses actuelles.

Il regardait devant lui, et commençait à maudire sa destinée, lorsqu'une fenêtre s'ouvrit tout à coup près de lui; une voix s'écria:

— Comment! en croirai-je mes yeux? est-ce toi, Georges?

Le sieur Pepusch ne fut pas médiocrement surpris lorsque, en regardant celui qui l'interpellait ainsi, il reconnut un ami avec lequel il avait vécu dans la liaison la plus intime pendant son séjour à Madras.

— Comment, s'écria-t-il, comment peut-on avoir assez peu de tête et été aussi oublieux? Je savais que tu avais heureusement arrivé à tes foyers. J'avais entendu parler beaucoup à Hambourg de ton singulier genre de vie, et une fois arrivé à Francfort, il ne m'est pas venu dans l'idée d'aller te rendre visite. Maintenant je bénis le hasard qui t'a conduit ici. Tu vois, je suis en prison, et tu peux me faire mettre immédiatement en liberté en certifiant que je suis le Georges Pepusch que tu connais depuis longtemps, et non pas un brigand ou un voleur.

— Je suis, en vérité, s'écria Peregrinus Tyss, un excellent garant pour toi, car je suis aussi prisonnier.

Et il raconta à son ami comment à son retour à Francfort il s'était trouvé orphelin, et comment depuis il avait tristement vécu, dans une complète solitude au milieu d'une ville bruyante, se complaisant seulement dans les souvenirs du passé.

— Oh! oui, répondit Pepusch de mauvaise humeur, j'en ai entendu parler; on m'a raconté les folies que tu faisais en passant ta vie dans des rêves d'enfant. Tu veux être un héros de sensiblerie, d'enfantillage, et pour cela tu te ris des réclamations de la société, à laquelle tu dois compte de ton intelligence; tu donnes des repas de famille imaginaires, et tu fais distribuer aux pauvres des mets délicats et les vins précieux que tu as fait servir pour des morts. Tu te fais à toi-même des cadeaux aux jours de Noël, et tu joues le rôle d'un jeune garçon, et tu donnes à de pauvres enfants les objets d'étrennes pareils à ceux que l'on ne voit que dans les maisons des riches. Et tu ne réfléchis pas que pour les pauvres c'est un triste bienfait que de flatter un instant leur gourmandise, pour leur faire sentir après doublement le poids de leur misère, lorsqu'il leur faut ronger, pour apaiser leur faim déchirante, des mets à peine mangeables, et dont un chien délicat ne voudrait pas.

Pour ma part, ces libéralités me révoltent, quand je vois dépenser ainsi dans un jour ce qui suffirait à les nourrir un grand mois d'une manière convenable.

Tu combles des enfants indigents de jouets éclatants, et tu ne réfléchis pas qu'un sabre de bois bariolé de couleurs brillantes, qu'une poupée en chiffons, un coucou, la moindre friandise donnée par leurs parents leur eût fait autant et peut-être plus de plaisir. Mais ils mordent dans ta damnée frangipane à s'en rassasier et à s'en rendre malades, et la connaissance de ces friandises babiolées, qui leur seront refusées plus tard, jette dans leur âme un germe de mécontentement et de déplaisir. Tu es riche, dans la force de l'âge, et cependant tu fuis tout commerce avec les autres, et tu repousses ainsi l'approche des sentiments doux et agréables qui te feraient tant de bien. Je veux bien croire que la mort de tes parents t'a donné un coup terrible; mais si chaque homme qui a éprouvé une perte sensible se retirait ainsi dans son coin, le monde deviendrait bientôt un cimetière, et pour ma part je n'y voudrais pas vivre. Tu ne t'aperçois pas, mon cher ami, que tu te laisses dominer par un égoïsme qui se cache derrière une étrange misanthropie.

Peregrinus, si tu ne changes pas ton genre de vie et la manière de régir ta maison, je n'aurai plus pour toi aucune estime, et je te retirerai mon amitié.

Peregrinus fit claquer son pouce, et aussitôt maître Floh lui jeta le verre dans l'œil.

Les pensées de Pepusch courroucé disaient:

— N'est-ce pas un malheur qu'un homme aussi intelligent et aussi sensible suive une route si dangereuse, qui le conduirait à la fin au plus complet marasme? Il est hors de doute que son esprit tendre et naturellement porté à la mélancolie n'a pu supporter le coup que lui portait la perte de ses parents, et qu'il a cherché sa consolation dans une manière de vivre qui touche à la folie. Il est perdu si je ne lui tends la main. Je veux l'attaquer d'autant plus vigoureusement et lui peindre sa folie avec des couleurs d'autant plus noires, que je l'estime davantage, et que je veux toujours être pour lui un ami véritable.

Et Peregrinus reconnut en effet qu'il avait trouvé un ami véritable dans Pepusch irrité.

— Georges, dit Peregrinus après que maître Floh lui eut retiré le verre de l'œil, je ne chercherai pas à te justifier ce que tu trouves de blâmable dans mon genre de vie, car je sais que tes intentions sont bonnes; toutefois je dois te dire que ma poitrine palpite d'aise quand je peux causer aux pauvres une journée de joie, et si cela est un bien deux égoïsme, bien qu'alors je ne pense nullement à moi-même, au moins est-ce un égoïsme involontaire. Ce sont des fleurs semées dans ma vie, qui sans cela s'offrirait l'apparence d'un champ triste, inculte et hérissé de chardons.

— Qu'as-tu à dire contre les chardons? s'écria violemment Pepusch; pourquoi méprises-tu les chardons et leur opposes-tu les fleurs? Es-tu assez peu versé dans la connaissance de la nature pour ignorer que la plus belle de toutes les fleurs n'est autre chose qu'un chardon épanoui? Je parle du cactus grandiflorus, et le chardon Zéhérit n'est-il pas aussi le plus beau cactus de la terre? Peregrinus, je te l'avais caché jusqu'à présent, ou du moins j'avais dû te le cacher parce que je m'en avais pas encore la parfaite certitude, mais apprends aujourd'hui que je suis le chardon Zéhérit, et que je ne veux pas céder et ne céderai pas mes prétentions à la main de la belle, la céleste princesse Gamaheh, fille du grand roi Sekalia. Je l'ai retrouvée, mais au même instant les damnés veilleurs de nuit m'ont arrêté et m'ont traîné en prison.

— Comment! s'écria Peregrinus à moitié pétrifié d'étonnement, tu es enveloppé dans la plus étrange des histoires!

— Quelle histoire? demanda Pepusch.

Alors Peregrinus raconta à son ami, comme il l'avait fait à M. Swammer, tout ce qui s'était passé chez lui et chez le relieur Lammer Virt. Il ne lui cacha même pas l'apparition de maître Floh, et lui parla, comme on peut le penser, de la possession du verre mystérieux.

Les yeux de Georges étincelèrent, il se mordit les lèvres et se frappa le front, et lorsque Peregrinus eut terminé son récit, il s'écria furieux :

— La folle ! la perfide ! la traîtresse !

Et dans le tourment d'un amour désespéré, désireux de boire jusqu'à la dernière goutte la coupe de poison que Peregrinus lui avait présentée sans le savoir, il se fit répéter jusqu'au plus léger détail de la conduite de Dörtje, tout en murmurant par intervalles :

— Dans ses bras... des baisers brûlants... sur sa poitrine !

Et puis il s'élança de la fenêtre, et se mit à courir dans la chambre et à gesticuler comme un fou. En vain Peregrinus lui cria qu'il avait encore à lui dire quelque chose de plus consolant. Pépusch ne cessa pas ses lamentations furieuses.

Elle était couchée sur le sofa.

On ouvrit la chambre, et un garde du conseil annonça à Peregrinus que l'on n'avait pas trouvé suffisants les motifs de son arrestation, et qu'il pouvait retourner chez lui.

Le premier usage que Peregrinus fit de sa liberté fut de se porter caution pour son ami arrêté, qu'il assura être le véritable Georges Pépusch, avec lequel il avait vécu à Madras dans la plus étroite intimité, et qu'il connaissait comme un homme très-capable et d'une réputation intacte.

Maître Floh trouva à propos de conseiller, comme Pépusch, à Peregrinus de voir le monde :

— Croyez-moi, lui dit-il, vous trouverez mille avantages à quitter votre solitude. Premièrement vous n'avez pas à craindre de paraître comme autrefois embarrassé et timide, puisque le verre mystérieux vous apprend les pensées des autres, et qu'il vous est impossible par cela même de ne pas agir à propos partout où vous irez. Avec quelle confiance ne vous est-il pas permis de vous présenter devant les hommes les plus haut placés lorsque vous lirez clairement dans leur âme ! Marchez franchement dans le monde, votre sang coulera plus tranquille, toute pensée mélancolique sera dissipée, et, ce qui est mieux encore, des idées riches et variées s'éveilleront dans votre cerveau ; l'image de la belle Gamaheh perdra de sa splendeur, et vous serez bientôt à même de me tenir parole.

Peregrinus comprit que Georges Pépusch et maître Floh avaient de bonnes intentions à son égard, et il prit sur lui de suivre leurs conseils. Mais comme il entendait souvent la voix de sa bien-aimée, qui chantait ou parlait à voix haute, il ne croyait pas possible de quitter la maison qui pour lui était devenue un paradis.

Enfin il se décida à faire un tour de promenade. Maître Floh lui avait mis le verre dans l'œil et s'était placé dans son jabot, où il se laissa doucement balancer.

— Ai-je donc enfin le plaisir de revoir le bon monsieur Tyss ?

Vous vous faites rare, mon cher, et le monde a soif de vous. Entrons quelque part pour vider une bouteille à votre santé, mon cher ami. Combien je me réjouis de vous voir !

Ces paroles lui étaient adressées par un jeune homme qu'il avait à peine vu deux ou trois fois : voici ce que disaient ses pensées :

— Voilà notre original de misanthrope qui se montre, il faut le flatter pour lui emprunter bientôt de l'argent. Ce sera bien le diable s'il méprise mon invitation ; car, au fait, je n'ai pas un sou, et nul aubergiste ne me fera crédit maintenant.

Deux jeunes filles coquettement habillées se mirent sur la route de Peregrinus : c'étaient deux sœurs, ses parentes éloignées.

— Eh là ! cher cousin, lui dit une d'elles en riant, on vous rencontre donc enfin ! c'est bien mal à vous de vous claquemurer ainsi et de ne pas vous laisser voir. Vous ne sauriez croire combien notre mère vous aime. Vous avez tant d'esprit ! Promettez-vous de venir bientôt nous rendre visite ? Là, baisez-nous la main.

Les pensées disaient :

— Comment ? qu'est-ce ? qu'est-il donc arrivé au cousin ? Je voulais lui faire peur et le mettre en émoi. Autrefois il se sauvait devant moi comme devant toutes les femmes, et maintenant il reste là, me regarde singulièrement dans les yeux, et me baise la main sans trembler. Serait-il amoureux de moi ? Il ne manquerait plus que cela ! Ma mère dit qu'il est en-dessous. Bah ! qu'importe ? Un homme sournois, quand il est riche comme le cousin, est encore ce qu'il y a de mieux.

La sœur avait seulement murmuré, les yeux baissés et les joues couvertes de rougeur :

— Visitez-nous bientôt, cher cousin !

Les pensées disaient :

— Le cousin est un beau garçon, et je ne comprends pas pourquoi ma mère le trouve original, ennuyeux, et ne peut pas le souffrir. S'il vient dans notre maison, il deviendra amoureux de moi, car je suis

Le chardon Zéhérit.

la plus jolie femme de Francfort, et je le prendrai, parce que je veux un mari riche pour rester au lit jusqu'à onze heures, et porter des châles de prix comme madame Carsner.

Un médecin fit arrêter sa voiture en passant devant Peregrinus, et lui cria de la portière :

— Bonjour, cher Tyss ! Vous vous portez comme la santé. Que Dieu vous conserve bien portant ! Mais si vous aviez la moindre indisposition, souvenez-vous de moi, l'ancien ami de monsieur votre père. Avec une constitution comme la vôtre, je vous aurai bientôt rétabli. Adieu !

Les pensées disaient :

— Je crois que l'avarice soutient cet homme ; mais il est si pâle et a une mine si singulière que je crois bien qu'il est menacé de quelque chose. S'il me tombe dans les mains, il ne quittera pas de sitôt le lit. Je lui ferai payer son insolente santé.

— Je vous salue mille fois, lui dit aussitôt un vieux négociant qui passait. Vous voyez comme je cours, comme je me tourmente pour mes affaires. Vous avez raison de ne pas vous en occuper, bien qu'avec votre manière de voir, vous auriez bientôt doublé la fortune laissée par monsieur votre père.

Les pensées disaient :

— Si ce niais s'avisait de faire des affaires, il aurait bientôt perdu en spéculations sa fortune entière, et ce serait une joie. Le vieux papa, qui se faisait un plaisir de ruiner sans pitié d'honnêtes gens qui voulaient se relever d'une petite banqueroute, s'en agiterait dans sa tombe.

Peregrinus rencontra encore bien d'autres discordances entre la parole et la pensée. Et il conformait toujours ses réponses à ce que les gens avaient dans l'idée, ce qui faisait que ceux-ci ne savaient que penser de lui.

A la fin, Peregrinus se sentit fatigué et étourdi. Il fit claquer son pouce, et aussitôt le verre disparut de la pupille de son œil.

Lorsqu'il rentra chez lui il vit un étrange spectacle. Un homme était debout sur le milieu du palier, et à travers une lentille de verre de forme étrange regardait fixement la porte de la chambre de M. Swammer. Sur cette porte jouaient des rayons de soleil parés des couleurs de l'arc-en-ciel; ils se rassemblaient dans un œil de feu qui semblait pénétrer à travers la porte. Et aussitôt il entendait un sourd gémissement entrecoupé d'accents de douleur qui paraissaient partir de la chambre. A son grand effroi, Peregrinus crut reconnaître la voix de Gamaheh.

— Que voulez-vous? que faites-vous ici? demanda-t-il à cet homme, qui lui parut employer quelque sorcellerie diabolique; pendant ce temps les cercles de l'arc-en-ciel paraissaient tourner plus vite et avec une ardeur plus grande; le foyer pénétrait avec un feu plus intense dans l'intérieur, et les cris douloureux sortaient de la chambre avec plus de force.

— Ah! ah! homme, en assemblant ses verres et les serrant rapidement, ah! c'est vous, mon cher hôte, pardonnez-moi, mon cher monsieur Tyss, d'opérer ici sans votre permission. J'étais venu vous la demander; mais la bonne Aline m'avait dit, que vous étiez sorti, et la chose ne souffrait aucun retard.

— Et quelle chose, demanda Peregrinus d'une voix rude, ne permet aucun retard?

— Si vous ne le savez, continua l'homme avec un sourire désagréable, que ma folle nièce Elverding s'est échappée de chez moi, alors on a eu tort de vous arrêter comme son ravisseur, et je témoignerai avec grand plaisir de votre parfaite innocence si le cas s'en présente. C'est que la chose est chez vous, c'est chez M. Swammer, qui fut autrefois mon ami, et est devenu maintenant mon ennemi mortel, que la drôlesse s'est réfugiée. Je sais qu'elle est dans cette chambre, seule, car le sieur Swammer est sorti. Je ne peux pas entrer, car la porte est solidement fermée et verrouillée, et je suis trop doux pour employer la violence. C'est pourquoi je me permets de tourmenter la petite avec mon instrument de martyr en optique, pour lui faire comprendre que je suis son seigneur et maître, malgré toutes ses prétendues principautés.

— Vous êtes le diable! s'écria Peregrinus exaspéré; mais vous n'êtes pas le maître de la belle et céleste princesse Gamaheh. Sortez de cette maison; faites vos sorcelleries infernales où vous voudrez, mais je m'arrangerai de telle sorte que ce ne soit point ici.

— Ne vous emportez pas, mon cher monsieur Tyss, dit Leuwenhoek,

je suis un homme innocent, qui ne veut que le bien. Vous ne savez pas à qui vous donnez l'hospitalité. C'est un petit monstre, un petit basilic qui est là dans cette chambre sous la forme de la femme la plus charmante. Elle pouvait, si le séjour près de moi lui déplaisait, prendre la fuite; mais devait-elle, la traîtresse, m'enlever maître Floh, mon plus précieux trésor, le meilleur ami de mon cœur, sans lequel je ne puis vivre?

Ici maître Floh, qui s'était élancé du jabot de Peregrinus pour prendre une place dans la cravate plus sûre et plus commode, ne put s'empêcher de jeter un éclat de rire moqueur.

— Ah! s'écria Leuwenhoek comme glacé d'un effroi subit, ah! qu'est-ce que cela? Est-il possible? Ici, dans cet endroit! Permettez, mon cher monsieur Peregrinus.

Leuwenhoek étendit le bras, s'approcha de Peregrinus, et voulut porter la main à sa cravate.

Celui-ci recula adroitement, le saisit d'un poignet vigoureux, et le lança vers la porte de la maison, où le fit tout à fait sortir. Et lorsqu'il se trouva près de cette porte avec Leuwenhoek, qui s'épuisait en protestations impuissantes, on ouvrit du dehors, et Georges Pépusch s'élança dans l'intérieur, aussitôt suivi par le sieur Swammerdam.

Un jeune homme fit deux pas dans la chambre, et s'arrêta immobile comme une statue.

Aussitôt que Leuwenhoek aperçut son ennemi Swammerdam, il se dégagea en réunissant toutes ses forces, sauta en arrière, et appuya son dos contre la porte de la chambre où se trouvait la belle prisonnière.

Swammerdam, en voyant cela, sortit de sa poche une petite lorgnette, la tira jusqu'au bout, et attaqua son ennemi en disant :

— Les armes à la main, maudit, si tu l'oses!

Leuwenhoek sortit aussitôt un instrument pareil, le tira de même en criant :

— Avance! je suis là, tu sentiras bientôt mon pouvoir!

Tous deux se mirent la lorgnette à l'œil, et tombèrent l'un sur l'autre en se portant des coups meurtriers, en allongeant et rétrécissant leurs armes. C'étaient des feintes, des parades, des voltes, enfin toutes les subtilités de l'art de l'escrime, et ils paraissaient s'enflammer toujours davantage. Si l'un était atteint, il jetait un cri, sautait en l'air, faisait les plus étranges cabrioles, des entrechats, des pirouettes comme le plus habile danseur des théâtres de Paris, jusqu'à ce que l'autre le raccourcissant sa lorgnette. Si celui-là était atteint à son tour, il en faisait autant. Ils alternaient ainsi dans leurs sauts, dans leurs gestes frénétiques, dans leurs cris furieux. La sueur coulait de leur front, leurs yeux, d'un rouge de sang, leur sortaient de la tête. Et comme on ne voyait que leurs regards lancés tour à tour par la lorgnette, mais sans deviner la cause de leurs danses, on aurait pu les prendre pour des fous furieux échappés d'une maison de santé.

Swammerdam parvint enfin à chasser Leuwenhoek de la position devant la porte, qu'il avait défendue avec une courageuse opiniâtreté, et le combat se continua dans le fond du palier.

Georges Pépusch saisit l'instant favorable : il poussa la porte, devenue libre. Elle n'était ni fermée ni verrouillée; elle s'ouvrit. Il s'élança dans la chambre; il en sortit presque aussitôt en s'écriant :

— Elle s'est enfuie!

Et il se précipita au dehors, rapide comme l'éclair.

Leuwenhoek et Swammerdam s'étaient atteints grièvement l'un et l'autre, car tous deux sautaient, dansaient de la manière la plus folle, en faisant avec leurs cris et leurs hurlements une musique qui ressemblait sans doute aux cris de désespoir des damnés dans l'enfer.

Peregrinus ne savait au juste ce qu'il devait faire pour séparer ces furieux et terminer une scène aussi terrible que ridicule.

Enfin, tous les deux virent que la porte de la chambre était toute grande ouverte, et ils oublièrent à la fois leur combat et leurs douleurs. Ils serrèrent leurs armes meurtrières et se précipitèrent dans la chambre.

Peregrinus ressentit un vif chagrin de voir la belle fille partie de sa maison, et il maudit l'affreux Leuwenhoek.

Mais la voix d'Aline se fit entendre sur l'escalier. La vieille riait et disait en même temps :

— Pourrait-on s'imaginer rien de pareil? Étonnant! incroyable! Est-ce un rêve?

— Qu'est-ce? lui demanda Peregrinus à demi-voix; qu'y a-t-il encore d'incroyable?

— Mon cher monsieur Tyss! reprit la vieille, montez donc vite à ... chambre!

... ouvrit avec un rire malicieux la porte de son appartement ... ô prodige! ô joie! la belle Dortje Elverding ... au-devant de lui, vêtue de la robe de gaze qu'elle ... avait vue chez Swammerdam.

— Enfin ... revois, mon doux ami, murmura la petite; et elle ... se caressant auprès de Peregrinus, qui, celui-ci, au ... de ses beaux projets, ne put s'empêcher de l'embrasser avec ... excessive tendresse. Il se sentait pris ... et de désirs amoureux. Combien de fois n'était-il pas arrivé que dans l'ivresse excessive de la plus immense ... tout d'un coup ramené, par la douleur terrestre d'un choc ... au bout du nez, des plaintes fantastiques au delà des mondes ... de céleste! C'est ce qui arriva à Peregrinus.

Au moment où il se baissait pour baiser la douce bouche de Dortje, il se frappa le nez, assez développé ... du diadème que la petite portait ... sur ses belles boucles ... la ... ture. La terrible douleur de cette ... avec des pierres si carrément taillées lui rendit assez de sang-froid pour pouvoir examiner cette parure. Le diadème le fit penser à la princesse Gamaheh, et en même temps tout ce que maître Floh lui avait dit des séductions de cette créature lui revint en mémoire. Il pensa qu'une princesse, fille d'un puissant roi, ne pouvait s'abaisser à partager son amour, et que toute sa conduite si amoureuse devait être un piège trompeur qui devait l'amener à lui livrer la princesse enchantée; et en pensant ainsi, il sentit courir dans son âme un fleuve de glace qui diminua son amour, s'il ne l'éteignit pas tout à fait. Peregrinus se dégagea doucement des bras de la petite, qui l'enlaçaient amoureusement. Il dit lentement et les yeux baissés :

— Ah! ciel! vous êtes pourtant la fille du puissant roi Sekakis, la charmante, l'admirable princesse Gamaheh! Pardonnez, princesse, si un sentiment qu'il ... été impossible de maîtriser m'a conduit à la folie, au délire. Mais vous-même...

— Que dis-tu, mon doux ami! interrompit Dortje Elverding; moi, fille d'un puissant roi! moi, une princesse! Je suis ton Aline, qui t'aimera jusqu'au délire si tu... Mais qu'est-ce que j'éprouve? Aline, la reine de Golconde, elle est auprès de toi; c'est une femme, et cette femme; elle n'est plus depuis longtemps aussi belle qu'elle était lorsqu'elle épousait un général français. Malheureuse que je suis, je ne suis pas la vraie Aline, et je n'ai pas régné à Golconde! ... malheureuse que je suis!

La petite avait les yeux fermés, et elle commença à chanceler. Peregrinus la porta sur un canapé.

— Tu parles de Gamaheh? continua-t-elle à dire, comme dans un état de somnambulisme. Gamaheh, la fille du roi Sekakis? Oui, je me rappelle, à Famagusta j'étais une belle tulipe portant ce nom! Déjà autrefois je sentais le désir de l'amour dans mon cœur. Mais je ne parlons pas de cela.

La petite se tut. Elle paraissait profondément endormie. Peregrinus voulut tenter la périlleuse entreprise de la mettre dans une position plus heureuse. Mais tandis qu'il entourait doucement de ses bras, il se sentit piqué au doigt par une épingle cachée, et il fit claquer son pouce contre l'ordinaire. Maître Floh prit cela pour le signal convenu, et lui mit dans l'œil le verre microscopique. Aussitôt, comme toujours, Peregrinus vit derrière la cornée des yeux l'étrange tissu des nerfs et des veines qui pénétraient jusqu'au fond du cerveau. Mais parmi ce labyrinthe serpentaire de petits fils d'argent lumineux cent fois plus fins que le fil de la plus petite araignée, et ces fils mêmes, qui paraissaient ne jamais finir, se rassemblaient en sortant du cerveau dans un je ne sais quoi d'embrouillé, d'invisible même à l'œil microscopique, qui pouvait être des pensées d'un ordre sublime et d'autres d'une nature plus facile à saisir.

Peregrinus aperçut mêlés ensemble des fleurs qui prenaient la forme des hommes et aussi des hommes qui s'évaporaient dans la terre, et brillaient alors comme des pierres ou du métal, et au milieu de tout cela s'agitaient des animaux étranges qui changeaient de forme un nombre de fois incalculable, et parlaient des langages singuliers. Ces apparitions n'avaient certes entre elles aucun rapport, et leur dissonance semblait s'exprimer par les plaintes inquiètes de mélancolie qui déchirait l'âme et résonnaient dans les airs. Mais cette dissonance elle-même embellissait encore plus l'harmonie profonde qui s'élançait victorieuse dans une éternelle et ineffable joie, et rassemblait tout ce qui paraissait divisé.

— Ne vous y trompez pas, monsieur Peregrinus, dit maître Floh, vous voyez là les pensées du songe. Il y a là quelque chose de caché peut-être; le temps n'est pas encore arrivé de chercher à l'approfondir. Appelez la petite séductrice par son véritable nom, et demandez-lui alors ce qu'il vous plaira.

Comme la jeune fille portait plusieurs noms, il eût été difficile à Peregrinus de trouver le véritable; mais il dit sans y penser le moins du monde :

— Dortje Elverding, ravissante créature, serait-ce une erreur, m'aimerais-tu véritablement?

Aussitôt la petite sortit de son état de rêve, ouvrit les yeux, et dit tandis que ses yeux étincelaient :

— Pourquoi doutes-tu, Peregrinus? Une jeune fille ferait-elle jamais ce que j'ai fait, si elle n'éprouvait le plus violent amour? Peregrinus, je t'aime comme je n'ai jamais aimé personne, et si tu veux m'appartenir, je me donnerai à toi de tout cœur, et je resterai pour ... parce que je ne veux pas te quitter.

Les fils d'argent ... disaient :

— Comment cela s'est-il fait? D'abord j'ai joué la passion pour m'attacher ce nouveau maître Floh et Leuwenhoek, et maintenant je l'aime pour tout de bon. Je me suis prise dans mes propres filets. Je ne pense presque plus à maître Floh; je voudrais appartenir toujours à cet homme, car jamais personne ne m'a plu comme lui.

On peut s'imaginer quels délicieux ravissements ces pensées allumèrent dans le cœur de Peregrinus. Il tomba à genoux devant la petite, ouvrit ... mille baisers brûlants, la nomma ... sa joie, son ciel, tout son bonheur.

— Che... fille en l'attirant légèrement ... souhait de l'accomplissement de ... l'existence de ta bien-aimée.

— Demande... tout ce que tu voudras ... répondit Peregrinus en tenant ... la jeune fille ... je n'ai rien au monde de si ... son amour.

— ... maître Floh, qui aurait jamais ... disparu. ... ? Je suis perdu ... désespoir ... après avoir ... des lèvres de Peregrinus.

... et Georges Pépusch s'élança ... désespoir. ... s'évanouit sur le sofa. ... vola vers la princesse Gamaheh, la prit de ses bras et s'éloigna avec elle aussi rapide que l'éclair. Maître Floh fut sauvé cette fois.

CINQUIÈME AVENTURE.

Pensées d'un ... et d'une dame lettrée. — Réflexions ... et bon sens de maître Floh. ... attendue d'un événement tragique ...

Comme le lecteur vient de l'apprendre à la fin de la quatrième aventure, Georges Pépusch, avec la vitesse de la foudre, avait enlevé la petite des bras de l'amoureux Peregrinus. Le laissant plein d'étonnement et d'effroi. Lorsque celui-ci, revenant à lui, sauta en bas pour se mettre à la poursuite de son ravisseur, tout était vide et solitaire dans la maison. A ses cris violents et répétés, la vieille Aline vint, en traînant ses pantoufles, au fond de la chambre la plus éloignée, et l'assura qu'elle n'avait rien vu de tout ce qui venait de se passer.

Peregrinus était au désespoir de la perte de Dortje; maître Floh essaya de le consoler.

— Je ne sais pas si Dortje a véritablement quitté la maison, dit-il d'un ton à rendre la confiance au plus désespéré; autant que je puis me connaître à de semblables choses, elle ne peut être très-loin; me semble que je pressens son voisinage. Cependant, si vous voulez avoir confiance dans mes paroles amicales, je vous conseillerais l'abandonner à son sort. Croyez-moi, la petite est très-inconstante, peut être, comme vous me l'avez dit, elle vous ait prise ainsi, mais combien de temps faudra-t-il pour qu'elle vous jette dans un état de trouble et de souffrance, et vous mette en danger de laisser la voir bon sens, comme le chardon Zéhérit. De vous le dis encore une fois, continuez votre existence solitaire, et vous ne vous en trouverez que mieux. Combien de jeunes filles avez-vous déjà vues toutes nues, pour les regarder toutes comme au-dessous de Dortje? À quelle femme avez-vous jusqu'à présent adressé ces paroles d'amour, sans croire qu'elle seule vous aimait? Allez, Peregrinus, l'expérience vous donnera meilleure idée de vous-même. Vous êtes un beau garbien bâti, et je ne serais pas intelligent et pénétrant comme maître Floh doit l'être, si je ne prévoyais pas que le bonheur de l'amour viendra encore vous sourire d'une manière tout inespérée.

Peregrinus avait toujours évité les endroits fréquentés, et il lui fut difficile de visiter des sociétés qu'il avait faites jusqu'alors. Maître Floh lui rendit là, avec son verre microscopique, d'excellents services, et Peregrinus tint pendant tout ce temps un livre de notes où il inscrivait chaque jour les plus amusants et les plus étonnants contrastes entre les paroles et la pensée. L'éditeur de ce merveilleux récit, ayant pour titre *Maître Floh*, trouvera peut-être une occasion prochaine de mettre en lumière quelques remarquables passages de ce carnet. Ici ils arrêteraient le cours de l'histoire et pourraient être par cela même malvenus du lecteur. On peut assurer toutefois que certaines phrases sont stéréotypées avec les idées qu'elles représentent, comme par exemple :

« Je vous demande vos excellents conseils. »

Ce qui veut absolument dire :

« Il est assez niais pour croire que je lui demande ses conseils pour une chose que j'ai depuis longtemps décidée d'avance, mais cela lui fait plaisir. »

« Je me fie entièrement à vous. »

« Je sais, et ce n'est pas d'aujourd'hui, que vous êtes un fripon, » etc., etc., etc.

Enfin il est opportun de faire remarquer que bien des gens déroutaient Peregrinus dans ses observations microscopiques, comme, par exemple, les jeunes gens qui tombent dans le plus profond enthousiasme au sujet de toutes choses, et se jettent à corps perdu dans un torrent de magnifiques phrases retentissantes, et parmi ces derniers on doit mettre tout à fait en première ligne de jeunes poètes tout bouffis de fantaisies et d'idéalités folles encensées surtout par les dames. Auprès d'eux viennent se ranger naturellement les femmes de lettres, qui lisent dans toutes les profondeurs de l'être, comme aussi dans la haute philosophie, dont les regards pénètrent dans les rapports les plus intimes de la vie sociale, comme on a coutume de dire, et qui sa vent aussi dire toutes les belles choses dans les termes resplendissants d'un sermon du dimanche.

Peregrinus avait été étonné d'apercevoir les fils d'argent du cerveau de Gamaheh, qui se rassemblaient en un réseau allant s'enrouler autour d'un objet inexplicable. Il ne lui fut pas moins lorsqu'il lui fut donné de lire dans le cerveau de cette sorte de gens. Il aperçut d'abord le singulier assemblage des nerfs et des veines, et remarqua aussitôt que ceux-là, surtout lorsque ces gens parlaient en mots plus pompeux sur l'art ou la science, ne se rendaient d'une vie plus haute, ni pénétraient pas dans l'intérieur du cerveau, mais revenaient en arrière, de sorte qu'il était impossible de remarquer la trace d'une idée. Il fit part de ses observations à maître Floh, ordinairement placé dans les plis de sa cravate, et celui-ci reconnut que ce que Peregrinus prenait pour des pensées n'était pas autre chose que des mots qui s'éveillaient inutilement à devenir des idées.

Mais si Peregrinus trouvait dans le monde différents genres de distractions, son fidèle compagnon mettait aussi de ces principes sévères, et se montrait comme un malicieux ami du plaisir, comme un adultère roué. Il lui était impossible de voir un beau cou, des épaules blanches de femme, sans s'élancer de sa retraite à la première occasion sur le plateau engageant, où il savait se dérober habilement aux doigts les plus exercés. Sa manœuvre avait un double intérêt ; d'abord il y trouvait son plaisir, puis il désirait attirer les regards de Peregrinus sur des beautés capables de lui faire perdre le souvenir de Dortje. Mais toutes ses peines paraissaient inutiles, car pas une de ces dames, dont Peregrinus s'approchait sans crainte, ne lui paraissait aussi belle et aussi gracieuse que la petite princesse. Ce qui l'enchaînait complètement, c'est que c'était seulement auprès d'elle qu'il trouvait des mots et des pensées en accord avec le plaisir qu'il éprouvait. Il croyait ne pouvoir jamais chasser son souvenir, et le disait sans mystère. Maître Floh était rempli d'inquiétude.

Peregrinus remarqua un jour que la vieille Aline riait sournoisement, qu'elle prisait plus souvent que de coutume ; qu'elle toussait, murmurait quelques paroles inintelligibles ; qu'elle semblait, en un mot, avoir un certain secret dont elle se débarrasserait bien volontiers. Elle répondait à tout :

— Oui, on ne peut pas savoir... Il faut attendre...

que les phrases répondissent oui ou non à ce qu'il lui avait demandé.

— Aline ! lui dit enfin Peregrinus impatienté, citez une bonne fois ce qu'il y a encore, sans tourner ainsi autour de moi avec des airs mystérieux.

— La jolie petite poupée de confiseur ! la charmante chose ! dit la vieille en frappant ensemble ses mains ridées.

— Que voulez-vous dire ? interrompit tristement Peregrinus.

— Et de qui puis-je parler ? s'écria-t-elle, de votre chère princesse, qui est ici en bas chez M. Swammer ; votre fiancée ! monsieur Tyss !

— Malheureuse ! s'écria Peregrinus, elle n'est ici et ne me le dit à présent seulement !... de ce... peut-être que je point...

— Et où la princesse pourrait-elle être mieux que dans la maison où elle a retrouvé sa mère ? répondit tranquillement la vieille.

— Que dites-vous, Aline ? s'écria Peregrinus.

— Oui, Aline, c'est mon véritable nom, et qui sait s'avait votre mariage tout ne sera pas connu ? dit la vieille en redressant la tête.

Et sans s'inquiéter le moins du monde de l'impatience de Peregrinus, qui la conjurait par le ciel et l'enfer de s'expliquer plus clairement, elle s'étala à l'aise dans un fauteuil, prit sa tabatière et en tira une large prise.

— Il vous faut de la patience, mon fils, dit-elle, avant toutes choses, autrement vous pourriez tout perdre au moment où vous croyez avoir tout gagné. Avant que je vous ai dit un seul mot, faites-moi le plaisir de vous asseoir ici, comme un charmant enfant, et surtout de ne pas m'interrompre dans ma narration.

Que pouvait faire Peregrinus, sinon obéir à la vieille ? Il prit aussitôt place, et celle-ci lui raconta des choses étranges.

— Swammerdam et Leuwenhoek, lui dit-elle, ont encore continué leur bataille dans la chambre avec un affreux vacarme. Et puis tout est devenu silencieux en un instant, mais un sourd gémissement m'a fait craindre que l'un d'eux ne fût mortellement blessé. J'ai regardé par le trou de la serrure, et j'étais bien loin de me douter de ce que je vis alors. Swammerdam et Leuwenhoek tenaient Pépusch, ils le frottaient et le secouaient dans leurs mains. Celui-ci s'amincissait à vue d'œil en poussant les grandes plaintes que j'avais entendues. Pépusch à la fin prit la ténuité et l'apparence d'une racine de chardon, et ils s'efforçaient de le faire passer par le trou de la serrure. Le pauvre Pépusch avait déjà la moitié du corps en dehors, lorsque je me suis sauvée toute tremblante. Bientôt après j'entendis un grand éclat de rire, et je vis Pépusch sous sa forme naturelle amicalement reconduit jusqu'à la porte de la rue par les deux vieillards. Sur le seuil de la chambre se tenait Aline, et elle me fit signe d'entrer. Elle voulait s'habiller et avait pour cela besoin de me services.

Je ne puis vous dire combien de robes plus riches les unes que les autres elle tira des anciennes armoires pour me les montrer. J'ai encore mal aux yeux d'avoir regardé tant de choses brillantes. Une princesse indienne peut seule avoir de tels costumes pareils.

En l'habillant, elle m'a parlé de mille choses, de feu M. votre père, de la belle vie que l'on menait de son temps dans la maison, et enfin, en dernier, des parents que j'ai perdus.

Vous savez, mon cher monsieur Tyss, que rien ne m'est plus cher que la mémoire de ma tante Katundrunker. Elle avait été à Mayence et, je crois, aussi dans les Indes ; elle savait les prières et des chansons françaises. C'est à elle que je dois le nom gâté d'Aline, et je le lui pardonne dans sa tombe, car c'est d'elle que me viennent mon savoir-vivre, mes belles manières et ma distinction dans le choix des expressions. Lorsque j'eus longtemps parlé de ma tante, la petite princesse me demanda des détails sur mes parents ; mes aïeux, et toujours plus avant dans ma famille. Je lui ouvris mon cœur ; je lui racontai ma mère qui était presque aussi belle que moi, quoique je l'aie emporté sur elle par la longueur du nez, qui était de mon père et qui, un signe de race dans notre famille depuis un temps immémorial. J'en vins à lui parler du kermess de ci-devant des allemandes avec le sergent Haberpiep, qui portait des bas le soir de ciel avec des coins rouges. Mon Dieu ! nous sommes tous de faibles créatures portées au péché.

Vous auriez dû voir, monsieur Tyss, comme la petite princesse, qui avait d'abord ri à faire plaisir à voir, devint tout à coup de plus en plus sérieuse et sombre, et me regardait si fixement et d'une manière si étrange, que je me sentais venir la chair de poule. Et, voyez-vous, monsieur Tyss, tout à coup, sans que j'aie pu m'en douter, la voilà à genoux devant moi, cherchant à me baiser les mains en criant :

— Oui, c'est toi, je te reconnais, c'est toi-même ; et lorsque je lui demandai l'explication de ses paroles....

La vieille s'interrompit, et lorsque Peregrinus la supplia de continuer, elle prit une prise de tabac d'un air grave et réfléchi et dit :

— Mon fils, vous apprendrez assez tôt ce qui arriva ensuite. Chaque chose à son temps et son heure.

Peregrinus la pressait instamment de lui en dire davantage ; celle-ci poussa un bruyant éclat de rire.

Peregrinus remarqua avec un sombre visage que la chambre où il se trouvait n'était pas un lieu où l'on pût se permettre avec lui une folle plaisanterie ; mais la vieille, les deux poings sur les côtes, semblait prête à étouffer. Le rouge ardent de son visage se changea en une agréable teinte brun-cerise, et Peregrinus était sur le point de lui jeter un verre d'eau sur la figure, lorsqu'elle retrouva à la fois la respiration et la parole.

— Pensez donc, monsieur Tyss ! dit-elle ; et elle se mit à rire de plus belle.

Peregrinus sentait s'envoler sa patience.

Enfin elle lui dit avec toutes les peines du monde :

— La petite prétendait que vous, monsieur Tyss, vous voudriez absolument m'épouser, et j'ai été obligée de lui jurer sur tout ce que j'ai de plus sacré que je refuserais votre main.

Il sembla à Peregrinus qu'il se trouvait enlacé dans une affreuse

2.

sorcellerie, et il en éprouva un tel effroi secret que la vieille et honnête Aline lui parut être un fantôme qu'il ne pourrait jamais fuir assez vite.

Mais elle l'empêcha de partir en lui disant qu'elle allait lui confier en grande hâte quelque chose qui avait rapport à la princesse.

— Il est certain, lui dit-elle à cœur ouvert, que pour vous, mon cher monsieur Peregrinus, s'est levée brillante la belle étoile du bonheur ; mais il dépend de vous de vous la conserver favorable. Lorsque je dis à la petite que vous étiez éperdument amoureux d'elle et bien éloigné de vous marier avec moi, elle me répondit qu'elle n'en serait convaincue, et qu'elle vous donnerait sa main, que lorsque vous lui auriez accordé une faveur qu'elle souhaite depuis longtemps du plus profond de son cœur. Elle prétend que vous avez recueilli chez vous un charmant petit nègre qui s'est échappé de son service, et comme je l'ai assurée du contraire, elle m'a dit qu'il était si petit qu'il pourrait habiter dans une coquille de noix. Ce jeune garçon est...

— Cela ne sera pas, s'écria violemment Peregrinus, qui savait depuis longtemps où la vieille voulait en venir, et il quitta précipitamment la chambre.

Il est reçu depuis longtemps que le héros d'une histoire, lorsqu'il se trouve violemment ému, se réfugie dans une forêt ou tout au moins dans un bocage solitaire. La coutume est bonne, parce qu'elle rentre dans la réalité.

Peregrinus ne pouvait donc faire autrement que de s'enfuir de sa maison située sur le marché aux chevaux, et de courir de toutes ses forces jusqu'à ce qu'il eût laissé la ville bien derrière lui, et eût atteint un bois placé dans le voisinage. Et comme aussi nul bois dans un roman ne doit manquer de bruit de feuilles, de zéphyr du soir murmurant et de sources causeuses, de ruisseaux bavards, etc., il est à croire que Peregrinus rencontra tout cela dans son lieu de refuge. Il s'assit sur un banc de mousse à moitié plongé dans un ruisseau qui reflétait ses bords, et dont les vagues sautillaient en bruissant autour de lui, avec la ferme résolution, en réfléchissant aux singulières aventures du moment, de chercher et de trouver le fil d'Ariane qui devait l'aider à sortir de ce labyrinthe d'événements singuliers.

Il est possible que le frémissement des bois sans cesse renouvelé en pauses régulières, le bruit uniforme de l'eau, le tic-tac mesuré d'un moulin placé à quelque distance, aient formé la base d'une harmonie, à laquelle ses pensées venaient se conformer ; mais toujours est-il qu'elles cessèrent de s'agiter tumultueusement, sans tact ni rhythme, pour se réunir en une mélodie plus distincte et plus tranquille. Aussi, après être resté quelque temps dans ce gracieux endroit, Peregrinus en vint à des réflexions paisibles.

— Un écrivain d'histoires fantastiques pourrait-il jamais inventer des aventures plus folles et plus compliquées que celles que j'ai vues se dérouler devant moi dans l'espace de quelques jours ? La grâce, le ravissement, l'amour lui-même, viennent trouver le misanthrope le plus solitaire, et un regard, un mot, lui suffisent pour allumer des flammes dans un cœur qui redoutait leur martyre sans le connaître ; mais le lieu, le temps, l'apparition entière de cet être séducteur, tout est si mystérieux que l'on aperçoit clairement un enchantement surnaturel. Et aussitôt un petit et imperceptible animal, ordinairement méprisé, déploie une science, une intelligence, une force magique, qui tiennent du prodige ; et cet insecte parle de choses insaisissables à tous les esprits, comme si tout cela se trouvait être de ces banalités incessamment répétées, aujourd'hui et hier, dans le cours de la vie commune, entre la poire et le fromage. Suis-je donc passé si près du tourbillon mystique qu'il m'ait entraîné dans son élan, et que des êtres surnaturels viennent communiquer avec moi ? Ne serait-il pas permis de croire que l'on devrait perdre la raison quand de pareilles choses entrent dans une même existence ? Et cependant je me trouve là tout à mon aise, et il me paraît tout simple qu'un roi des puces soit venu me demander ma protection, et qu'en récompense de cela il m'ait confié un instrument qui m'ouvre le secret des pensées les plus intimes, et me garantit de tous les piéges de la vie. Où tout cela va-t-il me conduire ? derrière le masque étrange de ce maître Floh n'y a-t-il pas un démon malicieux qui veut m'entraîner à ma perte, et qui cherche à me ravir d'une manière ignoble toute la félicité d'amour que pourrait me donner Dortje ? Ne serait-il pas plus sage de se débarrasser de suite du petit monstre ?

— Vous avez là une vilaine pensée, monsieur Peregrinus Tyss, dit maître Floh en interrompant le cours des pensées intimes de Peregrinus ; croyez-vous que le secret que je vous ai confié soit une chose si méprisable ? ce présent ne devrait-il pas vous donner une preuve incontestable de ma sincère amitié ? Rougissez de vos méchants soupçons. Vous vous étonnez, de l'intelligence, de la force d'esprit d'un infime insecte méprisé, et cela prouve au moins, ne le prenez pas en mauvaise part, le peu d'étendue de votre éducation scientifique. Je voudrais que vous eussiez lu, en ce qui concerne l'esprit des bêtes, les œuvres du Grec Philos, ou pour le moins le traité de Jérôme Norarius intitulé *Quod anima brutæ ratione utantur melius homine*, ou son *Oratio pro muribus*. Pourquoi ne connaissez-vous pas aussi les réflexions de Lipsius et le grand Leibnitz sur la puissance de raisonnement des animaux ? ou bien encore les discours du savant rabbin Maimonides sur le même sujet ? vous ne me prendriez pas pour un démon à cause de mon intelligence, ou au moins vous n'iriez pas mesurer la somme d'intelligence d'après la grandeur des corps. Peut-être partagez-vous sur ce sujet la manière de voir du médecin espagnol Gomez Pereira, qui ne trouve dans les bêtes rien autre chose que des machines artistement construites, mais sans raisonnement, sans liberté d'idée, qui se meuvent involontairement comme des automates. Mais non, monsieur Peregrinus, je n'aurai pas de vous une idée pareille, et je ne douterai pas un instant que vous n'ayez appris depuis longtemps toutes ces choses d'un plus habile professeur que moi. Je ne conçois pas bien ce que vous appelez un prodige, et pourquoi mon apparition vous semble tout à la fois naturelle et au delà des bornes de la nature. Lorsque vous vous en étonnez, parce que cela ne vous est pas encore arrivé, ou parce que vous ne croyez pas bien saisir l'enchaînement des causes et des effets, vous donnez alors une preuve de l'impuissance naturelle ou accidentelle de votre regard qui nuit à l'étendue de votre savoir. Cependant, si vous ne vous en fâchez pas, monsieur Tyss, le plus bouffon de ceci, c'est que vous voulez vous partager vous-même ces deux parts, dont l'une reconnaît et admet volontiers les prodiges dont nous avons parlé, tandis que l'autre tourne ces croyances en dérision. Vous est-il jamais arrivé de croire aux rêves ?

— Je vous en prie, mon cher ami, dit Peregrinus en interrompant le petit orateur, ne parlez pas des rêves, qui ne sont que les résultats d'un dérangement de notre organisation de corps ou d'esprit.

Maître Floh, à ces mots, poussa un éclat de rire fin et moqueur.

— Mon pauvre monsieur Tyss, dit-il à Peregrinus, qui semblait un peu embarrassé, êtes-vous donc assez aveugle pour ne pas apercevoir le ridicule de cette manière de voir ? Depuis que le chaos s'est fondu dans la matière de la création, et il y a longtemps de cela, l'esprit de la terre forme toutes les apparences qu'il tire de cette matière existante, et de là vient aussi le songe avec ses fantômes. Ces figures sont des esquisses de ce qui a été ou de ce qui doit être. L'esprit les rejette vite avec joie, quand son tyran, appelé le corps, l'affranchit de son service d'esclave. Mais ce n'est ici le temps ni le lieu de raisonner avec vous ou de vouloir vous persuader ; ce serait peut-être parfaitement inutile. Il me reste encore une seule chose à vous apprendre.

— Parlez ou taisez-vous, comme il vous plaira, cher maître, dit Peregrinus ; faites ce qui vous paraîtra le plus convenable, car je suis forcé de reconnaître, malgré votre petite taille, la supériorité de votre intelligence et de votre savoir. Vous me forcez à vous accorder une confiance entière, bien que je ne comprenne rien à votre éloquence fleurie.

— Apprenez donc, reprit maître Floh, que vous êtes particulièrement enveloppé dans l'histoire de la princesse Gamaheh. Swammerdam, Leuwenhoek, le chardon Zéhérit, le prince Egel et aussi le génie Thétel désirent la posséder, et moi-même, je l'avouerai, je sens se réveiller mon ancien amour, et je serais encore assez fou pour partager ma puissance avec la perfide ; mais vous, monsieur Peregrinus, vous êtes le plus favorisé de tous, et Gamaheh n'appartiendra à personne sans votre consentement. Si vous voulez connaître le plus profond enchaînement des choses qui ne concernent pas moi-même, parlez à ce sujet avec Leuwenhoek, qui a tout dirigé, et il laissera certainement tomber quelques mots utiles, si vous voulez prendre la peine de l'interroger convenablement.

Maître Floh voulait continuer à parler, mais un homme au visage furieux sortit du fourré, et s'élança sur Peregrinus.

— Ah traître, faux ami ! s'écria Georges Pépusch, car c'était lui-même, avec des gestes désordonnés, je te trouve enfin, perce-moi le cœur ou meurs de ma main !

Et en disant cela Pépusch tira deux pistolets de sa poche, en mit un dans la main de Peregrinus, se plaça à distance en criant :

— Tire, lâche !

Peregrinus prit place à son tour, tout en lui disant que rien ne le rendrait assez fou pour le faire battre en duel avec son seul ami, et qu'il ne commencerait pas à tirer le premier.

Alors Pépusch poussa un sauvage éclat de rire, et au même moment la balle de son pistolet enleva le chapeau de Peregrinus. Celui-ci, sans chercher à le ramasser, regarda fixement son ami en silence. Pépusch fit quelques pas en avant, et dit d'une voix sourde :

— Tire !

Mais Peregrinus tira en l'air.

Georges Pépusch, poussant des cris lamentables comme un possédé, vint se jeter dans les bras de son ami en criant d'une voix déchirante :

— Elle meurt, elle meurt d'amour pour toi, malheureux ! va, cours, sauve-la , tu le peux ; sauve-la pour toi, et laisse-moi mourir de désespoir.

Et il partit si vite que Peregrinus l'eut perdu de vue en un instant.

Mais Peregrinus se sentit le cœur serré en pensant que la conduite sauvage de son ami avait sa cause dans quelque chose de terrible au sujet de la charmante jeune fille. Et il courut précipitamment vers la ville.

Lorsqu'il entra dans sa maison, la vieille vint à sa rencontre en s'écriant avec force larmes que la pauvre belle princesse était très-sérieusement malade, et peut-être sur le point de mourir. Le vieux

Swammer était allé lui-même chercher le plus célèbre médecin de Francfort.

La mort dans l'âme, Peregrinus se glissa dans l'appartement de Swammer, que la vieille lui avait ouvert. La jeune fille, pâle comme un cadavre, était couchée sur le sofa, et Peregrinus l'entendit à peine respirer, lorsque, après s'être agenouillé, il se pencha légèrement sur elle. Aussitôt qu'il eut pris sa main glacée, un sourire douloureux courut sur ses lèvres pâles, et elle murmura :

— Est-ce toi, mon doux ami ? ne viens-tu pas pour voir une fois encore celle qui t'aime éperdument ? Ah! elle meurt, parce qu'elle ne peut plus vivre sans toi !

Peregrinus, saisi du plus violent désespoir, s'épuisa en protestations de son tendre amour, et répéta qu'il était prêt à lui sacrifier tout ce qu'il avait de plus cher au monde. Ces mots devinrent des baisers; mais dans ces baisers on distinguait encore comme des paroles d'amour, et ces paroles disaient :

— Tu sais, mon cher, Peregrinus, combien je t'aime; je peux être à toi et tu peux m'appartenir; je peux à l'instant retrouver la santé, et tu me verras m'épanouir dans tout le frais éclat de la jeunesse comme une fleur que la rosée du matin rafraîchit et qui relève joyeusement sa tête penchée; mais rends-moi mon prisonnier, mon cher, mon bien-aimé Peregrinus, sinon tu me verras mourir devant tes yeux dans d'infernales douleurs. Peregrinus, je n'en puis plus, je me meurs !

Et alors la petite, qui s'était à moitié levée, retomba en arrière sur les coussins; son sein s'agitait violemment sous les étreintes de la mort, ses lèvres devenaient bleues, et ses yeux se fermaient déjà. Peregrinus au désespoir porta la main à sa cravate, mais maître Floh sauta de lui-même sur le cou blanc de la petite, en murmurant avec l'accent de la douleur la plus profonde :

— Je suis perdu !

Peregrinus étendit la main pour prendre maître Floh, mais un pouvoir invisible sembla arrêter son bras, et d'autres pensées que celles dont il était rempli en ce moment parcoururent son cerveau.

— Comment! pensait-il, parce que tu es un homme faible, incapable de résister à ses passions, et dont les sens, surexcités par le désir, prennent pour une réalité ce qui n'est peut-être qu'un grossier mensonge, tu vas, à cause de cela, trahir lâchement celui qui s'est mis sous ta protection, tu vas jeter pour toujours dans les fers de l'esclavage un pauvre petit peuple libre, pour perdre aussi sans retour toi-mi, le seul dont les paroles et les pensées se soient trouvées d'accord ! Non, non ! rassemble tes forces, Peregrinus ; meurs plutôt que d'être parjure.

— Donne le prisonnier, ou je meurs ! bégaya la petite d'une voix éteinte.

— Non, jamais ! mais je veux mourir avec toi, s'écria Peregrinus désespéré, tout en entourant la petite de ses bras.

Au même instant des sons harmonieux se firent entendre, semblables à un doux bruit de clochettes d'argent. Dortje, tout à coup, les lèvres et les joues couvertes d'un frais reflet de roses, s'élança du sofa et sauta tout autour de la chambre avec un rire convulsif; elle paraissait atteinte de la morsure de la tarentule.

Peregrinus, stupéfait, contempla cet étrange spectacle, et le médecin en fit autant. Il resta comme pétrifié sur le seuil de la porte, touchant ainsi l'entrée à M. Swammer, qui venait après lui.

SIXIÈME AVENTURE.

Singulière conduite de bateleurs errants dans un cabaret, accompagnée d'une quantité suffisante de coups. — Tragique histoire d'un petit tailleur à Sachsenhausen. — Comment Georges Pépusch étonna des gens honnêtes. — L'horoscope. — Combat aimable de gens connus dans la chambre de Leuwenhoek.

Tous les passants s'arrêtaient, tendaient le cou et regardaient par l'intérieur du cabaret par les fenêtres. La foule s'épaississait de plus en plus; on se poussait, on se serrait de plus fort en plus fort; le bruit, le rire, le tumulte, les cris de joie, allaient en augmentant toujours. Cette rumeur était causée par deux étrangers qui se trouvaient dans la chambre de la taverne. Leur tournure, leur costume, ut leur air avait quelque chose d'étrange, qui répugnait et faisait rire tout à la fois ; et en outre ils faisaient des tours comme l'on n'en avait jamais vu. L'un d'eux, un vieillard à l'air sale, désagréable, était entouré d'une grande redingote d'une étoffe brillante, d'un noir grave. Tantôt il se rendait long et mince, tantôt il se ratatinait sur lui-même et prenait l'apparence d'un petit homme court et épais, et y avait cela d'étrange qu'il se tortillait en même temps comme un ver de terre.

L'autre, la tête chargée d'une haute frisure, couvert d'un habit de soie bariolé, ressemblait par ses culottes, et par les grosses boucles d'argent, à un petit-maître de la fin du siècle dernier.

Il s'élançait sans cesse jusqu'au plafond de la chambre, et retombait doucement tout en chantant d'une voix joyeuse des chansons désopilantes, dans un langage tout à fait inintelligible.

D'après ce que disait l'aubergiste, tous deux étaient entrés à peu de distance l'un de l'autre, comme des gens tout à fait raisonnables, et avaient demandé du vin. Alors ils s'étaient regardés de plus en plus fixement, et avaient commencé à discourir. Bien que leur langage fût tout à fait inintelligible pour les assistants, toutefois leurs gestes et le ton de leur voix annonçaient qu'ils avaient entamé une dispute qui devenait de plus en plus violente.

Tout d'un coup ils avaient pris la forme qu'ils avaient alors, et avaient commencé leurs excentricités, qui attiraient à chaque instant de nouveaux spectateurs.

— L'homme qui vole si bien du haut en bas, s'écria un des spectateurs, c'est l'horloger Degen, de Vienne, qui a inventé une machine à voler, avec laquelle il est tombé maintes et maintes fois sur le nez.

— Non, répliqua un autre, ce n'est pas l'oiseau Degen; je croirais plutôt que c'est le petit tailleur de Sachsenhausen, si je ne savais que le pauvre diable a été brûlé.

J'ignore si le bienveillant lecteur connaît la merveilleuse histoire du petit tailleur de Sachsenhausen. La voici donc.

HISTOIRE DU PETIT TAILLEUR DE SACHSENHAUSEN.

Il arriva qu'un doux et pieux petit tailleur de Sachsenhausen sortit un dimanche en grande toilette de l'église, avec sa chère femme. L'air était froid; le petit tailleur n'avait mangé depuis la veille au soir qu'un œuf à la coque et un gâteau au poivre, et but seulement le matin une petite soucoupe de café. Il se sentait donc affaibli et mal à son aise, car il avait chanté à l'église de toutes ses forces, et il désirait ardemment un peu de liqueur stomachique.

Toute la semaine il s'était montré travailleur et bien aimable pour sa femme Liebsten, qui des morceaux tombés de son banc lui avait fait une redingote fort décente; aussi la dame Liebsten consentit avec plaisir à ce que le petit tailleur entrât dans la pharmacie pour consommer une boisson réchauffante, et cela se fit en effet. Le garçon maladroit, qui se trouvait seul dans la boutique, parce que l'apothicaire et le commis principal, bref, tous les gens d'un peu de science étaient sortis, se trompa et descendit une bouteille hermétiquement fermée, dans laquelle ne se trouvait pas d'élixir stomachique, mais de l'air inflammable dont on sert à gonfler les ballons. L'apprenti en versa un plein verre, et le petit tailleur le porta vivement à ses lèvres et le but avec avidité, comme un agréable breuvage. Il éprouva à l'instant un effet comique : il lui sembla qu'il lui poussait une paire d'ailes aux épaules, ou que quelqu'un jouait au ballon avec lui ; car il s'éleva de trois pieds en l'air dans la boutique, retombait et s'élevait plus fort encore.

— Bon Dieu, bon Dieu ! s'écriait-il, comment suis-je devenu si habile danseur ?

Mais l'apprenti le regardait, la bouche ouverte, dans le plus profond étonnement.

Il arriva que quelqu'un ouvrit violemment la porte, ce qui fit ouvrir aussi les battants de la fenêtre placée vis-à-vis. Un vent violent s'engouffra dans la boutique, saisit le tailleur, qui s'envola rapidement par la fenêtre ouverte, et s'élança dans les airs. Tout le monde le perdit de vue. Il arriva un soir, à quelque temps de là, que les habitants de Sachsenhausen aperçurent en l'air une boule de feu qui jeta une vive lumière sur toute la contrée, et qui tomba sur terre en s'éteignant. Tout le monde voulut savoir ce qui venait de tomber : on accourut sur la place, et l'on n'y trouva qu'un petit monceau de cendres, et avec cela un ardillon de soulier, et un petit morceau de satin jaune d'œuf avec des fleurs de diverses couleurs, et aussi quelque chose de noir qui ressemblait assez à une tête de canne de corne noire. Tout le monde se demandait comment de pareils objets avaient pu tomber du ciel dans une boule de feu. Mais la dame Liebsten, femme du tailleur, arriva, et aussitôt qu'elle aperçut tout ce que l'on avait trouvé, elle se tordit les mains, se mit à gémir en criant :

— Ah ! quel malheur, c'est l'ardillon de la boucle de mon cher mari ; hélas ! c'est son habit des dimanches ; hélas ! c'est la pomme de sa canne.

Mais un grand savant a prétendu que la pomme de canne n'était pas une pomme de canne, mais un aérolithe ou un globe mal conformé.

Et maintenant il est à la connaissance des habitants de Sachsenhausen et du monde entier que le pauvre petit tailleur auquel l'apprenti pharmacien a versé de l'air inflammable au lieu d'élixir cordial, a été brûlé dans les airs, et est retombé sur la terre en aérolithe ou comme un globe mal formé.

FIN DE L'HISTOIRE DU PETIT TAILLEUR DE SACHSENHAUSEN.

Le garçon fut impatienté de voir que le singulier étranger ne cessât de se faire tour à tour grand et petit, sans faire attention à lui, et lui mit sous le nez la bouteille de bourgogne qu'il avait demandée. Aussitôt l'étranger saisit fortement la bouteille et ne la quitta pas qu'il l'eût bue jusqu'à la dernière goutte. Alors il tomba évanoui sur un fauteuil, et resta sans mouvement. Les assistants avaient remarqué avec étonnement qu'en buvant il s'était enflé de plus en plus, et qu'il paraissait maintenant gros et tout rond. Le vol de l'autre commença aussi à se ralentir; il voulut s'asseoir tout courbé et hors d'haleine, mais lorsqu'il vit que son adversaire était là étendu comme à moitié mort, il sauta sur lui et se mit à le meurtrir de ses poings fermés.

Mais le cabaretier le repoussa en arrière et lui déclara qu'il allait le jeter dehors s'il ne se tenait pas tranquille.

— Si vous voulez, lui dit-il, montrer vos tours de passe-passe, faites-le au moins sans vous disputer et vous battre comme des gens du peuple.

L'homme-oiseau parut s'offenser de ce que l'aubergiste le prenait pour un batteleur. Il assura qu'il n'était qu'un simple amateur, exerçant pour son plaisir, et qu'il aurait en, s'il l'avait demandée, la place de maître de ballets dans le théâtre d'une capitale. Il se contentait pour le moment, dit-il, d'être seulement un bel esprit, et s'appelait le Génie, comme il voulait sa profession.

— Si, dans un moment de colère, ajouta-t-il, j'ai sauté sur cet homme horrible d'un peu plus haut qu'il ne convenait, c'est mon affaire, et cela ne regarde que moi.

— Mais, reprit l'hôte, il n'y a pas de motif pour frapper si fort.

— Vous ne connaissez pas ce monstre, ajouta le bel esprit, autrement vous le meurtririez vous-même de coups : c'est un ancien douanier, qui maintenant saigne, pose des ventouses et rase les patients; il a nom M. Egel; il est maladroit, lourd et gourmand à faire plaisir. Ce n'est pas assez que ce misérable, partout où je me trouve comme aujourd'hui, vienne boire mon vin à ma barbe; il cherche encore à m'enlever ma belle fiancée, que j'ai l'intention de ramener de Francfort.

Le douanier avait entendu tout ce que le bel esprit avait dit; ses petits yeux méchants et jetant des éclairs brillèrent, tandis qu'il disait à l'aubergiste :

— Un beau maître de ballets, en vérité, qui écrase les délicates jambes des danseuses de ses pieds d'éléphant, et casse une dent, avec une pirouette, au maître des chœurs dans la coulisse, ou enlève un œil au spectateur! Quant à ses vers, ils ont des pieds aussi lourds que les siens, ils trébuchent comme des ivrognes et font une bouillie de la pensée. Et ce fat orgueilleux s'imagine, parce qu'il s'élève parfois hardiment en l'air comme une oie pressée, que la belle des belles doit être sa fiancée.

Le bel esprit s'écria : — Hypocrite, ver du diable, tu vas sentir le bec de l'oie.

Et il voulait de nouveau se précipiter sur le douanier, dans un nouvel accès de furie; mais l'aubergiste le saisit par derrière d'un bras vigoureux, et le jeta par la fenêtre aux grands cris de joie de la foule assemblée au dehors.

Aussitôt que le bel esprit eut quitté la place, M. Egel reprit la forme plate qu'il avait eue en entrant. Les gens du dehors le prirent pour un autre que celui qu'ils avaient vu se ratatiner si singulièrement, et se dispersèrent. Le douanier remercia l'aubergiste de l'aide qu'il lui avait accordé contre le bel esprit, et lui offrit, pour lui prouver sa reconnaissance, de le raser gratis à sa manière à lui, si légère et agréable qu'il n'en aurait jamais vu de pareille. L'aubergiste se tâta le menton; et comme il lui revint en idée que ses cheveux étaient trop longs et en désordre, il s'abandonna au savoir faire de M. Egel. Le douanier commença l'affaire d'une main habile et légère; puis tout à coup il lui fit au nez une si large coupure que le sang se mit à couler par flots. L'aubergiste, qui y vit une mauvaise intention, se leva furieux, saisit le douanier et le jeta dehors aussi rapidement qu'il avait jeté le bel esprit par la fenêtre. Presque aussitôt un bruit terrible se fit entendre dans la rue, l'aubergiste prit à peine le temps de se garnir suffisamment le nez d'amadou, et courut pour savoir quel démon faisait encore du vacarme.

Il aperçut, à son grand étonnement, un jeune homme qui avait saisi à la poitrine d'une main le bel esprit, et le douanier de l'autre, et qui criait furieux, en roulant des yeux brûlants et terribles :

— Ah ! race de Satan, tu ne te mettras pas sur ma route, tu ne m'enlèveras pas ma Gamaheh!

Le bel esprit et le douanier criaient :

— Cet homme est fou ! Au secours ! sauvez-nous, monsieur l'aubergiste, il veut nous tuer, il se trompe.

— Mon cher monsieur Pépusch, s'écria l'aubergiste, à qui en avez-vous ? auriez-vous été troublé par ces deux singuliers personnages ? Ne vous trompez-vous pas ? Celui-ci est le maître de ballets le Génie; celui-là le douanier M. Egel.

— Le maître de ballets le Génie ! le douanier Egel ! répéta Pépusch d'une voix sourde.

Et parut s'éveiller d'un songe et reprendre ses sens.

Pendant ce temps, deux honnêtes bourgeois étaient sortis du cabaret; ils connaissaient aussi Pépusch et l'exhortèrent à se tenir tranquille et à laisser aller ces plaisants étrangers.

Pépusch répéta encore une fois :

— Le maître de ballets le Génie ! le douanier Egel ! et il laissa tomber ses bras.

Nos hommes, devenus libres, disparurent avec la rapidité de l'éclair, et plusieurs des passants prétendirent que le bel esprit s'était envolé par-dessus le toit de la maison voisine, tandis que le barbier avait disparu dans une mare bourbeuse qui s'était formée devant la porte, entre les pavés.

Les bourgeois forcèrent Pépusch hors de lui à entrer dans la chambre à boire avec eux une bouteille de véritable nierensteiner. Pépusch y consentit et parut boire le vin avec plaisir et avidité, bien qu'il restât assis sans dire un seul mot et sans répondre à toutes les paroles qui lui étaient adressées. Enfin sa figure s'égaya, et il dit d'un air affable :

— Vous avez eu raison, mes amis, de m'empêcher de tuer sur la place les deux misérables qui se trouvaient en mon pouvoir; mais vous ignorez quelles funestes créatures sont cachées derrière ces masques étranges.

Pépusch fit une pause, et l'on peut s'imaginer avec quelle curiosité les bourgeois prêtaient l'oreille à ce que Pépusch allait leur apprendre. L'aubergiste s'approcha aussi, et tous les trois, les bras croisés sur la table, les têtes penchées l'une près de l'autre, retenaient leur haleine pour ne pas perdre un mot de ce que Pépusch allait dire.

— Voyez-vous, mes bons amis, dit celui-ci d'un ton bas et solennel, celui que vous nommez le maître de ballets le Génie n'est pas autre que le méchant et maladroit génie Thétel, et celui que vous prenez pour le douanier Egel est l'affreux vampire, le hideux prince Egel. Tous deux sont amoureux de la princesse Gamaheh, qui, vous le saurez plus tard, est l'admirable fille du puissant roi Sekalis, et il veulent l'enlever au chardon Zéhérit. Et c'est une folie qui ne peut prendre naissance que dans un cerveau étroit, car il n'y a qu'un seul homme dans le monde entier qui puisse disputer au chardon Zéhérit la main de la belle Gamaheh, et peut-être entrera-t-il vainement en lice contre lui. Le chardon Zéhérit, c'est moi, et vous ne pouvez pas me savoir mauvais gré, mes bons amis, d'être aussi irrité contre ces traîtres, ni de prendre tant cette affaire à cœur.

Les gens ouvraient de grands yeux et regardaient Pépusch la bouche béante et sans dire un seul mot. Ils tombaient des nues, comme ils ont coutume de dire, et la tête leur en tournait.

Pépusch but un grand verre de vin de Rome et dit, s'adressant à l'aubergiste :

— Oui ! oui ! mon cher hôte, bientôt vous me verrez fleurir en *cactus grandiflorus*, et tout le pays sera embaumé d'une odeur céleste de la plus pure vanille; vous pouvez m'en croire.

L'aubergiste ne put répondre que par un :

— Ce serait bien le diable !

Quant aux deux autres, ils se lançaient des regards significatifs, l'un d'eux, en prenant la main de Georges Pépusch, dit avec un sourire douteux :

— Vous paraissez un peu excité, monsieur Pépusch : est-ce que par hasard un verre d'eau... ?

— Pas une seule goutte, interrompit Pépusch, non, pas une seule goutte; avez-vous jamais vu jeter de l'eau sur l'huile bouillante sans augmenter l'activité de la flamme ?

— Vous me croyez très-agité, n'est-ce pas ? En effet cela peut être le cas, et le diable sait que je me suis tenu tranquille lorsque, comme moi, s'est battu en duel avec son ami de cœur, et qu'il s'est envoyé à lui-même un ami dans la tête.

— Tenez, je vous confie ces armes; prenez-les maintenant; tout est passé.

Pépusch sortit une paire de pistolets de sa poche; l'aubergiste fit un saut en arrière; les deux bourgeois s'en emparèrent et éclatèrent de rire lorsqu'ils tinrent les armes assassines dans leurs mains. C'étaient des pistolets de bois, un joujou d'une nouvelle année.

Pépusch ne paraissait pas s'apercevoir de ce qui se passait autour de lui; il était assis, plongé dans ses pensées, et répétait sans cesse :

— Si je pouvais trouver ! si je pouvais trouver !

L'aubergiste reprit courage et demanda discrètement :

— Que cherchez-vous donc, que vous ne trouvez pas ?

— Si vous connaissez un homme, dit Pépusch solennellement, en regardant fixement l'aubergiste dans les yeux, qui puisse être comparable au roi Sekalis pour la force et la puissance, nommez-le-moi, je vous baise à l'instant les pieds. Au reste dites-moi si quelqu'un ici connaît M. Peregrinus Tyss et peut-être où je le trouverai en ce moment.

— Ah ! quant à cela, dit l'hôte en prenant un air joyeux et câlin, je peux vous dire, mon cher monsieur Pépusch, que le bon M. Tyss s'est trouvé ici il y a une heure, et a pris une chope de vin de Wurtzburg. Il était très-préoccupé et s'écria tout à coup, lorsque lui apporta les nouvelles de la bourse :

— Oui, charmante Gamaheh, j'ai renoncé à toi; sois heureuse dans les bras de Georges.

Alors une petite voix toute singulière dit :

— Viens chez Leuwenhoek consulter l'horoscope.

Aussitôt M. Tyss vida son verre et s'en alla avec la voix sa corps, probablement chez Leuwenhoek qui est dans la désolation parce que toutes ses puces dressées sont mortes.

Alors Georges devint furieux et saisit l'aubergiste à la gorge criant : — Vil messager d'Egel, que dis-tu ? Il a renoncé, renoncé elle ? Gamaheh ! Peregrinus ! Sekalis !

Le rapport de l'aubergiste était de la dernière exactitude. Il avait entendu maître Floh qui, de sa voix argentine, engageait Peregrinus Tyss d'aller chez Leuwenhoek à cause de son microscope. Le bienveillant lecteur sait déjà dans quel but Peregrinus s'y était rendu en effet.

Leuwenhoek fit à Peregrinus une réception mielleusement hypocrite, avec ces compliments humbles entre lesquels perce l'aveu péniblement arraché d'une supériorité patente; mais aussitôt que Peregrinus eut son verre microscopique dans l'œil, toutes les amabilités et les manières humbles d'Antoine Leuwenhoek devinrent parfaitement inutiles, car Peregrinus lut aussitôt dans son âme tout son mécontentement et sa haine.

Les pensées disaient, au milieu même de ses protestations :

— Je voudrais que le diable en plumes noires t'entraînât à dix mille pieds au fond de ses abîmes. Il me faut te recevoir humblement et avec des semblants d'amitié, puisque les constellations m'ont placé sous ton influence, et que mon existence dépend en quelque sorte de toi; mais je pourrai peut-être te dominer par la ruse, car, malgré ta magnifique étoile, tu n'es qu'un pauvre imbécile.

Tu crois que la belle Dörtje Elverding t'aime, et tu veux peut-être l'épouser. Mais viens seulement me demander mon appui, et, malgré le pouvoir qui habite en toi à ton insu, tu tomberas dans mes mains, et j'emploierai tout pour te perdre et reconquérir Dörtje et maître Floh.

Peregrinus composa naturellement sa réponse d'après les pensées, et se garda bien de dire un seul mot de la belle Dörtje Elverding; il prétendit même que sa visite n'avait d'autre but que de visiter le magnifique cabinet d'histoire naturelle de Leuwenhoek.

Pendant que Leuwenhoek ouvrait ses grandes armoires, maître Floh dit bas à l'oreille de Peregrinus que son horoscope était placé sur une table près de la fenêtre. Peregrinus s'en approcha doucement et y jeta un regard attentif.

Alors il vit diverses lignes qui se croisaient mystérieusement, et d'autres signes étonnants; mais comme il manquait complètement de connaissances astrologiques, il avait beau regarder avec l'attention la plus profonde, tout restait pour lui obscur et embrouillé. Il lui paraissait pourtant étrange qu'il dût très-distinctement reconnaître comme étant lui-même le point rouge brillant placé au milieu de la table sur laquelle l'horoscope était tracé. Plus il considérait ce point et plus il lui voyait prendre la forme d'un cœur, et plus il devenait d'un rouge vif; cependant il n'étincelait que comme à travers le réseau dans lequel il était engagé.

Peregrinus remarqua toutes les peines que prenait Leuwenhoek pour l'éloigner de l'horoscope, et il résolut, puisqu'il ne pouvait pas être induit en erreur, de l'interroger directement et même plus de détours au sujet de cette table mystérieuse.

Leuwenhoek, en prenant d'un air contraint, lui donna l'assurance que rien ne pouvait lui être plus agréable que d'expliquer à un ami aussi éclairé les signes de la table, qu'il avait tracés lui-même d'après ses faibles connaissances en pareille matière.

Les pensées disaient:

— Ho! ho! tu veux être au courant de tout ceci, mon habile maître. Maître Floh ne t'a pas mal conseillé. Et c'est moi qui dois, en te mettant au fait de ces signes mystérieux, par considération pour le pouvoir magique de ta personne très-honorée, te donner un coup d'épaule.

Je pourrais te mentir, mais à quoi bon, puisque tu ne comprendrais pas un seul mot lors même que je te dirais la vérité, et que le résultat sera le même que par le passé? Je veux te dire de ces signes juste autant qu'il te plaira, ni plus ni moins seulement pour ne pas me fatiguer le cerveau à inventer des mensonges.

Peregrinus crut qu'il ne lui dirait pas tout, mais qu'il ne lui ferait aucun mensonge.

Leuwenhoek plaça la table sur une espèce de chevalet dressé dans un coin de la chambre. Tous deux s'assirent devant et la considérèrent en silence.

— Vous ne vous doutez pas, Peregrinus Tyss, dit enfin Leuwenhoek avec une certaine solennité, que ces traits, ces signes dessinés sur cette table sont votre propre horoscope, qu'au moyen de ma science astrologique j'ai tracé ici sous l'influence des étoiles favorables. Vous me demanderez, Peregrinus : Mais pourquoi suis-je ici? Pourquoi pénétrer vous dans les mystères de ma vie? Pourquoi vouloir connaître ma destinée? Et en me demandant cela vous auriez tout à fait raison, si je n'étais en mesure de vous prouver aussitôt les motifs qui m'ont poussé à le faire.

Entre autres connaissances profondes le rabbin Harrasad possédait le singulier don de voir au visage des hommes si leurs âmes n'avaient pas habité d'autres corps, ou si elles étaient tout à fait nouvelles.

J'étais encore très-jeune lorsque le vieux rabbin mourut d'une indigestion causée par un délicieux plat préparé à l'ail. Les juifs mirent tant de hâte à enlever le corps, que le défunt n'eut pas le temps de rassembler et d'emporter avec lui les connaissances et les facultés naturelles que la maladie avait dispersées. Les héritiers se les partagèrent en riant; pour moi je péchai son don de seconde vue juste au moment où il voltigeait encore autour de la pointe du glaive que l'ange de la mort posait sur la poitrine du vieux rabbin, et, comme lui, je vois sur la figure des hommes si leur âme a déjà habité un corps. Votre figure, Peregrinus, éveilla en moi, lorsque je la vis pour la première fois, des doutes et des réflexions singulières. J'eus la certitude que votre âme avait déjà existé, et cependant il me fut impossible de deviner son ancienne forme en examinant votre vie actuelle. Je dus appeler les astres à mon aide et dresser votre horoscope pour découvrir le mystère.

— Et avez-vous appris quelque chose? demanda Peregrinus.

— Sans doute, répondit Leuwenhoek. J'ai reconnu, ajouta-t-il d'une voix solennelle, que le principe physique qui anime maintenant le corps de mon honorable ami Peregrinus Tyss existait déjà depuis longtemps, mais seulement comme une pensée indépendante d'une création animée.

Voyez, monsieur Peregrinus, examinez attentivement le point rouge placé au milieu de la table... C'est vous, mais non pas seul, car ce point est aussi l'apparence que votre principe physique pourrait un jour adopter involontairement. Autrefois vous gisiez dans le sein profond de la terre comme une escarboucle étincelante; mais, étendue sur la surface verte du terrain qui vous couvrait, dormait la belle Gamaheh, et votre apparence se forma aussi dans cette ignorance de son être. De singulières lignes, des constellations étrangères coupent votre vie à partir seulement du point où la pensée prit une forme et devint Peregrinus Tyss. Vous êtes en possession d'un talisman que vous ne connaissez pas, ce talisman c'est l'escarboucle rouge. Il est possible que le roi Sekakis l'ait portée parmi les pierres précieuses de son diadème, ou qu'elle peut-être n'ait été elle-même cette escarboucle. En un mot, vous le possédez maintenant, et il doit arriver un événement qui éveillera la force endormie, et avec cette force éveillée vous déciderez le sort d'une malheureuse qui jusqu'à présent a lutté entre la crainte et un espoir chancelant d'une vie apparente. Ah! la belle Gamaheh n'a gagné qu'une vie apparente par le plus grand pouvoir de l'art magique, puisque le talisman qui devait agir sous la loi de Dieu, vous, vous l'avez, vous, vous pourriez lui rendre la vie et l'escarboucle brille dans votre sein.

— Si, si, Peregrinus en interrompant encore ici, Leuwenhoek, pourriez-vous me préciser l'événement qui doit éveiller la puissance du talisman?

Celui-ci regarda Peregrinus avec de grands yeux ouverts. Il était facile de lire sur son visage qu'il se trouvait embarrassé et cherchait ce qu'il devait répondre.

Les pensées disaient:

— Comment, ne sais-je laissé aller à en dire beaucoup plus que je ne le voulais? J'aurais dû au moins ne pas parler du talisman que le bienheureux hasard a mis à Peregrinus et qui lui donne un tel pouvoir sur nous autres forces occultes à obéir à son corps de sujet. Et maintenant il faut que je lui précise l'événement d'où dépend l'éveil de son talisman. Dois-je lui avouer que je l'ignore moi-même, et que mon art est impuissant à éclaircir ce point si douteux? Les lignes viennent se réunir. Quand je le veux, les principaux signes célestes de cet horoscope je me sens tout abattu, et ma très-vénérable me fait l'effet d'une coupe pétrie de toutes sortes de couleurs, et surtout de mauvais carton. Je me garderai bien toutefois de lui faire un aveu qui me déprécierait et lui fournirait des armes contre moi. Je veux raconter à cet imbécile, qui se croit très-fort, quelque chose qui le fasse frissonner et tuer toute envie de m'interroger davantage.

— Mon cher monsieur Tyss, dit-il tout haut avec un air de grand mystère, je ne me presse pas de vous parler de cet événement. Vous savez que l'horoscope nous annonce clairement et toujours la venue de certains événements, mais que (la sagesse de la puissance éternelle le veut ainsi) les issues dangereuses demeurent toujours obscures et offrent des sens obscurs. Ce n'est que trop en amitié, mon bon monsieur Tyss, pour vous jeter avant le temps dans l'inquiétude et la crainte. Je vous dirai seulement que l'événement qui vous donnerait la conscience de votre pouvoir troublerait au même instant, par d'affreuses, d'infernales souffrances, le système de votre actuelle personnalité. Non! il est mieux de laisser là cet horoscope. Mais ne vous tourmentez pas, monsieur Tyss, bien que toutes les apparences soient mauvaises et que ma science entière ne puisse vous voir sortir heureusement de cette aventure, peut-être une constellation inattendue et pour le moment invisible nous arrachera-t-elle au danger.

Peregrinus ne put s'empêcher d'admirer la duplicité hypocrite de Leuwenhoek, et, en même temps la sagesse avec laquelle celui-ci présentait sans en avoir la moindre idée lui parut si ridicule qu'il ne put retenir un bruyant éclat de rire.

— Qui peut donc vous égayer ici, mon honorable monsieur Tyss? demanda Leuwenhoek un peu déconcerté.

— Vous avez raison, lui répondit Peregrinus, de m'éviter, par compassion, les détails des terribles événements qui me menacent. Car, outre que vous m'avez trop en amitié pour me jeter dans de cruelles transes, vous avez encore pour cela un autre et très-excellent motif, qui est tout simplement que vous n'en savez pas le moindre mot. Vous avez en vain essayé de toute votre puissance pour éclaircir le mystère : votre astrologie ne va pas jusque-là et si maître Floh ne vous était pas tombé évanoui sur le nez, vous seriez fort mal à l'aise avec toute votre science.

La fureur éclaira le visage de Leuwenhoek, il serra les poings, grinça des dents, trembla et chancela tellement qu'il fût tombé de sa chaise si Peregrinus ne l'avait saisi d'un bras aussi vigoureux que Georges Pépusch avait de son côté saisi l'aubergiste à la gorge.

L'aubergiste vint à bout de se débarrasser en sautant habilement de côté, et aussitôt Pépusch s'élança au dehors et entra dans la chambre de Leuwenhoek juste au moment où Peregrinus le tenait cloué sur sa chaise et murmurait entre ses dents :

— Fou de Leuwenhoek, si tu m'avais fait cela!

Dès que Peregrinus aperçut Pépusch, il laissa le dompteur, et alla à la rencontre de son ami en lui demandant si l'affreuse disposition d'esprit qui l'avait maîtrisé si violemment était enfin passée.

Pépusch parut attendri jusqu'aux larmes.

— Depuis que je suis au monde, dit-il, je n'ai jamais fait autant de folies que dans cette journée, et je peux compter dans le nombre qu'après m'être tiré, au beau milieu de la forêt, un coup de

Il la nomme sa joie, son ciel, son seul bonheur.

pistolet dans la tête, je suis entré dans une auberge, je ne sais plus où, chez Pratzler, au *Cygne*, à *la Cour verte*, ou à toute autre enseigne, et là, après avoir étourdi de mes bavardages deux honnêtes bourgeois, j'ai voulu étrangler l'hôte, et cela parce que celui-ci, d'après mes discours sans suite, avait donné à entendre que je ferais mieux de rentrer chez moi. Je crains bien que tout le monde, au bout de mes peines, ne prenne mes discours et mes actions pour l'effet d'une violente attaque de folie, et j'ai tout à craindre d'être mis dans une maison de fous. Toutefois l'aubergiste m'a raconté certaines paroles que tu avais prononcées; mais, ajouta-t-il en rougissant et les yeux baissés, une pareille offre, un tel abandon en faveur d'un malheureux n'est guère à supposer dans un temps où l'héroïsme a totalement disparu de la terre.

Peregrinus se sentit renaître en l'entendant parler ainsi.

— Je serais au désespoir, lui dit-il avec feu, de causer la moindre peine à un ami que le ciel m'a conservé. Je renonce solennellement à toutes mes prétentions sur le cœur et la main de la belle Dortje Elverding, et j'abandonne volontiers ce paradis qui m'avait souri de ses lueurs séduisantes.

— Et je voulais te tuer, et j'ai voulu me tuer moi-même parce que j'ai manqué de confiance en toi! s'écria Pépusch en se jetant dans les bras de Peregrinus.

— Je t'en prie, Georges, remets-toi, reprit Peregrinus. Tu parles d'un coup de pistolet que tu te serais tiré, et tu me parais en parfaite santé; comment cela peut-il aller ensemble?

— Tu as raison, répondit Pépusch; à en juger par les apparences, il me serait impossible de parler raisonnablement avec toi, comme cela est en effet, si je m'étais réellement logé une balle dans la tête. Les bourgeois ont aussi prétendu que mes pistolets n'étaient nullement meurtriers, puisqu'ils étaient en bois comme des joujoux d'enfants, et il est possible que notre duel et mon suicide n'aient été qu'une ironie. N'aurions-nous pas changé de rôle, et ne commencerais-je pas à me mystifier moi-même, et à faire des enfantillages au moment même où tu quittes le puéril pays des fables pour entrer dans la vie réelle? Mais qu'il en soit ce qu'il voudra, que j'aie seulement la preuve de ta grandeur d'âme et de mon bonheur, et alors se dissiperont tous les nuages qui troublent mon regard et qui me trompent de leurs morganiques images. Viens, mon Peregrinus, conduis-moi chez la charmante Dortje Elverding. Que je reçoive de sa main ma douce fiancée.

Pépusch prit le bras de son ami et se prépara à sortir; mais le chemin qu'il aurait à faire devait leur être épargné. La porte s'ouvrit et Dortje Elverdink, belle et gracieuse comme une fille des anges, entra suivie du vieux Swammer. Leuwenhoek, qui était resté silencieux, jetant tour à tour sur Peregrinus et sur Pépusch des regards enflammés de colère, parut, lorsqu'il aperçut le vieux Swammer, frappé d'un coup électrique. Il étendit vers lui son poing fermé, et lui cria d'une voix que la colère rendait glapissante :

— Ah! tu viens ici te moquer de moi, vieux monstre hypocrite; mais cela ne sera pas, défends-toi, ta dernière heure a sonné!

Swammerdam sauta quelques pas en arrière et tira sa lorgnette pour se défendre, car Leuwenhoek l'attaquait déjà, la sienne à la main. Le duel qui avait eu lieu dans la maison de Peregrinus Tyss paraissait devoir se renouveler.

Georges Pépusch se jeta entre les combattants, et tandis qu'il parait habilement avec la main gauche un regard meurtrier de Leuwenhoek qui eût étendu son adversaire sur le carreau, il abaissait avec la droite l'arme que Swammerdam tenait déjà devant son œil, de manière que Leuwenhoek ne fut pas blessé. Puis il déclara aux deux adversaires qu'il ne leur permettrait de se battre que lorsqu'il serait complètement instruit du sujet de leurs querelles. Peregrinus approuva si bien la conduite de son ami, qu'il se mit aussi entre les combattants et leur fit la même question.

Les deux combattants furent forcés de céder à leurs instances. Swammerdam assura qu'il n'était pas venu dans une idée de haine personnelle, mais pour entrer avec Leuwenhoek en bon arrangement au sujet de la belle Dortje Everding, et pour terminer une guerre qui avait trop longtemps séparé deux principes créés l'un pour l'autre, et dont les recherches associées pourraient atteindre le but le plus éloigné de la science. Et en parlant ainsi il regarda Peregrinus en souriant, et ajouta qu'il espérait que celui-ci, puisque Dortje s'était réfugiée dans ses bras, lui servirait ici d'intermédiaire.

Leuwenhoek assura de son côté que la possession de Dortje était en effet la pomme de discorde, mais qu'il avait découvert une nouvelle méchanceté de son indigne collègue : que non-seulement il avait la possession d'un certain microscope qu'il tenait d'un arrangement fait dans une circonstance particulière, pour renouveler ses prétentions injustes sur Dortje Elverding, mais qu'il avait remis le microscope à un autre, et cela exprès pour le tourmenter, lui Leuwenhoek.

Swammerdam jura de toutes ses forces qu'il n'avait jamais reçu de microscope, et qu'il avait de grandes raisons de croire qu'il avait été trompé par Leuwenhoek d'une manière infâme.

— Les niais parlent du microscope que vous avez dans l'œil, murmura maître Floh à l'oreille de Peregrinus. Vous savez que j'étais présent au traité de paix signé entre les deux adversaires au sujet de la possession de la princesse Gamahed. Lorsque Swammerdam voulut se jeter dans l'œil le verre microscopique qui lui venait en effet de Leuwenhoek, je le saisis au passage, parce qu'il m'appartenait et non pas à Leuwenhoek; dites sans hésiter, monsieur Peregrinus, que vous possédez ce bijou.

Peregrinus leur dit aussitôt qu'il était en possession du verre que Leuwenhoek avait cru donner à Swammerdam; que par conséquent leur accord était nul, et que nul d'entre eux n'avait pour le moment le droit absolu de garder Dortje Elverding comme sa pupille.

Après bien des pourparlers, les deux adversaires tombèrent d'accord en cela : que Peregrinus recevrait pour femme Dortje Elverding, qui l'aimait d'un amour passionné, et que six mois après il désignerait lui-même celui des deux microscopistes qu'il jugerait plus apte à lui servir de tuteur.

Malgré tout le charme et toute la grâce qui entourait Dortje Elverding dans son ravissant costume, qu'on aurait pu croire taillé par les Amours, malgré les doux et languissants regards d'amour qu'elle pouvait lancer sur lui, Peregrinus se souvint de son protégé et de son ami. Il resta fidèle à la parole donnée, et déclara de nouveau qu'il renonçait à la main de Dortje.

Les microscopistes ne purent cacher leur surprise de voir Peregrinus déclarer Georges Pépusch comme celui qui avait les plus justes droits à la main de Dortje, et prétendirent qu'il n'avait pas, pour le moment du moins, le pouvoir de leur dicter une volonté.

Dortje Elverding chancela, tandis qu'un torrent de larmes s'échappait de ses yeux, et elle se laissa aller dans les bras de Peregrinus, qui la retint au moment où elle allait tomber évanouie sur le plancher.

— Ingrat! murmura-t-elle en soupirant, tu me brises le cœur en me repoussait; mais, puisque tu le veux, reçois ce dernier baiser d'adieu, et laisse-moi mourir.

Peregrinus se baissa, mais lorsque sa bouche toucha celle de la jeune fille, elle le mordit si violemment aux lèvres, que le sang en sortit.

— Impertinent, dit-elle avec gaieté, voici ton châtiment; reviens au bon sens, sois aimable, prends-moi, et laisse l'autre crier tant qu'il lui plaira.

Pendant ce temps les deux microscopistes avaient entamé de nouveau une nouvelle dispute violente, le ciel sait pourquoi. Georges Pépusch se jeta, désespéré, aux pieds de la belle Dortje, et lui cria de cette voix lamentable qui ne peut sortir que du gosier d'un amoureux repoussé :

— Gamaheh! ainsi toute flamme est éteinte en ton cœur, ainsi tu as oublié nos beaux jours d'une autre vie à Famagusta, tu ne te souviens plus de l'heureux temps passé à Berlin, ni du...

Maître Floh.

— Tu es un imbécile, Georges, interrompit la petite en riant, avec ta Gamaheh, ton chardon Zéhérit et toutes les autres folies de tes rêves. J'ai eu de l'amitié pour toi, j'en ai encore, et je veux bien te prendre, quoique grand-là me plaise beaucoup plus, si tu me promets, si tu me jures solennellement que tu feras tous tes efforts pour...

Ici elle murmura quelques mots à l'oreille de Pépusch, et Peregrinus crut entendre qu'il était question de maître Floh.

La dispute entre les microscopistes devenait de plus en plus animée; ils avaient de nouveau pris leurs armes, et Peregrinus s'efforçait de les apaiser, lorsque la société s'augmenta tout à coup.

Les portes s'ouvrirent avec un bruit de cris déchirants et épouvantables, et le bel esprit M. le Génie et le barbier Egel s'élancèrent dans la chambre. Ils sautèrent sur la petite avec des gestes sauvages, et le barbier l'avait déjà saisie par les épaules, lorsque Pépusch écarta l'ennemi hideux avec une force irrésistible, roula ensemble son corps flexible, et le serra avec une telle force que celui-ci en sauta en l'air, hurlant de douleur.

Pendant que ceci arrivait au barbier, les deux microscopistes, en voyant leurs ennemis, avaient aussitôt fait la paix et commencé un combat heureux avec le bel esprit. Celui-ci avait beau s'élever au plafond lorsqu'il était meurtri de coups, il n'évitait guère les atteintes de Swammerdam et de Leuwenhoek, qui avaient saisi de gros et courts ourdins, et lui appliquaient, tandis qu'il était en l'air une grêle de coups sur cette partie du corps qui le porte le mieux. C'était un charmant jeu de ballon, où le bel esprit était forcé de jouer le rôle le plus fatigant et en même temps le plus désagréable, celui du ballon.

La guerre avec ces ennemis sataniques semblait effrayer beaucoup la petite; elle se serra contre Peregrinus, et le supplia de l'emporter de ce menaçant tumulte. Peregrinus pouvait lui refuser d'autant moins sa demande, qu'il était convaincu que son secours n'était pas nécessaire sur le champ de bataille. Il emmena donc la petite dans sa maison, c'est-à-dire dans la chambre de son locataire.

Il est inutile de dire que la petite, aussitôt qu'elle se trouva seule avec Peregrinus, employa de nouveau toutes les ressources de la coquetterie la plus raffinée. Bien qu'il fût bien convaincu que tout ceci n'était que fausseté et n'avait d'autre but que de remettre son protégé en esclavage, il fut toutefois tellement troublé qu'il ne pensa pas le moins du monde au verre microscopique, qui aurait été pour lui un très-efficace contre-poison.

Maître Floh se trouva encore une fois en danger, mais il fut sauvé encore une fois par M. Swammer, qui entra avec Georges Pépusch.

M. Swammer paraissait enchanté, mais les yeux de Pépusch exprimaient la jalousie et la colère.

Peregrinus sortit de la chambre. Le cœur ulcéré du plus profond chagrin, il parcourut, triste et recueilli, les rues de Francfort, sortit des portes, et alla toujours devant lui jusqu'au moment où il se trouva au charmant endroit où son aventure avec Pépusch lui était arrivée.

Là il se mit de nouveau à réfléchir à ses singulières aventures. L'image de la petite lui paraissait plus gracieuse, plus charmante, plus séduisante que jamais; son sang coulait plus précipitamment dans ses veines, sa poitrine semblait vouloir se briser; déchiré par ses désirs, il ne sentait que trop douloureusement le grandeur du sacrifice qui lui coûtait le bonheur de sa vie.

La nuit était venue lorsqu'il retourna à la ville. Sans s'en apercevoir, et peut-être aussi par une crainte involontaire de rentrer chez lui, il s'était engagé dans plusieurs rues du voisinage et se trouva à la fin dans la rue Kalbach. Un homme qui portait une valise sur le dos lui demanda si ce n'était pas la la maison du relieur Lammer Hirt. Peregrinus leva les yeux, et vit en effet qu'il était dans le moment devant la maison haute et étroite du relieur; il vit tout en haut les fenêtres éclairées de cet homme laborieux, qui travaillait une partie des nuits.

Un homme au visage furieux sortit du fourré.

On ouvrit à l'homme à la valise, et il entra dans la maison.

Peregrinus se sentit attristé en pensant qu'il avait oublié, dans le trouble des derniers temps, de payer au relieur différents travaux qu'il avait faits pour lui; il résolut d'y retourner au matin suivant et d'acquitter sa dette.

SEPTIÈME AVENTURE.

Piéges ennemis tendus par les deux microscopistes dans leur maîtrise. — Nouvelles épreuves de M. Peregrinus Tyss, et nouveaux dangers de maître Floh. — Rose Lammer Hirt. — Songe décisif, et fin du conte.

Si nous manquons de nouvelles sur l'issue du combat engagé dans la chambre de Leuwenhoek, toujours est-il permis de supposer que les deux microscopistes, avec l'aide du jeune Georges Pépusch, remportèrent une victoire complète sur leurs deux ennemis. Autrement Swammer, le vieux Swammer n'aurait pas été aussi rayonnant de joie en rentrant chez lui.

Swammer, ou plutôt Jean Swammerdam, avait la même figure épanouie lorsqu'il entra le lendemain matin chez M. Peregrinus, qui était encore au lit, en grande conversation avec son protégé maître Floh.

Peregrinus ne négligea pas de se faire jeter le verre microscopique dans la prunelle de l'œil aussitôt qu'il aperçut Swammerdam. Après de longues et ennuyeuses excuses sur l'indiscrétion d'une visite si matinale, Swammerdam prit enfin place auprès du lit de Peregrinus. Il ne voulut pas absolument souffrir que Peregrinus se levât et endossât sa robe de chambre.

Le vieillard, avec les phrases les plus singulières, remercia Peregrinus de toutes les complaisances qu'il avait eues pour lui, et qui consistaient à l'avoir non-seulement pris pour locataire, mais de lui avoir permis d'amener dans la maison une jeune demoiselle quelquefois un peu vive et bruyante. Il trouva aussi à remercier Peregrinus d'avoir opéré sa réconciliation avec son ancien et collègue scientifique Leuwenhoek.

En effet, comme Swammerdam le raconta, leurs cœurs s'étaient réunis lorsqu'ils avaient été attaqués par le bel esprit et le barbier, et qu'ils avaient délivré Dortje Elverding des monstres infâmes. Une réconciliation complète avait eu lieu aussitôt après entre les deux anciens ennemis.

Leuwenhoek et Swammerdam se plaisaient à reconnaître la bonne influence que Peregrinus avait exercée sur chacun d'eux, et le premier usage qu'ils se proposaient de faire de leur nouveau lien d'amitié avait été de consulter ensemble l'étrange et merveilleux horoscope de Peregrinus Tyss et de chercher autant que possible à en deviner le sens.

— Mon ami Antoine de Leuwenhoek, ajouta Swammerdam, n'avait pu y réussir isolément; nous employâmes le concours de nos lumières réunies, et le résultat de ce second essai fut couronné du plus éclatant succès, malgré tous les obstacles qui se présentèrent.

— Le vieux fou à courte vue, murmura maître Floh, qui se trouvait sur l'oreiller, près de la tête de Peregrinus, croit encore qu'il a rendu la vie à la princesse Gamaheh. C'est en effet une belle existence que celle à laquelle la pauvre fille est condamnée par la maladresse de ces impuissants microscopistes!

— Mon bon, mon excellent monsieur Peregrinus, continua Swammerdam, qui, par un éternuement subit, n'avait pas entendu maître Floh, vous êtes un élu de l'esprit du monde, un enfant gâté de la nature, car vous possédez le talisman le plus extraordinaire, ou, pour parler plus juste et plus savamment, le plus admirable tsilmenaja ou tsilsemoth qui soit jamais sorti de la terre baignée de la rosée du ciel. Je suis fier d'avoir découvert ce que Leuwenhoek n'avait pu trouver, que cet heureux tsilmenaja vient du roi Nacras, qui régnait en Egypte longtemps avant le déluge. Cependant la force de ce talisman restera endormie jusqu'à ce qu'il rencontre une constellation qui trouve justement son centre dans votre honorable personne. Il doit même arriver infailliblement qu'à l'instant même où s'éveillera la force de ce talisman vous donnerez indice de son réveil. Leuwenhoek a pu vous dire tout ce qu'il a voulu sur cette partie la plus difficile de votre horoscope; mais il ne vous a pas dit la vérité, car il n'y avait absolument rien compris jusqu'au moment où je le lui ai ouvert les yeux. Peut-être, mon bon monsieur Tyss, mon cher ami de cœur a-t-il voulu vous inquiéter par l'annonce d'une terrible catastrophe, car je sais qu'il aime assez à effrayer inutilement les gens. Mais fiez-vous à moi, votre fidèle locataire, je vous jure, la main sur le cœur, que vous n'avez absolument rien à redouter. Cependant je désirerais savoir si vous ne pressentez rien au sujet du talisman et ce que vous pensez vous-même de tout ceci.

Swammerdam, en prononçant ces dernières paroles, regarda fixement Peregrinus avec un perfide sourire, comme s'il eût voulu pénétrer dans le fond de sa pensée, et en cela Peregrinus, au moyen de son verre, l'emportait tout à fait sur lui.

Peregrinus apprit donc, au moyen de son verre, que le combat contre le bel esprit et le barbier avait été un bien moindre motif de réconciliation que cet horoscope mystérieux. Ce qu'ils voulaient surtout, c'était la possession du puissant talisman. Swammerdam avait été, ce qui concernait le nœud qui mystiquement tressé dans l'horoscope de Peregrinus, aussi peu clairvoyant que Leuwenhoek; mais il pensait qu'il devait trouver évidemment dans l'intérieur de Peregrinus la trace qui le conduirait à la découverte de ce secret. Cette trace, il espérait la lui faire indiquer habilement par des paroles involontaires, et s'emparer, avec le secours de Leuwenhoek, de ce joyau précieux avant que le possesseur eût appris à en connaître la valeur.

Swammerdam était convaincu que le talisman de Peregrinus ne le cédait en rien pour la valeur à l'anneau du sage Salomon, qui donnait autrefois, comme sans doute celui qu'il convoitait aujourd'hui, une puissance sans bornes sur le royaume des esprits.

Peregrinus lui rendit la pareille, et mystifia celui qui se donnait tant de peine pour jouer le rôle de mystificateur. Il sut lui faire réponse ornée de phrases si fleuries et si pompeuses, que Swammerdam se mit à craindre que le charme n'eût déjà commencé, et que bientôt Peregrinus n'allât avoir l'explication intime du secret que ni Leuwenhoek ni lui n'avaient pu deviner jusqu'alors.

Swammerdam baissa les yeux, toussa et prononça des paroles inintelligibles; il se trouvait dans une position embarrassante, et ses pensées murmuraient sans cesse :

— Diable, qu'est-ce ceci? Est-ce bien Peregrinus qui me parle? Suis-je le savant Swammerdam ou un imbécile?

Toutefois il reprit courage, et dit :

— Parlons d'autre chose, mon très-honoré monsieur Peregrinus, parlons d'autre chose, et, si je ne me trompe, de quelque chose de beau, de réjouissant...

Ce que Swammerdam avait à dire de beau et d'agréable, c'était que son collègue et lui avaient découvert la violente passion de la belle Dortje Elverding pour lui. Bien qu'ils eussent été en premier d'une autre manière de voir, espérant l'un et l'autre que la jeune fille viendrait demeurer près d'eux sans penser à l'amour ou au mariage, depuis ils avaient changé d'avis : ils avaient cru lire surtout dans l'horoscope de Peregrinus qu'il fallait qu'il prît absolument Dortje pour épouse. Ils ne doutaient nullement que Peregrinus ne fût de même enflammé d'amour pour elle, et regardaient déjà la chose comme terminée. Swammerdam pensait en outre que Peregrinus Tyss était le seul capable de l'emporter sur tous ses rivaux, et que même les adversaires les plus menaçants, comme le bel esprit et le barbier, ne pourraient rien entreprendre contre lui.

Peregrinus lut dans les pensées de Swammerdam que les microscopistes avaient en effet lu dans son horoscope l'absolue nécessité de son union avec Dortje Elverding, mais qu'ils espéraient mettre cette nécessité à profit, et compenser la perte apparente de Dortje par l'avantage plus grand encore de s'emparer de Peregrinus Tyss et de son talisman.

On peut s'imaginer la confiance que la sagesse et la science de ces deux hommes, incapables de lire son horoscope, pouvaient inspirer à Peregrinus. Il déclara donc qu'il avait renoncé à la main de Dortje pour ne pas désoler Pépusch, son meilleur et son plus intime ami, qui était d'ailleurs plus fait pour elle, et lui promettait de la rendre heureuse, et que pour rien au monde il ne reviendrait sur sa parole.

Le sieur Swammerdam releva les yeux de chat, qu'il avait longtemps tenus tournés vers la terre; il regarda Peregrinus bien en face et sourit d'un air faux.

— Si votre amitié pour Pépusch, dit-il, est le seul scrupule qui vous empêche de vous livrer sans contrainte à vos sentiments, ce scrupule est levé à l'instant même; car Pépusch a vu, malgré toute sa passion furieuse, que les constellations étaient contraires à son mariage avec Dortje Elverding, et qu'il ne pouvait en résulter que des malheurs. Il a donc renoncé à la main de la jeune fille, et déclaré qu'elle ne pouvait appartenir qu'à son bon ami Peregrinus; il s'offre même de le protéger contre les tentatives du lourd et maladroit bel esprit et contre le sanguinaire gratteur de barbe.

Peregrinus fut saisi d'un frisson glacé lorsqu'il reconnut que ce qu'il disait était la vérité. Dominé par la force des sentiments les plus étranges et les plus contraires, il se renversa sur son oreiller et ferma les yeux.

Swammerdam invita instamment Peregrinus à venir entendre de la bouche de Georges et de Dortje la confirmation de ce qu'il venait d'avancer; et puis il s'éloigna avec les mêmes compliments et les mêmes révérences qu'à son entrée.

Maître Floh, qui était resté tout le temps tranquille sur l'oreiller, sauta tout à coup jusque sur la pointe du bonnet de nuit de Peregrinus. Alors il se dressa sur ses longues pattes de derrière, se tordit les mains, les éleva vers le ciel, et s'écria d'une voix à demi étouffée par les sanglots :

— Malheur à moi! je me croyais déjà en sûreté, et maintenant arrive l'épreuve la plus dangereuse. A quoi servent tout le courage toute la fermeté de mon noble protecteur, si tout se réunit contre moi? Je me rends, tout est perdu.

— Qu'avez-vous à vous lamenter ainsi sur mon bonnet de nuit dit Peregrinus d'une voix faible. Croyez-vous donc que vous êtes seul à plaindre, et que je ne me trouve pas moi-même dans la position la plus affreuse, troublé comme je le suis, et ne sachant ce que je dois faire, ce que je dois penser? Mais ne croyez pas, maître Floh, que je serai assez insensé pour m'approcher de l'écueil où doivent se briser toutes mes résolutions et mes beaux projets. Je n'aurai garde de me rendre à l'invitation de Swammerdam, et de revoir la séduisante Elverding.

— Et en effet, répondit maître Floh, tout en reprenant son ancienne place sur l'oreiller de son maître, je ne sais pas, malgré tout ce que je trouve de redoutable, si je ne dois pas vous conseiller de descendre de suite chez Swammerdam. Il me semble que les lignes de votre horoscope courent ensemble avec une rapidité toujours plus grande, et que vous êtes vous-même au moment d'entrer dans le point rouge. Quel que soit l'arrêt du sombre destin, je comprends que même un maître Floh ne doit pas s'opposer à son accomplissement et qu'il serait niais et inutile d'attendre mon salut de vous. Allez-y, voyez-la, acceptez sa main, et pour que tout s'accomplisse selon la volonté des étoiles, que rien d'étranger ne s'y trouve mêlé, ne faites même pas usage du verre microscopique.

— Ordinairement, répondit Peregrinus, votre cœur est ferme, monsieur Floh, votre esprit est fort, et maintenant vous êtes timide et découragé. Mais soyez aussi savant qu'il vous plaira, lors même que l'élément du fameux septième Nuuius Rorar élèverait votre intelligence bien au-dessus de la nôtre, vous n'avez du moins aucune juste idée de la forte volonté de l'homme, et la placez beaucoup trop bas. Encore une fois, je ne manquerai pas à la parole que je vous ai donnée, et pour vous prouver combien ma résolution de ne plus voir la petite est inébranlable, je vais me lever et me rendre chez le relieur Lammer Hirt, comme je me le suis proposé hier au soir.

— O Peregrinus, s'écria maître Floh, la volonté des hommes est une chose fragile, elle est souvent le jouet du zéphyr. Plus d'une existence n'est qu'un vouloir continuel, et beaucoup, par l'effet même de leur volonté, ne savent plus ce qu'ils veulent à la fin. Vous vous proposez de ne plus revoir Elverding, et qui vous répond que cela n'arrivera pas dans l'instant même où vous en parlez?

Et chose étrange, ce que maître Floh avait prophétisé se réalisa. Peregrinus se leva, s'habilla, et voulut, fidèle à son idée, se rendre chez le relieur Lammer Hirt; mais lorsqu'il passa devant la chambre de Swammerdam la porte s'ouvrit toute grande, et Peregrinus ne sut pas lui-même comment il se fit qu'il se trouva tout à coup donnant le bras à Swammerdam jusqu'au milieu de la chambre, devant Dortje Elverding, qui, toute joyeuse, lui jeta sans contrainte mille baisers, et lui dit de sa voix argentine:

— Bonjour, mon bien cher Peregrinus!

Pépusch se trouvait aussi dans la chambre, et regardait en sifflant en dehors de la fenêtre ouverte. Il la ferma avec force et se retourna.

— Ah! te voilà? s'écria-t-il en voyant son ami Peregrinus. Tu viens rendre visite à ta fiancée; c'est dans l'ordre, et un tiers est toujours de trop dans un pareil moment. Je vais m'en aller; mais avant je te dire, mon bon ami Peregrinus, que Georges Pépusch fait peu de cas des dons qu'un ami charitable jette au pauvre pêcheur comme une aumône. Garde tes cadeaux, je ne veux rien te devoir. Prends la belle Gamabeh, qui t'aime si tendrement; mais évite avec soin que le chardon Zéhérit ne prenne racine dans ta maison et n'en fasse écrouler les murs.

Le ton et les manières étaient bien près de la grossièreté la plus excessive, et Peregrinus fut saisi d'un profond chagrin en voyant que Pépusch ne l'avait pas compris.

— Jamais je n'ai eu l'idée, lui dit-il sans chercher à cacher sa tristesse, de me mettre sur ta route. Si tu n'étais pas égaré par le démon de la jalousie, tu comprendrais que je n'ai eu une seule des pensées que tu te plais à me prêter. Je ne chercherai pas à étouffer les serpents que, pour ton propre tourment, tu nourris de ton cœur. Je ne t'ai jeté aucun don, et ne t'ai fait aucun sacrifice, en refusant le plus beau et peut-être le plus grand bonheur de ma vie. J'y ai été forcé par d'autres devoirs, par une promesse irrévocable.

Pépusch, plein de rage, serra ses poings et leva la main sur son ami; mais la petite s'élança entre eux, et saisit la main de Peregrinus en disant avec un sourire:

— Ne t'occupe pas du chardon; il n'a que des sottises en tête, et est roide et revêche comme toutes les plantes de sa race, sans savoir positivement ce qu'il veut. Tu es à moi et resteras à moi. Peregrinus, mon cher bien-aimé.

Et la petite attira Peregrinus sur le canapé, et sans plus de façon vint s'asseoir sur ses genoux. Pépusch, après s'être suffisamment rongé les ongles, s'élança au dehors.

La petite, dans son féerique et séduisant costume de gaze d'argent, était plus gracieuse, plus attrayante que jamais. Peregrinus se sentait pénétré de la chaleur électrique de son corps, et pourtant il sentait aussi un souffle mystérieux et glacial comme l'haleine de la mort. Pour la première fois il crut remarquer dans le regard de la petite quelque chose de fixe et d'inanimé, et le ton de sa voix, et même le frôlement de son étrange costume argenté semblaient trahir la présence d'un être à éviter. Il se sentit comme oppressé en pensant que, lorsque Dortje avait parlé sans déguiser sa pensée, elle portait un costume pareil. Il ne savait pourquoi il se préoccupait de l'étoffe de cette robe, mais les pensées d'étoffe et de personnage de l'autre monde étaient forcées de se présenter ensemble, comme un rêve réunit les objets les plus hétérogènes, et l'on regarde comme insensé tout ce dont on ne peut pas comprendre le trop profond enchaînement.

Peregrinus était loin de vouloir tourmenter la charmante enfant par des soupçons probablement mal fondés; il domina donc ses sentiments de toute sa puissance, et attendit un moment favorable pour éviter les étreintes de ce serpent du paradis.

— Mais, mon doux ami, lui dit enfin Dortje, pourquoi te trouvé-je aujourd'hui aussi glacial et aussi insensible? Qu'as-tu donc dans l'esprit?

— J'ai la migraine, des vapeurs, de sottes idées, rien autre chose, ma douce amie, répondit Peregrinus aussi tranquillement que cela lui fut possible; laisse-moi sortir, et dans quelques minutes tout cela sera passé, et puis j'ai des affaires qui me demandent.

— Tu mens, s'écria la petite en quittant avec rapidité ses genoux, mais tu es un méchant singe qu'il faut apprivoiser.

Peregrinus se sentit joyeux lorsqu'il fut dans la rue; mais maître Floh riait et balbutiait sans cesse dans la cravate de Peregrinus. Il témoignait sa joie par ses gestes, et applaudissait si fort de ses mains de devant, qu'on les entendait résonner.

— O fou que je suis! s'écriait-il dans le débordement de son immense joie; insensé, qui doutais de la victoire là où il n'y avait pas de combat! Oui, Peregrinus, vous aviez déjà vaincu dans un moment où la mort même de votre bien-aimée n'aurait pu vous faire changer de résolution. Laissez-moi pousser des cris de joie, laissez-moi chanter, car, ou je me trompe fort, bientôt va se lever le beau soleil qui éclaircira tant de mystères.

Lorsque Peregrinus frappa à la porte de Lammer Hirt, une douce voix de femme cria:

— Entrez.

Il ouvrit la porte. Une jeune fille qui se trouvait seule dans la chambre s'avança vers lui, et lui demanda d'un ton affable ce qu'il demandait.

Le lecteur se contentera de savoir que cette jeune fille pouvait avoir dix-huit ans; qu'elle était plus grande que petite, élancée et parfaitement faite; qu'elle avait des cheveux noirs et des yeux bleu foncé, et que sa peau semblait être un tissu tendrement velouté de lis et de roses. Mais ce qui valait mieux encore, c'est que la figure de la jeune fille présentait ce tendre mystère de candeur juvénile, ce charme d'un amour céleste que plus d'un ancien peintre religieux a représenté dans ses tableaux. Lorsque Peregrinus regarda la belle jeune fille, il lui sembla qu'il avait été chargé de fers écrasants, qu'un pouvoir céleste protecteur avait brisés, et que devant lui était l'ange de la lumière, destiné à le conduire dans le royaume des désirs et des joies ineffables de l'amour.

La jeune fille rougit de se voir ainsi regardée, et dit pour la seconde fois en baissant pudiquement les yeux:

— Que demandez-vous, je vous prie?

Peregrinus bégaya avec peine:

— Le relieur Lammer Hirt demeure-t-il encore ici?

— Il y demeure toujours, reprit la jeune fille, mais il est sorti.

Alors Peregrinus parla confusément de reliures qu'il avait commandées, de livres que Lammer Hirt devait lui procurer; enfin il commença à désigner plus distinctement, et se souvint entre autres d'une magnifique édition de l'Arioste qu'il avait donnée.

La jeune fille tressaillit, comme frappée d'une commotion électrique; elle joignit les mains et s'écria, les larmes aux yeux:

— Ah Dieu! vous êtes monsieur Tyss.

Et elle fit un mouvement comme si elle voulait prendre la main de Peregrinus; mais elle fit rapidement un pas en arrière et soupira profondément. Alors un gracieux sourire fit rayonner son visage comme une délicieuse aurore, et elle l'accabla de remerciements et de souhaits de bonheur, comme le bienfaiteur de ses parents, et comme celui qui avait apporté tant de bonheur à la joie et le plaisir, en leur donnant avec douceur, avec bienveillance, des jouets au dernier Noël. Elle débarrassa aussitôt le fauteuil de son père, tout chargé de livres, d'écritures, de cahiers, de feuilles volantes, l'approcha, et faisant gracieusement les honneurs de la maison, invita Peregrinus à s'y asseoir. Puis elle alla chercher l'Arioste, supérieurement relié, en frotta légèrement le maroquin avec un chiffon de laine, et le présenta à Peregrinus ce chef-d'œuvre de la reliure, les yeux brillants, et bien certaine que le travail artistique de son père allait être applaudi.

Peregrinus tira de sa poche une pièce d'or; mais la jeune fille la refusa, donnant pour prétexte que, ne connaissant pas le prix convenu, elle ne pouvait rien recevoir; et elle pria Peregrinus d'attendre que son père fût revenu. Celui-ci remit vite en place la pièce de vil métal, qui semblait se fondre dans sa main.

La jeune fille prit une chaise; par instinct de politesse machinale, se précipita pour l'approcher lui-même. Au lieu de la chaise, il prit la main de la jeune fille, et il crut en la serrant sentir aussi une pression presque imperceptible.

— Ah! le vilain petit chat! dit la jeune fille en se étant tout à coup de côté pour ramasser un écheveau de fil que le chat emmêlait de ses pattes de devant; et puis, avec une candeur enfantine, elle conduisit Peregrinus au fauteuil, le pria de nouveau de s'asseoir; puis elle vint prendre place devant lui en tenant en main un ouvrage de femme.

Peregrinus se trouvait comme sur une mer irritée au milieu de l'orage.

— O princesse! dit-il.

Le mot lui échappa sans savoir comment. La jeune fille le regarda stupéfaite, et il reprit du ton le plus doux et le plus tendre:

— Ma chère jeune fille!

Elle rougit et dit avec un embarras juvénil:

— Mes parents m'appellent Rosine, appelez-moi aussi ce nom, mon cher monsieur Tyss, car je suis encore une enfant, et vous aimez tant les enfants, qui pour vous sont remplis de respect.

— Rosine! s'écria Peregrinus hors de lui.

Et il eût voulu tomber aux genoux de la jeune fille. Il avait peine à s'en empêcher.

Rosine lui raconta, tout en travaillant, que ses parents, à cause de la guerre, étaient tombés autrefois dans la misère la plus profonde, et qu'alors elle avait été demeurer chez une cousine, dans une petite ville du voisinage. La cousine était morte il y avait seulement quelques semaines, et elle était revenue chez ses parents.

Peregrinus écoutait la voix de Rosine sans chercher à comprendre ses paroles ; il se croyait dans un songe délicieux, lorsque Lammer Hirt entra dans la chambre et le salua de la manière la plus cordiale. Peu après la femme vint aussi avec les enfants ; et comme dans le cœur des hommes les pensées, les impressions, se succèdent tumultueusement et sans motif, il arriva que Peregrinus, au milieu de l'extase qui lui ouvrait un ciel inattendu, se rappela tout à coup comme le grondeur Pépusch l'avait blâmé des cadeaux donnés à ces enfants. Et il fut heureux d'apprendre que ses friandises n'en avaient rendu aucun malade ; et la manière joyeuse et presque solennelle, l'espèce d'orgueil avec lequel ils lui montrèrent l'armoire vitrée qui renfermait tous les joujoux, lui prouvèrent qu'on avait regardé ses cadeaux comme une chose extraordinaire et qui ne devait plus se représenter. Ainsi le chardon grondeur avait eu tort.

— O Pépusch, se dit Peregrinus en lui-même, ton cœur déchiré ne peut refléter la lumière pure d'un véritable amour.

Et puis d'autres pensées survinrent à Peregrinus, et allaient plus loin que les joujoux et les gâteaux. Lammer Hirt, homme doux et tranquille, regardait avec une joie visible sa fille Rosine, qui s'occupait du goûter des enfants. Ceux-ci se pressaient autour de leur sœur bien-aimée, et lorsque dans leur appétit enfantin ils criaient un peu plus qu'il n'était nécessaire, cela ne nuisait en rien à cette idylle domestique.

Peregrinus était ravi ; il suivait la jeune fille des yeux, sans que pour cela la *Charlotte* de Werther lui revînt en mémoire avec le goûter de ses frères.

Lammer Hirt s'approcha de Peregrinus, et se mit à lui parler tout bas de Rosine.

— C'est une bonne et pieuse fille, lui dit-il, à qui le ciel a donné aussi la beauté, et j'espère n'avoir rien à craindre de ses sujets de bonheur ; et, ajouta-t-il tandis que son visage s'illuminait de joie, ce qui me réjouit le cœur, c'est qu'elle s'adonne ardemment au noble art du relieur, et que depuis quelques semaines elle a fait d'énormes progrès, au point qu'elle est déjà plus habile que bien des lourdauds d'ouvriers, qui gâchent le maroquin, et posent depuis bien des années leurs lettres de travers, si bien qu'elles ont l'air de paysans ivres qui sortent du cabaret.

Et puis il murmura à l'oreille de Peregrinus :

— Eh bien ! tenez, je suis forcé de vous le dire, j'ai besoin de vous ouvrir mon cœur. Croiriez-vous que ma Rosine a doré elle-même les tranches de l'*Arioste ?*

En entendant ceci, Peregrinus saisit précipitamment le livre maroquiné, comme s'il avait craint qu'un accident ne vînt lui enlever ce trésor avant qu'il l'eût entre les mains.

Lammer Hirt crut qu'il se préparait à sortir, et le pria de vouloir bien rester encore quelques instants.

Cela fit souvenir Peregrinus qu'il était temps de partir. Il paya vite le compte, et Lammer Hirt lui donna la main, comme à l'ordinaire, pour lui dire adieu ; la mère et Rosine en firent autant. Les enfants se tenaient debout devant la porte. Peregrinus s'enfuit comme s'il eût été poursuivi ; et en s'en allant il prit la moitié de la tartine beurrée que mangeait le plus jeune des enfants.

Dans la rue, il s'en alla chez lui pas à pas, portant sous un bras les lourds volumes, et, l'œil radieux, il prenait de ses lèvres une petite bouchée de la tartine de beurre, comme s'il eût mangé une manne céleste.

— En voilà un qui a bu trop d'eau-de-vie, dit un bourgeois en passant ; et il était tout naturel qu'il eût cette idée de Peregrinus.

Lorsque celui-ci entra dans sa maison, la vieille Aline vint au-devant de lui, et, avec des gestes d'inquiétude et d'effroi, elle désigna la chambre de Swammerdam.

La porte était ouverte, et Peregrinus vit Dortje Elverding étendue roide sur un fauteuil et la figure contractée. Elle ressemblait à un cadavre sorti de la tombe. Devant elle, immobiles comme elle sur leurs fauteuils, et comme elle ayant un aspect cadavérique, étaient Pépusch, Swammerdam et Leuwenhoek.

— Ils mènent là, en bas, une vie de spectres, dit la vieille : ces quatre malheureuses créatures ont passé ainsi tout le jour ; ils ne mangent ni ne boivent, ils ne parlent pas et ne respirent pas non plus.

Peregrinus ressentit devant cet affreux spectacle une sorte d'effroi, mais, en montant les marches de l'escalier, ce tableau de fantômes disparut englouti dans la mer toujours mouvante des songes célestes dans laquelle il nageait depuis qu'il avait vu Rosine. Des souhaits, des désirs, de douces espérances venaient inonder son âme épanouie.

Il avait besoin en ce moment du bon maître Floh. Il voulait lui ouvrir son cœur, lui raconter toutes ces choses qu'on ne saurait répéter trop souvent. Mais il eut beau appeler ; maître Floh ne parut pas : il était parti.

Toutefois, dans les plis de la cravate où il se pavanait d'ordinaire dans leurs promenades, Peregrinus trouva, après de minutieuses recherches, une toute petite boîte sur laquelle se lisaient ces mots :

« Vous trouverez là dedans le verre microscopique des pensées. Si vous regardez attentivement de votre œil gauche dans la boîte, le verre viendra immédiatement se mettre dans votre pupille. Si vous voulez l'en faire sortir, vous n'aurez qu'à presser la pupille en tenant l'œil au-dessus de la boîte, et le verre y tombera.

» Je travaille pour vos affaires, et je m'expose beaucoup en agissant ainsi ; mais je fais tout pour mon bien-aimé protecteur.

» Votre tout dévoué,

» Maître Floh. »

Ce serait ici le cas, pour un véritable et solide romancier, qui, la main armée de la plume, arrange à son gré les actions humaines, de faire, en prenant exemple sur Peregrinus, la différence pratique entre la passion et l'amour, théorie assez souvent débattue.

Il aurait là beaucoup à dire sur le pouvoir des sens, sur la malédiction du péché originel, sur la céleste flamme de Prométhée, qui allume dans l'amour cette véritable communauté d'esprit des sexes différents, destinée à former le dualisme indispensable de la nature. Lors même que l'étincelle du Prométhée déjà nommé devrait allumer le feu du dieu de l'hyménée, il en serait comme d'une bonne et brillante lumière d'auberge, auprès de laquelle on peut bien lire, écrire, coudre et tricoter, et auprès de laquelle aussi bien une postérité avide de plaisirs pourra tout aussi bien se graisser la bouche de marmelade de cerises que toute autre ; et ici-bas il ne peut guère en être autrement. En outre, cet amour céleste n'est jamais regardé comme éminemment poétique. Et au fait, il mérite d'être célébré, car il n'est pas absolument chimérique et renferme beaucoup de réalité, comme pourront en témoigner une foule de gens qui ont eu tantôt à s'en louer, tantôt à s'en plaindre.

Le bienveillant lecteur a depuis longtemps deviné que Peregrinus s'était simplement très-amouraché de la petite Dortje, mais que du premier moment où il aperçut Rosine Lammer Hirt, cette belle et angélique image enflamma dans son cœur un véritable et céleste amour.

Mais que le lecteur nous permette de nous avancer rapides comme de braves cavaliers qui s'élancent pleins d'ardeur à la rencontre de leurs ennemis, sans regarder ce qui se trouve à droite et à gauche de la route, pour arriver au but.

Nous y sommes !

Soupirs, tourments d'amour, douleur, ravissements, extases, tout cela se fait sentir à la fois au moment où la belle Rosine, les joues embellies par l'attrayant incarnat de la virginité, avoue au trop heureux Peregrinus qu'elle l'aime, qu'elle l'aime plus que tout au monde, plus qu'elle ne saurait l'exprimer, qu'il est sa seule pensée, son seul bonheur.

Le noir démon du soupçon saisit ordinairement de ses noires griffes les plus beaux rayons du soleil de la vie, et ils disparaissent souvent dans l'ombre sans reflets projetés par sa présence pernicieuse. Et en effet des pensées vinrent assaillir Peregrinus et un duc soupçon s'éveilla dans son âme.

— Comment ! semblait-il murmurer une voix, comment ! Mais Dortje Elverding t'a aussi fait l'aveu de son amour, et cependant l'égoïsme seul la poussait à se conduire par ses séductions au mépris de ton serment, à la trahison envers ton meilleur ami, ce pauvre maître Floh.

Je suis riche, et l'on dit que des manières aimables, qu'une certaine franchise pourraient m'attirer la faveur douteuse des hommes et aussi des femmes.

Si celle-ci, qui me fait l'aveu de son amour....

Peregrinus saisit aussitôt le présent mystérieux de maître Floh ; il fut sur le point d'ouvrir la boîte pour se mettre le verre dans la pupille de l'œil droit, mais il s'arrêta ainsi dans la contemplation.

Il regarda. Et le pur azur céleste des plus beaux yeux brilla dans son âme. Rosine, remarquant son trouble intérieur, le fixa étonnée et presque avec inquiétude.

Alors lui sembla qu'il était frappé d'un rapide éclair, et le sentiment écrasant de la perversité de son âme oppressa tout son être.

— Comment ! se dit-il à lui-même, tout souillé du plus coupable crime, tu veux pénétrer dans le sanctuaire de cet ange ? Tu veux épier les pensées qui ne peuvent avoir rien de commun avec les bas penchants de la plupart des âmes terrestres ? Tu veux railler l'esprit même de l'amour en le tentant avec les artifices maudits des pouvoirs infernaux ?

Il remit précipitamment la petite boîte dans sa poche, et il lui sembla qu'il avait commis un péché dont il ne pourrait jamais être absous.

Plein d'attendrissement et de douleur, il se précipita aux pieds de Rosine effrayée, en s'écriant :

— Je suis un criminel, un homme chargé d'iniquités, indigne de l'amour d'un être pur comme les anges.

Et il fondit en larmes.

Rosine, effrayée, incapable de comprendre le noir esprit qui planait sur Peregrinus, s'agenouilla près de lui, l'embrassa et murmura en pleurant :

— Au nom de Dieu, mon cher Peregrinus, que t'est-il arrivé ? Quel méchant ennemi se place entre nous deux ? Viens, viens de nouveau t'asseoir tranquille auprès de moi.

Et Peregrinus, silencieux, incapable de se mouvoir volontairement, se laissa relever par Rosine.

Il fut heureux pour lui que le vieux canapé un peu fragile fût, comme à l'ordinaire, encombré de brochures, de livraisons terminées et d'ustensiles à l'usage des relieurs; car, pendant que Rosine cherchait à s'y former une place pour elle et Peregrinus, celui-ci eut le temps de se remettre, et sa grande douleur, sa mélancolie déchirante, firent place à un sentiment plus doux, à une plus active mais pourtant plus tranquillisante disposition d'esprit. Si son visage avait auparavant l'expression d'un pécheur inconsolable dont la condamnation vient d'être prononcée sans retour, maintenant il paraissait un peu niais peut-être, mais c'est dans des actions pareilles un bon pronostic.

Lorsque tous deux se furent assis sur le canapé vermoulu, Rosine dit, les yeux baissés et avec un pudique sourire :

— Je crois deviner, mon bien-aimé, ce qui te trouble ainsi. Je dois te l'avouer, on m'a raconté bien des choses étranges sur les habitants surnaturels de ta maison. Les voisines (tu sais comme elles sont, et comme souvent elles bavardent sans rien savoir), les méchantes voisines m'ont raconté qu'il y a chez toi une femme étrange que tu y as portée toi-même pendant la nuit de Noël, et que plusieurs disent être une princesse. Il est vrai que le vieux Schwammer l'a recueillie chez lui; mais la jeune personne fait tout son possible pour te séduire. Ce n'est pas tout encore, il y a pis que cela. Tu connais, mon cher Peregrinus, la vieille femme qui demeure ici en face; tu la connais bien, la vieille au nez pointu qui te salue si amicalement quand elle te rencontre, et dont tu disais, en la voyant aller un dimanche à l'église avec sa robe de fête d'une étoffe si bariolée (j'ai toujours envie de rire quand j'y pense), qu'elle te faisait l'effet d'un buisson de lis rouges qui se promenait au milieu de la rue. Eh bien! cette méchante commère a tâché de me mettre en tête une foule de noirceurs.

Bien qu'elle te salue d'une manière si amicale, elle m'a prévenue contre toi; elle prétend que l'on fait dans ta maison d'infernales sorcelleries, et que la petite Dortje n'est pas autre chose qu'un démon déguisé qui se promène sous une figure humaine pour t'ensorceler par ses grâces et ses séductions.

Peregrinus, mon cher Pregrinus! regarde-moi bien en face, les yeux dans les yeux; tu ne verras pas dans les miens la trace du plus léger soupçon. La pureté de ton cœur, jamais ta parole, jamais ton regard n'ont terni d'un souffle impur le clair et limpide miroir de mon âme.

J'ai confiance en toi, j'ai confiance dans le bonheur qui nous attend quand un tendre lien nous unira et réalisera les doux songes d'amour et de désirs. Peregrinus, que les esprits sombres aient sur toi les desseins qu'il leur plaira d'avoir, leur pouvoir se brisera contre ta belle et pieuse nature, qui est forte, puissante et invariablement fidèle dans ses affections.

Qui pourrait troubler un amour comme le nôtre? Rejette les doutes; notre amour est le talisman qui met en fuite les démons de la nuit.

Rosine parut en ce moment à Peregrinus un être d'une nature supérieure. Chacune de ses paroles lui semblait une consolation venue du ciel. Un sentiment ineffable de la joie la plus pure inonda son âme comme la douce haleine du printemps. Il était plus le pécheur, le grand coupable qu'il avait cru être; il croyait reconnaître avec des élans d'enthousiasme qu'il était digne de l'amour de la jeune fille la plus belle et la plus pure.

Le relieur Lammer Hirt rentra alors de la promenade avec sa famille. Peregrinus était ivre de joie ainsi que sa bien-aimée, et Peregrinus quitta, comme heureux fiancé, à la tombée de la nuit, l'étroite demeure du relieur et de sa famille transportée d'allégresse.

Lorsque Peregrinus retourna chez lui, la pleine lune brillait claire et riante, et elle parait gracieusement de son éclat argenté la grande place du marché aux chevaux. Peregrinus se mit à réfléchir, comme il convient à un amoureux, regardant la lune pour y rattacher les pensées adressées à sa bien-aimée.

Je dois toutefois avouer au lecteur que Peregrinus, malgré tout son bonheur, bâillait si haut qu'un garçon du marché un peu pris de boisson lui cria tout en chancelant :

— Eh! là-haut! l'homme au bonnet blanc, ne m'avales pas tout entier!

Ce qui fit que Peregrinus ferma la fenêtre avec tant de force que les vitres en résonnèrent, et puis il se mit au lit. Mais le besoin de sommeil semblait s'être dissipé dans des bâillements excessifs. Des pensées sans cesse renouvelées parcouraient son cerveau, et il envisageait surtout le danger imminent dans lequel un sombre pouvoir voulait l'entraîner en le conduisant à un monstrueux abus du verre microscopique. Il reconnut tout d'abord que l'intention de maître Floh avait été bonne en lui faisant ce mystérieux cadeau, mais que c'était, en tout cas, un don venu de l'enfer.

— A quoi, se disait-il à lui-même, un homme qui pénètre les pensées les plus secrètes de ses frères n'arrive-t-il pas au moyen de ce don incompréhensible ? A l'affreuse position où se trouva le Juif errant, qui, dans les réunions des hommes les plus variées, marchait comme au milieu d'un désert triste et inhospitalier, sans joie, sans espoir, sans douleur, dans cette indifférence muette qui est le caput mortuum de la désolation.

Espérer sans cesse, se confier sans cesse et trouver toujours des déceptions nouvelles, n'est-ce pas donner infailliblement accès dans son âme à la méfiance, au soupçon et à la haine ? n'est-ce pas en venir à repousser chaque trace du vrai principe de l'humanité qui s'épanche dans un doux abandon, dans une bienveillance pieuse ? Non, ton visage amical, tes paroles mielleuses ne me tromperont pas, toi dont le cœur nourrit peut-être contre moi une haine imméritée. Je veux te regarder comme mon ami, je veux te faire du bien tant qu'il sera en mon pouvoir; je veux t'ouvrir mon âme, parce que c'est un bonheur pour moi et que cela me fait du bien, et le moment d'amertume causé par ta trahison sera bien peu de chose comparé avec les joies d'un beau rêve dissipé! Et le cœur de l'homme est si versatile! Les véritables amis eux-mêmes, ceux qui nous sont véritablement dévoués, ne peuvent-ils pas, par une triste occurrence d'événements fâcheux, se trouver dans une disposition de mauvaise humeur qui fasse naître des pensées hostiles, mais passagères, au fond de leur cœur ?

Et si le malheureux verre dévoile alors ces pensées, un noir soupçon remplira mon âme, et dans une injuste colère, dans un trouble insensé, je repousserai mon ami, et le poison destructeur qui tend à m'isoler de tous les êtres attaquera, en rongeant toujours plus profondément, jusqu'à la racine de ma vie.

Non, c'est un crime, un crime irrémédiable de vouloir, semblable à l'ange déchu qui apporta le péché au monde, se poser en égal du pouvoir éternel qui lit dans le cœur des hommes parce qu'il le gouverne.

Loin de moi ce funeste don!

Peregrinus prit la petite boîte et se prépara à la lancer de toutes ses forces au plafond.

Tout à coup apparut maître Floh, assis sur la couverture du lit, dans sa forme microscopique, beau et agréable à voir avec sa cotte de mailles polie et ses bottes d'or resplendissantes.

— Halte! s'écria-t-il, ne faites rien d'inutile; vous détruiriez plutôt un rayon du soleil que de jeter ce verre indestructible aussi loin qu'à un pied de distance tant que je suis là. J'avais repris, sans que vous vous en soyez aperçu, ma place ordinaire dans le pli de votre cravate, tandis que vous étiez chez le relieur Lammer Hirt, et j'ai été témoin de tout ce qui s'est passé. J'ai entendu aussi votre édifiant monologue, et j'en ai fait mon profit.

Mais avant toutes choses, votre sentiment animé du pur et véritable amour s'est montré brillant de gloire et comme paré d'un si resplendissant rayon, que je ne doute pas que le moment décisif ne soit proche.

J'ai compris aussi que j'étais dans une grande erreur relativement au verre microscopique. Croyez-moi, ami honorable et éprouvé, bien que je n'aie pas le plaisir d'être un homme comme vous, mais seulement une puce, bien qu'une puce tirée, je comprends très-bien les actions et les pensées des hommes, avec lesquels je vis toujours, et ces pensées et ces actions me paraissent souvent ridicules, quelquefois même un peu folles. Ne vous fâchez pas de ce que je vous dis, je ne vous en parle que comme maître Floh. Vous avez raison, mon ami, ce serait chose mauvaise et certainement nuisible qu'un homme pût lire dans le cerveau des autres; mais le don de ce verre microscopique n'a rien de menaçant pour le libre et joyeux maître Floh.

Vous savez, honorable et bientôt, je l'espère, heureux Peregrinus, que ma nation, est d'un caractère hardi et léger; on pourrait dire qu'elle est composée de casse-cous. Pourtant je pense, pour ma part, me flatter d'une sorte de sagesse de conduite assez rare chez les enfants des hommes; elle consiste à faire tout dans le moment opportun. Piquer est la haute considération de ma vie, mais j'ai toujours piqué au temps voulu et à la place juste. Laissez-moi vous dire cela en passant, mon fidèle et cher ami.

Je reprends de vos mains ce présent que ne doivent posséder ni Swammerdam ni Leuwenhoek, et je le conserverai précieusement. Maintenant, mon bon ami, endormez-vous. Bientôt vous tomberez dans un délire rêveur dans lequel le grand moment arrivera.

Maître Floh disparut, et l'éclat qu'il avait répandu s'éteignit dans la profonde obscurité de la chambre, dont les rideaux étaient tirés.

Il arriva ce que maître Floh avait dit.

Peregrinus s'imagina bientôt qu'il se trouvait sur la rive d'un ruisseau bruyant, au milieu d'une forêt, et qu'il entendait le bruit du vent, le murmure des bois et le bourdonnement de mille insectes qui volaient autour de lui. Puis il lui sembla que des voix étranges parlaient et devenaient de plus en plus distinctes, tellement qu'il croyait à la fin comprendre leurs paroles.

Toutefois un caquetage confus résonnait dans ses oreilles et troublait ses sens.

Enfin une voix grave et solennelle, qui devenait à chaque instant plus sonore, prononçait ces mots :

— Malheureux roi Sekalis, tu as dédaigné l'intelligence de la nature; aveuglé par l'artifice de méchants démons, tu as attaché tes regards sur le trompeur Teraphin, et tu as perdu de vue le véritable esprit.

Le talisman gisait caché profondément dans le sein de la terre, à Famagusta, dans un lieu plein de mystères; mais comme tu t'es anéanti toi-même, il n'a pas trouvé de principe pour allumer sa force engourdie. En vain tu as sacrifié ta fille, la belle Gamaheh; le désespoir d'amour du chardon Zéhérit fut inutile, et la soif de sang du prince Egel fut aussi impuissante et sans effet. Le lourd génie Thétel fut même forcé d'abandonner son doux butin, car ta pensée à moitié éteinte, ô roi Sekalis, fut encore assez puissante pour rendre la victime aux éléments primitifs d'où elle était sortie.

Misérables trafiquants en détail de la nature, vous l'avez trouvée, à votre grande stupeur, dans la poussière florale de cette mystérieuse tulipe de Harlem. Vous l'avez tourmentée de vos épouvantables essais, dans l'aveuglement de votre puéril orgueil; vous ne pouviez pas faire, par le moyen de votre art misérable, ce qui ne peut arriver que par la force de ce talisman endormi.

Et toi aussi, maître Floh, tu ne pouvais pénétrer le mystère, parce que la force intérieure manquait à ton regard subtil de pénétrer dans les profondeurs de la terre et d'apercevoir l'escarboucle inanimée.

Les astres s'éloignèrent, se croisèrent dans leur course dans des mouvements singuliers, et des constellations terribles accomplirent l'œuvre merveilleuse, invisible aux faibles yeux des hommes. Mais l'escarboucle ne causa aucun conflit céleste, car le sentiment humain que l'escarboucle devait élever et protéger de ses soins pour qu'il dût s'éveiller à la connaissance des choses les plus hautes de la nature humaine n'était pas encore né.

Mais enfin le prodige est accompli, le moment est venu.

Une lueur claire et pétillante passa devant les yeux de Peregrinus. Il s'éveilla à moitié de son état de torpeur, et aperçut, à son grand étonnement, maître Floh, sous sa figure microscopique, mais enveloppé dans une grande tunique à grands plis, tenant dans les pattes de devant une torche flamboyante; il sautait, tout préoccupé, dans la chambre, tantôt en haut, tantôt en bas et poussait en même temps des cris perçants.

Peregrinus voulait sortir tout à fait de son sommeil, mais tout à coup mille éclairs brûlants traversèrent la chambre, qui parut bientôt entièrement remplie par une boule de feu.

Alors une douce vapeur parfumée traversa le feu ardent, qui bientôt cessa de lancer des flammes et devint un doux clair de lune.

Peregrinus se retrouva sur un trône splendide et couvert du riche costume d'un prince indien, un diadème éblouissant sur la tête, tenant à la main au lieu de sceptre la significative fleur du lotus.

Le trône était placé dans une salle immense, dont les mille colonnes étaient des cèdres élancés allant jusqu'au ciel.

Et en même temps de belles roses sortirent d'un buisson sombre, et aussi de merveilleuses fleurs embaumées de toute sorte, et, comme dans un désir ardent, elles levaient leurs têtes vers l'azur éclatant qui brillait à travers les branches des cèdres aux formes capricieuses, et jetaient en bas des regards d'amour.

Peregrinus se reconnut lui-même; il sentit brûler dans son cœur l'escarboucle au feu de la vie.

Tout au fond le génie Thétel s'efforçait de s'élever dans les airs, mais il n'arrivait pas à la moitié de la hauteur des troncs de cèdres, et tout honteux, il retombait lourdement à terre.

Le prince Egel rampait çà et là en formant des hideux replis, et il cherchait tantôt à se gonfler, tantôt à s'allonger; objet de dégoût, il murmurait :

— Mais pourtant Gamaheh m'appartient.

Au milieu de la salle, Leuwenhoek et Swammerdam étaient assis sur d'immenses microscopes. Leurs visages étaient tristes et défaits, ils se jetaient l'un à l'autre de mutuels reproches et disaient :

— Voilà le point que vous n'avez pas pu deviner dans l'horoscope. Le talisman est à jamais perdu pour nous.

Tout près des marches du trône, Dortje, Elverding et Pépusch paraissaient plutôt évanouis que plongés dans le sommeil. Peregrinus ou, nous pouvons le nommer ainsi, le roi Sekalis rejeta le manteau royal dont les plis couvraient sa poitrine, et de son sein l'escarboucle lança, comme un feu du ciel, des rayons éblouissants à travers la salle immense.

Le génie Thétel, au moment où il cherchait à s'élever encore, disparut avec un sourd mugissement dans des flocons innombrables et sans couleur qui, chassés par l'orage, se perdirent dans le bosquet.

Le prince Egel, avec l'effroyable cri de la douleur la plus déchirante, se ramassa sur lui-même et s'engloutit dans la terre, où l'on entendit un bruit qui faisait frissonner, comme si elle n'avait reçu qu'à regret dans son spinile hideux fugitif.

Leuwenhoek et Swammerdam furent précipités du microscope, et leurs sanglots et leurs plaintes firent comprendre qu'ils éprouvaient de cruelles souffrances.

Mais Dortje Elverding et Georges Pépusch, ou, pour mieux dire, la princesse Gamaheh et le chardon Zéhérit, étaient sortis de leur évanouissement et s'étaient agenouillés devant leur roi, qu'ils paraissaient implorer par leurs soupirs ardents. Mais ils tenaient les yeux attachés sur la terre, comme s'ils ne pouvaient supporter l'éclat des rayons de l'escarboucle.

Peregrinus dit alors d'un ton solennel :

— Un mauvais démon t'avait formé d'impur limon et du duvet tombé des ailes d'une lourde autruche, toi qui devais tromper les hommes sous la forme du génie Thétel. Vain fantôme, le rayon de l'amour t'a brisé, et tu t'es perdu dans le néant. Et toi aussi, monstre sanguinaire de la nuit, odieux prince Egel, l'éclat de l'escarboucle brûlante t'a chassé jusque dans les entrailles de la terre. Quant à vous, pauvres fous, malheureux Swammerdam, infortuné Leuwenhoek, votre vie tout entière a été une incessante erreur. Vous avez cherché à approfondir les secrets de la nature sans pressentir la signification de votre propre existence.

Vous avez osé pénétrer dans son laboratoire pour épier ses mystérieux travaux, et vous avez cru réussir à découvrir impunément les terribles mystères de ces profondeurs impénétrables aux yeux des hommes. Votre cœur est resté froid et insensible, jamais il n'a été enflammé d'un véritable amour, jamais les fleurs, jamais les insectes aux ailes légères n'ont échangé avec vous de douces paroles. Vous avez cru admirer, adorer pieusement les saints miracles de la nature, et en vous efforçant, dans vos désirs criminels, d'en deviner les causes, vous avez détruit toute adoration pieuse, et la science que vous cherchiez était seulement un fantôme qui vous a trompé comme des enfants indiscrets et curieux.

Insensés! le feu de l'escarboucle ne vous donnera ni consolation ni espoir.

— Ah! ah! la consolation ni l'espoir ne sont pas perdus. La vieille femme s'accouple au vieillard : c'est un amour, c'est une foi, c'est une tendresse; la vieille est une reine, et elle conduit mon Swammerdam, son Leuwenhoek dans son royaume, et là ils deviendront beaux princes, et là feront de beaux fils d'or, d'argent et de soie, et feront d'autres travaux sages et utiles.

Ainsi parla la vieille Aline, couverte d'un costume étrange, à peu près semblable à celui de la princesse de Golconde dans l'opéra de ce nom; elle se tenait debout entre les deux microscopistes, qui semblaient comme vissés sur eux-mêmes et n'avaient pas plus d'une palme de hauteur.

Ils pleuraient et jetaient des sanglots. La reine de Golconde les prit sur son sein, et les caressa et les dorlota comme de petits enfants, en leur disant de douces et caressantes paroles, puis elle plaça ces jolis poupons dans un beau berceau d'ivoire ouvragé, et les berçait en chantant :

« Dors, mon cher enfant dors;
» Dans le jardin sont deux brebis,
» L'une est noire et l'autre est blanche. »

Pendant ce temps, la princesse Gamaheh et le chardon Zéhérit étaient restés agenouillés au pied du trône.

Alors Peregrinus dit :

— Couple aimant, l'erreur qui a troublé ta vie s'est dissipée. Mes bons amis, venez sur mon cœur.

Le rayon de l'escarboucle pénétrera votre âme, et vous éprouverez les félicités du ciel.

La princesse Gamaheh et le chardon Zéhérit se relevèrent et Peregrinus les pressa sur son cœur enflammé. Et après cet embrassement, ils se jetèrent, pleins de ravissement, dans les bras l'un de l'autre. Leur pâleur cadavérique avait disparu pour faire place à la fraîcheur de la jeunesse qui resplendissait sur leurs joues et dans leurs yeux.

Maître Floh, qui était resté jusqu'alors en brillant satellite sur les marches du trône, reprit sa forme naturelle en criant d'une voix perçante :

— Un vieil amour ne prend pas de rouille !

Et il s'élança d'un bond vigoureux sur le cou de Dortje.

Mais, par un prodige, au même instant Rosine, dans tout l'éclat de l'ineffable grâce de la pudique virginité, et toute brillante des rayons de l'amour le plus pur comme un chérubin des cieux, se trouva dans les bras de Peregrinus.

Alors les cèdres agitèrent leurs rameaux avec bruit, les fleurs dressèrent à l'envi leurs têtes joyeuses, et les bruyants oiseaux du paradis voltigèrent autour de la salle : de douces mélodies retentissaient des bocages sombres, des accents de bonheur partaient des lointains et un hymne d'une joie débordante remplissait les airs, répété par mille voix. Les plus grands plaisirs de la vie s'animaient saintement consacrés par l'amour, et de pures flammes éthérées brillaient au haut des cieux.

Peregrinus avait acheté dans le voisinage de la ville une maison de campagne, où devaient se célébrer le même jour son mariage et celui de son ami Pépusch avec la petite Dortje Elverding.

Le bienveillant lecteur et les lectrices bienveillantes me permettront de ne décrire ni le repas de noces ni la toilette des deux

— Non, non! s'écria Giacinta, je ne veux pas le savoir, j'aime mieux me figurer que jamais une personne mortelle ne portera ce costume. Il me semble que je travaille à une mystérieuse parure de fée. Je me figure déjà qu'une foule de petits génies me regardent en riant du sein des pierres précieuses, et me murmurent tout bas : Travaille avec courage pour notre reine, nous t'aidons ! Et quand j'assemble ces tresses et ces dentelles je crois que de charmantes petites fées dansent autour de moi avec les gnomes cuirassés d'or, etc. Oh ! la là ! s'écria Giacinta.

En cousant le tour de gorge, elle s'était fait une grande piqûre au doigt ; le sang jaillissait comme d'une fontaine.

— Le ciel préserve la belle robe ! dit la vieille.

Et en même temps elle prit la lampe pour mieux éclairer, et de larges gouttes d'huile tombèrent sur le vêtement.

Ah! tu viens ici te moquer de moi, vieux monstre hypocrite !

— Que le ciel sauve la belle robe ! s'écria à son tour Giacinta à moitié évanouie ; mais, bien que certaines l'une et l'autre qu'il était tombé sur la robe du sang et de l'huile, elles ne purent trouver la moindre trace d'une tache.

Alors Giacinta continua à travailler avec ardeur jusqu'à ce qu'elle s'écria :

— Finie ! finie ! en sautant et en tenant la robe en l'air.

— Comme elle est belle ! comme elle est magnifique ! dit la vieille. Non, vois-tu, Giacinta, jamais tes chères petites mains n'ont fait un si bel ouvrage. Et sais-tu ? on dirait que la robe a été faite à ta taille, comme si maître Bescapi en avait pris la mesure sur toi.

— Ah ! par exemple, répondit Giacinta en rougissant jusqu'aux yeux, tu rêves ; suis-je donc aussi grande et aussi svelte que la dame pour qui cette robe est faite ? Prends la robe, et serre-la soigneusement jusqu'à demain, et le ciel veuille qu'avec la lumière du jour les taches ne viennent pas à paraître ! Que deviendrions-nous, dans notre misère ? Prends la robe.

La vieille hésitait.

— Certainement, dit Giacinta en regardant encore la robe, il m'est venu l'idée en faisant ce costume qu'il m'irait parfaitement. J'ai bien la taille aussi mince, et quant à la longueur...

— Ma petite Giacinta, dit la vieille avec des yeux étincelants, tu as deviné ma pensée, comme moi la tienne. Que la robe appartienne à n'importe qui, princesse, reine ou fée, ma petite Giacinta s'en parera avant elle.

— Jamais ! s'écria Giacinta.

Mais la vieille lui ôta le costume des mains, l'étendit soigneusement sur le fauteuil, et commença à dénouer les cheveux de la jeune fille, qu'elle savait arranger avec une grande élégance. Puis elle alla chercher dans l'armoire la petite toque ornée de plumes et de fleurs qui, d'après la commande de Bescapi, devait aller avec le costume, et l'assujettit sur les boucles de cheveux châtain-clair de Giacinta.

— Enfant, la petite toque te sied à ravir ! mais maintenant ôte ton corsage.

Et, tout en parlant ainsi, la vieille commença à déshabiller Giacinta, qui, toute charmante dans son embarras, ne se sentait pas la force de lui résister.

— Hein ! murmura la vieille, quel cou doucement ondulé ! quel sein de lis ! quels bras d'albâtre ! aussi beaux de forme que ceux de la Vénus de Médicis, et non moins admirables que si Jules Romain les avait peints ! Je voudrais bien savoir quelle princesse n'en serait pas jalouse.

Mais lorsqu'elle essaya à la jeune fille la robe magnifique, on aurait pu croire qu'elle était assistée par des esprits invisibles. Tout allait, tout se plaçait à merveille, chaque épingle se trouvait mise à propos, chaque pli s'arrangeait de lui-même ; il paraissait impossible que la robe eût été faite pour une autre que pour la jeune ouvrière.

— O saints du paradis, s'écria la vieille lorsque Giacinta fut complètement parée, ce n'est pas là ma Giacinta. Ah ! ah ! comme vous êtes belle, gracieuse princesse ! Mais attends, attends ! il faut qu'on voie clair dans la petite chambre.

Et elle alla chercher les bougies bénies, qui étaient restées de la fête de la vierge Marie, et les alluma, si bien que Giacinta semblait jeter des flots de lumière. Tout ébloui de la grande beauté de la jeune fille, de sa grâce et de ses manières distinguées en se promenant dans la chambre, la vieille joignit les mains et s'écria :

— Oh ! si quelqu'un, si le Corso tout entier pouvait te voir ! Au même instant la porte s'ouvrit, et Giacinta s'élança avec un grand cri du côté de la fenêtre.

Un jeune homme fit deux pas dans la chambre, et s'arrêta immobile comme une statue. Le lecteur peut pendant ce moment de stupeur l'examiner à son aise. Il est âgé de vingt-quatre à vingt-cinq

Elle s'étala à l'aise dans un fauteuil, prit sa tabatière et en tira une large prise.

ans à peine ; il a un charmant aspect ; on peut appeler son costume étrange ; car, bien que pour la coupe et la couleur on ne trouve rien à y reprendre en détail, la masse toutefois a quelque chose de discordant et offre un assemblage de nuances criardes qui choquent l'œil. On y devine aussi, malgré tous les soins pris pour le tenir en bon état, une certaine pauvreté. La fraise de dentelles demande une remplaçante, et les plumes qui ornent fantastiquement le chapeau placé sur l'oreille sont attachées avec des ficelles et des épingles. Et le lecteur s'aperçoit tout d'abord qu'un homme ainsi vêtu ne peut être qu'un pauvre comédien dont le talent n'est pas assez rétribué.

Et c'est en effet la vérité.

En un mot, c'est le même Giglio Fava, qui doit encore deux paoli à Béatrice pour le blanchissage d'un col de dentelle.

— Ah ! que vois-je ? s'écria enfin *Giglio Fava* avec autant d'em-

cées, dont je laisse l'arrangement au gré de leur fantaisie. Nous dirons seulement que Peregrinus et sa charmante Rosine conservaient la tranquillité d'esprit de l'enfance, tandis que Georges et Dortje, au contraire, recueillis en eux-mêmes et les yeux attachés l'un sur l'autre, ne pouvaient sentir et penser que pour eux.

Il était minuit, lorsque tout à coup le parfum balsamique de la grande fleur du chardon ardent embauma le jardin et la maison tout entière.

Peregrinus s'éveilla : il crut entendre les mélodies plaintives d'un désir sans espoir, et un pressentiment étrange s'empara de lui.

Il lui semblait qu'un ami s'arrachait violemment de ses bras.

Au matin suivant, on ne trouva pas les fiancés Georges Pépusch et Dortje Elverding, et l'on apprit avec étonnement qu'ils n'étaient pas entrés dans la chambre nuptiale.

Le jardinier accourut, tout hors de lui, au même instant, en s'écriant qu'il s'était opéré dans le jardin un prodige dont il ne savait que penser.

Toute la nuit il avait rêvé de *cactus grandiflorus* en fleur, et il venait d'en découvrir la cause. Il suffisait de venir voir.

Peregrinus et Rosine descendirent dans le jardin. Au milieu d'un charmant bosquet, un grand chardon-torche avait poussé, qui abaissait sa fleur née au matin même et déjà flétrie, et autour de cette fleur était amoureusement enlacée une tulipe rayée de jaune et de lilas, morte aussi de la mort des fleurs.

— Mes pressentiments ne m'avaient pas trompé, dit Peregrinus d'une voix tremblante d'émotion; l'éclat de l'escarboucle qui a allumé en moi la flamme d'une vie plus haute s'est donné la mort, couple uni par les enchaînements étranges des discordes secrètes des sombres pouvoirs!

Le mystère est éclairci : l'heureux moment de l'accomplissement de leurs plus chers désirs fut aussi l'instant de leur mort.

Lorsque Rosine parut pressentir la signification du prodige, elle se baissa sur la pauvre tulipe flétrie, et elle la baigna de ses larmes.

— Vous avez raison, ma chère Rosine, dit maître Floh, qui apparut tout à coup dans sa gracieuse forme microscopique sur le chardon-torche, tout s'est fait comme vous venez de le dire, et j'ai perdu ma bien-aimée.

Rosine fut sur le point d'être effrayée à la vue du petit monstre; mais maître Floh lui jeta un regard si amical, et Peregrinus se montra tellement intime avec lui, qu'elle reprit courage et regarda hardiment sa charmante figure; et elle se trouva d'autant mieux disposée pour cette singulière créature, que Peregrinus lui murmura tout bas :

— C'est mon bon et cher maître Floh.

— Mon excellent Peregrinus, ma charmante dame, dit maître Floh avec attendrissement, je dois maintenant vous quitter pour retourner auprès de mon peuple; mais je vous resterai toujours fidèle et dévoué, et vous reconnaîtrez mon approche à votre félicité. Adieu à tous deux et de longtemps. Soyez heureux!

En parlant ainsi, maître Floh avait repris sa forme naturelle et avait disparu.

Maître Floh a toujours fréquenté, comme un bon génie, la famille de Peregrinus; il a surtout montré son active sollicitude lorsqu'au bout d'une année un petit Peregrinus vint augmenter le bonheur de cet aimable couple. Il restait continuellement au chevet de la charmante dame, et piquait le nez de la garde lorsqu'elle venait à s'endormir, sautait dans le bouillon mal réussi, et bien d'autres choses encore.

Maître Floh montra encore son amitié en fournissant à la postérité des Tyss, au jour de Noël, les plus charmants, les plus admirables jouets d'enfant fabriqués par les plus habiles artistes de son peuple, et il rappelait ainsi à Peregrinus ces mystérieux cadeaux de la nuit de Noël, qu'il nommait aussi la source des événements les plus fantastiques et les plus étranges.

Ici s'arrête brusquement notre manuscrit, et les étonnantes aventures de maître Floh trouveront ici une joyeuse fin.

LA PRINCESSE BRAMBILLA.

I.

Effets magiques d'une riche robe sur une jeune modiste. — Définition d'un acteur jouant les amoureux. — De la *smorfia* des jeunes Italiennes. — Comment un honnête homme, assis dans une tulipe, s'occupe de sciences, et comment des dames du monde font du filet entre les oreilles de voisins. — Le crieur public Celionati et la dent du prince assyrien. — Bleu de ciel et rose. — Pantalon à la bouteille de vin merveilleux.

L'aurore perçait le crépuscule; on sonnait dans les cloîtres l'*Ave*. La jeune et jolie fille *Giacinta Soardi* jeta de côté la riche robe d'épais satin rouge à laquelle elle avait si assidûment travaillé, et regarda tristement, de la fenêtre de son étage élevé, dans la rue étroite, triste et solitaire.

La vieille *Béatrice*, de son côté, rangeait soigneusement des déguisements de toute sorte placés çà et là sur les tables et les chaises de la petite chambre, et elle les accrochait tour à tour.

Elle s'arrêta les mains sur les hanches devant l'armoire ouverte, et elle dit d'un ton caressant :

— En vérité, Giacinta, cette fois nous avons été bien travailleuses; il me semble que la moitié des gens en gaieté du *Corso* me passent sous les yeux. Mais aussi jamais le maître *Bescapi* ne nous a fait d'aussi riches commandes. C'est qu'il sait bien que cette année notre belle Rome va de nouveau resplendir de joie, de magnificence et de richesse. Tu verras, Giacinta, comme demain, le premier jour de notre carnaval, va être salué par des cris de joie, et demain aussi, demain maître Bescapi jettera dans notre tablier une grande poignée de ducats. Tu... Giacinta! Mais qu'as-tu, mon enfant? Tu baisses la tête... du chagrin, tu es morose, et demain c'est le carnaval!

Giacinta s'était assise de nouveau sur sa chaise de travail, et, les yeux fixes, la tête dans les mains, elle regardait le plancher sans faire attention aux paroles de la vieille; mais comme celle-ci ne se lassait pas de revenir sur les plaisirs que promettait le carnaval, elle lui dit :

— Ne parlez donc pas d'un temps qui peut promettre du plaisir aux autres et ne m'apporte à moi que du chagrin et de l'ennui. A quoi me sert mon travail de jour et de nuit? Que peuvent nous faire les ducats de maître Bescapi? Ne sommes-nous pas réduits à la dernière pauvreté? ne nous faut-il pas calculer de telle sorte que le gain de ces jours nous nourrisse assez misérablement pendant une année entière? Que nous reste-t-il pour nos plaisirs?

— Qu'a de commun notre misère avec le carnaval? répliqua la vieille; n'avons-nous pas l'année passée couru depuis le matin jusqu'à la nuit pleine, et n'étais-je pas bien sous le costume de docteur? et tu me donnais le bras, toute charmante avec ton déguisement de jardinière? hi hi! Et les plus beaux masques couraient après nous et nous disaient des paroles mielleuses. Eh bien! n'était-ce pas amusant? et qui nous empêche d'en faire autant cette année? Mon habit de docteur est encore là, je n'ai qu'à le brosser soigneusement pour enlever jusqu'à la moindre trace des mauvais *confetti* qu'ils nous ont lancés; et ton costume de jardinière est là aussi. Deux rubans neufs, deux fleurs plus fraîches, et il ne t'en faudra pas davantage pour être charmante et bien parée.

— Que dites-vous? s'écria Giacinta, j'irais me risquer au dehors sous de pareils haillons? Non! Un beau costume espagnol, qui colle au corps, bien étroit, bien juste, et tombe plus bas en riches plis épais, de larges manches taillardées, d'où s'élancent des dentelles magnifiques, un petit chapeau avec de hardis panaches qui volent au vent, une ceinture, un collier de diamants ruisselant d'étincelles, voilà comme Giacinta pourrait sortir dans le *Corso* et descendre devant le palais Ruspoli. Les cavaliers viendraient se presser autour d'elle !

« — Quelle est cette dame? diraient-ils, une comtesse, une princesse sans doute, » et *Pulcinella* lui-même, tout saisi de respect, oublierait ses gaucheries folles.

— Vos paroles me jettent dans un étonnement sans pareil, reprit la vieille; depuis quand êtes-vous ainsi possédée du démon de l'orgueil? Eh bien! si vous avez le cœur si haut placé qu'il vous faille absolument jouer la princesse, prenez un amoureux qui puisse, pour vos beaux yeux, mettre vaillamment la main au sac de la fortune, et renvoyez bien vite le seigneur *Giglio*, qui ne possède pas un centime, ou qui, s'il se sent par hasard deux ducats dans la poche, les dépense en pommades fines ou en pareilles niaiseries. Il ne m'a pas encore payé les deux *paoli* qu'il me doit pour le blanchissage de ses cols de dentelle.

La vieille, tout en parlant, avait préparé et allumé la lampe; elle vit, lorsque la lumière frappa le visage de *Giacinta*, que les yeux de celle-ci étaient pleins de larmes amères.

— Giacinta! s'écria-t-elle, au nom de tous les saints, qu'y a-t-il? qu'as-tu donc? mais, mon enfant, je n'ai eu aucune mauvaise intention; calme-toi, ne te fatigue pas tant au travail, la robe sera encore faite à temps.

— Ah! s'écria Giacinta sans lever les yeux de son ouvrage qu'elle avait repris, c'est cette robe elle-même, crois-moi, qui me remplit la tête et me rend la cause de ces folles idées. Dites-moi, avez-vous jamais vu dans le cours de votre vie une robe comparable à celle-ci en éclat et en beauté? Le maître Bescapi surpassé s'est réellement surpassé lui-même. Un esprit particulier planait sur lui lorsqu'il a coupé ce magnifique satin. Et puis ces dentelles précieuses, ces tresses resplendissantes, ces pierreries de valeur qu'il nous a confiées pour les ornements! Pour tout au monde je voudrais savoir quelle est la bienheureuse qui va se trouver parée de cette robe céleste!

— Eh! que nous importe? interrompit la vieille; nous travaillons et on nous paye. Il est vrai que maître Bescapi y a mis cette fois un mystère! C'est une princesse pour le moins, qui portera cette robe; je ne suis pas autrement curieuse, mais j'aimerais assez que maître Bescapi voulût bien me dire son nom, et demain je le tourmenterai jusqu'à ce qu'il me l'ait appris.

se que s'il se fût trouvé sur les planches du théâtre *Argentina*; je encore abusé par un songe? Non! c'est bien la déesse elle-[m]e; oserais-je lui adresser de hardies paroles d'amour? Princesse! [pr]incesse!
— Finissez vos sottises, dit Giacinta en se retournant tout à [cou]p, et gardez-les pour demain.
— Ne t'avais-je pas reconnue? répondit Giglio avec un sourire em[barrass]é, après avoir repris haleine; ne t'avais-je pas reconnue, ma [char]mante Giacinta? Mais que signifie ce riche costume? Jamais je [ne] t'ai trouvée si attrayante, je voudrais te le voir toujours.
— Ainsi, s'écria Giacinta courroucée, ainsi ton amour s'adresse à [ma] robe de satin et à ma toque de plumes. Et elle s'échappa rapide[ment] dans la chambre voisine, d'où elle revint bientôt avec son cos[tum]e ordinaire.
[La] vieille avait pendant ce temps éteint les bougies, et avait sévè[rem]ent réprimandé l'indiscret *Giulio* d'avoir ainsi troublé le plaisir [qu']avait eu *Giacinta* d'es-
[saye]r la robe d'une grande [princ]esse, en ayant encore l'in-
[tent]ion de lui donner à
[appr]endre que ce luxe aug-
[men]tait ses charmes et la
[renda]it plus séduisante que
[jama]is. Giacinta fit chorus
[avec] la vieille, si bien que
[le pa]uvre Giglio parvint en-
[fin] à force d'humilité et
[de r]epentir, à obtenir une
[trêv]e d'un moment dont il
[prof]ita pour assurer qu'un
[conc]ours de circons-
[tance]s particulières avait
[caus]é son étonnement.
— Écoute, ma charmante,
[ma] douce vie, ajouta-t-il,
[écou]te le récit d'un rêve
[que] de la nuit dernière,
[que] je me jetai sur mon
[lit] tout fatigué du rôle du
[princ]e Taer, que je joue,
[tu] ne tu sais et comme
[sur] la terre le sait aussi,
[d'une] manière supérieure.
[Il] me semblait, que je me
[trou]vais encore au théâtre,
[dis]putant avec mon sor-
[dide] *imprésario*, qui me re-
[fusait] obstinément une avance
[de qu]elques misérables du-
[cats]. Il m'accablait en outre
[d'une] foule de sots repro-
[ches]. Pour mieux me défen-
[dre,] je voulais faire un beau
[geste] ; ma main rencontra
[par h]asard la joue droite de
[l'imp]résario avec l'éclat et
[la m]élodie d'un rude souf-
[flet.] L'imprésario s'élança
[sur] moi avec un grand
[coute]au; je reculai, et dans
[un m]ouvement plus noble
[que] de prince, celle que
[j'aim]e, ma charmante, ornée
[des] plus belles plumes qu'autruche ait jamais portées, tomba par terre.
[Le m]onstre s'élança sur elle, et dans sa fureur la perça de son couteau. — Et elle! elle s'agitait à mes pieds avec des gémissements et dans les affreux tourments de la mort. Je voulais la venger, c'était mon [dése]ir. Le manteau roulé autour du bras gauche, tenant à la main [la l]ame épée de prince, je me jetai sur l'horrible meurtrier; mais [il r]entra aussitôt dans la maison et déchargea sur moi du balcon le [fusi]l de Trufaldin. Il y eut cela d'étrange, que le feu de l'arme s'ar-[rêta] et brilla à mes yeux comme des diamants pleins d'étincelles, et [me ra]ssure que la fumée se dissipait, je voyais que ce que j'avais pris [pour] le feu du fusil de Trufaldin n'était autre chose que la précieuse [pein]ture d'un chapeau de femme.
[—]Ô grand Dieu! — bienheureux du ciel! — une voix dit... [elle] chanta — non! encore mieux, elle exhala des vapeurs d'amour [char]gées de ces sons.
[—]Ô Giglio, mon Giglio!
[—] Je vis un être paré de ce tel charme d'amour, d'une grâce si [tend]re, que le brûlant *sirocco* du plus ardent amour circula dans [mes] veines, et ce fleuve de feu se coagula en lave, qui se fondit [bien]tôt au brasier de mon cœur.
[— Je] suis princesse, dit la déesse en s'approchant de moi.
[— C]omment! dit Giacinta furieuse. Tu te permets de rêver d'une

autre que de moi! Tu oses devenir amoureux d'une sotte apparence partie du fusil de Trufaldin!
Et alors ce fut une pluie de reproches, de plaintes, d'injures, et le pauvre Giglio eut beau assurer, jurer même que la princesse portait justement le costume dont Giacinta était revêtue au moment de son arrivée, tout cela fut inutile. La vieille Béatrice, ordinairement peu disposée en faveur de Giglio, qu'elle appelait le signor sans argent, se sentit apitoyée et ne cessa de raisonner l'entêtée Giacinta jusqu'à ce qu'elle eut pardonné le rêve, à la condition toutefois qu'on n'en souillerait plus un seul mot à l'avenir.
La vieille prépara un beau plat de macaroni, et Giglio, auquel l'imprésario avait, contrairement à son rêve, avancé réellement quelques ducats, tira une tourte de sucreries et une fiole de vin assez passable de la poche de son manteau.
— Je vois enfin que [vous pens]es à moi, mon bon Giglio, dit Giacinta en prenant dans sa p[etite main] un fruit tout glacé de sucre.

On en était au moment où Arlequin, badinant avec sa bien-aimée, est arrêté par les sbires.

Giglio s'aventura même à baiser le doigt que la maudite aiguille avait blessé, et la joie et le plaisir revinrent à la fois. Mais si vous dansez une fois avec le diable, les plus beaux entrechats ne vous servent à rien. Ce fut sans doute ce malin qui poussa Giglio à dire, après avoir bu quelques verres de vin :
— Je ne t'aurais jamais crue, ma douce vie, aussi jalouse de moi; mais tu n'as pas tort. J'ai un charmant aspect, donné par la nature, avec une foule de talents agréables; mais j'ai plus que tout ceci :
Je suis comédien.
Un jeune comédien qui, comme moi, remplit à ravir le rôle des princes amoureux avec tous les oh! et les ah! convenables, est un roman vivant, une intrigue sur deux jambes, un charbon d'amour avec des lèvres pour baiser, avec des bras pour baiser, une aventure en un volume lancée dans la vie, qui reste devant les yeux d'une belle lorsqu'elle a fermé le livre. De là vient le charme irrésistible que nous exerçons sur les pauvres femmes, qui raffolent de ce qui est dans nous ou sur nous, le notre sentiment, de nos yeux, de nos fausses pierreries, de nos rubans et de nos plumes. Rien n'y fait, ni l'état ni le rang. Blanchisseuses ou princesses, peu importe!
Maintenant, je te le dis, ma belle enfant, si mes secrets pressentiments ne m'abusent pas, je te le suis pas le jouet d'une maligne vision, le cœur de la belle princesse est enflammé d'amour pour moi. Si cela est, ou si cela doit être, tu me pardonneras, ma très-chère, si j'utilise la cassette d'or qui s'ouvre pour moi, et si je ne néglige un peu, cet une pauvre petite modiste...
Giacinta avait écouté avec une attention toujours croissante et s'était approchée toujours un peu plus de Giglio, dans les yeux duquel se reflétait l'image du songe de la nuit. Tout d'un coup elle se leva et donna à l'heureux amant de la belle princesse un tel soufflet, que toutes les étincelles du mystérieux fusil de Truffaldin voltigèrent devant ses yeux, et elle s'élança dans la chambre.
Toutes les prières, toutes les supplications furent inutiles.
— Allez-vous-en chez vous, croyez-moi, elle a sa *smorfia*, et c'est une affaire terminée, dit la vieille, et elle éclaira le désolé Giglio dans l'étroit escalier. Il doit y avoir dans la *smorfia* des jeunes filles italiennes et dans leur être capricieux et un peu fantastique quelque chose de particulier; car des connaisseurs affirment unanimement qu'il s'en émane un certain charme d'un attrait si irrésistible, que le captif, loin de briser ses chaînes, s'y enlace de plus en plus, de sorte que l'amant congédié d'une manière honteuse, au lieu de rompre un éternel adieu, soupire bien plus ardemment encore, et impl[ore comme] on le voit dans cette chanson populaire :

Vien qua, Dorina bella, non far la smorfiasella.

« Viens ici, Dorine ma belle, ne fais pas la capricieuse. »

Lecteur bien-aimé, l'auteur pense, avec raison sans doute, que ce plaisir ne peut fleurir sur la tige d'un chagrin que dans le Sud joyeux, et que de si belles fleurs ne réussiraient pas dans notre placide Nord.

Il ne veut en aucune façon trouver une analogie entre cette charmante *smorfiosità* et cette disposition d'esprit qu'il a remarquée (du moins dans l'endroit qu'il habite) chez les jeunes filles, même souvent à peine sorties de l'enfance.

Si le ciel a accordé à celles-ci une jolie figure, elles se plaisent à la défacer de leurs grimaces peu avenantes. Tout est pour elles dans le monde ou trop large ou trop étroit, aucune place n'est assez belle pour leur charmant visage; elles endureraient plutôt le supplice d'un soulier trop petit qu'une parole amicale ou même spirituelle, et se formalisent extrêmement si des jeune●●●●●● des hommes de la banlieue de leur ville tombent éper●●●●●●ureux d'elles. Elles ne peuvent y penser sans se mettre ●●●●●●. On ne connaît pas d'expression assez juste pour qualifier ●●● disposition d'esprit du beau sexe. De rudes maîtres d'école ont qualifié une tendance pareille chez les jeunes garçons du nom : années inintelligentes.

Et pourtant ce n'était pas la faute du pauvre Giglio si, dans un moment de surexcitation, il avait pu rêver, même les yeux ouverts, de princesses et d'aventures extraordinaires. Il lui était arrivé, tandis qu'il parcourait le Corso, un peu prince de Taer à l'extérieur et tout à fait prince de Taer dans l'âme, des choses bien étranges.

Près de la rue San-Carlo, juste à l'endroit où la rue Condotti traverse le cours, et à moitié sous les magasins d'épiceries et de pâtes, le charlatan bien connu à Rome sous le nom de signor *Celionati* avait dressé ses tréteaux et débitait au peuple rassemblé une foule de récits fantastiques ornés de chats ailés, de petits nains sortant de la terre, de mandragores, etc., et vendait en même temps des spécifiques pour les amours sans espoir et le mal de dents, pour la goutte et la loterie. Alors on entendit tout à fait d'une musique étrange de cymbales, de fifres et de tambours. Le peuple se dispersa et s'élança en foule à travers le Corso, vers la porte du Peuple, en criant :

— Ah ! voyez, voyez ! Le carnaval commence ! Voyez, voyez !

Le peuple avait raison; car le cortège qui, passant sous la porte du Peuple, descendait lentement dans le cours, ne pouvait être pris que pour la plus grotesque mascarade qu'on eût jamais vue.

Sur douze petites licornes blanches comme la neige, avec des sabots dorés, étaient montés douze êtres enveloppés de longues tuniques de satin rouge, et ils jouaient très-agréablement de petits fifres d'argent, qui faisaient résonner des cymbales et des tambours. Leurs tuniques, en quelque sorte semblables à celles des pénitents, avaient seulement à la place des yeux une ouverture toute garnie de tresses d'or, ce qui leur donnait un singulier aspect.

Lorsque le vent soulevait un peu la robe de ces petits cavaliers, on apercevait une patte d'oiseau dont les griffes étaient garnies de riches bagues. Derrière ces douze charmants musiciens, deux grandes autruches tiraient une grosse tulipe toute brillante d'or, placée sur des roues; au milieu de laquelle était assis un petit homme pourtant une grande barbe blanche et vêtu d'une tunique d'étoffe d'argent. Sa tête vénérable, au lieu de bonnet, était couverte d'un éteignoir d'argent.

Le vieillard avait sur le nez des lunettes immenses, et il lisait attentivement dans un livre placé devant lui. Derrière lui s'avançaient douze Maures richement habillés et armés de longues lances et de sabres courts. Toutes les fois que le petit vieillard tournait une page du livre, il disait d'une voix singulièrement perçante :

— Kurri-pire-ki-pli-lii.

Et les Maures chantaient avec des voix terribles :

— Brum-bare-bil-bal-ala-monsa-kikiburra-son-ton.

Après les Maures venaient, montés sur douze mulets qui paraissaient être d'argent massif, douze figures à peu près enveloppées comme les musiciens, à la différence près que leurs tuniques étaient brodées de perles et de diamants sur un fond d'argent, et que leurs bras étaient nus jusqu'à l'épaule. L'admirable beauté de ces bras, ornés des bracelets les plus magnifiques, faisait deviner sous ces tuniques devaient être cachées les femmes les plus belles. Chacune d'elles, tout en chevauchant, mettait beaucoup d'attention à faire du filet, et pour cela de gros coussins de velours étaient fixés entre les oreilles des mulets.

On voyait ensuite un grand carrosse qui paraissait d'or et était tiré par huit mulets de grande beauté, couverts de chabraques d'or, et conduits au moyen de brides garnies de diamants, par de petits pages très galamment recouverts de pourpoints, de plumes de diverses couleurs. Les mulets étaient dressés à secouer leurs belles oreilles avec une incroyable dignité, et alors on entendait des sons semblables à ceux de l'harmonica, auxquels les animaux eux-mêmes et les pages qui les conduisaient mêlaient des cris jetés à propos, et qui s'unissaient avec le ton général de la manière la plus charmante.

Le peuple se pressait autour de la voiture et cherchait à regarder dans l'intérieur; mais il ne voyait que le cours et son propre reflet, car les vitres étaient de pures glaces. Plus d'un, en se voyant réfléchi de la sorte, s'imaginait un moment qu'il se trouvait dans ce carrosse,

et s'en trouvait enivré de joie; et tout le peuple éprouvait aussi grand plaisir à s'entendre saluer d'une manière toute charmante un petit polichinelle très-joli qui se tenait debout sur l'impériale.

Dans cette allégresse générale, on remarquait à peine la brillante suite du cortège, composé de Maures, de musiciens, de pages habillés comme les premiers, et parmi lesquels se trouvaient aussi admirablement parés de costumes des couleurs les plus tendres des singes dansaient sur leurs pattes de derrière avec les grimaces les plus expressives.

Cette mascarade merveilleuse descendit le Corso, et arriva à ●●● vers les rues jusqu'à la place Navone, où elle s'arrêta devant le palais du prince Bastianello de Pistoja.

Les grandes portes du palais s'ouvrirent, et tout à coup les cris de joie du peuple se turent à la fois, et l'on regarda, dans le silence profond de l'étonnement le plus complet, le prodige qui eut a lieu. Les licornes, les chevaux, les mulets, les voitures, les autruches montèrent sans difficulté les degrés de marbre de l'escalier; et un cri d'admiration, répété par mille voix, remplit les airs lorsque la porte se referma avec le bruit du tonnerre sur les derniers vingt-qu●●● Maures qui y entrèrent en formant une ligne blanche.

Le peuple, après avoir longtemps et en vain regardé en l'●●● voyant que tout était dans le palais silencieux et tranquille, sans vouloir assiéger le séjour de toutes ces étranges choses, et fut dispersé lement dissipé par les sbires.

La foule se rejeta dans le Corso, devant l'église San-Carlo, signor Celionati, délaissé, se tenait encore sur son tréteau, et tempêtait de toutes ses forces :

— Peuple imbécile, disait-il, peuple niais, qu'avez-vous à co●● comme des fous enragés, et à délaisser ainsi votre brave Celion●● Vous auriez dû rester ici pour entendre donner, par le plus sav●●● des philosophes et des adeptes les plus habiles, l'explication de ●● ce que vous venez de regarder, la bouche et les yeux béants, co●●● une foule de stupides marmots; mais je veux bien encore vous le d●● écoutez! écoutez! Sachez qui est entré dans le palais Pistoja, sa●● qui se fait brosser dans le palais Pistoja la poussière de son costu●●

Ces mots arrêtèrent subitement les tourbillons mouvants ●● peuple. Il se pressa autour du tréteau de Celionati, et jeta vers ●● des regards curieux.

— Citoyens de Rome ! dit Celionati avec emphase, poussez des ●●● de joie, jetez en l'air vos bonnets, vos chapeaux ou toute autre ●●● fure, et jetez-les bien haut ! Il vous est survenu un grand bonh●●● car la célèbre princesse Brambilla est entrée dans les murs de ●● ville, venant du fond de l'Éthiopie. Sa beauté est miraculeuse. ●● richesse est si grande, qu'elle pourrait faire paver tout le Corso ●● les plus magnifiques diamants. Et qui peut dire ce qu'elle peut ●● pour votre plaisir ? Je sais qu'il y en a parmi vous qui ne sont ●● des ânes et qui ont étudié l'histoire. Ceux-là doivent savoir que la grande dame princesse de Brambilla est une descendante du sage Sophetua, qui a fondé Troie, et qu'un de ses grands parents, le pe●● sant roi de Serendippe, un homme charmant, s'est souvent rassa●● de macaroni parmi vous devant San-Carlo.

J'ajouterai encore que personne autre n'a tenu la princesse Brambilla sur les fonts de baptême que le roi de Tarôke, nommé Tagliona, et que Pulcinella a été son professeur de guitare. Vous savez maintenant assez pour vous conduire en conséquence; faites donc, braves gens !

En vertu de mes sciences secrètes, de la magie blanche, noire jaune et bleue, je sais qu'elle est venue à Rome parce qu'elle d●● rencontrer parmi les masques du Corso son ami de cœur et fiancé, le prince assyrien *Cornelio Chiapperi*, qui a quitté l'Ethio●● pour venir ici se faire arracher une grosse dent, œuvre que j'ai complie avec un succès complet.

Cette dent, la voici !

Celionati ouvrit une petite boîte d'or, en tira une dent blanche longue et pointue, et la tint haut en l'air.

Le peuple poussa des cris de joie et d'extase, et acheta avec fureur le modèle de la dent du prince, que le charlatan offrait à bas pr●●

— Voyez-vous, mes amis, continua Celionati, après que le p●●● assyrien Cornelio Chiapperi eut supporté l'opération avec douceur courage, il se perdit dans la ville, on ne sait comment. Cherchez, cherchez, mes amis, le prince assyrien Cornelio Chiapperi ! cherchez dans vos chambres, dans vos cabinets, dans vos cuisines, dans ●●● caves, dans vos armoires et dans vos tiroirs aussi; celui qui le trouvera et le rapportera en bon état à la princesse Brambilla recevra somme de cinq cent mille ducats. C'est le prix que la princesse Brambilla a mis sur sa tête charmante, sans compter ce qui le tr●●● d'esprit et d'intelligence. Cherchez ! mes amis, cherchez ! Mais connaîtrez-vous le prince assyrien Cornelio Chiapperi, même lors●● se trouvera devant vous ? Oui, vous reconnaîtrez, car la grande p●● cesse sérénissime lorsqu'elle passera devant vous ! Mais comme● reconnaîtrez-vous ? Avec ces lunettes que le savant mage ●●●●● Rassiamonte a préparées lui-même; autrement n'y comptez pas bien ! par pure humanité, par véritable compassion, je consens à ●● en octroyer la faveur ! Ne regardez pas aux paoli !

II.

Des étranges circonstances dans lesquelles une fois engagé, on se blesse le pied au choc des pierres pointues; on oublie de saluer les gens du grand monde, et l'on court la tête basse sur des portes fermées. — Influence d'un plat de macaroni sur l'amour et le délire amoureux. — Affreux tourments du comédien Enfer et Arlequin. — Comment Giglio ne retrouva pas sa demoiselle, mais fut salué par des tailleurs et saigné. — Le prince dans une boîte de confitures et la bien-aimée perdue. — Comment Giglio voulut être le chevalier de la princesse Brambilla, parce qu'il lui était poussé une bannière dans le dos.

Ne te fâche pas, estimable lecteur, si celui qui a entrepris de te raconter les aventures de la princesse Brambilla, comme il les a trouvées tracées à la plume des hardis dessins de maître Callot, suppose que tu accepteras volontiers jusqu'à la fin du livre tout l'extraordinaire qui s'y trouve, et que tu y ajouteras parfois même un peu de créance. Pourtant déjà, peut-être, au moment où le cortège fantastique disparaît dans le palais Pistoja, comme aussi à l'instant où la princesse sort de la vapeur bleue de la bouteille de vin, tu t'es écrié :

— Quelle folle baliverne !

Et tu as jeté le livre de côté, sans égard pour les charmantes gravures, et alors tout ce que j'ai encore à te dire pour te faire goûter les fantaisies singulières de ce caprice de Callot viendrait trop tard, et ce serait assez désagréable pour moi et aussi pour la princesse Brambilla. Mais peut-être as-tu espéré que l'auteur, effarouché par quelque fantôme insensé qui a tout à coup barré sa route, s'est frayé un chemin de côté dans les taillis sauvages, et qu'une fois rassuré, il a dû regagner le large et droit grand chemin, et tu as continué à lire.

— En avant donc !

Et maintenant je peux te dire, lecteur bienveillant, qu'il m'est déjà arrivé plusieurs fois de saisir des aventures fantastiques juste au moment où, images enfantées par la surexcitation de l'esprit, elles allaient rentrer dans le néant, et de leur donner une forme, de manière que tout œil doué du pouvoir de distinguer ces sortes de choses les regardât comme si elles étaient réellement douées de la vie, et par cela même croyait à elles.

Et ceci m'encourage assez pour continuer librement un agréable commerce avec toutes sortes d'apparitions aventureuses, et pour mettre plus tard en lumière des figures passablement folles, en invitant même les gens sérieux à cette société variée. Et toi, lecteur bien-aimé, tu ne prendras pas pour un fol orgueil ce qui n'est que le désir bien pardonnable de t'attirer au dehors du cercle étroit de tes habitudes journalières, et de t'offrir un plaisir inusité dans le royaume où l'esprit de l'homme, jouissant de sa véritable existence, commande en capricieux despote.

Si toutefois cela n'était pas suffisant, je puis encore, dans l'inquiétude qui m'assiége, m'appuyer sur l'exemple de livres sérieux, où l'on rencontre des choses de ce genre, contre l'authenticité desquels il n'est pas permis d'élever le moindre doute. Ainsi, relativement au cortège de la princesse Brambilla, qui passe librement sous la porte étroite du palais Pistoja, avec toutes les licornes, les chevaux et même la voiture, il se trouve des choses plus étonnantes encore dans l'histoire merveilleuse de Pierre Schemil, dont nous devons la communication au célèbre navigateur Adalbert de Chamisso. Il est question en ce livre d'un certain homme gris, qui fit un tour qui écrasa d'étonnement tous les spectateurs, en tirant sans difficulté de sa poche, comme chacun sait, un tapis, une tente, et à la fin une voiture et des chevaux. Quant à la princesse...

Mais laissons ce sujet.

Je demanderai au lecteur s'il ne lui est pas survenu, une fois dans sa vie, un de ces songes dont on ne peut attribuer l'origine ni à un dérangement d'estomac, ni aux fumées du vin, ni au délire de la fièvre, mais où l'on pourrait croire que certaine douce et magique figure enchanteresse qui déjà, dans ses pressentiments, a conversé avec lui en mystérieuse liaison avec son esprit, s'est emparée de son cœur. Dans un timide désir d'amour, il aspirait à entourer de ses bras la douce fiancée apparue tout à coup dans les vagues fantaisies de son cerveau ; et il n'osait le faire ; mais elle s'avançait en pleine lumière, avec tout l'éclat d'une figure magique. Et tout désir, toute espérance, s'éveillaient avec des aspirations ardentes et lançaient de brûlants éclairs ; et il se sentait mourir dans une inexprimable douleur. Et le réveil même pouvait-il dissiper entièrement ce rêve ? ne restait-il pas cette ineffable extase qui, dans la vie réelle, bouleverse l'âme comme le fait une poignante mélancolie ?... Tout ne paraissait-il pas triste, pâle et désolé ? et croyait-il alors que ce songe qui était son être, ce qu'il avait toujours espéré de toute sa vie, n'était qu'une erreur de ses sens troublés ? et toutes ses pensées ne se concentraient-elles pas dans un foyer qui, dans le calice de feu d'une suprême ardeur, tenait enfermé son doux secret et le préservait du brutal contact de l'aveugle société des hommes ordinaires... Hem !

Et dans une pareille disposition, on se blesse les pieds aux pierres aiguës, on oublie d'ôter son chapeau aux gens auxquels on doit le respect, et on court la tête basse dans la première porte, parce qu'on a oublié de l'ouvrir !

En un mot, l'esprit porte le corps comme un habit mal coupé, trop large, trop long et peu convenable.

Le jeune comédien Giglio était justement dans cette manière lorsqu'après plusieurs jours de suite d'attente pleine il eut avoir perdu jusqu'à la moindre trace de la princesse Brambilla ; ce qui lui était arrivé de merveilleux dans le Corso lui semblait continuation de son rêve apporté par l'enfer, et dont la figure cipale était sortie de la mer sans fond, des désirs où il voulait et disparaître. Son rêve était sa vie ; tout le reste était insignifiant pour lui, et l'on doit croire qu'il négligeait le comédien. Bientôt au lieu de dire les mots de son rôle, il parlait en scène de la princesse Brambilla ; il jurait, dans l'égarement de son esprit, s'emparer du prince assyrien, et puis il s'imaginait être lui-même prince, et il s'égarait dans un labyrinthe de phrases sans suite ; le monde le croyait fou, et avant tous l'impresario, qui finit par le chasser. Les quelques ducats que ce dernier lui donna par pure commisération au moment de son départ ne purent lui suffire que peu de temps. Il tomba dans la gêne la plus grande.

En tout autre temps le pauvre Giglio aurait été bourrelé d'inquiétudes ; mais maintenant il n'y pensait guère : il planait dans une région où les ducats terrestres ne sont pas nécessaires. Quant aux besoins ordinaires de la vie, Giglio n'était pas gourmand. Giglio avait l'habitude d'apaiser sa faim en passant devant les boutiques des marchands qui tiennent, comme on sait, leur cuisine en pleine rue.

Il arriva un jour qu'il lui vint en idée de se procurer un plat de macaroni, dont l'attrayante fumée ondoyait vers lui en sortant d'une boutique.

Giglio fit un pas dans l'intérieur ; mais en tirant sa bourse pour payer son modeste dîner, il découvrit avec un certain désappointement qu'elle ne contenait plus un bajock.

Dans un moment pareil, le principe corporel, dont le sommeil malgré ses fières manières, avait triomphé de sa torture, se réveilla actif et puissant. Giglio sentit (ce qui ne lui était pas encore arrivé) lorsque, rempli des pensées les plus sublimes, il dévorait un énorme plat de macaroni qu'il avait horriblement faim ; et il assura au gargotier qu'ayant oublié son argent par hasard, il lui payerait doublement un autre jour le macaroni qu'il allait prendre.

Le gargotier lui rit au nez, et lui dit :

— Si vous n'avez pas d'argent, vous avez un moyen de satisfaire votre appétit, vous n'avez qu'à laisser vos beaux gants, votre chapeau ou votre manteau.

Alors Giglio sentit vivement la position où il se trouvait ; bientôt un mendiant en guenilles, qui mangeait la soupe aux vents ; mais son cœur fut encore plus profondément déchiré qu'il aperçut Celionati qui, à sa place habituelle devant l'hôtel San-Carlo, amusait le peuple de ses balivernes. Il crut voir qu'il jetait en passant un regard du plus profond dédain. Le bel espoir fut en un instant réduit au néant ; tous les pressentiments s'évanouirent ; il eut aussitôt la certitude que le malicieux Celionati l'avait dupé par ses artifices magiques de démon, et que, dans son mal faire, il avait utilisé sa folle vanité pour se jouer indignement lui avec le roman de la princesse Brambilla.

Il s'éloigna en courant de toutes ses forces ; il n'avait plus n'avait plus qu'une seule idée, il cherchait comment il pourrait se venger du sorcier. Un sentiment qu'il ne pouvait comprendre jour en son âme à travers toute sa colère, toute sa fureur, et de s'arrêter court, comme si un charme magique l'eût cloué sur place.

— Giacinta ! s'écria-t-il. Il était devant la maison où demeurait la jeune fille, et dont il avait si souvent monté le roide escalier douteux crépuscule. Alors il se rappela que son rêve avait été mauvaise humeur de la jeune fille ; de se souvint qu'il l'avait donnée alors pour la revoir, et que, jusqu'à l'avait depuis complètement oubliée ; et il vit que, grâce au jeu cruel de Celionati, perdu sa bien-aimée, et se trouvait dans la misère.

Plein de douleur et de mélancolie, il ne savait quel parti prendre, mais tout à coup il résolut de monter chez Giacinta et de gagner ses faveurs à tout prix. Aussitôt pensé, aussitôt fait ; mais en vain il frappa à la porte de la chambre, tout l'intérieur resta profondément muet. Il prêta l'oreille ; en n'entendait pas même le bruit d'une respiration. Alors il appela plusieurs fois d'une voix lamentable :

— Giacinta !

Pas de réponse.

Alors il commença à reconnaître ses torts de la manière la plus touchante ; il assura que le démon lui-même, sous la forme du vieux charlatan Celionati, l'avait séduit, et il lui fit les plus belles protestations de son repentir et de son ardent amour.

Alors une voix d'en bas cria :

— Je voudrais bien savoir quel est l'animal qui se lamente dans ma maison et hurle avant le temps, car nous sommes encore loin du mercredi des cendres.

C'était le signor Pasquale, l'épais propriétaire. Il montait lentement les marches, et, lorsqu'il aperçut le comédien, il lui cria :

— Ah ! c'est vous, signor Giglio ; quel mauvais esprit vous pousse à pleurnicher devant une chambre vide un rôle en oh ! et en ah d'une sotte tragédie !

LA PRINCESSE BRAMBILLA.

rlatan ouvrit une caisse, et en sortit une énorme quantité ... lunettes.

...ple s'était déjà disputé les dents du prince, mais ce fut bien ...ise pour les lunettes. Des disputes il en vint aux coups, et les couteaux brillèrent, selon la coutume italienne; si bien ...bres s'avancèrent au milieu de la foule et la dispersèrent, ... avaient déjà fait au palais Pistoja.

...t que tout ceci se passait, Giglio Fava était resté plongé ... profond état de rêve; il regardait fixement les murs où s'était ..., et cela d'une manière inexplicable, la plus étrange des ...ies. Il lui semblait surprenant qu'il lui fût impossible de se ...sentiment d'une espèce de terreur mêlée de charmes qui ...paré de son âme. Ce qui lui semblait plus surprenant encore, ...e volontairement il rattachait son rêve où la princesse, ... feu du fusil de Trufaldin, s'était jetée dans ses bras avec le ... cortège, de telle sorte qu'un pressentiment lui disait que la ... qui siégeait dans la voiture, dont les portières étaient gar... ...glaces, n'était autre que l'image de son rêve. Un léger coup ... son épaule le tira de son état de songe.

...rlatan était devant lui.

! mon bon Giglio, vous avez eu tort de me quitter sans ... une petite dent du prince ou une lunette magique!

...ssez-moi donc, répondit Giglio, avec vos enfantillages et vos ...stoires que vous bavardez au peuple pour vous débarrasser ...isérables drogues.

! oh! ne faites pas tant le fier, mon jeune monsieur, répondit ...; vous auriez trouvé dans mes drogues, qu'il vous plaît ... misérables, un excellent *arcanum*, et surtout le talisman ... donnerait la force nécessaire pour vous faire arriver à êt... ...dien excellent, ou pour le moins très-supportable, puisqu'il ... encore de jouer pitoyablement des tragédies.

...est-ce? s'écria Giglio en courroux; vous vous permettez de ...uler comme un mauvais acteur, moi l'idole de Rome!

...us vous mettez des chimères en tête, reprit froidement Ce... ...il n'y a pas là dedans un seul mot vrai; et s'il vous est ... par une inspiration particulière, de réussir dans certains ...ous perdrez sans retour aujourd'hui le peu de renom ou d'ap... ...ements que vous y avez gagnés; car vous avez entièrement ...otre prince, et ce qui reste en vous de son personnage est ...muet, insensible et sans couleur, et vous voudriez en vain lui ... la vie. Votre esprit est entièrement rempli d'une étrange ...pportée par un rêve, et vous supposez que cette figure se ... dans la voiture à glaces qui est entrée là dans le palais ...oja. Vous voyez, je le lis dans votre âme.

...o baissa les yeux en rougissant.

...oor Celionati, murmura-t-il, vous êtes dans le fait un homme ...gulier. Vous devez avoir à vos ordres des forces merveil... ...qui vous découvrent mes pensées les plus secrètes; et cepen... ...tre folle manière d'agir avec le peuple fait que je ne sais trop ...ser. Pourtant donnez-moi une de vos grandes lunettes.

...nati lui dit en éclatant de rire :

...ous voilà bien tous! Du moment que vous rôdez çà et là avec ...saine et l'estomac bien portant, vous me croyez ce que vous ...uvez toucher des mains; mais si vous avez la moindre indi... ...physique ou morale, alors vous prenez avec empressement ...que l'on vous présente. Oh! oh!

...ofesseur qui proscrit mes remèdes sympathiques et ceux du ...entier s'en est allé en cachette sur les bords du Tibre pour ... pantoufle ou l'eau, comme une vieille mendiante le lui ... enseillé, et cela parce qu'il croyait noyer avec elle la fièvre ...urmentait.

...plus sage seigneur de tous les sages seigneurs portait la ...de racines dans un bout de son manteau pour mieux jouer au

...e là, seigneur Fava, vous voulez voir, à l'aide de mes ..., la figure de votre rêve, la princesse Brambilla; cependant ... vous réussirez pas pour le moment.

...tefois, prenez et essayez.

...io, plein de désirs, saisit l'immense lunette, belle et brillante, ...garda le palais en la portant à ses yeux.

...grande surprise, les murs parurent prendre la transparence ...tal; mais il ne voyait qu'un confus assemblage d'êtres étranges, ...temps en temps seulement un rayon électrique traversait son ... en lui annonçant l'image de son rêve, qu'il voulait en vain ...er de tout côté.

...Que tous les diables d'enfer vous emportent! s'écria une voix ... vous en même temps frappé sur l'épaule. Que tous les diables vous ... répéta la voix, vous me vexez. Dans dix minutes on va ...le rideau; vous êtes de la première scène, et vous vous amusez ...rder, comme un fou ici, les vieux murs de ce palais inhabité. ...tait l'impresario du théâtre où jouait Giglio, qui, à la mort ...âme, avait parcouru toute la ville pour chercher son *primo* ...so*, que l'on avait en vain sonné dans les coulisses, et qu'il ...ait enfin là où il s'attendait le moins à le rencontrer.

— Accordez-lui encore un moment, s'écria Celionati; et il saisit en même temps avec une certaine force par les épaules le pauvre Giglio, qui ne bougeait pas plus qu'un pieu fiché en terre, et ajouta tout bas :

— Signor Giglio, il est possible que vous aperceviez derrière au Corso la personne de votre rêve; mais vous seriez un niais de vouloir parader avec un beau costume pour vous faire de suite remarquer par cette belle des belles. Plus le vôtre sera original, et mieux il vaudra. Un grand nez pour porter convenablement et consciencieusement mes grandes lunettes! et ne les oubliez pas!...

Celionati lâcha Giglio, et dans un clin d'œil l'impresario emporta son *amoroso* comme un tourbillon.

Giglio ne manqua pas, le jour suivant, de se procurer un masque qui, selon le conseil de Celionati, lui parut suffisamment affreux et bizarre : un étrange capuchon orné de deux grandes plumes de coq; un masque avec un nez rouge en forme de hache et dépassant en longueur et en largeur tous les excès des nez les plus excentriques; un pourpoint avec d'énormes boutons, et un large sabre de bois assez semblable à celui de Brighella; mais l'abnégation de sa personne ne put aller, chez Giglio, jusqu'à mettre un large pantalon descendant jusqu'aux pantoufles, destiné à cacher le plus charmant piédestal sur lequel un *primo amoroso* eût jamais été placé.

— Non! s'écria-t-il, il est impossible que Sa Hautesse n'attache pas d'importance aux perfections du corps, et que ses yeux ne se tournent d'une si affreuse enveloppe. Je veux imiter le comédien qui, sous le hideux costume du monstre bleu de la pièce de Gozzi, avait à représenter, s'arrangea de manière à laisser voir, sous ses pattes de chat tigre, la charmante main qui le nature lui avait donnée, et gagna ainsi le cœur des dames bien avant sa transformation. Le pied est pour moi ce que la main était pour lui.

Et là-dessus, Giglio mit une belle culotte de soie bleu de ciel avec des rubans d'un rouge sombre, des bas roses et des souliers blancs avec des rubans rouge-foncé. C'était d'un fort bon air, mais le haut du costume était en complète disparate avec le reste.

Giglio était convaincu que la princesse Brambilla se montrerait à lui dans tout l'éclat de la magnificence, entourée de la suite la plus brillante. Mais ne voyant rien de pareil, il se rappela que Celionati lui avait dit qu'il ne pourrait la voir que la princesse qu'au moyen de ses lunettes magiques; cela lui donna à penser que la belle des belles serait enveloppée de quelque bizarre costume.

Alors Giglio parcourut le Corso de toutes parts, examinant chaque masque de femme, et méprisant toutes les agaceries jusqu'à ce qu'il arrivât dans un lieu plus retiré. Il s'entendit dire :

— Cher signor, très-cher signor!

Un personnage était devant lui, dans un costume qui surpassait en extravagance tout ce qu'il avait vu de plus incroyable dans ce genre Le masque, par sa barbe pointue, ses lunettes, ses cheveux de poil de chèvre, comme aussi par la posture de son corps incliné en avant et par son pied droit levé en l'air, paraissait vouloir représenter le personnage de Pantalon, auquel ne pouvait toutefois en aucune façon convenir son chapeau, terminé par une grande pointe et jeté en avant, et orné de deux plumes de coq. Le pourpoint, le pantalon, le petit sabre de bois suspendu à son côté, appartenaient plutôt à l'estimable Pulcinella.

— Mon très-cher seigneur, dit Pantalon (nous l'appellerons ainsi malgré le peu de fidélité du costume), mon très-cher signor, c'est à bien beau jour que celui qui m'apporte le plaisir, l'honneur de vous voir! N'appartenez-vous pas à ma famille?

— Excellent signor! malgré tout le plaisir que j'en éprouverais, car vous me plaisez fort, reprit Giglio en s'inclinant avec politesse je ne sais guère comment nous pourrions être parents.

— Oh Dieu! signor! interrompit Pantalon, n'avez-vous jamais été en Assyrie?

— J'ai un vague souvenir, répondit Giglio, de m'être une fois en route pour faire ce voyage, mais je ne suis allé que jusqu'à Frascati, où le fripon de voiturin me versa devant la porte, de manière que ce nez...

— O Dieu! s'écria Pantalon, il est donc vrai! ce nez, ces plumes de coq, mon cher prince, ô mon Cornelio! mais à la joie de cette rencontre vous fait, je le vois, pâlir; ô mon prince! une gorgée une seule gorgée!

Et Pantalon saisit la grande bouteille d'osier qu'il portait à son côté et la présenta à Giglio. De la bouteille sortit une vapeur rosâtre qui prit le charmant aspect de la princesse Brambilla, et la chère petite figure se leva hors du goulot jusqu'à mi-corps, et étendit ses petits bras vers Giglio, qui s'écria enivré en extase :

— Oh! montre-toi tout entière, que je puisse te voir dans ta complète beauté!

Alors une forte voix lui cria dans les oreilles :

— Sot, effronté, comment peux-tu, avec ton bleu et ton rose, avoir l'audace de te donner pour le prince Cornelio? Va chez toi te coucher, maraud!

— Malhonnête! s'écria Giglio.

Mais alors des flots de masques s'avancèrent et les séparèrent l'un de l'autre, et Pantalon disparut tout à coup avec sa bouteille.

n Arlequin, celui-ci agite sa batte, et de tous côtés, de la terre, e l'air, paraissent des gens habillés de blanc, très-parés et fort beaux voir. Ils s'inclinent devant Arlequin, et l'emportent en triomphe vec Colombine.

Pantalon, muet d'étonnement, tombe tout épuisé sur un banc de lierre qui se trouve dans la prison, et il invite le chevalier et le octeur à y prendre aussi place pour conférer avec lui sur ce qu'il este à faire. Trufaldin se place derrière, avance sa tête entre eux, t ne veut absolument pas s'en aller, malgré les soufflets qui lui leuvent de toutes parts. Alors ils veulent s'élever, mais ils se trouent, par un charme magique, cloués sur le banc, qui prend en un istant deux puissantes ailes.

Toute la société s'élève dans les airs sur un monstrueux vautour n criant — A l'aide!

Alors la prison se change en une grande salle dont les colonnes ont ornées de guirlandes de fleurs. Au milieu est un trône élevé et ouvert de riches ornements. On entend une musique délicieuse de mbours, de fifres et de cymbales. Un pompeux cortége s'avance; rlequin arrive porté par des Maures sur un palanquin, et Colombine ient derrière sur un magnifique char de triomphe. Tous deux sont induits au trône par des ministres richement habillés, et Arlequin lève sa batte comme un sceptre.

Tous s'inclinent pour lui rendre hommage, et l'on aperçoit aussi ans la foule Pantalon en sa suite à genoux.

Arlequin, puissant empereur, règne avec Colombine sur un maifique et brillant royaume.

Lorsque le cortége passa sur le devant du théâtre, Giglio jeta les eux, et sa stupéfaction ne lui permit plus d'en détacher ses regards, ir il y reconnut toutes les personnes de la suite de la princesse rambilla, les licornes, les Maures, les dames faisant du filet sur s mulets, etc., le respectable savant dans la tulipe brillante d'or ui, en passant, leva les yeux de dessus son livre et sembla lui ire un signe de tête amical. Seulement, en place du carrosse à laces de la princesse, venait le char triomphal découvert qui portait olombine.

Il s'élevait dans l'âme de Giglio comme l'obscur pressentiment que ette pantomime pouvait avoir un mystérieux rapport avec ses mervilleuses aventures; mais comme l'homme qui rêve cherche en vain retenir les images qui se lèvent de sa personne même, ainsi Giglio e pouvait trouver aucun moyen raisonnable d'expliquer comment ce apport pouvait avoir lieu.

Dans le café le plus voisin, Giglio fut à même de se convaincre de l'or de la princesse Brambilla n'était pas une chimère, mais qu'il ait bien frappé et de bon aloi.

— Hem! pensa-t-il, Celionati, par compassion ou par bienveilance, m'a fait arriver cette bourse; mais je payerai cette avance ussitôt que je recommencerai à briller sur le théâtre Argentine, et il 'y a que l'envie la plus noire, la plus implacable cabale qui puissent me jeter l'épithète de mauvais comédien.

L'idée que l'argent venait de Celionati avait un fond de probabilité, car le vieillard l'avait plus d'une fois déjà secouru dans ses oments de gêne. Toutefois il ne put s'empêcher d'être étrangement mpressionné lorsqu'il aperçut ces mots brodés sur la riche bourse!

« Souvenirs de l'image de ton rêve! »

Il considérait cette inscription tout pensif, lorsqu'on lui cria dans oreille :

— Enfin je te retrouve, traître! perfide! monstre d'ingratitude et e fausseté!

Un docteur informe s'était emparé de lui, et prenant sans façon lace à ses côtés, il continua son bavardage.

— Que voulez-vous de moi? Étes-vous fou, enragé? s'écria Giglio.

Mais alors le docteur ôta son affreux masque, et Giglio reconnut la ieille Béatrice.

— Au nom du ciel, s'écria Giglio tout hors de lui, est-ce vous, éatrice? Où est Giacinta? où est-elle, la charmante enfant? Mon œur est déchiré d'amour et de désirs! Où est Giacinta?

— Où, demandez, misérable fou! répondit la vieille d'un ton ondeur; elle est en prison, la pauvre Giacinta, et elle y flétrit sa une existence, et vous en êtes la cause; et c'est elle n'avait pas eu la tête pleine de vous, si elle avait pu attendre l'heure du soir, elle e se serait pas piqué le doigt en cousant la garniture de la robe e la princesse Brambilla, et alors elle n'y aurait pas fait une viine tache, et le digne maître Bescapi, que l'enfer te réclame! aurait pas demandé le prix du dommage, et comme elle ne pouvait yer tant d'argent, he l'eût pas fait mettre en prison. Vous auriez ù nous venir en aide, mais monsieur le vaurien d'acteur n'a plus ontré le bout de son nez.

— Halte! interrompit Giglio. La faute en est à toi, qui n'es pas ccourue vers moi pour tout m'apprendre. Ma vie appartient à ma elle. S'il n'était pas minuit, je courrais aussitôt chez cet abominable escapi; — ces ducats, — et ma bien-aimée serait libre dans une eure. Et qu'importe qu'il soit minuit? Courons la sauver.

Et Giglio s'élança impétueusement dehors.

La vieille ricana en le voyant partir.

Comme il arrive que dans une trop grande hâte de faire une chose

on oublie justement l'objet principal, Giglio s'aperçut, après couru à perte d'haleine à travers les rues de Rome, qu'il av blié de demander à la vieille l'adresse de Bescapi, dont la de lui était complétement inconnue. Le destin ou le hasard vou pendant qu'une fois arrivé sur la place d'Espagne, il s'arrê tement devant la maison de Bescapi, et qu'il se mit à dire haute :

— Où diable peut donc demeurer Bescapi?

Alors un inconnu le prit sous le bras et le conduisit dans un son, en lui disant que la demeurait Bescapi, et qu'il y tro encore chez lui le costume qu'il avait commandé.

Une fois arrivé dans la chambre, il le pria, en l'absence de Bescapi, de lui indiquer le costume en question, peut-être un domino ou toute autre chose.

Giglio entreprit cet homme, qui n'était autre qu'un honnête pagnon tailleur, et lui parla d'une manière si confuse de tac sang, de prison, de payement, de mise immédiate en liberté, compagnon, tout dérouté, finit par le regarder dans les yeu lui répondre une seule parole.

— Malheureux! s'écria Giglio, tu ne veux pas me compr Amène-moi sur l'heure toi maître, ce chien infernal!

Et ce disant, il le saisit au collet. Alors il en arriva à la com la maison du signor Pasquale.

Le compagnon se mit à crier de telle sorte que tous les g coururent. Bescapi entra lui-même; mais aussitôt qu'il aperçut

— Au nom de tous les saints! dit-il, c'est le comédien pauvre signor Fava; emparez-vous de lui, emparez-vous de l

Alors tous se jetèrent sur l'acteur et s'en rendirent faci maîtres. On lui lia les pieds et les mains, et on le mit dans Bescapi s'approcha de lui; alors il lui fit mille reproches s avarice; il lui parla de la robe de la princesse Brambilla, de de sang, de payement, etc.

— Tranquillisez-vous, mon cher signor Giglio, lui dit dou Bescapi. Laissez aller tous les fantômes qui vous assiégent, l'heure vous serez beaucoup mieux.

L'idée de Bescapi s'expliqua bientôt, car un chirurgien et, malgré toute sa résistance, saigna le pauvre Giglio. Ép toutes les aventures de la journée et de la perte de son sang, dans un évanouissement mêlé de sommeil. Lorsqu'il s'éveill était dans une nuit profonde, et il eut peine à se rappeler ce nait de lui arriver tout récemment. Il sentit qu'il était garrotté sa faiblesse l'empêchait de se mouvoir.

A travers une fente qui se trouvait vraisemblablement s porte, une faible lueur pénétra dans la chambre, et il lui distinguer le souffle d'une respiration pénible et puis un lég murce qui formait enfin ces mots intelligibles :

— Est-ce vous, cher prince? Et dans cet état, si petit, si p vous pourriez entrer dans ma boîte de confitures. Vous ne pas que je vous estime, que je vous révère moins pour ce sais-je pas que vous êtes un homme charmant et convenable, e ce moment je fais un rêve? Ayez la bonté de vous montrer à main, ne fût-ce que sous l'apparence d'une voix. Si vous ji yeux sur moi, votre pauvre servante, alors cela pourrait arriv autrefois...

Et les mots s'éteignirent de nouveau dans un murmure ind

La voix avait quelque chose de très-agréable et de très-doux, se sentit comme frissonner d'un secret effroi, et lorsqu'il s'app à écouter attentivement, un bruit semblable au clapotement source l'engourdit comme le balancement d'un berceau et le sit au sommeil.

Le soleil éclairait brillamment la chambre lorsque Giglio fut par une légère secousse. Maître Bescapi était devant lui, et lui lui prenant les mains :

— N'est-ce pas que vous vous trouvez mieux, mon cher Oui, grâce au ciel. Vous êtes toujours un peu pâle, mais votre est tranquille. Le ciel vous a conduit chez moi dans un mauv royaume, et il m'a permis de pouvoir vous rendre un petit ser vous, le meilleur comédien de Rome, dont la perte nous a tou fondément affligés.

Les derniers mots de Bescapi furent certainement un bau cace pour ses récentes blessures. Toutefois Giglio répondit d sérieux et assez sombre :

— Signor Bescapi, je n'étais ni fou ni malade lorsque je suis dans votre maison. Vous avez eu le cœur assez dur pour fai en prison la pauvre Giacinta Soardi, ma tendre fiancée, qu'elle vous a gâté une robe; non, je veux dire parce qu'elle sanctifié une robe en arrosant de quelques gouttes de l'ich de ses doigts roses qu'une aiguille avait blessé, et qu'elle ne ve vêtement. Dites-moi à l'instant même ce que vous exis vous payerez de suite, et aussitôt nous irons ensemble tirer le mante, la bourse de ducats qu'il était prêt, s'il le f à vider tout entière.

Alors Giglio se leva du lit aussi vite que ses forces le lui pern et tira de la poche la bourse de ducats qu'il était prêt, s'il le f à vider tout entière.

Bescapi le regardait avec de grands yeux.

LA PRINCESSE BRAMBILLA.

Une chambre vide! s'écria Giglio. Au nom du ciel! signor ale, dites-moi où est Giacinta, ma vie, mon tout!

 or Pasquale regarda fixement Giglio, et lui dit tranquillement: ignor Giglio, je sais parfaitement où vous en êtes. Tout Rome e vous avez quitté le théâtre parce que vous avez reçu un coup rteau. Allez chez le médecin, laissez-vous tirer quelques onces g, mettez-vous la tête dans l'eau froide.

 e ne suis pas encore fou, s'écria Giglio avec violence, mais e deviendrai sur l'heure si vous ne me dites pas où demeure ta.

 llons donc! continua tranquillement le seigneur Pasquale, vous ferez pas accroire que vous ne savez pas comment, il y a huit Giacinta a quitté la maison, suivie de la vieille Béatrice.

 ù est Giacinta? s'écria Giglio furieux en saisissant vigoureuse- e propriétaire au collet.

 u secours! à l'assassin! s'écria celui-ci.

 te la maison fut aussitôt en rumeur; un lourdaud de valet ut, il saisit Giglio, lui fit descendre l'escalier avec lui, et le ssi facilement dehors de la maison que s'il n'eût été qu'une poupée.

 lo, sans s'embarrasser de sa chute, se releva et se mit à courir, ent à moitié fou, à travers les rues de Rome. Un instinct éveillé abitude, comme l'heure où il se rendait ordinairement au théâtre, l'y conduisit encore jusque dans la chambre où s'ha- t les comédiens. Une fois là, il s'aperçut seulement de sa dé- , et tomba dans un profond étonnement en voyant le lieu où s les héros tragiques, roides d'argent et d'or, marchaient ent en répétant les vers sonores à l'aide desquels ils com- mettre le public en extase ou in furore, rempli d'une foule ée de pantalons, d'arlequins, de trufaldins, de colombines, en de tous les masques de la pantomime italienne. Il resta cloué au plancher, et regarda avec de grands yeux tout au- lui, comme un homme qui, au sortir du sommeil, se trou- ntouré d'une société bizarre et inconnue.

 ect de Giglio décomposé, défiguré par le chagrin, éveilla chez ario comme un remords de conscience, et il lui fit part de e figure cordiale et compatissante.

 us voilà bien étonné, n'est-ce pas, signor Fava, dit-il au omme, de trouver le foyer si différent de ce qu'il était lorsque 'avez quitté? mais je vous avouerai que toutes les actions ues qui formaient le répertoire de mon théâtre commençaient er le public, et cet ennui m'impressionnait d'autant plus que se rendait de plus misérable état d'épuisement. Mainte- congédié tout l'attirail tragique, et livré mon théâtre au libre et aux gracieuses gentillesses de nos masques, et je m'en très-bien.

 ! s'écria Giglio les joues ardentes, ah! signor impresario, e, ma perte a rendu vos tragédies impossibles; la chute s, la masse que son souffle vivifiait est tombée dans le néant. us n'approfondirons pas cette affaire, répondit en riant ario; mais comme vous ne me paraissez pas en grande descendez au théâtre et regardez ma pantomime; peut-être traîra-t-elle. Vous changerez probablement de manière de vous pourrez encore être des nôtres, bien que dans un autre ar il serait bien possible que... Allez toujours voir. Voici un entrée, visitez mon théâtre aussi souvent qu'il vous plaira.

 fit ce qu'il lui disait, plutôt par indifférence pour toute te par désir de voir la pantomime. A peu de distance de lui aient deux masques engagés dans une vive conversation. ntendit son nom prononcé plusieurs fois, et cela le fit sortir de de stupeur; il s'approcha davantage, sa figure entièrement ans son manteau, pour tout entendre sans être reconnu.

 avez raison, disait l'un, Fava est cause de ce que nous ns plus de tragédies à ce théâtre; mais je ne pense pas, ous, que ce soit parce qu'il a quitté la scène; je crois, au e, et je vous le prouverai sans doute, que c'est parce qu'il y é.

 ment entendez-vous cela? dit l'autre.

 bien! reprit le premier interlocuteur, pour ma part, je re- Fava, bien qu'il n'ait que trop souvent réussi à impressionn- public, comme le plus misérable comédien qui ait jamais es yeux brillants, une jambe bien faite, une mise élégante, es diverses au chapeau, d'énormes rubans aux souliers, suf- pour faire un héros de tragédie? Et, en effet, lorsque Fava t du fond du théâtre à l'avant-scène avec le pas mesuré seur; lorsque, s'occupant fort peu de celui qui jouait avec içait des œillades dans les loges, et, dans une pose maniérée, t la place la plus favorable pour se faire admirer, ne faisait u jeune coq de basse-cour qui, bariolé, se pavane orgueil- t au soleil. Et lorsque, roulant les yeux, sciant l'air de ses tôt s'élevant sur la pointe des pieds, tantôt frappant des mme un escamoteur, il récitait d'une voix creuse des vers il était le sens tragique, quel est le cœur humain qui aurait isser véritablement entraîner? Mais nous autres Italiens, mes ainsi, nous voulons des effets , qui nous im-

pressionnent avec force pendant quelques instants, et nous les mé-prisons lorsque nous nous apercevons que ce que nous avons pris un moment pour une figure réelle n'est qu'une poupée sans vie, mue par des fils invisibles agités du dehors, et qui nous a trompés par ses mouvements étranges. Il en a été de même de Fava, il se serait mo-ralement tué peu à peu s'il n'avait lui-même hâté sa mort.

— Il me semble, reprit l'autre, que vous jugez le pauvre Fava bien défavorablement. Vous avez raison lorsque vous dites qu'il était vain, maniéré, qu'il se mettait en scène beaucoup plus que son rôle, et qu'il courait après les applaudissements d'une manière peu louable; toutefois il avait un fort joli talent, et nous ne pouvons lui refuser notre compassion en songeant qu'il a été atteint de folie, dont la principale cause a été la fatigante exagération de son jeu.

— N'en croyez rien, reprit en riant le premier. Pourriez-vous vous imaginer que c'est un excès d'amour-propre qui l'a rendu fou? Il s'imagine qu'une princesse est éprise de lui, et il court maintenant après elle par monts et par vaux. Et il est arrivé de cette fainéantise qu'il est devenu si pauvre qu'aujourd'hui même il a dû laisser ses gants et son chapeau chez un fritolo pour un plat de mauvais ma-caroni.

— Que dites-vous? reprit l'autre; est-il possible qu'il y ait de pa-reilles folies? Mais on devrait, d'une manière ou d'une autre, venir en aide au pauvre Giglio, qui nous a amusés bien des fois. Le chien d'impresario, dans la poche duquel il a fait tomber bien des ducats, devrait s'occuper de lui, et ne pas le laisser au moins dans la nécessité.

— C'est inutile, reprit le premier personnage, car la princesse Brambilla connaît sa folie et sa misère; les femmes non-seulement pardonnent les folies d'amour, mais les trouvent encore charmantes lorsqu'elles les prennent en grande pitié, elle vient à l'instant même de lui faire glisser dans la poche une petite bourse pleine de ducats.

Giglio, machinalement et sans le vouloir, porta la main à sa poche en entendant les paroles de l'étranger, et il y sentit en effet une bourse remplie de pièces d'or qui résonnaient. Elles devaient lui venir de la princesse Brambilla, déesse de ses rêves, et il sentit dans tous ses membres comme une commotion électrique.

La joie de ce prodige venu si bien à propos, et qui le sortait de sa déplorable position, ne put réprimer l'effroi qui souffla sur lui son frisson glacé. Il se vit le jouet de pouvoirs inconnus, il voulut se précipiter sur les masques étrangers, mais au même instant les deux personnages et toute cette conversation mystérieuse avaient disparu.

Giglio n'osait tirer la bourse de sa poche pour se convaincre plus positivement de son existence, de peur que le mirage ne s'évanouit entre ses doigts. Mais à mesure qu'il s'abandonnait plus entièrement à ses pensées, il devenait aussi plus tranquille. Il se disait que tout ce qu'il avait attribué à un jeu des pouvoirs magiques pourrait bien n'être qu'une comédie railleuse que l'aventureux et capricieux Celio-nati conduisait devant ses yeux par des fils invisibles. Il pensait que l'étranger lui-même avait très-bien pu, dans le mouvement de la foule, glisser une bourse dans son habit, et que tout ce qu'il avait dit de la princesse Brambilla était la conséquence de la plaisanterie que le charlatan avait exécutée. Mais tandis que le prodige devenait une chose de plus en plus naturelle, et tendait à se terminer ainsi, il sentait aussi renaître la douleur des blessures que la rude critique lui avait faites sans ménagement. L'enfer des comédiens ne contient aucun supplice qui leur soit si profondément inconnu que leur vanité. Et même leur côté attaquable sous ce point de vue (le senti-ment de leur faible) augmente, dans une amertume toujours crois-sante, la douleur des coups, qui fait comprendre à celui qui est atteint, lors même qu'il le cherche, par tous les moyens convenables, à le maî-triser ou à l'adoucir, qu'il est réellement blessé. Ainsi Giglio ne pouvait se délivrer de la fatale image du jeune coq bariolé qui se pavane complaisamment au soleil, et il s'en tourmentait et s'en agaçait d'autant plus fort qu'il sentait dans le fond que la caricature ne manquait pas d'une certaine vérité.

Il n'est pas étonnant que dans une pareille disposition d'esprit Giglio ne fit aucune attention au théâtre et à la pantomime, même lorsque la salle retentissait des rires, des applaudissements et des cris de joie des spectateurs.

La pantomime n'était autre chose qu'une des cent, des mille varia-tions des aventures amoureuses de l'excellent Arlequin avec sa douce Colombine. Déjà la charmante fille du vieux et riche *Pantalon* avait refusé la main du chevalier poudré à blanc et du sage docteur, et déclaré qu'il ne voulait écouter que l'on entendre qu'elle n'aimerait et n'épouserait personne autre que le petit homme gai, au visage noir et au justau-corps aux cent morceaux de couleurs diverses; déjà Arlequin avait pris la fuite avec sa bien-aimée, et évité par la protection d'un charme magique les poursuites de Pantalon, de Trufaldin, du che-valier et du docteur.

L'on en était au moment où enfin Arlequin, badinant avec sa bien-aimée, est arrêté par les sbirres et traîné en prison avec elle. Mais lorsque Pantalon, avec son escorte, veut se moquer du pauvre couple, lorsque Colombine, tout en larmes, l'implore à genoux en faveur de

— Signor Giglio, lui dit-il, comment pouvez-vous vous mettre de pareilles balivernes dans l'esprit? Je ne comprends pas un mot à votre robe, à votre tache de sang et à votre histoire de prison.

Mais lorsque Giglio lui eut de nouveau raconté tout ce que Béatrice lui avait dit, et surtout lorsqu'il lui eut dépeint la robe qu'il avait vue chez Giacinta, alors Bescapi lui dit que la vieille s'était moquée de lui, qu'il avait en effet donné à faire à Giacinta une belle robe tout à fait semblable à celle que Giglio avait vue, mais qu'il n'y avait pas un seul mot de vrai dans toute l'histoire qu'il lui avait racontée.

Giglio ne put douter de ce que lui disait Bescapi, puisque celui-ci, à son grand étonnement, refusait l'or qu'il lui offrait; mais il resta convaincu que c'était encore une conséquence de l'aventure magique dans laquelle il se trouvait enveloppé. Ce qu'il eut de mieux à faire fut de quitter maître Bescapi et d'attendre le moment heureux qui conduirait dans ses bras Giacinta, pour laquelle il était enflammé d'un nouvel amour.

Devant la porte de Bescapi se tenait une personne qu'il aurait désirée à cent lieues de là, c'est-à-dire le vieux Celionati.

— Eh! vous êtes pourtant une bonne âme, lui dit celui-ci, de vouloir sacrifier les ducats que vous a jetés la faveur du sort pour une bien-aimée qui n'est plus votre bien-aimée.

— Vous êtes un homme terrible, épouvantable! répondit Giglio. Pourquoi vous mêlez-vous dans ma vie? Dans quel but voulez-vous vous emparer de mon être? Vous faites parade d'une science qui coûte peut-être peu de peine à acquérir. Vous m'entourez d'espions qui épient mes démarches. Vous me tourmentez de nouveau. Je dois à vos mille artifices la perte de Giacinta et de ma place.

— Voilà, dit en riant Celionati, qui récompense de l'intérêt que l'on prend à très-haut personnage, monsieur le comédien Giglio Fava. Pourtant, mon fils, tu as besoin d'un tuteur qui te guide dans le chemin qui doit te conduire au but.

— Je suis majeur, répondit Giglio, et je vous prie, monsieur le charlatan, de m'abandonner tout à fait à moi-même.

— Ho! ho! répondit Celionati, pas tant d'orgueil, s'il vous plaît! comment? quand j'avais pour toi les meilleures intentions; quand je voulais te procurer le plus grand bonheur terrestre; quand je voulais m'entremettre entre toi et la princesse Brambilla!

— O Giacinta! Giacinta! oh! malheureux que je suis de t'avoir perdue! s'écria Giglio hors de lui. Ai-je eu jamais dans ma vie une journée qui m'ait apporté autant d'infortunes que celle d'hier?

— Bon! bon! dit Celionati en cherchant à le calmer; mais ce jour ne fut pas aussi infortuné que vous voulez bien le dire. Les bons avis que vous avez reçus au théâtre pourront vous être très-salutaires lorsque vous les envisagerez plus tranquillement. Vous n'aviez véritablement pas encore laissé vos gants, votre chapeau et votre manteau en gage pour un plat de grossier macaroni. Vous vîtes la plus magnifique représentation, si magnifique qu'on la nommerait le titre le premier du monde, parce qu'elle exprime, sans employer de paroles, les choses les plus profondes; et puis vous avez trouvé dans votre poche les ducats dont vous aviez certainement besoin.

— Ils viennent de vous, je le sais, interrompit Giglio.

— Et quand cela serait, continua Celionati, cela ne changerait en rien la chose.

— En résumé, vous recevez de l'or, vous remettez votre estomac sur un bon pied, vous trouvez heureusement la maison de Bescapi, où vous fait une saignée qui vous était bien nécessaire, et vous vous endormez sous le même toit que votre bien-aimée.

— Que dites-vous? s'écria Giglio; ma bien-aimée... j'ai passé la nuit sous le même toit que ma bien-aimée?

— C'est la vérité, répondit Celionati; regardez en haut.

Giglio leva la tête, et il se sentit le cœur percé de mille traits lorsqu'il aperçut sur le balcon la belle Giacinta plus élégamment parée, plus jolie, plus ravissante que jamais il ne l'avait vue; la vieille Béatrice était derrière elle.

— Giacinta! ma Giacinta! ma vie! s'écria-t-il plein d'ardents désirs.

Mais Giacinta lui jeta un regard de mépris et quitta le balcon; la vieille Béatrice suivit ses pas.

— Elle persévère dans sa maudite smorfiosità, dit tristement Giglio; mais tout cela s'arrangera.

— Difficilement, interrompit Celionati; mon bon Giglio, vous ne savez pas que, dans le même temps que vous aspiriez de la manière la plus hardie à la possession de la princesse Brambilla, un joli et charmant petit prince faisait la cour à votre donna, et selon toute apparence...

— Par tous les diables de l'enfer! s'écria Giglio, le vieux satan, la Béatrice a vendu la pauvre petite. Mais j'empoisonnerai cette femme impie avec de la mort aux rats; je plongerai un poignard dans le cœur du prince maudit.

— Laissez tout cela, mon bon Giglio, interrompit Celionati; retournez tranquillement chez vous, et faites-vous encore un peu saigner quand ces mauvaises idées vous reviendront. Dieu vous conduise! Nous nous reverrons au Corso.

Et Celionati s'éloigna rapidement à travers les rues voisines.

Giglio resta immobile et comme cloué à la même place, jeta des regards furieux vers le balcon, grinça les dents et murmura les malédictions les plus affreuses. Mais lorsque le maître Bescapi mit la tête à la fenêtre et l'invita poliment à monter chez lui pour se préparer contre la nouvelle crise qui semblait encore le menacer, il lui jeta, en croyant d'intelligence avec la vieille dans le complot tramé contre lui, les mots de :

— Accoupleur damné!

Et il s'éloigna en courant comme un furieux.

Dans le Corso il rencontra plusieurs de ses anciens camarades avec lesquels il entra dans un cabaret voisin pour noyer tout son dépit, tous ses chagrins d'amour inconsolables, dans les flots du feu du vin de Syracuse.

Une résolution de ce genre n'est pas de celles que l'on doit généralement conseiller, car cette ardeur qui étouffe le chagrin lance des flammes inextinguibles qui brûlent l'intérieur que l'on voudrait préserver; mais cette fois elle réussit parfaitement à Giglio.

Dans les gaies causeries avec ses compagnons, dans leurs souvenirs de toutes sortes, leurs joyeuses aventures de théâtre, il oublia réellement ses ennuis nombreux. Ils résolurent en se séparant de venir le soir dans le Corso avec des déguisements les plus bizarres qu'ils pourraient imaginer.

Le costume que Giglio avait déjà porté lui sembla suffisamment excentrique; cette fois seulement il ne rejeta pas le large pantalon et porta en outre son manteau par derrière comme embroché dans un bâton, de manière qu'il lui faisait l'effet d'un drapeau qui lui sortait du dos. Ainsi paré, il fendit le courant de la foule et s'abandonna tout entier à la gaieté, sans penser davantage ni à l'image de son rêve ni à sa bien-aimée perdue.

Mais il resta comme enraciné à la même place lorsque, non loin du palais Pistoja, une haute et noble figure se trouva en face de lui, couverte du magnifique costume dans lequel il avait vu Giacinta. Pour mieux dire, il crut voir vivante devant lui l'apparition de son rêve. Une commotion semblable à un coup de foudre agita ses membres; mais, ayant qu'il sût trop comment, l'embarras l'inquiétude causés par les désirs d'amour qui gênent ordinairement l'esprit lorsque l'on se trouve tout à coup en face de celle que l'on aime disparurent pour faire place à un badin courage, imprégné d'une joie comme jamais il ne s'en était senti dans le cœur.

Le pied droit en avant, la poitrine effacée, les épaules rentrées, il se mit dans la plus charmante des postures qu'il eût jamais trouvée dans ses rôles tragiques, ôta de dessus sa perruque noire son bonnet orné de longues plumes de coq pointues, et dit, en conservant le ton ronflant qui convenait à son déguisement, et en regardant fixement à travers ses lunettes la princesse de Brambilla (car c'était elle, à n'en pas douter) :

— La plus belle des fées, la plus majestueuse des déesses se promène sur la terre. La cire envieuse cache sa beauté triomphante, mais mille éclairs s'élancent en gerbes de l'éclat qui l'entoure, et ils pénètrent le cœur du vieillard et le cœur du jeune homme, et tous, enflammés de ravissement et d'amour, rendent hommage à la femme venue des cieux.

— De quelle comédie sonore, reprit la princesse, avez-vous tiré toutes ces belles phrases, monsieur Pantalon? capitano ou tout autre personnage qu'il vous plaira. Mais dites-moi, avant tout, quelle est la victoire fameuse annoncée par les trophées que vous portez si orgueilleusement sur le dos?

— Ce ne sont pas des trophées, car je combats encore pour la victoire. C'est l'étendard de l'espérance, du désir langoureux pour celle à qui j'ai fait le serment de la foi. C'est le signe d'une capitulation sans conditions que j'ai dû arborer! C'est le : Ayez pitié de moi que les airs doivent vous apporter en agitant ces plis. Prenez-moi pour votre chevalier, princesse, et alors je veux combattre, vaincre, et porter ces couleurs glorieusement pour la gloire de votre nom et de votre beauté!

— Si vous voulez être mon chevalier, dit la princesse, prenez les armes convenables, couvrez votre tête du menaçant casque des batailles, saisissez le large et fidèle glaive. Alors j'aurai confiance en vous.

Si vous voulez être ma dame, répondit Giglio, l'Armide de Renaud, soyez-la tout à fait; quittez cette brillante parure qui m'trouble et m'oppresse comme un charme dangereux. Cette brillante tache de sang...

— Vous êtes fou! s'écria vivement la princesse; et laissant là Giglio, elle s'éloigna rapidement.

Il semblait à Giglio que ce n'était pas lui qui avait parlé à la princesse, et qu'il avait dit sans le vouloir des paroles qu'il n'avait pas eues dans l'idée. Il fut sur le point de croire que les signori Pasquale et Bescapi avaient raison l'un et l'autre en le regardant comme un homme faible de cerveau. Mais comme au même instant un cortège de masques s'approchait, qui représentaient dans les plus bizarres excentricités les plus affreuses créations de la fantaisie, et qu'il reconnut à l'instant ses camarades, il reprit toute sa gaieté.

Il se mêle aux danseurs et aux faiseurs de cabrioles en criant à voix haute :

— Approchez! approchez fantômes moqueurs! approchez esprits

malins de la raillerie éhontée, je suis à vous, et vous pouvez me regarder comme des vôtres.

Giglio crut remarquer parmi ses camarades le vieillard de la bouteille duquel s'était élancée l'image de Brambilla. Avant qu'il eût le temps de se reconnaître, celui-ci le saisit, tourna avec lui en rond, et en lui criant en même temps dans les oreilles :

— Je te tiens ! Je te tiens !

III.

Des blondes têtes qui osent trouver les polichinelles ennuyeux et de mauvais goût. — Divertissements allemands et italiens. — Comment Celionati, assis au café Grec, prétendit n'être pas au café Grec, mais sur les rives du Gange parisien, à la Râpée. — Étonnante histoire du roi Ophioch, qui régnait sur le pays d'Urdargarten et de la reine Eiris. — Comment le roi Capheuvo épousa une mendiante. — Comment une grande princesse courut après un mauvais comédien, et comment Giglio s'attacha au café un sabre de bois et courut le Corso avec cent masques, jusqu'à ce qu'enfin il restât tout à coup immobile, parce que son moi se mettait à danser.

— Vous, têtes blondes ! vous, yeux bleus ! vous, orgueilleux jeunes gens, dont le — Bonsoir, ma belle enfant ! — prononcé en voix de

Dans un clin d'œil l'impresario emporta l'amoroso comme un tourbillon.

basse effraye la servante la plus effrontée, votre sang glacé par une éternelle gelée d'hiver peut-il bien reprendre son cours au tiède souffle de la tramontana, ou à l'ardeur d'un serment d'amour ? Pourquoi parlez-vous si haut de vos immenses jouissances de la vie, et de votre fraîche ardeur de l'existence lorsque vous ne trouvez en vous aucun sentiment pour le plus fou, le plus amusant amusement de tous les amusements que vous offre richement notre carnaval béni, lorsque vous osez trouver parfois notre brave polichinelle ennuyeux et de mauvais goût, et lorsque enfin vous flétrissez du nom de démence les plus réjouissantes monstruosités enfantées par la moquerie rieuse ?

Ces paroles étaient prononcées par maître Celionati, qui, selon son habitude, était venu prendre au café *Greco* son repas du soir, et s'était placé au milieu des artistes allemands qui ont l'habitude de fréquenter cet établissement, situé dans la rue des Condotti, et s'y permettent de violentes critiques sur les excentricités du carnaval.

— Comment pouvez-vous parler ainsi, maître Celionati ? reprit le peintre allemand Franz Reinhold ; cela s'accorde peu avec ce que vous dites parfois de flatteur sur la manière d'être et les idées des Allemands. Il est vrai que vous nous avez toujours fait un reproche d'exiger de toute plaisanterie qu'elle renferme une signification cachée sous la plaisanterie même.

Je veux vous donner raison, mais dans une manière de voir toute différente de la vôtre. Dieu vous préserve de croire que l'ironie ne peut exister chez nous que marchant de front avec l'allégorie ! vous seriez dans une grande erreur. Nous voyons parfaitement que chez vous autres Italiens la plaisanterie pure et simple est plus goûtée qu'chez nous, mais vous me permettrez d'établir bien clairement la différence que je trouve entre votre plaisanterie, ou, pour parler plus exactement, entre votre ironie et la nôtre.

Eh bien ! nous parlions tout à l'heure des masques drôlatiques qu se promènent dans le Corso, et je le peux vous faire une espèce de parallèle.

Lorsque je vois un drôle de corps exciter les rires du peuple pour d'affreuses grimaces, il me semble qu'une figure originale visible pour lui seul lui adresse des paroles, et que, n'en comprenant pas le sens, il se contente d'imiter les gestes de cette apparition, ce qui arrive dans la vie réelle quand on se fatigue à suivre, en cherchant à se l'expliquer, un discours incompréhensible ; seulement ces gestes produits deviennent exagérés par l'effet même de la fatigue que l'on éprouve.

Notre plaisanterie, à nous, c'est le langage de cette apparition qui s'entend dans notre cœur, et alors le geste se conforme nécessairement au principe profond de cette ironie, comme la roche profondément cachée sous les eaux force le torrent, lorsqu'il court au-dessus d'elle, à se rider à sa surface. Ne croyez pas, maître Celionati, que je n'aie pas la bouffonnerie, même lorsqu'elle n'a qu'une face extérieure ; ne tire ses motifs que du dehors, et que je n'accorde pas à votre peuple une fougue surabondante pour donner une âme à ces mêmes bouffonneries. Mais pardonnez-moi, Celionati, si je prétends que pour rendre la bouffonnerie supportable, il faut qu'elle soit accompagnée d'une bonne humeur qui, selon moi, manque complètement à vos comiques romains. Cette bonne humeur, qui conserve pure notre raillerie, est étouffée chez vous par le principe d'obscénité qui fait soulever votre polichinelle et cent autres masques de ce genre, et alors tant de farces et de drôleries sont coudoyées par les affreuses furies de la colère, de la haine et du désespoir, qui vous portent au délire et à l'assassinat. Lorsque à ce jour du carnaval, où chacun porte une lumière et cherche à éteindre celle des autres, au milieu des cris de la joie la plus déréglée et des plus bruyants éclats de rire, tout le *Corso* tremble sous le cri sauvage de : — *Ammazzato sià, chi ne porta moccolo* — (que l'on tue celui qui ne porte pas de lumière),—alors, croyez-moi, Celionati, dans le moment où moi-même, entraîné plus que tout peut-être par l'enivrante folie de ce peuple, je souffle tout autour de moi, et je crie : *Ammazzato sià !* (que l'on tue!), un secret effroi me saisit, et devant lui s'efface la bonne bienveillante humeur qui est le propre de notre caractère allemand.

— Bonne humeur ! s'écria Celionati en riant ; bienveillance ! dites-moi seulement, monsieur le bienveillant Allemand, ce que vous pensez des masques de notre théâtre, par exemple, de notre Pantalon, de notre Brighella, de notre Tartaglia.

— Eh ! répondit Reinhold, selon moi, ceux masques offrent une mine inépuisable de la plus amusante raillerie, de l'ironie la plus directe, je pourrais presque dire du caprice le plus hardi ; mais je pense qu'ils s'adressent plutôt aux apparences extérieures de la vie humaine qu'à la nature humaine même ; ou, pour parler plus clairement et en moins de mots, plutôt aux hommes qu'à l'homme. Au reste, je vous prie, Celionati, de ne pas me croire en démence si je doute un peu de trouver dans votre nation des hommes doués d'une humeur très-sérieuse. L'Église invisible, qui connaît les différences des nations, elle a partout ses adeptes ; et je vous dirai, maître Celionati, que depuis longtemps votre manière d'être nous paraît particulièrement étrange : tantôt vous gesticulez devant le peuple comme un vrai charlatan, et tantôt, oubliant l'Italie, vous vous plaisez dans notre société et vous nous réjouissez par de singuliers récits qui captivent notre intérêt, et puis, tout en éclatant, tout en contant, vous avez l'art de nous enlacer dans d'étranges liens magiques et de nous retenir. Dans le fait le peuple a raison de dire de vous que vous êtes un maître sorcier. Moi, pour ma part, je pense que vous appartenez à l'Église invisible, qui compte de singuliers membres, bien que tous appartiennent au vrai corps.

— Que pensez-vous de moi, maître peintre ? répondit vivement Celionati. Savez-vous tous bien à coup sûr si, pendant que je jase inutilement ici, au milieu de vous, de choses où nul d'entre vous ne comprend rien, vous ne contemplez pas le vrai miroir de la source de l'Urdar, et si Eiris ne jette pas sur vous un gracieux sourire ?

— Ho ! ho ! s'écrièrent-ils tous, le voilà lancé dans ses écarts ! allons en avant, maître sorcier, en avant !

— L'intelligence ne se trouve-t-elle donc que dans le peuple, s'écria Celionati en frappant si fortement sur la table, que tout le monde se tut tout d'un coup. L'intelligence ne se trouve-t-elle que dans le peuple ? continua-t-il plus tranquillement ; que parlez-vous d'écarts que parlez-vous de danses ? Je vous demande ce qui vous garantit que dans ce moment je suis véritablement assis au milieu de vous, vous tenant des conversations que vous croyez n'écouter qu'avec vos oreilles, tandis qu'un malin esprit de l'air vous agace peut-être en riant. Êtes-vous bien sûr que le Celionati auquel vous voulez prouver que les Italiens ne comprennent pas l'ironie ne se promène pas dans ce moment sur les bords du Gange, en cueillant des fleurs pour les arranger à la *Râpée* de Paris pour le nez de quelque mystique idole

le souffle brûlant de ces railleries enflammait dans le cœur du roi Ophioch l'idée que cette voix du démon était la voix de sa mère irritée, qui s'efforçait dans son inimitié d'anéantir son fils unique endurci.

Comme nous l'avons dit, plusieurs gens du pays comprenaient la mélancolie de leur roi, et en la comprenant ils l'éprouvaient aussi. Mais cette triste disposition d'esprit ne pénétrait pas le moins du monde dans le conseil d'État, qui, pour le bien du royaume, demeurait en pleine santé. Et dans les effets de cette pleine santé, ce conseil crut comprendre que rien ne pourrait tirer le roi Ophioch de ses tristes accès, qu'un heureux mariage avec une épouse belle et surtout d'humeur très-gaie. On jeta les yeux sur la princesse Eiris, fille d'un roi voisin.

La princesse Eiris en effet était aussi belle que peut l'être la fille d'un roi. Bien que tout ce qui l'entourait, tout ce qu'elle voyait, tout ce qu'elle apprenait, passât dans son esprit sans laisser de trace, elle riait constamment, et comme dans le pays Hirdargarten (c'était le nom du royaume de son père) on trouvait aussi peu de motifs à sa gaieté, qu'on n'en trouvait à la tristesse du roi Ophioch dans le pays Hirdargarten, on en conclut que ces deux âmes royales étaient spécialement créées l'une pour l'autre.

Au reste, le seul plaisir de la princesse, ce qu'elle regardait du moins comme son plus véritable plaisir, était de faire du filet, entourée de ses dames d'honneur, qui faisaient du filet comme elle, de même que le plaisir du roi Ophioch était, au sein de la plus sauvage solitude, de tendre des pièges aux animaux de la forêt.

Le roi Ophioch n'avait absolument rien à objecter contre l'épouse qu'on lui proposait. Le mariage paraissait être pour lui une affaire d'État qui l'intéressait fort peu et dont il laissait le soin à ses ministres, qui s'en occupaient avec une activité extrême. Les préparatifs furent faits avec toute la pompe possible, et tout alla à souhait, à ce petit incident près, que le poète de la cour, auquel le roi Ophioch jeta à la tête ses vers sur le mariage, tomba sur-le-champ, de colère et d'effroi, dans une malheureuse folie, et s'imagina qu'il était le sentiment poétique qu'il lui défendait de rimer à tout jamais, ce qui le rendait incapable de remplir à l'avenir sa place de poète de la cour.

Des semaines, des lunes se passèrent, et aucune marque d'un changement d'humeur ne se faisait voir chez le roi Ophioch. Les ministres, auxquels la reine toujours riante plaisait beaucoup, consolèrent le peuple et se consolèrent eux-mêmes en disant :

— Cela viendra !

Mais cela ne vint pas, car le roi Ophioch devint de jour en jour plus sombre et plus triste qu'il n'avait jamais été, et ce qu'il y eut de plus terrible, c'est qu'il se forma en lui une profonde aversion contre la souriante reine. Celle-ci au reste ne paraissait pas s'en apercevoir, et il était facile de voir qu'elle ne s'occupait de rien au monde si ce n'est des mailles de ses filets.

Un jour le roi Ophioch arriva à la chasse dans une sauvage partie de la forêt. Une tour de pierres noires, vieille comme l'origine du monde, sembla s'être lancée des rochers et s'élevait haut dans les airs. Un sourd mugissement courut dans les têtes des arbres, et du fond du précipice de rochers repondirent les hurlements d'une douleur qui déchirait l'âme.

Le cœur du roi Ophioch, dans cet endroit horrible, fut ému d'une manière étrange. Il lui semblait que, dans ces accents épouvantables de la plus profonde douleur brillait un espoir de réconciliation, et ce n'étaient plus pour lui les cris de la colère railleuse, mais bien la plainte touchante de la mère sur son fils endurci et perdu pour elle ; cette plainte lui apportait l'idée consolante que sa mère ne cesserait d'être toujours irritée contre lui.

Tandis que le roi Ophioch, perdu dans ses pensées, un aigle fendit les airs avec bruit, et plana sur les créneaux de la tour. Le roi saisit involontairement son arbalète, et envoya une flèche à l'aigle ; mais le trait, au lieu de frapper l'oiseau, alla s'enfoncer dans la poitrine d'un vieillard vénérable, que le roi remarqua seulement alors sur les créneaux. Celui-ci fut saisi d'effroi lorsqu'il s'aperçut que la tour était l'observatoire des étoiles, qui, ainsi que le disait une légende, était autrefois visité, dans les nuits pleines de mystère, par les anciens monarques du pays, d'où ils annonçaient au peuple, comme médiateurs entre lui et le maître de toute chose, la volonté du Très-Haut.

Le roi Ophioch remarqua donc qu'il se trouvait dans ce lieu évité de tous parce que l'on prétendait que le vieux Magnus restait plongé depuis mille ans dans le sommeil au sommet de la tour, et que lorsqu'il se réveillerait, les éléments en courroux entraîneraient dans une lutte qui causerait la destruction du monde.

Le roi Ophioch, dans son trouble, était sur le point de défaillir, lorsqu'il sentit qu'on le touchait légèrement.

Le grand Magnus était devant lui.

Il tenait à la main la flèche qui avait traversé sa poitrine, et il dit, tandis qu'un doux sourire illuminait les traits sévères de sa figure vénérable :

— Tu m'as tiré d'un long sommeil, roi Ophioch ! je t'en remercie ; cela est arrivé au bon moment, car c'est justement l'heure où je me rends dans l'Atlantide pour recevoir des mains d'une reine puissante le présent qu'elle m'a promis comme un gage de réconciliation, et ce présent enlèvera de ton cœur l'aiguillon destructeur qui le déchire. La pensée troublait l'intuition, mais l'intuition nouvellement née, ce fœtus même de la pensée, sort rayonnante du prisme de cristal vers lequel s'est élancé le fleuve de feu enlacé dans son intime lutte avec le poison ennemi.

Adieu, roi Ophioch, dans treize fois treize lunes tu me reverras ; je t'apporterai le beau don de ta mère apaisée qui doit changer en immense plaisir tes amères douleurs, et devant ces transports de joie se fondront, comme devant une fournaise, les grilles de fer de la prison où les démons les plus acharnés tiennent enfermée depuis si longtemps la reine Eiris.

Adieu, roi Ophioch !

Le vieux Magnus s'éloigna du jeune roi en prononçant ces mystérieuses paroles, et il disparut dans l'épaisseur de la forêt.

La tristesse et la mélancolie du roi Ophioch s'étaient profondément gravées dans son âme. Il les répéta à l'astrologue de la cour, pour qu'il lui en expliquât le sens, qu'il ne pouvait comprendre. L'astrologue lui dit qu'il n'y avait là aucune signification cachée, qu'il n'existait ni prisme ni cristal, où que pour e moins de telles choses ne pouvaient, et chaque pharmacien saurait le lui dire, être formées par le fleuve de feu et par le poison ennemi, et que quant à la pensée et à l'intuition nouvellement créée, dont il était question dans les discours embrouillés d'Hermod, c'étaient de ces choses qui devaient forcément rester incomprises, par la raison qu'il n'y avait ni astrologue ni philosophe un peu normal comme il faut qui s'adonnât à l'étude de l'idiome insignifiant du rude moyen âge, employé par Magnus Hermod.

Le roi Ophioch fut très-mécontent de ce discours, et il entra dans une grande colère contre l'astrologue, et il fut heureux pour celui-ci qu'il ne trouvât rien à lui jeter à la tête, comme il venait de le faire le recueil de vers qu'il avait lancé au malheureux poète de la cour.

Ruffiamonti prétend, mais le chronique garde le silence à ce sujet, que le roi Ophioch qualifia l'astrologue du nom d'âne.

Mais comme les paroles mystérieuses de Magnus Hermod ne pouvaient sortir de la mémoire du jeune prince toujours pensif, il résolut d'en graver en lettres d'or sur une table de marbre : « La pensée trouble l'intuition » et les autres paroles prononcées par Magnus, et il fit sceller cette table dans le mur d'une salle sombre et retirée de son palais. Il s'assit devant cette table, sur un lit de repos bien mollement rembourré, s'appuya la tête dans ses deux mains et se livra, tout en considérant l'inscription, à des méditations profondes.

Il arriva que la reine Eiris passa, par un grand hasard, dans la salle où se trouvait le roi méditant devant l'inscription. Bien que, selon son habitude, elle se mit à rire si fort que les murs en tremblèrent, le roi ne parut pas remarquer le moins du monde sa chère épouse si gaie, et il ne détourna pas les yeux de la table de marbre.

La reine Eiris y attacha enfin aussi son regard. A peine eut-elle lu les mots mystérieux, qu'elle cessa de rire et qu'elle tomba silencieuse sur le lit de repos, auprès du roi, et, après que tous deux eurent fixé l'inscription pendant un certain temps, ils commencèrent à bâiller de plus en plus fort, fermèrent les yeux, et tombèrent dans un sommeil si profond, que nul être humain ne fut capable de les en tirer. On les eût pris pour des gens privés de la vie, et on les eût portés avec les cérémonies d'usage dans les sépultures royales du pays d'Urdargarten, si le léger souffle de leur respiration, le battement de leur pouls et la douceur de leur visage n'eussent donné des preuves certaines de leur existence. Mais, comme ils n'avaient pas encore de postérité, le conseil d'État prit la détermination de régner en leur place du roi Ophioch, et il s'y prit avec tant d'adresse, que personne ne soupçonna même la léthargie du roi.

Treize fois treize mois étaient écoulés depuis le jour où le roi avait eu avec Magnus Hermod son important entretien, lorsque les habitants du pays Urdargarten virent le plus magnifique spectacle qui pût exister.

Le grand Magnus Hermod descendit sur un nuage de feu, entouré d'esprits des éléments de chaque sorte, et alla mettre pied à terre, (tandis que dans les airs les accents pleins de la nature entière résonnaient en accords mystérieux) sur le tapis vert et émaillé d'une belle et odorante prairie. Une étoile brillante semblait planer au-dessus de sa tête, et, comme il était si grand, que les yeux ne pouvaient le supporter. C'était un prisme de cristal étincelant qui, lorsque Magnus le jeta haut dans les airs, retomba en pluie dans la terre pour en jaillir aussitôt avec un joyeux murmure et sous la forme d'une magnifique source argentée.

Alors tous se rassemblèrent autour de Magnus.

Tandis que les esprits de la terre pénétraient dans les profondeurs souterraines et en jetaient d'éblouissantes fleurs de métal, les esprits du feu et des eaux se balançaient dans les puissants rayons de leurs éléments. Les esprits des airs soufflaient et mugissaient entre eux, comme s'ils combattaient dans un tournoi amical.

Magnus se leva de nouveau et étendit son immense manteau. Alors tout se couvrit d'un brouillard subit, et, lorsque ce brouillard se dissipa, un magnifique lac reflétant la clarté des cieux s'était formé

a bien qu'il ne parcourt pas les sombres et effrayants tombeaux de Memphis pour demander au plus anciens des rois le pouce de son pied roit pour un usage pharmaceutique destiné à la plus fière princesse u théâtre Argentine ; ou bien encore qu'il n'est pas assis à la source e l'Urdar, échangeant de sérieuses paroles avec l'enchanteur Ruffiamonte, son plus ancien ami?
Mais n'allons pas plus loin, je veux véritablement agir comme i Celionati était assis ici dans le café grec, et vous raconter les histoires du roi *Ophioch*, de la reine *Eiris*, du miroir des eaux de la source *Urdar*, si vous voulez entendre de semblables choses.
— Parlez, Celionati, dit un des jeunes artistes ; je vois d'ici que est un de vos récits assez fous, assez aventureux, mais après tout gréables à entendre.
— Que personne de vous, dit Celionati, ne s'imagine que je veuille taler de folles divagations que l'on puisse mettre en doute. Croyez ien que tout s'est passé comme je vais vous le dire. Le moindre

— Va chez toi te coucher, maraud.
— Malhonnête ! s'écria Giglio.

oute doit cesser d'ailleurs, lorsque je viens vous assurer que j'ai ris tout ceci de la bouche même de mon ami Ruffiamonte, qui y ue en quelque sorte le rôle principal. Il y a deux cents ans à peine e, parcourant ensemble les volcans de l'Islande pour y chercher a talisman né du feu et des eaux, nous parlâmes beaucoup de la urce Urdar.
Ainsi ouvrez vos oreilles et vos esprits.
Qu'il te plaise ici, bienveillant lecteur, d'écouter une histoire qui urait tout à fait en dehors de notre sujet, mais que j'ai entrepris de raconter comme un épisode que l'on pourrait passer au besoin, ais comme on arrive quelquefois subitement au but que l'on avait jà perdu des yeux en suivant un chemin qui paraissait devoir vous arer, il pourrait bien aussi se faire que cet épisode, chemin trom- ur en apperence, nous conduisit au beau milieu de notre histoire rincipale.
Veuillez donc agréer, ô mon lecteur, l'étonnante

HISTOIRE DU ROI OPHIOCH ET DE LA REINE EIRIS.

Il y a longtemps, bien longtemps, dans un temps qui suivait la éation du monde comme le mercredi des Cendres suit le mardi gras, e le jeune roi *Ophioch* régnait sur le pays *Urdargarten*. Je ne sais si Allemand Busching a décrit le pays Urdargarten avec quelque exactitude géographique, mais toujours est-il que l'enchanteur Ruffiamonte m'a cent fois assuré qu'il appartenait aux pays les plus favorisés i ont jamais existé et qui existeront jamais. Il y avait là de si aux trèfles, de si magnifiques prairies, que l'animal paissant le as gourmet n'aurait eu aucune envie de quitter cette chère patrie ; il trouvait aussi d'immenses forêts ornées d'arbres et de plantes, de ier magnifique, et embaumées de parfums si doux, que les vents du matin et du soir ne pouvaient se lasser de les parcourir. Le pays fournissait du vin, de l'huile et des fruits en abondance et d'une parfaite qualité ; des eaux argentées sillonnaient les campagnes ; les montagnes donnaient de l'argent et de l'or, et, comme les hommes, véritablement riches, se vêtaient simplement d'une verdure rougeâtre et foncée; et si l'on voulait se donner la moindre peine, on pouvait, en grattant le sable les plus belles pierres précieuses, qui pouvaient, si l'on voulait les utiliser, fournir des boutons de chemise et de gilet; si l'on n'y voyait pas des palais de marbre et d'albâtre, dans de belles villes bâties en briques, cela tenait à ce que la civilisation n'avait pas encore persuadé aux hommes qu'il est plus confortable d'être assis dans un fauteuil et protégé par d'épaisses murailles, que de demeurer sur le bord d'un ruisseau murmurant, dans une petite cabane entourée de bruyants ombrages, et de s'exposer au risque qu'un arbre effronté vienne fouetter la fenêtre de son feuillage et mêler son langage à tout, comme un hôte que l'on n'a pas invité, ou bien que la vigne et le lierre jouent chez lui le rôle de tapissier.
Il arriva aussi que les habitants du pays d'Urdargarten, qui étaient d'excellents patriotes, aimaient beaucoup leur roi, même quand ils ne le voyaient pas précisément, et qu'ils criaient, même dans les jours qui n'étaient pas son jour de naissance :
— Vive notre roi Ophioch ! qu'il soit le plus heureux monarque du monde !
Cela aurait pu être en effet, s'il n'avait été, ainsi que beaucoup de gens du pays, que le regardait comme les plus sages, attaqué d'un accès d'une tristesse particulière qui ne lui permettait de goûter aucun plaisir au milieu de toutes ses magnificences.
Le roi Ophioch était un jeune homme d'esprit; ses vues étaient pures, sa raison grande, et il avait même un sentiment poétique. Ceci paraîtra peut-être incroyable et inadmissible, mais il faut faire

Le vieux Celionati.

la part du temps où il vivait. Peut-être aussi l'âme du roi Ophioch répétait-elle comme un écho des accords de ce temps reculé de bonheur ineffable, où la nature, caressant l'homme comme son nourrisson bien-aimé, lui donnait l'intuition immédiate de tout être avec l'intelligence du plus haut idéal et de la plus pure harmonie. Ainsi ce roi croyait entendre des voix ravissantes lui parler dans le mystérieux frisson de la forêt, dans le murmure des ruisseaux et des sources; il lui semblait que les nuages étendaient vers lui sur terre leurs grands bras blancs pour l'embrasser, et sa poitrine se gonflait d'un ardent désir.
Mais tout cela bientôt se mêlait comme un songe confus, et il sentait l'air froid du battement des ailes de fer du démon terrible qui l'avait mis en discorde avec sa mère, et il se voyait dans sa colère abandonné par elle sans retour. Les voix des forêts et des montagnes lointaines qui éveillaient naguère le désir et un doux pressentiment d'un bonheur passé, répétaient les railleries de ce noir démon. Mais

la place même où les esprits avaient combattu, et le lac était entouré de roches brillantes, de plantes et de fleurs admirables, et la source scintillait gaiement au milieu, et, comme dans un jeu badin, elle écartait tout autour d'elle les vagues ondulantes.

A l'instant même où le prisme mystérieux de Magnus Hermod jaillit sous la forme d'une fontaine, les deux époux royaux sortirent de leur sommeil enchanté, et ils s'élancèrent remplis d'un irrésistible désir. Ils furent les premiers qui regardèrent dans ces eaux. Mais lorsqu'ils plongèrent leurs regards dans les profondeurs infinies, le reflet brillant du ciel bleu, les bois, les arbres, leur personne, leur apparaissaient, mais il leur semblait que de sombres voiles se repliaient sur eux-mêmes, et qu'un monde nouveau plein de vie et de plaisir, se présentait à leurs yeux, et avec la vue de ce monde s'élevait dans leur âme un ravissement qu'ils n'avaient ni connu ni soupçonné.

Ils étaient déjà depuis longtemps dans cette contemplation, et lorsqu'ils relevèrent la tête, ils se regardèrent mutuellement et se mirent à rire, si l'on peut appeler rire moins encore l'expression physique d'un bien-être intérieur que la joie de la victoire des forces de l'esprit.

Si l'expression lucide qui illumina le visage de la reine Eiris et vint donner à ses beaux traits une véritable existence, un charme réellement céleste, n'eût déjà annoncé le changement de son esprit, cette manière de rire seule eût suffi pour en témoigner. Car ce sourire était si loin de celui dont elle avait l'habitude de tourmenter le roi, que bien des gens d'esprit prétendirent que ce n'était pas elle, mais un autre être étrange caché en elle-même, qui riait ainsi.

Et tous les deux, le roi Ophioch et la reine Eiris, s'écrièrent alors en même temps :

— Oh! nous étions en rêve dans un pays inhospitalier, et nous nous réveillons dans notre patrie! Nous nous reconnaissons et ne sommes plus des orphelins.

Et puis ils se jetèrent dans les bras l'un de l'autre avec l'expression du plus ardent amour.

Pendant cet embrassement, tous les spectateurs regardèrent dans l'eau, et, en regardant ainsi, ceux qui avaient pris part à la tristesse du roi éprouvèrent les mêmes effets que le couple royal ; ceux qui étaient déjà naturellement gais restèrent dans la même disposition.

Beaucoup de médecins trouvèrent l'eau ordinaire, sans qualités minéralogiques, comme aussi plusieurs philosophes conseillèrent de ne pas regarder dans l'eau, parce que tout homme qui se voit à l'envers, et le monde entier avec lui, peut facilement perdre la tête. Il se trouva aussi quelques savants en grande réputation dans le royaume, qui prétendirent qu'il n'existait pas de source d'Urdar.

Toutefois, la source d'Urdar fut nommée par le roi [et par tout son peuple] l'eau merveilleuse sortie du prisme mystérieux d'Hermod.

Le roi et la reine se précipitèrent aux pieds d'Hermod, qui leur avait apporté le bonheur et la santé, et ils le remercièrent avec les plus beaux mots et les plus belles paroles qui leur vinrent en idée.

Magnus Hermod les releva, embrassa d'abord le roi et ensuite le roi, et les assura qu'il prenait un grand intérêt au peuple du pays Urdargarten, et il leur promit, dans des occasions critiques, de se laisser voir sur la tour de l'Observatoire.

Le roi Ophioch voulait absolument lui baiser la main, mais Magnus ne voulut point y consentir. Il se leva et laissa tomber ces mots, d'une voix qui résonnait comme le son de cloches métalliques.

— La pensée trouble l'intuition, et, arraché du sein de sa mère, l'homme sans patrie parcourt d'un pas chancelant un chemin trompeur, jusqu'à ce que le reflet de la pensée apprenne à la pensée véritable qu'il existe et qu'il commande en roi dans le profond et riche empire que sa mère lui a ouvert, quoiqu'il doit toujours obéir en vassal.

FIN DE L'HISTOIRE DU ROI OPHIOCH ET DE LA REINE EIRIS.

Celionati se tut, et les jeunes gens demeurèrent plongés dans le silence méditatif où les avait jetés le conte étrange du vieux charlatan.

— Maître Celionati, dit enfin Franz Reinhold en rompant le silence, votre conte a un arrière-goût d'Edda, de Voluspa, tirés du sanskrit, ou de tout autre vieux livre mystique ; mais si je ne me trompe, la source dont furent favorisés les habitants du pays d'Urdar n'est pas autre chose que ce que nous autres Allemands nous appelons *humor*, c'est-à-dire l'étrange force de la pensée née de la plus intime contemplation de la nature.

Mais par le fait, maître Celionati, vous avez montré, en créant ce mythe, que vous vous entendez très-bien à d'autres plaisanteries qu'à celles de votre carnaval. Je vous range dès aujourd'hui parmi les adeptes de l'église invisible, et fléchis le genou devant vous comme le roi Ophioch devant le grand Magnus Hermod ; car vous êtes aussi un puissant sorcier.

— Que parlez-vous de mythe, de conte? s'écria Celionati ; ai-je donc voulu vous raconter autre chose qu'une anecdote de la vie de mon ami Ruffiamonte? Sachez donc que cet ami intime n'est autre que le grand Magnus Hermod qui délivra Ophioch de sa tristesse. Si vous ne me croyez pas, allez le lui demander à lui-même, car il est ici et habite le palais Pistoja.

A peine Celionati eut-il prononcé ce nom, que tous se rappelèrent le fantastique cortége de masques qui étaient entrés dans ce palais même quelques jours auparavant, et ils accablèrent l'étrange charlatan de cent questions pour savoir quels étaient ses rapports avec tout ce monde, en ajoutant que lui, l'aventurier par excellence, devait être au fait de toutes les choses aventureuses bien mieux que n'importe qui.

— Certainement, s'écria Reinhold en riant, le beau vieillard placé dans la tulipe de sciences n'était autre que votre intime, le grand Magnus Hermod, ou le magicien Ruffiamonte.

— Sans aucun doute, mon cher fils! s'écria froidement Celionati. Toutefois nous ne sommes pas encore arrivés au moment où il conviendra de parler en détail de ce qui se passe au palais Pistoja. Eh bien! si le roi Cophetua épousa la fille d'un mendiant, la grande et puissante princesse Brambilla peut bien courir après un mauvais comédien.

Et en disant ces mots, Celionati quitta le café, et personne ne sut ou ne pressentit ce qu'il avait voulu dire avec ses dernières paroles ; mais comme il en était très-souvent de même de tous ses récits, personne ne se fatigua à en étudier le sens.

Pendant que ceci se passait au café grec, Giglio, dans son costume bizarre, parcourait le Corso dans tous les sens. Il n'avait pas oublié, comme le lui avait demandé la princesse Brambilla, de se coiffer d'un chapeau qui, par son haut retranché, prenait la forme d'un singulier casque, et de s'armer d'un large sabre de bois. Son cœur était rempli de l'image de la dame de sa pensée ; mais il ne savait lui-même comment il se faisait qu'il ne regardât pas comme une chose impossible, comme un rêve heureux, la conquête du cœur de la princesse. Dans son fol orgueil, il était convaincu qu'elle devait lui appartenir et qu'il était impossible qu'il en fût autrement. Et cette pensée allumait en lui une gaieté folle qui se faisait jour par des grimaces outrées, dont il s'effrayait lui-même en secret.

La princesse Brambilla n'apparaissait pas, et Giglio s'écriait hors de lui :

— Princesse, douce colombe, enfant de mon cœur je te trouverai, je te trouverai à la fin!

Et il courait, examinant les masques par centaines, jusqu'au moment où un couple dansant captiva toute son attention.

Un drôle comique, portant un costume semblable à celui de Giglio, avec la plus scrupuleuse exactitude d'imitation de sa taille, de sa tournure, etc., en second lieu même enfin, dansait en pinçant de la guitare avec une femme très élégamment costumée, qui jouait des castagnettes. Si la vue de son sosie dansant causait à Giglio un secret effroi, son cœur brûlait, par contre, en examinant la jeune fille. Jamais il n'avait admiré tant de grâce et de beauté réunies. Chacun de ses mouvements révélait l'entraînement d'un plaisir tout particulier, et c'était cet entraînement même qui prêtait au sauvage désordre de sa danse un charme inexprimable.

Le singulier contraste du couple dansant excitait involontairement le rire, malgré l'admiration que l'on éprouvait pour la jeune fille ; mais ce sentiment, composé de deux éléments contraires, était le reflet sincère du plaisir indicible qui remplissait l'âme des danseurs. Un pressentiment semblait indiquer à Giglio qui la danseuse pouvait être, lorsqu'un masque lui dit près de lui :

— C'est la princesse Brambilla qui danse avec son bien-aimé, le prince assyrien Cornelio Chiapperi.

IV.

De l'utile invention du sommeil et du rêve. — Manière de voir de Sancho Pança à ce sujet. — Comment un employé wurtembergeois tomba en bas d'un escalier, et comment Giglio ne put apercevoir son second lui-même. — Écrans, rhétorique, double galimatias, et le Maure blanc. — Comment le vieux prince Bastianello sema des pepins de pommes de Chine de Pistoja, dans le Corso, et prit les masques sous sa protection. — Le beau jour des filles laides. — Nouvelles de la célèbre magicienne Circé, qui déclare des rubans, comme aussi de la charmante herbe des Serpents, qui croît dans la florissante Arcadie. — Comment Giglio se poignarda par désespoir, s'assit sur la table, et souhaita à la princesse une bonne nuit.

Il ne te paraîtra pas étrange, ô lecteur bien-aimé, qu'il soit question d'apparitions surnaturelles et de pensées rêveuses comme l'esprit des hommes en crée quelquefois, dans un ouvrage qui s'appelle *caprice* et qui ressemble par conséquent à un conte, à l'épais cuir d'un cheveu près, où tu ne seras pas non plus surpris si, allant plus loin encore, le lieu de la scène se trouve placé dans le cœur même des personnages mis en action. N'est-ce pas là, en effet, que peut être le véritable théâtre?

Peut-être, ô mon lecteur, es-tu comme moi d'avis que l'esprit humain est lui-même la plus merveilleuse fable que l'on puisse trouver? Quel admirable monde est enfermé dans notre âme! Aucun cercle solaire ne le circonscrit. Ses trésors dépassent les richesses incommensurables de toute la création visible. Combien notre vie serait morte, pauvre et aveugle, si l'esprit du monde n'avait mis dans l'âme des pauvres sujets de la nature que nous sommes, cette mine ouverte de diamants, de laquelle rayonne, environné d'éclat et de lumière, le royaume magnifique devenu notre bien. Heureux ceux qui ont apprécié toute la valeur de ces richesses ! Plus heureux encore ceux qui, non contents de contempler les pierres précieuses de leur Pérou intérieur, savent les en tirer, les polir, et se parer de leur feu resplendissant!

Eh bien !

Sancho prétendait que Dieu devait aimer celui qui a inventé le sommeil; selon lui, ce devait être un fameux homme. Mais un homme bien plus vénérable encore, ajoutait-il, c'était celui qui avait inventé le rêve ! Non pas le rêve qui s'élève de notre âme lorsque nous reposons sous le léger toit du sommeil; non pas ! non ! mais le rêve que nous continuons pendant notre vie entière, qui emporte souvent sur ses ailes le poids écrasant des choses terrestres, devant lequel se tait chaque douleur amère, chaque plainte inconsolable d'un espoir déçu, parce que lui-même, rayon du ciel allumé dans notre âme par nos immenses désirs, nous en promet l'accomplissement.

Ces pensées se sont présentées, ô bien-aimé lecteur ! à celui qui a entrepris de mettre sous tes yeux l'étrange *caprice* de la princesse Brambilla, au moment où il se disposait à te décrire la remarquable disposition d'esprit où se trouva Giglio Fava lorsque ces mots lui furent prononcés :

— C'est la princesse Brambilla qui danse avec son bien-aimé le prince assyrien Cornelio Chiapperi.

En entendant ces mots, la seule idée qui vint à Giglio fut qu'il crut être lui-même le prince assyrien Cornelio Chiapperi, qui dansait avec la princesse Brambilla.

Chaque solide philosophe, doué d'une expérience tant soit peu vigoureuse, expliquera facilement bel et bien que les quintaines doivent comprendre l'expérimentation de l'esprit intérieur.

Le susdit philosophe n'aura rien de mieux à faire que d'en appeler à l'histoire de l'employé wurtembergeois tirée du répertoire de la psychologie empirique de Manchard, lequel employé wurtembergeois, étant tombé dans un état d'ivresse du haut de l'escalier en bas, plaignait beaucoup son secrétaire, qui l'accompagnait, d'avoir fait une chute aussi rude.

— Après tout, ajoutera le philologue, d'après ce que nous entendons raconter de Giglio, il se trouve dans un état que l'on peut comparer complètement à l'ivresse, c'est-à-dire dans un enivrement d'esprit causé par la violente irritation nerveuse de certaines idées excentriques de son moi, et comme les spectateurs sont principalement disposés à se laisser enivrer de cette même manière, etc., etc.

Ainsi Giglio croyait donc être le prince assyrien Cornelio Chiapperi; et si cela n'avait en soi-même rien de bien surprenant, il pouvait être toutefois plus difficile d'expliquer d'où provenait la joie étrange et inconnue jusqu'alors qui pénétra son cœur d'une ardeur de feu.

Il faisait vibrer de plus en plus fort les cordes de la guitare, et les grimaces et les cabrioles de la danse sauvage devenaient de plus en plus excentriques et exagérées; mais son sosie était devant lui, et, tout en imitant ses grimaces, portait dans l'air, avec son large sabre de bois, des coups dirigés vers lui. Brambilla avait disparu.

— Ho ! ho ! pensa Giglio, c'est mon moi qui est cause que je ne vois plus la princesse; je ne peux pas voir à travers de lui, et il veut m'attaquer avec des armes plus dangereuses; mais je veux jouer et danser à mort, et alors je redeviendrai tout à fait moi et la princesse m'appartiendra.

Avec toutes ces pensées confuses, les sauts de Giglio devenaient de plus en plus incroyables; mais tout à coup le sabre de bois de son moi atteignit si violemment la guitare, qu'elle éclata en mille morceaux, et que Giglio tomba assez rudement sur le dos. Le rire mugissant de la foule, qui faisait cercle autour des danseurs, tira Giglio de son rêve. Dans sa chute, son masque et ses lunettes étaient tombés; on le reconnut, et mille voix s'écrièrent :

— Bravo ! bravo ! signor Giglio !

Giglio se releva vivement. L'idée lui vint tout à coup qu'il était peu convenable à un acteur tragique de donner au peuple un spectacle grotesque, et il s'éloigna rapidement. Arrivé chez lui, il se débarrassa de son ridicule costume, se couvrit d'un domino et retourna dans le *Corso*.

A force d'aller et de venir, il se trouva enfin devant le palais Pistoja ; là il se sentit tout d'un coup saisi par derrière, et une voix lui murmura :

— Je ne crois pas me tromper : à votre démarche, à votre tournure, je vous reconnais, signor Giglio Fava.

Giglio reconnut l'abbé Antonio Chiari.

En le voyant, tout le beau temps passé lui revint en mémoire, temps où il jouait encore les héros tragiques, et où, après avoir déchaussé le cothurne, il montait les escaliers étroits qui conduisaient à la chambre de la charmante Giacinta.

L'abbé Chiari (peut-être un parent de l'aïeul du fameux Chiari qui combattit contre le comte Gozzi, et dut à la fin déposer les armes), l'abbé Chiari, dis-je, avait, dès sa plus tendre jeunesse, dirigé à grand'peine son esprit et son talent vers la composition de tragédies qui brillaient par l'invention, et étaient en même temps conduites d'une manière aimable et charmante. Il s'appliquait à ne mettre rien d'épouvantable sous les yeux des spectateurs sans en atténuer l'hor-

reur par des circonstances intermédiaires, et tout l'épouvantable d'un fait affreux était si doucement enfariné de beaux mots et de phrases délicieuses, que les spectateurs avalaient la bouillie sans s'apercevoir de l'amertume de la graine. Il savait même utiliser les flammes de l'enfer pour éclairer d'agréables transparents, dont l'écran huilé s'ornait de sa rhétorique, et il y versait dans les flots du tumultueux Achéron l'eau de rose de ses vers harmonieusement cadencés, de sorte que le fleuve de l'enfer coulait doux et tranquille, et se transformait en un fleuve de poésie.

Ceci plaît généralement, et nous ne devons pas nous étonner d'apprendre que l'abbé Antonio Chiari était un poëte bien-aimé.

Et comme il joignait à cela un talent particulier pour écrire de beaux rôles à effet, il était tout naturellement l'idole des comédiens.

Un Français de beaucoup d'esprit a dit quelque part qu'il y a deux espèces de galimatias : un que le lecteur et le spectateur ne comprennent pas, et un autre que le créateur (soit littérateur ou poëte) ne comprend pas lui-même. Le galimatias dramatique appartient à cette seconde catégorie, et c'est lui qui fait en grande partie les frais des rôles que l'on appelle *à effet* dans la tragédie. Les phrases remplies de paroles sonores que ne comprennent ni le spectateur ni l'auditeur, et que l'auteur n'a jamais comprises, sont celles que l'on applaudit le plus.

L'abbé Chiari s'entendait parfaitement à faire un galimatias de ce genre, et Giglio Fava possédait tous les poumons suffisants pour le débiter; il savait en même temps donner à sa figure une telle expression et prendre des poses si terriblement frénétiques, qu'il arrachait aux spectateurs des cris de tragique enthousiasme. Et à cause de tout ceci Giglio et Chiari avaient entre eux des rapports très-agréables ; ils s'accordaient mutuellement la plus grande estime, et il ne pouvait guère en être autrement.

— Je suis enchanté, dit l'abbé, de vous rencontrer enfin, signor Giglio. Maintenant je peux apprendre de vous ce que je dois penser de tous les bruits qu'on a fait courir çà et là sur votre compte, et qui sont assez ridicules. On a mal agi avec vous, n'est-ce pas ? Cet âne d'impresario ne vous a-t-il pas chassé de son théâtre parce qu'il a pris pour des accès de folie l'enthousiasme où vous jetaient mes tragédies, et parce que vous ne vouliez plus dire que mes vers ? C'est fort. Vous le savez, l'imbécile a tout à fait abandonné les tragédies, et ne laisse plus représenter sur son théâtre que de sottes pantomimes à costume, qui me sont odieuses. Aussi je plus respecte de tous les impresarios à tout à fait abandonné mes pièces, bien que je puisse vous jurer sur ma foi d'honnête homme, monsieur Giglio, que j'ai montré aux Italiens dans mes travaux ce qu'on appelle la belle tragédie...

Quant aux anciens tragiques, comme Eschyle, Sophocle, etc., vous aurez entendu dire d'eux, et c'est ce que je conçois, que leur nature rude est tout à fait contraire à l'esthétique, et n'est excusable qu'eu égard à l'enfance de l'art à leur époque. Ces pièces sont pour nous complètement indigestes. Pour ce qui est de la *Sophronisbe* de Trissino, du *Canace* de Speroni, leurs œuvres, regardées par ignorance comme les chefs-d'œuvre de la période de nos plus anciens poëtes, seront complètement oubliées lorsque mes pièces auront appris au peuple à discerner la véritable tragédie. La fatalité veut pour le moment qu'aucun théâtre ne consente à se charger de mes pièces depuis que votre ancien impresario, le scélérat, a changé de selle. Mais attendez un peu, *el trotto d'asino dura poco* (le trot de l'âne dure peu). Bientôt votre impresario tombera à plat sur le nez avec son Arlequin, son Pantalon, sa Brighella. Votre départ de Rome, signor Giglio, m'a donné un coup de poignard dans le cœur, car nul acteur sur la terre entière n'a rendu comme vous, monsieur Giglio, mes pensées si incroyablement originales. Mais sortons de cette nuit humide qui nous étouffe; venez un moment chez moi, je vous lirai ma nouvelle tragédie, et vous éprouverez un étonnement tel que vous n'en avez jamais eu d'égal. Je l'ai intitulée le *Maure blanc*. Ne vous choquez pas de l'étrangeté du titre : il répond tout à fait à l'originalité, à la marche même de la pièce.

Chaque mot de l'abbé bavard tirait de plus en plus Giglio de l'état de surexcitation nerveuse dans lequel il se trouvait. Tout son cœur s'ouvrait à la joie lorsqu'il se retrouvait ainsi, héros tragique, déclamant les vers incomparables de M. l'abbé Antonio Chiari. Il demanda au docteur avec empressement qu'il se trouvait dans le *Maure blanc* un beau rôle remarquable qui convînt à ses moyens.

— Ai-je jamais, dit quelque pièce que ce soit, d'autres rôles que des rôles remarquables? répliqua l'abbé un peu piqué. C'est un malheur que mes pièces ne soient pas jouées jusqu'au dernier par des acteurs de talent.

Le *Maure blanc* vient en esclave, et cela justement au moment de la catastrophe, et il dit ces vers :

Ah ! giorno di dolori ! crudel inganno !
Ah ! signore infelice, la tua morte
Mi fa piangere, e subito partire.

(Ah ! jour de douleurs, jour de tromperie cruelle, ah ! femme malheureuse, ta mort me fait pleurer et partir à l'instant !)

Et il part aussitôt en effet pour ne plus revenir. Le rôle est de peu d'importance, je l'avoue ; mais vous pouvez m'en croire, signor Giglio, il faudrait presqu'un siècle au meilleur comédien pour dire ces vers comme je les ai conçus, comme je les ai rimés pour qu'ils entraînent le peuple imbécile jusqu'au délire.

Tout en parlant ainsi, ils étaient arrivés dans la rue Babuino, où l'abbé demeurait. Les escaliers qu'ils montèrent étaient si roides, que Giglio, pour la seconde fois, pensa vivement à Giacinta, et désira dans son cœur la trouver à la place du *Maure blanc* que lui annonçait l'abbé. Celui-ci alluma deux bougies, avança à Giglio un fauteuil devant la table, sortit un manuscrit assez volumineux, prit lui-même place devant Giglio, et commença avec une grande solennité :

« *Il Moro bianco*, tragedia, etc. »

La première scène commençait par un long monologue d'un personnage assez important de la pièce, qui parla du temps, de l'espoir probable d'une bonne vendange, et puis fit quelques réflexions sur l'impossibilité du meurtre d'un frère.

Giglio ne pouvait comprendre comment les vers de l'abbé, qui l'avaient autrefois tant charmé, lui paraissaient aujourd'hui mal faits, lourds et ennuyeux. Bien que celui-ci lût avec la voix la plus tonnante du plus extravagant pathos, de manière à en faire trembler les murs, Giglio tomba dans un état de somnolence pendant lequel il lui revint en mémoire toutes les choses étranges qui lui étaient arrivées le jour où le palais Pistoja reçut dans ses murs le plus singulier de tous les cortèges. S'abandonnant entièrement à ces pensées, il s'accouda commodément dans les bras d'un fauteuil, croisa ses bras l'un sur l'autre et laissa sa tête s'abaisser de plus en plus sur sa poitrine.

Un grand coup frappé sur son épaule le tira de ses pensées rêveuses.

— Comment ! s'écria l'abbé en colère, je crois que vous dormez ! Ne voulez-vous pas entendre la lecture de mon *Maure blanc* ?

Ah ! je comprends tout. Votre impresario a eu raison de vous chasser, car vous êtes devenu un pauvre gaillard, sans goût, sans intelligence pour la poésie la plus sublime. Votre sort est accompli ; jamais vous ne sortirez de ce bourbier. Vous vous êtes endormi à la lecture de mon *Maure blanc*, c'est un crime impardonnable, un péché contre la sainte intelligence. Allez au diable !

Giglio fut effrayé par la colère de l'abbé. Il lui exposa humblement et avec un vif chagrin qu'il fallait pour suivre ses tragédies un esprit fort et sévère ; mais que, pour lui, son âme était brisée, écrasée par les aventures tantôt étrangement fantastiques, tantôt remplies de calamités, dans lesquelles il se trouvait enveloppé depuis les derniers jours.

— Croyez-moi, signor abbé, dit Giglio, une destinée mystérieuse s'est emparée de moi. Je ressemble à un luth brisé, également incapable de recevoir ou de rendre un son pur. Ne comprenez-vous pas que si je me suis endormi en entendant vos vers magnifiques, c'est parce qu'il n'est que trop certain qu'une ivresse d'un sommeil maladif et irrésistible s'est emparée de moi avec une telle violence, que même les plus beaux discours de votre inimitable *Maure blanc* m'ont paru fades et ennuyeux.

— Êtes-vous enragé ? s'écria l'abbé.

— Ne vous fâchez donc pas si fort, continua Giglio, je vous honore comme le maître sublime auquel je dois mon talent, et je viens chercher un conseil et une aide auprès de vous. Permettez-moi de vous raconter toutes mes aventures, et venez à mon secours dans cette horrible passe. Faites en sorte que je me trouve sous les rayons du soleil de gloire que votre *Maure blanc* va répandre, et guérissez-moi de la plus pernicieuse de toutes les fièvres.

L'abbé calmé par ces paroles de Giglio, et il écouta attentivement les histoires de Celionati, de la princesse Brambilla, etc.

Lorsque Giglio eut terminé son récit, l'abbé, après s'être un moment abandonné à des réflexions profondes, dit d'une voix sérieuse et solennelle :

— De tout ce que tu me racontes, mon fils, je conclus avec raison que tu n'es pas complètement innocent. Je te pardonne, et afin de prouver que ma grandeur d'âme ne cède en rien à la bonté de mon cœur, reçois de mes mains le plus grand bonheur qui puisse se rencontrer pour toi dans la terrestre carrière. Prends le rôle du *Moro bianco*, et lorsque tu le joueras, les plus violents désirs de ton âme vers l'infini se trouveront apaisés.

Pourtant, ô mon fils Giglio ! tu es enlacé dans les filets du démon. Une cabale infernale contre le sublime de la poésie, contre mes tragédies, contre moi enfin, t'en donnera la preuve convaincante.

N'as-tu jamais entendu parler du prince *Bastianello de Pistoja*, qui demeurait le palais où tu as vu entrer ces charlatans masqués, et qui, il y a quelques années, disparut de Rome sans laisser de traces ?

Eh bien ! ce vieux prince *Bastianello* était un hibou extravagant, excentrique dans toutes ses actions et toutes ses paroles. Il prétendait sortir d'une race de rois d'un pays éloigné, et être âgé de trois ou quatre cents ans, bien que je connusse moi-même le prêtre qui l'avait baptisé à Rome. Il parlait souvent qu'il recevait de sa famille d'une manière toute mystérieuse, et en effet on voyait souvent tout d'un coup d'étranges figures dans sa maison, et ces figures disparaissaient comme elles étaient venues ; mais est-il rien de plus facile au monde que de costumer d'une manière étrange des laquais et des servantes ? Et ces personnages n'étaient rien de plus ; mais le peuple imbécile les regardait avec stupeur, et pour lui le prince fut un être à part et même un magicien.

Il fit une foule d'extravagances, et il est certain qu'il sema un jour dans le Corso des pepins d'oranges, d'où sortaient aussitôt de charmants petits polichinelles, aux grandes acclamations de joie de la foule ; et selon lui c'était les fruits les plus doux des Romains. Mais pourquoi vous ennuyer des folies du prince, et ne pas vous dire de suite ce qui peint l'homme de la manière la plus défavorable ? Croiriez-vous que ce malencontreux vieillard avait résolu d'anéantir le bon goût dans la littérature et dans les arts ? Croiriez-vous, quant à ce qui est du théâtre, qu'il accordait aux masques toute sa faveur, et qu'il ne voulait que d'anciennes tragédies ? et il parlait d'une sorte de tragédies qui ne pouvait sortir que d'un cerveau brûlé. Dans le fond, je n'ai jamais bien compris ce qu'il voulait, mais il me semble qu'il prétendait que le plus haut tragique doit être produit par une espèce de plaisanterie particulière. Et — cela est incroyable ! mes tragédies, — mes tragédies, entendez-vous bien ? il prétendait qu'elles étaient fort drôles, mais d'une autre façon, parce que le pathos tragique s'y parodiait involontairement lui-même.

Que pensez-vous de ces idées et de ces assertions ridicules ? Et encore si le prince s'en était tenu là seulement ; mais sa haine contre moi et mes œuvres se décéla par des actes de cruauté ! Il m'arriva avant que vous ne vinssiez à Rome une aventure épouvantable.

La meilleure de mes tragédies, j'en excepte le *Moro bianco*, c'était le *Spettro fraterno vindicato* (le Spectre fraternel vengé), fut représentée pour la première fois. Les comédiens se surpassèrent. Jamais ils n'avaient si bien compris le sens de mes mots, jamais ils n'avaient été si tragiques dans leurs gestes et dans leurs poses.

Permettez-moi de vous dire en cette occasion, signor Giglio, que quant à vos gestes, mais surtout à vos poses, vous n'êtes pas encore tout à fait à la hauteur convenable. Le signor Zechielli, mon ancien tragique, pouvait, les jambes écartées et les deux pieds comme enracinés sur le plancher, tourner les bras en l'air, tourner le corps deux à peu, circulairement, de manière à pouvoir présenter son visage derrière son dos, et il apparaissait ainsi aux spectateurs comme une double tête de Janus. Ce jeu de scène, de l'effet le plus saisissant, ne doit cependant être employé que lorsque j'indique en marge : « il commence à se désespérer. »

Écrivez-vous cela derrière les oreilles, mon bon fils, et appliquez-vous à vous désespérer comme le signor Zechielli.

J'en reviens à mon *Spettro fraterno*. La mise en scène était la plus belle que j'eusse jamais vue, et cependant le public riait aux éclats à chaque mot de mon héros. J'aperçus le prince Pistoja dans une loge, qui donnait le ton à ce concert ironique, et je restai convaincu que lui seul, Dieu sait par quel artifice, par quelle plaisanterie, m'avait fait ce tort immense.

Il fut enchanté lorsqu'il disparut de Rome ; mais son esprit vit encore dans le maudit charlatan, le fou Celionati, qui a tâché, mais sans succès, de ridiculiser mes tragédies sur un théâtre de marionnettes.

Il n'est que trop certain, toutefois, que le prince Bastianello fait dans Rome de fantastiques apparitions, et la folle mascarade qui est entrée dans son palais en est la preuve. Celionati vous poursuit pour me nuire. Déjà il a réussi à vous éloigner des planches et à ruiner le théâtre tragique de votre impresario. On vous a tout à fait détourné de votre art en vous mettant dans la tête tout un monde de fantômes, de princesses, de spectres grotesques. Suivez mon conseil, signor Giglio, restez gentiment chez vous, buvez plus d'eau que de vin, et étudiez avec la plus grande ardeur le rôle du *Moro bianco*, que je veux donner avec votre aide. Là seulement vous trouverez la consolation, le repos, le bonheur et aussi la gloire. Adieu, signor Giglio ; portez-vous bien.

Le jour suivant, Giglio voulut faire ce que l'abbé lui avait recommandé, c'est-à-dire étudier le *Moro bianco* ; mais il n'en put le faire, parce que toutes les lettres des pages se fondaient ensemble, pour prendre à ses yeux l'image de la charmante Giacinta Soardi.

— Non ! je ne puis combattre plus longtemps, s'écria-t-il enfin ; il faut que je la voie, la belle des belles ! je sais qu'elle m'aime encore : elle doit m'aimer, et en dépit de toute *smorfia*, elle ne pourra s'empêcher de le laisser voir en m'apercevant. Alors je serai guéri de la fièvre que m'a jetée le damné Celionati, et je sortirai de tout ce désordre de rêves et d'imaginations, régénéré par le *Moro bianco*, comme le phénix qui renaît de sa cendre. Sois béni, abbé Chiari, tu m'as remis dans le droit chemin.

Et puis il se para de son mieux pour se rendre dans la maison de Bescapi, où il croyait trouver la jeune fille. Au point de franchir le seuil de la porte pour s'en aller, il éprouva déjà les effets du *Moro bianco* qu'il avait voulu fuir.

Le tragique pathos s'empara de lui comme un frisson de fièvre.

— Comment ! si elle ne m'aimait plus, s'écria-t-il. Et avançant au loin le pied droit, il jeta le corps en arrière et étendit les deux bras, les doigts écartés, comme s'il voulait éloigner un spectre.

— Si séduite par les trompeuses et séduisantes images de l'Oreus du grand monde, enivrée de la boison du Léthé, de l'oubli, elle avait cessé de penser à moi, elle m'avait oublié. Si un rival ! — pensée affreuse que le noir Tartare enfanta dans ses gouffres mortels. — Ah ! désespoir ! meurtre et mort ! Viens avec moi, ami fidèle, qui lavant tout affront dans les gouttes d'un sang rose, donne le repos, la consolation et — la vengeance.

Giglio cria ces dernières paroles d'une voix qui fit trembler la maison; et en même temps il saisit un poignard étincelant qui se trouvait sur la table et le mit dans sa poche; mais ce n'était qu'un poignard de théâtre.

Maître Bescapi parut assez surpris quand Giglio s'informa de Giacinta auprès de lui. Il prétendait ignorer absolument qu'elle fût venue jamais habiter sa maison, et toutes les assurances que lui donna celui-ci de l'avoir vue à son balcon et d'avoir parlé avec elle, furent parfaitement inutiles. Bien plus, Bescapi interrompit la conversation en demandant à Giglio avec un sourire comment il se trouvait de sa dernière saignée.

Giglio, en entendant parler de saignée, s'élança de toutes ses forces au dehors. Lorsqu'il se trouva sur la place d'Espagne, il vit une vieille femme qui marchait devant lui, portant péniblement une corbeille couverte, et il reconnut la vieille Béatrice.

— Ah! murmura-t-il, tu seras mon étoile conductrice; je vais te suivre.

Il ne fut pas médiocrement surpris lorsqu'il s'aperçut qu'elle prenait les rues qui conduisaient à l'ancienne demeure de Giacinta, et qu'elle s'arrêta enfin à la porte de la maison du signor Pasquale, où elle déposa la corbeille. Au même instant, elle aperçut Giglio, qui l'avait suivie pas à pas.

— Eh! monsieur le doux vaurien! s'écria-t-elle, on vous revoit enfin. Vous êtes un beau et fidèle amant. Vous allez courir toutes les ruelles où vous n'avez que faire, et vous oubliez votre bien-aimée dans le beau temps de gaieté du carnaval. Eh bien, aidez-moi maintenant à monter ma corbeille, et vous verrez si Giacinta vous a conservé quelques-uns de ces bons soufflets qui conviennent si bien à votre tête légère.

— Et pourquoi m'avez-vous menti avec vos histoires de prison? répliqua Giglio; ne devriez-vous pas rougir de pareilles turpitudes?

La vieille regarda Giglio en branlant la tête.

— Vous avez rêvé, lui dit-elle, je ne vous ai rencontré nulle part; Giacinta n'a pas quitté la petite chambre de cette maison, et elle a été, ce carnaval, plus occupée que jamais.

Giglio se frotta le front, se pinça le nez, comme s'il voulait se réveiller lui-même.

— Il n'est que trop vrai, dit-il, ou je rêve maintenant, ou j'ai fait pendant ces derniers temps le plus embrouillé de tous les rêves.

— Eh bien ! alors, prenez ce paquet, dit la vieille, et au poids qui vous pèsera sur le dos vous verrez si vous rêvez ou non.

Giglio s'empara sans plus de façon de la corbeille, et monta l'escalier, en proie aux émotions les plus étranges.

— Que diable avez-vous dans cette corbeille? demanda-t-il à la vieille, qui marchait devant lui.

— Belle demande! répondit Béatrice; est-ce la première fois que vous me voyez aller au marché pour faire des provisions pour ma petite Giacinta? Et puis nous attendons aujourd'hui du monde.

— Du monde? s'écria Giglio en faisant trainer sa voix.

Mais ils étaient arrivés sur le palier, et la vieille dit à Giglio de laisser là la corbeille et d'entrer dans la chambre, où il trouverait Giacinta.

Le cœur de Giglio battait d'une inquiète attente, d'une douce angoisse. Il frappa doucement et ouvrit la porte.

Giacinta était assise, travaillant à sa table couverte de fleurs, de rubans et d'autres objets.

— Eh ! s'écria-t-elle en regardant Giglio avec des yeux enflammés, comment se fait-il, signor Giglio, que vous reveniez ici? Je croyais que vous aviez quitté Rome depuis longtemps.

Giglio trouva la jeune fille si belle, qu'il resta sur le seuil de la porte tout troublé et incapable de prononcer un seul mot. En effet, une certaine grâce enchanteresse semblait s'être répandue sur toute sa personne; ses joues brillaient d'un incarnat plus vif, et ses yeux étincelants, comme nous l'avons dit, pénétraient jusqu'au fond du cœur de Giglio. Elle était ce que l'on appelle dans *son beau jour*. Mais puisque cette locution française est une locution de mode, nous ferons seulement remarquer en passant que le *beau jour* a aussi des circonstances particulières. Il suffit à chaque fille gentillette, fût-elle d'une beauté ou d'une laideur passable de se trouver portée, par des raisons intimes ou venues du dehors, à se dire plus vivement qu'à l'ordinaire : « Je suis pourtant une bien jolie fille ! » pour être sûre que cette charmante idée, appuyée sur une parfaite conviction intime, viendra tout naturellement la mettre dans son *beau jour*.

Enfin Giglio, tout hors de lui, accourut vers la jeune fille, se jeta à ses genoux, et saisit sa main avec un mouvement tragique :

— Ma Giacinta ! ma douce vie !

Mais il se sentit si profondément piqué au doigt par un coup d'épingle, qu'il se releva aussitôt de douleur, et fut obligé de faire quelques bonds dans la chambre.

— Diable ! diable !

Giacinta poussa un grand éclat de rire, et puis elle dit froidement :

— Allez ! signor Giglio ! ceci est pour votre inconvenante et vilaine conduite... Du reste, c'est très-aimable de votre part de me rendre visite aujourd'hui, car bientôt vous ne pourrez plus me voir avec si peu de cérémonie. Je vous permets de rester ici; asseyez-vous sur cette chaise, là, devant moi, et racontez-moi ce que vous avez fait depuis si longtemps, quels nouveaux rôles éclatants vous avez remplis, et d'autres histoires pareilles! Vous le savez, j'entends volontiers ces sortes de choses, et quand vous ne tombez pas dans ce lamentable pathos dont le signor abbé Chiari vous a ensorcelé, et Dieu veuille pour cela ne pas lui enlever sa part du paradis, on peut vous écouter d'une manière très-supportable.

— Ma Giacinta ! dit Giglio, dans la douleur de son amour et de la piqûre d'épingle, ma Giacinta oublions les chagrins de l'absence. Elles nous sont rendues, les douces heures du bonheur de l'amour.

— Je ne sais quelles sottises vous bavardez là, interrompit Giacinta. Vous parlez des chagrins de l'absence, et pour ma part je peux vous assurer que je ne m'imaginais pas que vous vous sépariez de moi, et que je n'en ai pas éprouvé la moindre douleur. Si vous appelez heureuses les heures où vous vous donniez la peine de m'ennuyer, je ne crois pas qu'elles puissent jamais revenir. Cependant, en toute confiance, signor Giglio, vous avez en vous des choses qui me plaisent. Quelquefois vous m'avez pas été tout à fait désagréable, et à cause de cela je vous permettrai volontiers de me voir à l'avenir, autant toutefois qu'il sera convenable de le faire, bien que les circonstances qui empêchent toute intimité, et ordonnent entre nous une séparation, doivent vous imposer quelque contrainte.

— Giacinta ! Giacinta ! s'écria Giglio, quelles paroles singulières !

— Il n'y a rien de singulier ici, répondit Giacinta. Asseyez-vous tranquillement là, signor Giglio; c'est peut-être la dernière fois que nous serons ainsi confidentiellement ensemble; mais comptez toujours sur ma protection; car, comme je vous l'ai dit, je ne vous retirerai jamais la bienveillance que je vous ai montrée.

Béatrice rentra, tenant en main quelques assiettes où se trouvaient les fruits les plus rares, et elle portait aussi sous son bras une assez grande fiole. L'intérieur de la corbeille se faisait jour. A travers la porte ouverte, Giglio aperçut un feu très-vif pétiller dans le foyer de la cuisine, et une foule de bons morceaux chargeaient la table, qu'ils couvraient en entier.

— Ma petite Giacinta, dit Béatrice d'un ton câlin, si vous voulez que notre repas soit digne de notre hôte, il me faudrait encore un peu d'argent.

— Prends ce qu'il te faudra, répondit Giacinta en tendant à la vieille une petite bourse, à travers les mailles de laquelle brillaient de beaux ducats d'or.

Giglio resta frappé de stupeur lorsqu'il reconnut dans cette bourse la sœur jumelle de celle que Celionati, en ce pouvait être que lui, lui avait fait glisser dans ses poches, et dont les ducats paraissaient frappés au même coin.

— C'est une illusion de l'enfer! s'écria-t-il. Il saisit violemment la bourse de la main de la vieille, et la regarda de près; puis il retomba sans force sur la chaise, lorsqu'il lut sur la bourse cette inscription : « Souviens-toi de ton rêve! »

— Oh! oh! grommela la vieille en reprenant la bourse que Giglio tenait, le bras étendu loin du corps. Oh ! oh ! seigneur sans argent ! un spectacle de ce genre jette-t-il dans l'admiration et la stupeur? Tenez! écoutez cette jolie musique, et réjouissez-vous-en. Et alors elle agita la bourse, en fit sonner l'or, et quitta la chambre.

— Giacinta ! quel est cet épouvantable secret? s'écria Giglio, écrasé de désespoir et de douleur, dites-le-moi, dites-le-moi sur ma vie !

— Vous êtes et serez toujours le même, répondit Giacinta en tenant devant la fenêtre une aiguille entre ses doigts pointus, et en y enfilant adroitement un bout de soie; il vous est arrivé si souvent de tomber en extase, que vous errez çà et là comme une ennuyeuse tragédie, avec vos oh! vos ah! plus ennuyeux encore. Il n'est pas question le moins du monde de choses épouvantables, et si vous êtes capable d'être gentil et de ne pas gesticuler comme un homme à moitié fou, je pourrai vous raconter bien des choses.

— Parlez, donnez-moi la mort, murmura Giglio d'une voix éteinte et pour lui seul.

— Vous souvenez-vous, signor Giglio, de ce que vous me disiez, il n'y a pas bien longtemps encore, des prodiges opérés par un jeune comédien, un roman, une aventure d'amour ambulante, un roman vivant sur deux jambes, et, que sais-je? bien d'autres choses encore. Eh bien! moi, je prétends de mon côté qu'une jeune modiste, à laquelle la bonté du ciel a accordé une charmante tournure, un joli visage, et surtout cette magique puissance intime au moyen de laquelle une jeune fille devient une vraie jeune fille, est un prodige bien plus grand encore. Un tel enfant gâté de la nature vit une aventure d'amour planant dans l'air, et l'étroit sentier qui mène à elle est l'échelle céleste qui conduit dans le royaume des songes naïfs de l'amour. Elle est elle-même le tendre secret de la parure féminine, agit sur vous autres hommes tantôt dans l'éclat brillant de ma-[...] nuances attrayantes, tantôt dans le doux reflet des blancs rayons de la lune, des nuées rosâtres ou de l'[a]gréable magie des va[pe]urs bleues du soir. Séduit par l'ardent désir, vous vous approchez [d]e ce secret merveilleux, vous apercevez la fée puissante au milieu [de] son arsenal de prodiges; mais chaque dentelle touchée par son [p]etit doigt blanc devient un lacet magnifique; chaq[ue] ruban qu'elle [dén]oue devient un serpent qui vous enlace, et dans ses yeux se re[flè]te toute enivrante folie d'amour. Vous entendez vos soupirs répétés [p]ar le sein de la belle, mais discrets et charmants, comme lorsque [l']écho plein de désirs appelle la bien aimée du sein des collines ma[g]iques. Il n'y a plus ni rang ni état. Pour le riche prince, pour [le] pauvre comédien, la petite chambre de la gracieuse Circé est [l']Arcadie embaumée de fleurs fraîchement écloses au milieu du [dé]sert de leur rude existence; et c'est là qu'ils viennent cher[ch]er un refuge. Et si parmi les fleurs de cette belle Arcadie croît [...] l'herbe des serpents, qu'importe? elle appartient à cette espèce [sédu]isante qui étale de plus belles feuilles et jette de plus doux [par]fums.

— Oh! oui! dit Giglio en interrompant Giacinta; et de la fleur [mê]me sort le petit animal dont la plante brillante et parfumée porte [l]e nom, et il pique avec son dard pointu comme une aiguille à coudre.

— Eh! chaque fois, reprit Giacinta, qu'un homme étranger à [l']Arcadie, et qui n'est pas fait pour y vivre, vient y fourrer son nez.

— Très bien dit, ma belle Giacinta, continua Giglio plein d'amer[tu]me et de colère; je dois avouer que pendant le temps que je ne [l'ai] pas vue tu es devenue singulièrement instruite. Tu philosophes [sur] toi-même, de façon à me causer le plus grand étonnement. Vrai[sem]blablement tu te plais extrêmement dans l'attrayante Arcadie [de] ta chambre des toits, que le maître tailleur Bescapi ne cesse de [fournir d'un arsenal sé]duisant [de prodi]ges.

— [Il peut] m'être arrivé la même chose qu'à toi, continua froide[me]nt Giacinta, j'ai eu aussi quelques beaux songes. Pourtant, mon [c]her Giglio, ne prends que comme une demi-plaisanterie ou une [p]etite malice ce que je t'ai dit d'une jolie médisté; cela peut [d'a]utant moins s'appliquer à moi-même que ceci sera très-probable[me]nt mon dernier travail en ce genre. Ne t'effraye pas, mon bon G[igl]io; mais il est très possible qu'aux derniers jours du carnaval j'é[ch]ange ce pauvre costume contre un manteau de pourpre, et ce petit [cou]teau contre un trône.

— Ciel et enfer! mort et destruction! s'écria Giglio en sautant [vi]vement en l'air, les deux poings fermés sur son front; ainsi ce que [m]e disait à l'oreille le scélérat hypocrite était donc une vérité. Ah! [o]uvre-toi, abîme de flamme de l'Orcus; montez sur terre, es[pr]its de l'Achéron aux ailes noires, c'en est assez. Et Giglio entama [...] un monologue de désespoir de quelque tragédie de l'abbé [Chi]ari. Giacinta savait jusqu'au moindre vers de ce monologue, que [Gig]lio avait cent fois déclamé devant elle, et, sans lever les yeux de [des]sus son ouvrage, elle soufflait à son amant désespéré chaque mot [devan]t lequel celui-ci paraissait hésiter. Enfin il tira le poignard, s'en [fr]appa la poitrine, tomba sur le plancher, de manière que toute la chambre en retentit, se releva, secoua la poussière de son habit, [es]suya la sueur de son front, et dit en riant : — N'est-ce pas, Gia[cin]ta, que cela s'est joué en maître?

— A merveille, mon bon Giglio, répondit Giacinta; mais il est temps, je pense, de nous mettre à table.

La vieille Béatrice avait mis le couvert, apporté quelques plats [f]umants, débouché la fiole mystérieuse, et posé près d'elle des verres de cristal étincelant.

Aussitôt que Giglio aperçut ces préparatifs, il s'écria hors de lui :

— Ah! le convive! le prince! où en suis-je, mon Dieu! Je n'ai pas joué la comédie, mon désespoir était véritable. Oui, tu m'as préci[pi]té dans l'affreux désespoir, traîtresse, infidèle, serpent, basilic, crocodile! mais vengeance, vengeance! Et en même temps il agita en l'air le poignard de théâtre qu'il avait ramassé.

Giacinta, qui avait jeté son ouvrage sur la table de travail et s'était levée, lui saisit le bras en disant : — Ne fais pas de niaise[ri]es, mon bon Giglio, donne cet instrument meurtrier à la vieille [B]éatrice pour en faire des cure-dents, et assieds-toi à table près de [m]oi; car tu es le seul convive que j'attendais.

Giglio, désarmé à l'instant, et devenu la patience en personne, se [l]aissa conduire à table et ne fit plus aucune façon.

Giacinta continua à lui parler tranquillement et à découvert du bonheur qui l'attendait. — Giglio, dit-elle, je te le jure, je ne suis [p]as aveuglée par un ridicule orgueil, et je n'ai nullement oublié ton [pa]ssage; et rien plus, si tu te montres seulement de loin en loin, je [me] souviendrai certainement de toi et je te ferai remettre [quel]ques ducats, de telle sorte que jamais tu ne manqueras de bas couleur de [ro]se là et de gants parfumés.

G[igli]o, auquel quelques verres de vin avaient remis en cervelle le roman merveilleux de la princesse Brambilla, lui répondit avec a[igreur] :

— J'apprécie vos bonnes qualités, Giacinta; mais quant à vos ducats, je ne pourrai en faire usage, puisque moi, Giglio, je suis sur le point de sauter à pieds joints dans la principauté, et il lui raconta comment la plus puissante et la plus riche princesse du monde l'avait choisi pour son chevalier, et comment il espérait, après le carnaval, dire adieu, comme époux de la princesse, à la vie misérable qu'il avait menée jusqu'alors.

Giacinta parut très-charmée de l'heureuse aventure de Giglio, et tous deux jasèrent joyeusement de leur temps prochain de richesse et de plaisir.

— Je voudrais seulement, dit enfin Giglio, que les riches person[n]ages que nous tiendrons bientôt sous nos lois eussent leurs frontières près les unes des autres, car nous ferions bon voisinage; mais, si je ne me trompe, les possessions de ma princesse sont placées bien loin dans les Indes, à main gauche de la terre, vers la Perse.

— C'est terrible, dit Giacinta, je dois aussi aller très loin, car les terres de mon époux princier doivent être situées près de Bergame; mais il est possible qu'un jour nous devenions et restions voisins.

Enfin Giacinta et Giglio s'accordèrent à penser que leur royaume futur devait absolument être placé dans les environs de Frascati.

— Bonne nuit, chère princesse, dit Giglio.
— Bon repos, cher prince, répondit Giacinta; et il se séparèrent amicalement lorsque vint le soir.

V.

Comment Giglio, dans un temps de sécheresse complète d'esprit humain, trouva un sage expédient, emporta les sacs de Fortunatus et jeta un regard d'orgueil sur le plus humble des tailleurs. — Le palais Pistoja et ses prodiges. — Lectures du sage de la tulipe. — Le roi Salomon, le p[r]ince des esprits et la princesse Mystillis. — Comment un vieux Magnus se couvrit d'une robe de chambre noire, mit un bonnet de fourrure et dit des prophéties en mauvais vers avec une barbe non pelipide. — Malheureux sort d'un bec jaune. — Comment le gracieux lecteur n'apprend pas dans ce chapitre ce qui se passa avec la belle inconnue pendant la danse de Giglio.

Chaque personne qui s'occupe d'une fantaisie doit, comme il est écrit plus loin, être surchargé de sagesse, souffrir de quelque dérangement d'esprit qui monte et disparaît sans cesse, comme le flux et le reflux. Le temps du flux, où les vagues plus puissantes s'avancent avec un mugissement plus sonore, est celui de l'approche de la nuit; comme aussi les heures du matin, aussitôt après le réveil, auprès de la tasse de café, peuvent être considérées comme le moment du reflux. C'est là, et le reflux donne de sage conseil, le moment de prier de la magnifique lucidité donnée par le jeûne pour accomplir les choses les plus importantes de la vie.

C'est le matin seulement, par exemple, qu'il faut se marier, lire des critiques de journaux, faire son testament, battre ses domestiques, etc. etc.

Ce fut dans ce beau moment de reflux, où l'esprit de l'homme peut se carrer à son aise dans sa sécheresse complète, que Giglio Fava fut effrayé de sa folie, et ne comprit pas lui-même comment il n'avait pas fait depuis longtemps une chose qui, pour ainsi dire, lui crevait les yeux.

— Il n'est que trop certain, se dit-il, dans la joyeuse conscience de la lucidité de sa raison, que le vieux Celionati est à moitié fou, que non-seulement il se complaît dans cet état de désordre d'esprit, mais qu'il veut encore y jeter les autres. Il est tout aussi certain que la plus belle, la plus riche de toutes les princesses, la divine Brambilla, est entrée dans le palais Pistoja; et — ô ciel et terre! — et si cet espoir, confirmé par des pressentiments, des rêves par la bouche de rose même de la plus attrayante des femmes masquées, n'est pas trompeur, elle a jeté sur moi trop heureux personnage un doux rayon d'amour de ses yeux célestes. Inconnue, voilée, derrière la grille fermée d'une loge, elle m'a vu lorsque je jouais le rôle du prince, et j'ai fait sa conquête. Peut-elle donc venir directement vers moi? N'a-t-elle pas besoin, cette divine créature, de personnes tierces, de confidents qui trament le fil qui se rassemblera à la fin pour former le lien le plus doux. Celionati est celui qui doit me conduire dans les bras de la princesse; mais, au lieu de mener par un chemin tranquille et commode, il me jette dans une mer de folie et de moqueries; il me persuade d'aller, enveloppé dans un costume grotesque, à la recherche de la belle princesse dans le Corso, et me parle de prince d'Assyrie, de que sais-je? A diable l'insensé Celionati! Qui m'empêche de m'habiller galamment, d'entrer tout droit dans le palais de Pistoja et de me jeter aux pieds de Son Excellence? O Dieu! pourquoi n'ai-je pas fait cela hier, avant-hier?

Mais une chose qui parut désagréable à Giglio, fut qu'en examinant [...] rande hâte sa garde-robe, il ne put s'empêcher de s'avouer à lui[m]ême que son chapeau à plumes ressemblait, à s'y méprendre, à un co[q] de basse-cour plumé; que son pourpoint, teint trois fois, reflétait toutes les couleurs de l'arc-en-ciel; que le manteau taché trop apercevoir l'art du tailleur, qui avait par de hardis points de couture nargué les efforts du temps rongeur; que ses culottes de soie a[vaient] [b]ien connues et ses bas roses avaient pris les teintes passées de l'automne. Il saisit tristement sa bourse, qu'il croyait trouver à peu près vide, et il la vit prête à rompre de plénitude.

— Divine Brambilla ! oui, je pense à toi, à ton beau rêve, s'écria-t-il transporté de joie.

On peut croire que Giglio, tenant en poche l'agréable bourse, qu'il regardait comme une espèce de sac de Fortunatus, courut toutes les boutiques de brocanteurs et de tailleurs pour se procurer un habillement plus beau que n'en eut jamais prince de théâtre. Tout ce que l'on montrait n'était pas assez riche, pas assez magnifique. Enfin il se rappela qu'il ne trouverait de costume satisfaisant que taillé par les mains habiles de Bescapi, et se rendit aussitôt chez lui.

Lorsque celui-ci connut le désir de Giglio, il s'écria, le visage tout illuminé :

— O mon cher signor Giglio, j'ai là ce qu'il vous faut.

Et il conduisit sa pratique, avide d'acheter, dans un autre cabinet. Mais Giglio ne fut pas médiocrement surpris en ne trouvant là que des costumes de la comédie italienne et d'autres masques des plus excentriques. Il crut n'avoir pas été compris de Bescapi, et lui fit une description assez vive du riche costume qu'il désirait.

— Accoupleur damné !

— Ah ! Dieu ! qu'y a-t-il encore ? s'écria tristement Bescapi. Mon bon signor, je ne crois pourtant pas que de nouvelles attaques...

— Voulez-vous, maître tailleur, me vendre un habillement comme je le désire ? c'est bien, sinon gardez-le ! interrompit Giglio impatienté et faisant en même temps sonner les ducats de sa bourse.

— Bien ! bien ! signor Giglio, répondit Bescapi à demi-voix, ne vous emportez pas. Vous ne savez combien je vous estime. Ah ! si vous aviez un peu, seulement un peu de bon sens...

— Qu'osez-vous dire, monsieur le maître tailleur? s'écria Giglio furieux.

— Eh ! continua Bescapi, puisque je suis un maître tailleur, je voudrais pouvoir vous prendre convenablement mesure de l'habit, afin qu'il vous allât parfaitement. Vous courez à votre perte, signor Giglio, et je regrette de ne pouvoir vous répéter tout ce que m'a raconté le sage Celionati sur vous et sur le sort qui vous attend.

— Oh ! dit Giglio, le sage Celionati, le fameux charlatan, qui me poursuit de toutes les manières, qui veut me ravir mon plus grand bonheur, parce qu'il hait mon talent, qu'il me hait moi-même, parce qu'il se révolte contre le sérieux des natures supérieures, parce qu'il voudrait tourner tout en ridicule dans ses sottes momeries, dans ses plaisanteries misérables. O mon bon monsieur Bescapi ! je sais tout ; le digne abbé Chiari m'a mis au courant de toutes ses intrigues. L'abbé est un homme admirable, la nature la plus poétique que l'on puisse trouver ; car il a écrit pour moi le *Maure blanc*, et personne sur la vaste terre ne peut jouer le *Maure blanc* que moi seul.

— Que dites-vous ? s'écria maître Bescapi riant aux éclats; le digne abbé, que Dieu veuille bientôt appeler à lui pour ajouter à sa collection des natures supérieures, a-t-il donc blanchi un Maure avec ces larmes qu'il laisse si torrentiellement tomber de ses yeux ?

— Je vous demande encore une fois si, pour mes bons ducats, vous voulez me vendre, oui ou non, l'habillement que je désire ! répliqua Giglio, contenant avec peine sa colère.

— Avec plaisir, mon bon monsieur Giglio, répondit Bescapi tout joyeux.

Et alors le maître tailleur ouvrit un cabinet où se trouvaient accrochés les plus magnifiques costumes. Giglio en remarqua de suite un qui joignait à une grande richesse une couleur qui attirait ses yeux. Maître Bescapi laissa comprendre que cet habillement serait d'un prix trop élevé, et par conséquent au-dessus des moyens de Giglio.

— Donnez toujours, et faites le prix qu'il vous plaira, dit Giglio en tirant sa bourse.

— Mais je ne peux pas vous le donner, dit Bescapi, il est destiné à un prince étranger, le prince Cornelio Chiapperi.

— Comment ? que dites-vous ? s'écria Giglio ravi jusqu'à l'extase. Eh bien ! cet habit est fait pour moi, et pour nul autre. Heureux Bescapi ! c'est le prince Cornelio Chiapperi lui-même qui est devant vos yeux, et qui a retrouvé chez vous son *moi*, son être intérieur.

Lorsque Giglio prononça ces paroles, maître Bescapi décrocha les habits, appela un de ses garçons, et lui ordonna, tout en les empaquetant dans une corbeille, de les porter à la suite de Sa Grâce le prince ici présent.

— Gardez votre argent, mon très-gracieux prince, s'écria Bescapi à Giglio, qui voulait le payer. Vous vous pressez trop. Votre très humble serviteur le recevra toujours assez à temps. Le *Maure blanc* vous remboursera peut-être cette petite dépense. Dieu vous protège mon excellent prince !

Giglio jeta au maître tailleur, qui se confondait en révérences plus profondes l'une que l'autre, un regard d'orgueil ; il remit en poche le sac de Fortunatus, et sortit avec le bel habit du prince.

Ils l'entouraient complètement et le regardaient avec des yeux ardents.

Il lui allait à ravir ! Giglio, dans les transports de sa joie, mit un brillant ducat dans la main du garçon tailleur qui l'avait aidé à se déshabiller.

Le garçon tailleur le pria de lui donner en place quelques bons paolis, parce qu'il avait entendu dire que l'or des princes de théâtre n'avait pas cours, et que leurs ducats étaient des boutons ou des liards.

Giglio jeta à la porte le trop sage garçon tailleur ; et après qu'il eut longtemps essayé devant le miroir les gestes les plus gracieux, après qu'il se fut rappelé les plus fantastiques phrases des héros ivres d'amour, et qu'il se fut suffisamment convaincu qu'il était tout à fait irrésistible, il se dirigea hardiment, comme déjà le crépuscule commençait à descendre, vers le palais de Pistoja.

La porte, non cadenassée, céda à la pression de sa main, et il se trouva dans un vestibule garni de colonnes, où régnait le silence la mort. Tout en regardant avec étonnement autour de lui, de ibres images du passé s'élevèrent du fond de son âme. Il lui semit qu'il était déjà venu en ce lieu; mais, comme rien ne pouvait ndre une forme précise en lui-même, comme toute sa peine, en nt ses yeux sur ces images, était vaine, il se sentit saisi d'une inétude, d'une oppression, qui lui ôtaient le courage de pousser plus son aventure.

u moment de sortir du palais, il fut sur le point de tomber à re, glacé d'effroi, lorsqu'il vit en face de lui son *moi* comme enppé d'un brouillard. Bientôt il s'aperçut que ce qu'il avait pris r son double lui-même n'était que son reflet que lui jetait une ibre glace placée devant lui. Mais au même instant il lui sembla cent douces voix murmuraient :

— O signor Giglio ! comme vous êtes beau, comme vous êtes mafique !

iglio se posa devant un miroir en buste, leva la tête, mit la main che sur le côté, et s'
pathétiquement en élet la droite :
— Courage, Giglio, cou-
e ! ton bonheur est cer-
, cours le saisir!

Et alors il commença à rcher du haut en bas, n pas toujours plus asé. Il toussa : le silence tinuait, nul être vivant se faisait voir. Alors il ya d'ouvrir tantôt une te , tantôt une autre : les étaient fermées.

ue lui restait-il à faire, n de monter le large aller de marbre qui se loyait magnifiquement deux côtés du vestibule? Arrivé sur un corridor érieur, dont l'ornemenion correspondait à la ple magnificence de l'enble , Giglio crut entenvenir des lointains le bizarre d'un instrument onnu. Il s'approcha avec caution, et remarqua tôt une éblouissante lure, qui tombait sur les rs du corridor par le trou la serrure. Puis il s'aperque ce qu'il avait pris r le son d'un instrument onnu était la voix d'un mme qui résonnait en et d'une manière étrange. ntôt on aurait dit que l'on ppait des cymbales, tanon aurait cru entendre e flûte d'un son bas et rd.

Lorsque Giglio se trouvant la porte, elle s'out d'elle-même; il entra

Le parrain Drosselmeier.

resta immobile d'étonnement. Il se trouvait dans une salle orme, dont les murs étaient revêtus de marbres tigrés de irpre ; d'une haute coupole descendait un lustre dont le feu llant recouvrait tous les objets d'un reflet d'or. Dans le fond, une he draperie d'étoffe d'or formait le baldaquin d'un trône sous leel , placé sur une estrade de cinq marches, se trouvait un fauteuil ras, doré, foulant des tapis de couleurs variées. Et sur ce fauteuil it assis un homme vieux, avec une longue barbe blanche, billé d'une robe d'étoffe d'argent, qu'il avait déjà portée au cortége la princesse Brambilla, dans la tulipe brillante d'or. Comme refois , il portait sur sa tête vénérable une espèce d'entonnoir rgent; comme autrefois, il portait sur le nez d'immenses lunet-; comme autrefois aussi, il lisait à voix haute (et c'était cette voix Giglio avait entendue de loin) dans un grand livre ouvert et cé sur le dos d'un petit Maure agenouillé devant lui.

Des deux côtés se trouvaient les autruches, comme de puissants ellites, et l'une après l'autre elles tournaient avec leurs becs les illes du livre à mesure que le vieillard les avait lues.

Tout autour, placées en demi-cercle, étaient assises une centaine dames admirablement belles; on aurait pu les prendre pour des , car elles portaient le costume qu'on leur prête. Toutes faisaient filet avec ardeur. Au milieu du demi-cercle, devant le vieux, x petites poupées étranges, la tête ornée d'une couronne royale,

étaient assises sur un petit autel de porphyre. Elles paraissaient dormir.

Lorsque Giglio se fut un peu remis de son étonnement, il voulut annoncer sa présence. Mais à peine avait-il rassemblé ses idées pour parler, qu'il reçut un violent coup de poing par derrière. A son grand effroi, il aperçut une rangée de Maures armés de longues piques et de petits sabres. Ils l'entouraient complétement, et le regardaient avec des yeux ardents et en montrant leurs dents d'ivoire.

Giglio vit que le meilleur parti à prendre était la patience.

Ce que le vieillard lisait aux dames disait à peu près ceci :

Le signe de feu de l'homme des eaux est au-dessus de nous. Le dauphin nage sur les vagues mugissantes vers l'ouest, et jette de ses naseaux le pur cristal dans le fleuve brumeux.

Il est temps que je vous parle des grands mystères qui s'accomplirent, de l'étonnante énigme dont l'explication vous sauvera d'une perte terrible. Sur les créneaux de la tour était Magnus Hermod, et il observait le cœur des astres. Alors que re hommes âgés , enveloppés dans des tuniques dont la couleur ressemblait à celle du feuillage, s'avancèrent vers la tour et montèrent le sentier qui y conduisait. Quand ils furent au pied de cette tour, ce fut un grand cri de détresse.

— Écoute-nous, écoutenous, grand Hermod , disaient-ils, et ne sois pas sourd à nos plaintes; lors de ton profond sommeil. Si nous avions la force de tendre l'arc du roi Ophioch, nous te percerions le cœur d'une flèche, comme a le fait , et tu serais forcé de descendre, et tu ne resterais pas là haut, assailli par les vents impétueux comme une souche de bois inaccessible. Mais, vénérable vieillard, si tu ne veux pas t'éveiller, nous avons préparé des objets propres à être lancés vers toi, et nous voulons atteindre ta poitrine avec de lourdes pierres, jusqu'à ce que le sentiment humain qui y est renfermé s'éveille.

Éveille-toi, beau vieillard !

Magnus Hermod regarda en bas, s'appuya sur la balustrade , et dit d'une voix qui ressemblait au sourd mugissement de la mer, aux plaintes de la tempête qui s'approche :

— Vous, gens qui parlez en bas, ne soyez pas des ânes. Je ne dors pas et ne dois pas être éveillé, par les flèches et des débris de rocher. Je sais à peu près ce que vous voulez , mes chers amis, adressez un peu, je vais descendre. Cueillez quelques fraises en attendant, ou cherchez une distraction assis sur ces grandes pierres. Je viens à l'instant.

Lorsque Hermod fut descendu et qu'il eut pris place sur un grand rocher couvert du moelleux et bariolé tapis de la mousse la plus belle, celui des hommes qui paraissait le plus âgé, et dont la barbe blanche descendait jusqu'à la ceinture, s'exprima en ces termes :

— Grand Hermod, tu sais certainement d'avance tout ce que je vais te dire, et mieux que moi-même; mais pour te montrer que je le sais aussi, je dois en parler.

— Parle, jeune homme, répondit Hermod, je t'écouterai volontiers, car ce que tu viens d'avancer m'annonce que ton intelligence est grande, si ce n'est point encore la profonde sagesse, bien que tu aies quitté à peine les chaussures de l'enfance.

— Vous savez, grand Magnus, continua l'orateur, que le roi Ophioch parla ainsi un jour dans le conseil, lorsqu'il était question que chaque vassal serait tenu d'apporter chaque année une certaine quantité d'esprit au magasin de tout plaisir dans le royaume, au profit des pauvres :

— Le moment où l'homme tombe est le premier où se dresse son moi véritable.

Vous savez qu'il tomba, après avoir à peine prononcé ces paroles pour ne plus se relever, car il était mort. Et comme il arriva que la reine Eiris ferma au même instant les yeux pour ne plus les rouvrir, alors le conseil d'État se trouva dans un grand embarras pour la succession au trône; car les époux royaux étaient restés sans enfants.

L'astrologue de la cour, un homme de beaucoup de bon sens, trouva un moyen de conserver encore au pays pendant un an la sage administration du roi Ophioch. Il proposa de faire ce qu'on avait fait avec un prince des esprits bien connu (le roi Salomon), auquel ceux-ci obéirent encore longtemps après sa mort. Le tabletier de la cour fut, en conséquence de ce projet, appelé dans le conseil d'État. Il fit un joli petit piédestal de bois, sur lequel on a placé le corps embaumé du roi Ophioch. Il était assis d'une manière convenable; au moyen d'un cordon dont l'extrémité descendait comme la corde d'une horloge dans la chambre des conférences du grand conseil, son bras fut dirigé de manière à pouvoir mouvoir son sceptre de tous côtés. Personne ne douta que le roi Ophioch vécût et gouvernât. Seulement la source de l'Urdar présenta de singuliers prodiges. L'eau de la mer qui l'avait formée resta pure et claire; mais, au lieu de procurer à tous ceux qui s'y miraient une joie indicible, plusieurs de ceux-là, en s'y voyant reflétés avec les objets de la nature, se trouvaient profondément irrités, parce qu'il était contraire à la dignité, à l'intelligence humaine, à toute sagesse péniblement acquise, de voir les objets et soi-même reflétés à l'envers. Et il se trouvait aussi une foule de gens qui s'augmentaient chaque jour et qui prétendaient que les vapeurs du lac pur troublaient les sens et changeaient en folie le sérieux convenable. Plusieurs, dans leur mauvaise humeur, soufflaient à plaisir les eaux du lac, ou bien y jetaient son limpide cristal, devint de plus en plus troublé, et prit enfin l'aspect d'un vilain marais.

Ceci, ô sage Magnus, a attiré sur le pays beaucoup de malheurs, car les gens les plus considérables se frappent le visage et prétendent que c'est là la véritable ironie des sages.

Le plus grand malheur est qu'il en a été du roi Ophioch comme d'un certain prince des esprits. Le maudit ver de bois a rongé le siège, et tout à coup Sa Majesté est tombée au beau milieu de ses actes de gouvernement, devant les yeux d'une foule de peuple qui s'était pressée dans la salle du trône, de sorte qu'il a été impossible de cacher plus longtemps sa mort.

O sage Hermod, tu as toujours protégé le pays d'Urdargarten, dis, que devons-nous faire pour qu'un digne successeur monte sur le trône, et pour que le lac d'Urdar devienne de nouveau clair et pur?

Magnus Hermod resta quelque temps dans des méditations profondes, et puis il parla ainsi:

— Attendez neuf fois neuf nuits, et la reine du pays s'épanouira du lac d'Urdar; d'ici là, gouvernez-vous comme vous pourrez.

Et il arriva que des rayons de feu s'élevèrent sur le marais qui avait été autrefois la source de l'Urdar. C'étaient les esprits de feu qui plongeaient dans les eaux leurs regards brûlants, et des profondeurs se précipitaient en foule au dehors les esprits de la terre. Mais une belle fleur de lotus s'éleva du terrain qui s'était desséché, et, dans le calice de la fleur se trouvait un bel enfant endormi.

« C'était la princesse Mystilis. »

Quatre des ministres qui avaient été demander les conseils de Magnus Hermod l'enlevèrent avec précaution de son beau berceau. Les quatre mêmes ministres se chargèrent de la tutelle de la princesse, et ils cherchèrent à entourer la jeune enfant de tous les soins qu'ils étaient capables de lui donner. Mais ils tombèrent dans un grand chagrin lorsque la princesse, devenue assez grande pour parler convenablement, commença à employer un langage inintelligible pour tous. On écrivit de tous les côtés à des polyglottes pour reconnaître l'idiome que parlait la princesse; mais un malin sort voulait que plus ces polyglottes étaient instruits et moins ils comprissent les paroles que l'enfant prononçait très-clairement et avec une évidente intelligence.

La fleur de lotus avait de nouveau fermé son calice, mais autour d'elle jaillissait en petites sources le cristal de l'eau la plus pure. Les ministres en éprouvèrent une grande joie, car ils ne pouvaient s'empêcher de croire que le miroir de la source de l'Urdar brillerait bientôt à la place du bourbier.

Les sages ministres résolurent de faire, au sujet du langage parlé par la princesse, ce qu'ils auraient dû faire depuis longtemps : aller demander les conseils de Magnus Hermod.

Lorsqu'ils pénétrèrent sous les noirs ombrages de la forêt mystérieuse et aperçurent à travers le feuillage épais les massives tours, ils rencontrèrent un vieillard qui lisait attentivement dans un gros livre, assis sur un quartier de roche, et ils reconnurent en lui Magnus Hermod.

A cause de la fraîcheur du soir, Hermod s'était couvert d'une robe de chambre noire, et il avait sur la tête un bonnet garni de clochettes; ce qui lui seyait bien, mais lui donnait une apparence étrange et un peu triste. Il sembla aussi aux ministres que la barbe d'Hermod était assez en désordre, car elle ressemblait à un buisson d'épines.

Lorsque les ministres lui eurent humblement exposé l'objet de leurs demandes, Hermod se leva et leur jeta un regard d'un éclat si terrible, qu'ils furent sur le point de tomber à genoux, et il se mit à rire si fort, que toute la forêt en trembla et en retentit, de telle sorte que les animaux effrayés se sauvèrent avec grand bruit à travers les bois, et les oiseaux s'élevèrent, en poussant des cris désespérés, des épaisseurs des bocages. Les ministres, qui n'avaient jamais vu Magnus Hermod dans cette disposition d'esprit sauvage, ne se sentaient pas très à l'aise. Mais Magnus se rassit sur la grosse pierre, ouvrit son livre, et lut d'une voix solennelle:

— Une pierre noire se trouve dans les sombres salles où autrefois les époux royaux, saisis par le sommeil, la pâle mort sur le front, les joues, ont attendu le son puissant de l'heure magique.

Et sous cette pierre se trouve profondément enseveli ce qui doit donner à tous le bonheur de la vie, formé de boutons et de fleurs; c'est pour Mystilis que cet objet doit resplendir; pour elle, c'est le plus précieux des biens.

L'oiseau aux plumes variées se prend dans le filet que les fées ont fait de leurs mains. L'accomplissement s'approche, les nuages sont dissipés, et l'ennemi lui-même doit se donner la mort.

Pour mieux entendre ouvrez vos oreilles, pour mieux voir prenez des lunettes, si vous voulez être des ministres de quelque valeur; mais si vous êtes des ânes, vous êtes tous perdus.

Et alors Magnus ferma son livre avec tant de force qu'il se fit un bruit comme un fort coup de tonnerre, et que tous les ministres tombèrent renversés sur le dos. Lorsqu'ils se relevèrent Magnus avait disparu.

Arrivés à Urdargarten, ils se rendirent aussitôt dans la salle où le roi Ophioch et la reine Eiris avaient passé endormis treize fois leurs joues; ils levèrent la pierre noire et trouvèrent, profondément enfouie dans la terre, une petite cassette merveilleusement travaillée du plus bel ivoire. Ils la mirent dans la main de la princesse Mystilis, qui pressa aussitôt un ressort; le couvercle s'ouvrit et lui laissa prendre le joli appareil à faire du filet qui se trouvait dans la boîte. A peine eut-elle ces objets dans les mains qu'elle se mit à rire bien haut de joie, et dit distinctement:

— Ma petite grand'mère l'avait placé dans mon berceau; mais vous, fripons, vous me l'aviez dérobé, et vous ne me l'auriez rendu si vous n'étiez pas tombés sur le nez dans la forêt.

Et la princesse se mit aussitôt à faire du filet avec ardeur.

Les ministres se préparaient à faire tous ensemble des sauts de joie, lorsque la princesse, sous un coup se roidit et se rassembla une jolie pièce de porcelaine.

Si la joie des ministres avait d'abord été excessive, leur chagrin fut encore plus grand. Ils pleurèrent et sanglotèrent tellement qu'en les entendant de tout le palais, jusqu'à ce que l'un d'eux se mit à réfléchir, s'essuya les yeux avec sa tunique et parla de la sorte:

« Ministres, collègues, camarades, — je crois que le grand Magnus a raison, et que nous sommes, — nous sommes une ânerie n'est-il pris? Le filet, c'est le filet qui doit le prendre. »

Sur l'ordre des ministres, les plus belles femmes du royaume, vraies fées pour la figure et les manières, furent rassemblées dans palais et couvertes des robes les plus riches. Elles devaient faire incessamment du filet. Mais cela fut inutile. L'oiseau ne se prenait pas; la princesse Mystilis resta une petite poupée de porcelaine, les eaux ruisselantes de l'Urdar se desséchèrent de plus en plus, et les vassaux du royaume tombèrent dans le mécontentement le plus amer.

Il arriva de là que les quatre ministres, presque réduits au désespoir, allèrent s'asseoir près du marais qui avait été autrefois le beau lac miroitant; ils laissèrent éclater leurs plaintes et supplièrent Magnus, avec les phrases les plus touchantes, d'avoir pitié d'eux et des pauvres habitants de l'Urdar.

Un sourd gémissement monta du fond des eaux, la fleur de lotus ouvrit son calice, et il en sortit le grand Magnus, qui dit d'une voix courroucée:

— Malheureux aveugles! ce n'est pas à moi que vous ayez parlé dans la forêt, c'est au noir démon Typhon lui-même, qui vous enveloppés d'un charme maudit et vous a livré le maudit secret de la boîte de filet. Mais, par malheur pour lui, il a dit plus de vérités qu'il ne voulait le faire. Si les mains tendres des dames ne peuvent faire le filet, l'oiseau peut aussi être pris; mais écoutez l'énigme véritable dont l'explication délivrera la princesse de son enchantement.

Le vieillard avait lu jusque-là; il s'arrêta, s'éleva de son siège, parla ainsi à la petite poupée qui se trouvait au milieu du cercle, sur l'autel de porphyre.

— Bons, excellents époux royaux, cher Ophioch, Eiris vénérée, ne dédaignez pas de nous suivre dans notre pèlerinage, dans le costume commode de ceux que je vous ai donné. Moi, votre ami Ruffamonte, je tiendrai mes promesses.

Alors Ruffamonte parcourut des yeux le cercle des dames et dit:

— Il est temps pour vous de déposer votre ouvrage et de réciter les paroles mystérieuses que le grand Magnus Hermod dit du calice de la merveilleuse fleur de lotus.

Et, pendant que Ruffamonte battait fortement la mesure avec un petit bâton d'argent sur le livre ouvert, les dames, après avoir quitté leurs sièges, dirent en chœur, en formant un cercle épais autour de Magnus et récitèrent les paroles mystérieuses.

Alors les autruches et les Maures poussèrent des cris confus, et on entendait aussi la voix de beaucoup d'autres oiseaux. Mais Giglio, qui s'était remis de sa stupeur et avait repris tout son sang-froid, et auquel ceci paraissait une burlesque comédie, s'écria plus fort que tous les autres :

— Au nom de Dieu! qu'est-ce? Aurez-vous bientôt fini toutes vos folies? Soyez donc raisonnables. Dites-moi où je pourrai trouver la princesse, Sa Grâce l'admirable Brambilla!

Je suis Giglio Fava, le plus fameux comédien du monde, que la princesse Brambilla aime, et qu'elle veut élever aux plus grands honneurs. Ainsi écoutez-moi donc, dames, Maures, autruches; je sais cela mieux que le vieux qui est là, car je suis le Maure blanc, et aucun autre...

Aussitôt que les dames aperçurent Fava, elles poussèrent un perçant éclat de rire et coururent vers lui. Giglio ne put se dire pourquoi il ressentait tout d'un coup une crainte terrible et il fit tout son possible pour les éviter. Il n'aurait pas pu y parvenir s'il n'eût réussi, en étendant son manteau, à s'envoler jusqu'à a coupole de la salle. Alors les dames coururent çà et là et jetèrent de grands draps vers lui, jusqu'à ce qu'il tombât épuisé. Alors elles lui lancèrent un filet sur la tête, et les autruches apportèrent une elle cage d'or où on l'enferma sans pitié. Au même moment le lustre s'éteignit, et tout disparut comme par un coup de baguette.

Comme la cage était près d'une grande fenêtre, Giglio put regarder dans la rue, qui se trouvait silencieuse et déserte, parce que tout le monde était alors dans les maisons de jeu et les tavernes, de sorte que le pauvre Giglio, mal à l'aise dans son étroite prison, se trouva dans la solitude la plus complète.

— Est-ce donc là mon rêve de bonheur? s'écria-t-il avec un accent douloureux. O Dieu! le tendre secret enfermé dans le palais Pistoja? J'ai vu les Maures, les dames, le petit bonhomme de la tulipe, les autruches et tout ce qui est entré par la porte étroite; il n'y manquait que les mulets et les pages emplumés; mais Brambilla ne s'y trouvait pas. Non, ce n'est pas ici que demeure la charmante image de mon ardent désir, de ma passion si vive! O Brambilla! Brambilla! il me faut que je languisse dans une vile prison, et je ne jouerai jamais le Maure blanc! Oh! oh! oh!

— Qui se lamente si fort? s'écria quelqu'un dans la rue.

Giglio reconnut à l'instant la voix du vieux Celionati, et un rayon d'espoir descendit dans son âme inquiète.

— Celionati! cher monsieur Celionati! s'écria-t-il avec un accent fait pour émouvoir, est-ce donc vous que j'aperçois au clair de lune? Je suis ici dans une vilaine position. Ils m'ont enfermé dans une cage, comme un oiseau! O Dieu! seigneur Celionati, vous êtes un homme vertueux et incapable d'abandonner son prochain dans la détresse. Sauvez-moi à votre disposition des forces puissantes, sauvez-moi, sauvez-moi! O liberté! douce liberté! personne ne t'estime plus que celui qui se trouve dans la cage, même lorsque les grilles en sont d'or.

Celionati se mit à rire violemment; puis il ajouta :

— Vous voyez, Giglio, voilà où vous ont conduit votre maudite folie et vos rêves insensés! Qui vous a dit d'entrer, dans une mascarade de mauvais goût, dans le palais de Pistoja? Comment pouvez-vous vous glisser dans une réunion où je ne suis moi-même pas invité?

— Comment! s'écria Giglio, vous appelez mascarade de mauvais goût le plus beau de tous les costumes, le seul sous lequel je pouvais décemment me montrer à la princesse adorée.

— C'est votre beau costume même qui est cause de ce qui vous est arrivé, répliqua Celionati.

— Mais ne donc aux oiseaux! s'écria Giglio plein d'impatience et de colère.

— Les dames vous ont certainement pris pour un oiseau, et précisément pour un de ceux qui leur plait le plus pour un bec jaune.

— O Dieu! s'écria Giglio hors de lui. Moi! Giglio Fava, le célèbre héros tragique, le Maure blanc, pris pour un bec jaune!

— Eh bien, signor Giglio! dit Celionati, prenez patience; dormez doucement et paisiblement ce qui vous reste de nuit. Qui sait si le jour qui va venir ne vous apportera pas quelque agrément?

— Ayez pitié, signor Celionati, s'écria Giglio; délivrez-moi de cette prison maudite! Je n'entrerai jamais plus dans le palais de Pistoja.

— Vous n'avez en aucune façon mérité que je m'intéresse à vous, répondit Celionati. Vous avez méprisé mes bons avis. Vous vouliez vous jeter dans les bras de mon ennemi mortel, l'abbé Chiari, qui, il eût pu vous le sucer, vous a précipité dans le malheur par ses vers bas et absurdes, pleins de mensonges et d'erreurs. Pourtant vous êtes dans une bonne créature, et j'ai souvent prouvé que je suis un vieux fou facile à attendrir; c'est pourquoi je veux vous sauver. J'espère que vous m'achèterez demain de nouvelles lunettes et un exemplaire de la dent du grand africain.

— Je vous achèterai tout ce que vous voudrez, mais délivrez-moi, délivrez-moi! je suis étouffé à moitié!

Giglio parla ainsi, et Celionati monta vers lui au moyen d'une échelle invisible; il ouvrit la grande porte de la cage, et le malheureux bec jaune passa avec grande peine par cette ouverture. Mais dans le même moment un grand bruit confus s'éleva dans le palais, et des voix confuses et désagréables se mirent à caqueter et à crier.

— On remarque votre fuite, dit Celionati. Giglio, tâchez de vous sauver.

Avec l'énergie du désespoir, Giglio se fit un passage, s'élança dans la rue comme un insensé, bousculant ceux qui ne lui avaient fait aucun mal, et s'en alla courant avec furie.

— Qui, dit-il, le monstre qui est la sans corps, lorsque, de retour dans sa chambre, il examina son ridicule accoutrement dans lequel il avait combattu son moi, c'est mon moi, et ces habits de prince, le noir démon les a volés au bec jaune et me les a procurés pour me vexer, afin que les admirables dames, dans une malheureuse erreur, me prissent moi-même pour le bec jaune.

Je radote, je le sais, mais c'est juste; car je suis devenu fou, parce que mon moi n'a pas de corps.

Ho! ho! du courage! dit-il, mon cher aimable moi!

Là-dessus il s'arracha en fureur les beaux habits de dessus le corps, endossa la plus folle des mascarades et courut au Corso. Tous les plaisirs du ciel inondaient, mais une charmante jeune fille à l'angélique tournure l'invita à la danse, un tambourin à la main.

Le lecteur apprendra dans le chapitre suivant ce qui arriva ensuite.

VI.

Comment un danseur devint un prince, tomba évanoui dans les bras d'un charlatan, et le soir au souper douta de la liberté de son cuisinier. — Liqueur anodine, et grand bruit sans cause. — Combat chevaleresque de deux amis saisis d'amour et de tristesse, et sort issu tragique. — Désavantage et inconvénients du tabac à priser. — Prince découverte d'une jeune fille, et nouvel appareil pour voler en l'air. — Comment la vieille Béatrice se mit une fenêtre sur le nez et rit.

ELIX. — Tourne, tourne plus fort, tourbillonne sans repos, gaie, folle danse! Ah! comme tu fuis plus rapide que l'éclair! Pas de repos! pas de trêve! Des fantômes divers pétillent en passant comme les étincelles ardentes d'un feu d'artifice, et s'effacent dans la nuit noire. Le plaisir poursuit le plaisir, ne peut l'atteindre, et c'est là que renaît le plaisir. Rien d'ennuyeux comme s'arrêter, cloué au plancher, chaque mot, chaque regard; je ne voudrais pas, pour cela même, être une fleur. J'aime mieux être le scarabée doré qui murmure et bourdonne autour de ta tête, si bien qu'à son bruit tu n'entends plus la voix de ta raison. Et, d'ailleurs, où reste-t-elle, la raison, quand les tourbillons du sauvage plaisir l'entraînent? Tantôt trop lourde, elle brise ses faibles liens et tombe dans l'abîme; tantôt trop légère, elle monte dans les espaces étheres du ciel, impossible de conserver en doutant, un esprit, qui raisonne. Laisson-la, tant que dureront nos passes et nos tours! Aussi, je ne te ferai pas de phrases, beau, agile compagnon. Vois, comme, en tournant autour de toi, je t'échappe au moment où, me poursuivant, tu croyais me tenir; et maintenant! et maintenant encore!

LUI. — Et pourtant, ah! non! c'est manqué! Mais cela vient seulement de ce que, dans la danse, il faut faire attention à son équilibre. Pour cela il faut que chaque danseur tienne quelque chose à la main, comme ma balancier; et pour cela aussi, je veux tirer mon large sabre, et l'agiter dans l'air. Voilà! que penses-tu de cette cabriole, de cette pose dans laquelle je confie à la pointe de mon pied gauche tout le poids de mon moi? Tu nommes cela de la folie? Mais, c'est de la raison, dont tu fais si peu de cas, quoique sans elle on ne comprenne rien, pas même l'équilibre, qui sert à bien des choses. Mais comment! entouré de rubans de mille couleurs, planant comme moi sur la pointe du pied, le tambourin dans l'air, tu veux que j'abandonne toute raison, tout équilibre? Je vais y jeter la pointe de mon manteau pour que tu tombes éperdue dans mes bras! Et pourtant non! Aussitôt que je l'aurais touché tu ne serais plus : tu rentrerais dans le néant. Qui, es-tu donc, être mystérieux, qui, formé d'air et de feu, appartiens à la terre, et regarde, séductrice du sein des eaux? Tu ne peux pas m'échapper. Pourtant tu veux descendre; j'essaye de te saisir, et tu planes déjà dans les airs. Es-tu vraiment l'esprit des éléments, qui enflamme la vie pour la vie? Es-tu la mélancolie, le désir du cœur, l'extase, le plaisir céleste de l'existence?

Mais encore cette même passe, — ce mot tourne! Et pourtant, belle des belles, ta danse est éternelle, et c'est en toi ce qui étonne le plus.

LE TAMBOURIN. — Quand tu m'entends, ô danseur! claquer, bruire, résonner, tu penses en toi : je veux te dire quelque chose de neuf au milieu d'un flot de vain bavardage; ou que je suis une chose sotte, incapable de comprendre le tact et le tact de tes mélodies, et pourtant c'est moi qui te tiens dans le tact et le ton. Aussi écoute! écoute! écoute-moi!

LE SABRE. — Tu crois, ô danseuse! que, fait de bois, sourd et massif, sans tons ni sans tact, je ne suis inutile; mais sache que ce sont mes mouvements dans l'air qui dirigent le tact et le ton de ta danse. Je suis sabre et luth, et peux blesser les airs par le chant, par le bruit, par le tranchant et la pointe, et je conserve le ton et le luth. Écoute ! écoute ! écoute-moi !

ELLE. — Comme l'harmonie de notre danse va s'augmentant toujours ! Ah ! quels pas ! quels sons ! toujours plus hardis, toujours plus hardis ; et pourtant ils réussissent, parce que nous comprenons la danse de mieux en mieux.

LUI. — Ah ! comme mille cercles de feu nous ceignent ! quel plaisir. Beau feu d'artifice, tu ne cesseras jamais, car ton matériel est éternel comme le temps ; pourtant, arrêtez, arrêtez, je brûle, je tombe dans le feu.

LE TAMBOURIN ET LE SABRE. — Retenez-vous ferme ; retenez-vous ferme ; à nous, danseurs.

ELLE ET LUI. — Ah ! malheur ! la tête me tourne. Tourbillon ! soutenez-nous ! nous tombons.

Ainsi se faisait mot pour mot la merveilleuse danse, où Giglio Fava déployait sa souplesse et ses grâces avec l'admirable belle qui ne pouvait être autre que la princesse Brambilla, jusqu'à ce qu'ils furent sur le point de tomber évanouis dans l'enivrement de leur bruyant plaisir. Mais cela n'eut pas lieu. Bien plus, Giglio, encouragé encore une fois par le sabre et le tambourin à se tenir ferme, crut tomber dans les bras de la belle ; mais cela ne se fit pas non plus, car il ne se trouva pas dans les bras de la princesse, mais bien dans ceux du vieux Celionati.

— Je ne sais pas, cher prince, dit Celionati (car, malgré votre déguisement particulier, je vous ai reconnu au premier coup d'œil), comment vous pouvez vous laisser abuser si grossièrement, avec une intelligence comme la vôtre. Il est heureux pour vous que je me sois trouvé là pour vous recevoir dans mes bras, lorsque la drôlesse, profitant de votre évanouissement, allait vous enlever.

— Je vous remercie de votre bon vouloir, mon cher monsieur Celionati, répondit Giglio, mais je ne comprends pas pourquoi vous parlez de grossière erreur, et je suis au désespoir que ce fatal étourdissement m'empêche de terminer, avec la princesse la plus gracieuse et la plus belle, une danse qui me faisait tant de plaisir.

— Que dites-vous ? reprit Celionati ; croyez-vous réellement que vous dansiez avec la princesse Brambilla ? Pas le moins du monde ! là est justement l'ignoble tromperie. La princesse vous a envoyé une personne de basse condition pour poursuivre, sans être troublée, un autre commerce d'amour.

— Serait-il possible que j'eusse été trompé ? s'écria Giglio.

— Pensez, continua Celionati, que si votre danseuse eût été réellement la princesse, le grand Magnus Hermod vous serait apparu aussitôt que vous auriez eu terminé votre heureuse danse, pour vous conduire dans votre royaume avec votre noble fiancée.

— C'est vrai, dit Giglio ; mais dites-moi comment tout cela s'est passé, et avec qui dansais-je ?

— Vous saurez tout, reprit Celionati, c'est votre droit ; je vais vous accompagner jusque dans votre palais, pour parler plus librement avec vous, mon prince.

— Ayez donc alors la bonté de m'y conduire, répliqua Giglio, car je dois vous avouer que la danse avec la princesse supposée m'a fait un effet si étrange que je trébuche en re le songe et la vérité, et que pour le moment je ne sais réellement pas où mon palais est situé.

— Venez avec moi, Excellence, s'écria Celionati en lui prenant le bras, et ils partirent ensemble.

Il alla droit au palais Pistoja. Déjà sur les marches de marbre du palais, Giglio regarda l'édifice du haut en bas, et dit à Celionati :

— Si c'est vraiment mon palais, ce dont je ne doute certainement pas, alors j'ai donné l'hospitalité à de singuliers hôtes, qui mènent là-haut, dans la plus belle salle, une folle existence, et se comportent comme si la maison leur appartenait plus qu'à moi. Des femmes effrontées, étrangement costumées, y retiennent les gens d'esprit, et (que les saints me protègent!) il m'est, je crois, arrivé à moi, le maître de la maison, d'être pris pour l'oiseau rare qu'elles doivent prendre dans les filets que l'art des fées a tissés de leurs mains tendres, et cela a causé assez de trouble et de désordre.

J'ai une idée vague d'avoir été enfermé ici dans une vile cage, et j'aimerais mieux ne pas y entrer. S'il pouvait se faire, mon cher Celionati, que mon palais, pour aujourd'hui, fût placé ailleurs, je le préférerais de beaucoup.

— Votre palais, Excellence, répliqua Celionati, ne peut être placé nulle part ailleurs qu'ici même, et il serait contraire à toute étiquette d'aller dans une maison étrangère. Vous pensez bien, mon prince, que tout ce que nous faisons, et ce que l'on fait ici, n'a rien de réel et n'est qu'un caprice menteur ; et vous n'éprouverez plus le moindre désagrément du peuple fantasque qui fait des siennes là-haut. Entrez sans crainte.

— Mais, dites-moi, reprit Giglio en retenant Celionati, qui voulait ouvrir la porte, la princesse Brambilla n'est-elle pas entrée ici en compagnie de l'enchanteur Ruffiamonte, avec un nombreux cortège de dames, de pages, d'ânes et d'autruches ?

— Sans doute, répondit Celionati ; mais cela ne doit en rien vous empêcher d'y rentrer, vous le maître du palais, avec la princesse ; vous y serez dorénavant parfaitement en repos. Et bientôt vous vous y trouverez tout à fait à votre aise.

En disant ces paroles, Celionati ouvrit la porte du palais et pouss Giglio devant lui. Tout dans l'antichambre était silencieux et tranquille ; mais lorsque Celionati frappa à une porte, un petit Polichinelle très-agréable apparut une bougie allumée à la main.

— Si je ne me trompe, dit Giglio à ce petit être, j'ai déjà eu l'honneur de vous apercevoir, mon cher monsieur, sur l'impériale de la voiture de la princesse Brambilla.

— C'est la vérité, répondit Polichinelle ; j'étais autrefois au service de la princesse, et j'y suis encore maintenant, mais comme étant spécialement attaché à votre gracieuse personne, mon cher prince !

Polichinelle éclaira les arrivants, les introduisit dans une chambre magnifique et se retira discrètement, tout en ayant soin de prévenir son prince qu'à son ordre donné, où et quand il le désirerait, il apparaîtrait aussitôt qu'il lui plairait de presser un ressort qu'il lui montra.

— Je suis seul laquais des salles d'en bas, ajoutait-il, mais je supplée à tout par mon activité.

— Ah ! s'écria Giglio en s'admirant dans le riche et somptueux palais ; ah ! je vois maintenant que je suis réellement chez moi, dans ma chambre princière ; mon impresario l'a fait peindre, il s'est trouvé redevoir de l'argent et a donné un soufflet au peintre qui lui en demandait, ce qui fit que le machiniste roua l'impresario de coups avec une torche de furies. Oui, je suis dans mon habitation de prince ! Mais mon cher signor Celionati, vous vouliez, au sujet de ma danse, me tirer d'une grossière erreur. Parlez, je vous en prie, parlez, mais avant tout asseyons-nous.

Lorsqu'ils se furent placés l'un et l'autre sur de moelleux coussins, Celionati commença ainsi :

— Croiriez-vous, mon prince, que la personne qui dansait avec vous n'est autre qu'une jolie modiste, Giacinta Soardi.

— Est-il possible ? s'écria Giglio ; mais il me semble que cette fille a pour amant un misérable pauvre diable de comédien, Giglio Fava.

— En effet, reprit Celionati ; mais pourriez-vous vous imaginer que la princesse Brambilla court par monts et par vaux après ce misérable pauvre diable de comédien, ce prince de théâtre, et qu c'est pour cela qu'elle vous envoie cette modiste, dans l'espoir que vous deviendrez éperdûment amoureux d'elle, et que vous en débarrasserez le prince de théâtre ?

— Quelle pensée criminelle ! s'écria Giglio ; mais, croyez-moi, Celionati, c'est un charme diabolique qui embrouille et dérange tout. Je romprai ce charme avec le sabre de bois que je manie d'une main habile, et j'anéantirai ce misérable qui a la hardiesse de souffrir que ma princesse l'aime.

— Faites-le, cher prince, répondit Celionati avec un malicieux sourire. J'attache moi-même une grande importance à ce que cet animal soit écarté.

Ici Giglio pensa à Polichinelle et au service qu'il devait faire auprès de lui ; il pressa le ressort caché, Polichinelle sauta à l'instant dans la chambre, et comme il l'avait promis, il sut suppléer à une quantité de domestiques. Il fut tout à la fois cuisinier, sommelier, laquais et échanson ; et en quelques secondes un délicieux repas fut préparé.

Dans le très-remarquable caprice original qui a servi de guide à l'éditeur, il se trouve ici une lacune.

Il est dit que le prince (ce ne peut être que Giglio Fava qui faisait contre Giglio Fava des menaces de mort) fut attaqué tout à coup de violentes coliques, qu'il attribua à la cuisine de Polichinelle ; mais que, lorsque Celionati lui eut fait prendre une liquor anodynus, il s'était endormi et qu'un grand bruit s'était élevé. Et l'on n'apprend pas ce que signifie ce bruit, ni si Giglio Fava et Celionati ont quitté le palais Pistoja.

Le manuscrit continue ainsi plus loin :

Aussitôt que le jour commença à baisser, un masque attira dans le Corso l'attention générale par son excentricité et sa folie. Il portait sur la tête un bonnet singulier orné de deux grandes plumes de coq, et un masque avec un nez ayant la forme d'une trompe d'éléphant, sur lequel était placé d'immenses lunettes, un pourpoint avec de gros boutons, et avec cela de charmantes culottes de ciel bleu de ciel, avec des rubans d'un rouge sombre, des souliers blancs avec des rubans rouges, et à son côté un beau sabre pointu.

Le bienveillant lecteur connaît déjà ce costume depuis le premier chapitre de ce livre, et sait d'avance qu'il ne peut être porté que par Giglio Fava.

À peine ce masque avait-il deux fois parcouru le Corso, qu'un capitan, Pantalon Brighella, qui se montre aussi souvent dans ce volume, apparaît tout à coup et s'écria, en jetant sur le masque des yeux enflammés de courroux :

— Je te joins donc enfin, sot héros de théâtre, vil Maure blanc ! Tire ton sabre, lâche, défends-toi, et je te traverse avec cette épée de bois.

Et en même temps l'aventureux capitan Pantalon brandit son large sabre dans les airs ; Giglio ne fut pas le moins du monde déconcerté de cette attaque, et lui dit d'une voix calme :

— Quel est ce drôle brutal qui veut se battre en duel avec moi, sans savoir le moins du monde ce que sont les véritables coutumes chevaleresques ? Écoutez, mon ami, si vous me reconnaissez réellem...t pour le Maure blanc, vous devriez savoir que je suis un héros et un chevalier comme un autre, et que la seule courtoisie me porte à me promener en culottes bleu de ciel, des bas roses et des souliers blancs. C'est un costume de bal dans le genre du roi Arthur. Mon bon sabre brille à mon côté, et je me mettrai en garde en face de vous en vrai chevalier, lorsque vous m'attaquerez comme un chevalier, et quand vous serez quelque chose de plus convenable qu'un paillasse transformé en Romain.

— Pardonnez, ô Maure blanc! dit le masque, d'avoir un moment oublié ce que je dois au héros et au chevalier! mais aussi vrai que le sang d'un prince coule dans mes veines, je vous montrerai que j'ai lu comme vous d'excellents livres de chevalerie.

Et alors le capitan Pantalon fit quelques pas en arrière, et dit avec l'expression de la plus intime politesse:
— Vous plaira-t-il?

Giglio tira son épée en saluant élégamment son adversaire, et le combat commença.

L'on comprit aussitôt que tous deux s'entendaient parfaitement à de pareils exercices chevaleresques. Ils cramponnèrent leur pied gauche sur le terrain, tandis que le pied droit tantôt s'avançait en frappant la terre pour une attaque hardie, tantôt se retirait en arrière pour prendre une position de défense. Les lames brillantes se rencontraient, les bottes se suivaient avec la rapidité de l'éclair. Après une série chaude et menaçante les combattants se reposèrent. Ils se regardèrent, et il leur vint, avec le combat, une telle affection mutuelle qu'ils se jetèrent dans les bras l'un de l'autre et pleurèrent abondamment. Puis le combat recommença avec une double force et une double adresse. Mais comme Giglio voulait parer une botte bien dirigée de son adversaire, l'épée de ce dernier fut rabattue sur les rubans de la culotte, qui tombèrent en gémissant.

— Halte! s'écria le capitan Pantalon.

On visita la blessure, que l'on trouva insignifiante. Quelques épingles suffirent pour remettre les rubans en place.

— Je vais prendre de ma main gauche mon glaive, dont la pesanteur fatigue mon bras, s'écria alors le capitan Pantalon; tu peux continuer à tenir de la droite ton épée plus légère.

— Dieu me préserve d'accepter un tel avantage! s'écria Giglio; moi aussi je vais changer de main, et ainsi cela n'en vaudra que mieux, et mes coups en seront plus sûrs.

— Viens sur mon cœur, bon et noble camarade! s'écria le capitan Pantalon.

Les combattants s'embrassèrent de nouveau, et se mirent à sangloter de la noblesse de leur conduite, et ils s'attaquèrent avec une nouvelle furie.

— Halte! s'écria son tour Giglio, saisissant son épée engagée dans le rebord du chapeau de son adversaire.

Celui-ci voulait d'abord nier cette atteinte; mais comme le bord lui tomba sur le nez, il dut accepter les offres de service de Giglio. La blessure était insignifiante. Le chapeau, après que Giglio l'eut arrangé, n'en resta pas moins un noble feutre.

Les combattants se regardèrent de nouveau avec une estime plus grande; chacun avait reconnu la valeur éprouvée de l'autre. Ils s'embrassèrent, pleurèrent, et l'ardeur du combat renouvelé flamba plus violente encore. Giglio se découvrit, l'épée de son adversaire retentit sur sa poitrine, et il tomba en arrière sur le terrain, privé de sentiment.

Malgré ce dénouement tragique, le peuple, lorsqu'on emporta le cadavre de Giglio, poussa un long éclat de rire, qui fit trembler tout le Corso, tandis que capitan Pantalon mit froidement dans le fourreau son large sabre de bois, et se promena d'un pas fier dans le Corso.

— Oui! c'est résolu, dit la vieille Béatrice, je reverrai le vieux et laid charlatan Celionati, lorsqu'il se laissera voir de nouveau pour tourner la tête de ma douce belle enfant. Maître Bescapi s'est aussi entendu avec lui pour toutes ces folies.

La vieille Béatrice pouvait voir juste en une certaine façon, car depuis le temps où Celionati commença à rendre visite à la charmante modiste Giacinta Soardi, son cœur parut complètement changé. Elle était comme plongée dans un songe continuel, et disait de temps en temps des choses si extraordinairement obscures que la vieille était inquiète pour sa raison.

L'idée fixe de Giacinta, autour de laquelle se groupaient toutes les autres, était (et le lecteur a déjà pu le présumer) que le magnifique et riche prince Cornelio Chiapperi l'aimait et demanderait sa main. Béatrice pensait que Celionati, le ciel savait dans quel dessein, troublait la raison de Giacinta; car, si l'amour du prince était réel alors, il était incompréhensible qu'il n'eût pas depuis longtemps rendu visite à sa bien-aimée dans sa demeure, car les princes ne sont ordinairement pas timides, et les quelques ducats que Celionati leur avait remis n'avaient rien de plus qui fût digne de la libéralité d'une telle excellence. En résumé, il n'existait pas de prince Cornelio Chiapperi, ou, s'il y en avait un, le vieux Celionati lui-même l'avait annoncé du haut de ses tréteaux et le prince assyrien Cornelio Chiapperi, après s'être fait arracher une dent, avait disparu, et que sa fiancée, la princesse Brambilla, le faisait chercher.

— Vous le voyez, s'écria Giacinta les yeux brillants, ceci est la clef de tout le secret; voilà la cause qui oblige le bon et noble prince à se cacher avec tant de soin. Enflammé qu'il est de son amour pour moi, il redoute de visiter la princesse Brambilla et ses prétentions à sa main, et ne peut cependant se décider à quitter Rome. Il ne se hasarde à se montrer dans le Corso que sous les costumes les plus étranges, et c'est justement dans le Corso qu'il m'a donné les preuves les moins douteuses de son tendre amour. Bientôt brillera pour le cher prince et pour moi l'étoile d'or du bonheur dans toute sa pureté. Vous souvenez-vous encore d'un comédien dégoûtant qui me faisait autrefois la cour, un certain Giglio Fava?

— Je n'ai pas besoin pour cela de grands efforts de mémoire, réplique la vieille, puisque le pauvre Giglio, qui t'aime beaucoup plus qu'un prince imaginaire, est venu ici avant-hier, et s'est parfaitement régalé de l'excellent dîner que j'avais préparé.

— Pourriez-vous croire, continua Giacinta, que la princesse Brambilla court après ce misérable drôle? c'est Celionati qui me l'a assuré. Mais, de même que le prince hésite à se déclarer publiquement pour moi, la princesse, de son côté, ne peut se décider qu'avec peine à rompre son premier amour, et à élever sur le trône le comédien Giglio Fava. Mais au même instant que la princesse donnera sa main à Giglio, le prince enchanté m'offrira la sienne.

— Giacinta! s'écria la vieille, quelles folies! quels rêves!

— Et lorsque vous prétendez, ajouta Giacinta, que le prince a rougi de visiter la bien-aimée dans sa chambrette, vous dites un affreux mensonge. Vous pourriez vous imaginer quels ingénieux artifices le prince met en œuvre pour me voir à la dérobée; car vous devez savoir qu'outre ses autres qualités et ses connaissances louables, c'est aussi un grand magicien. Je ne veux pas me rappeler qu'il vint une fois me rendre visite la nuit, mais si petit, si délicat, si gentil, que j'aurais pu le croquer. Mais il m'apparaît souvent tout à coup dans cette chambre, même lorsque vous êtes là, et il ne tiendrait qu'à vous de voir non-seulement le prince, mais toutes les magnifiques choses qui s'opèrent alors. Mais je trouve moins de plaisir à voir notre étroite chambre prendre les grandes proportions d'une salle magnifique, aux murs plaqués de marbre, aux tapis brochés d'or, aux lits drapés de damas, aux tables, aux chaises d'ébène et d'ivoire, que lorsque, la main dans la main, j'erre avec le bien-aimé dans les plus beaux jardins que l'on puisse imaginer. Je ne suis nullement étonnée, ma bonne vieille, que tu ne puisses pas respirer les senteurs célestes qui parfument ce paradis, puisque tu as la mauvaise habitude de te bourrer le nez de tabac, et que tu ne cesses, même en présence du prince, de tirer ta petite tabatière. Et tu devrais pour le moins déranger un peu ton serre-tête pour entendre le chant des oiseaux du parc, qui s'empare des sens et dissipe toute douleur terrestre, et même le mal de dents! Et puisque le souffre, tu ne peux pas trouver pas convenable que le prince m'embrasse sur les deux épaules, car tu vois, n'est-ce pas? comme au même instant les plus belles, les plus resplendissantes ailes de papillon me viennent tout à coup, et comme je m'élève haut, bien haut dans les airs; ah quel plaisir, quand je plane à côté du prince dans l'azur du ciel! Tout ce que la terre et le firmament ont de splendide, toutes les richesses, tous les trésors cachés dans le sein de la création, et dont on n'a qu'une vague idée, se présentent à mon regard enivré, et tout cela tout cela est à moi!

Et tu dis, vieille, que le prince est avare et me laisse dans la pauvreté, en dépit de son amour; et tu penses être plus riche que lui lorsque le prince sera là, et tu es dans l'erreur. Vois, vieille, vois comme, dans ce moment même il n'y a pas de prince et de sa magnificence, comme notre chambre s'est véritablement ornée. Vois ces rideaux, ces tapis, ces glaces, et avant tout cette précieuse armoire dont l'extérieur est digne des richesses qu'elle renferme, car tu n'as qu'à l'ouvrir, et ce sont les rouleaux d'or tombant dans ton tablier. Et que penses-tu de ces belles dames, de ces femmes de chambre, de ces pages que le prince a mis à mon service avant qu'une cour brillante environne mon trône?

En parlant ainsi, Giacinta s'avança vers l'armoire que l'aimable lecteur a déjà vue dans le premier chapitre, dans laquelle de riches, mais étranges costumes étaient accrochés, et que Giacinta avait montés d'après la commande de Bescapi, et elle commença à s'entretenir avec eux à voix basse.

La vieille regarda, en secouant la tête, toutes les démarches de Giacinta, et elle dit:

— Dieu protège Giacinta; mais vous êtes tombée dans un état de démence, et je veux aller chercher le confesseur pour qu'il chasse le diable qui apparaît ici. Mais, je vous le dis, tout ceci est causé par cet horrible charlatan, qui vous a mis un prince en cervelle, et par ce tailleur qui vous envoie de ces costumes à confessionner. Mais je ne veux pas gronder! Reviens à la raison, ma douce enfant, ma chère petite Giacinta; reviens à toi, sois gentille comme avant!

Giacinta s'assit sans rien répondre sur sa chaise, appuya sa petite tête sur sa main, et ses grands regards fixèrent le plancher.

— Et si notre bon Giglio cessait ses écarts, continua la vieille; mais, attends donc! mais en te regardant ainsi, ma petite Giacinta ce qu'il nous a lu un jour de son petit livre me revient à l'esprit; attends, attends, attends, tout cela va fort bien ensemble!

La vieille alla chercher dans une petite corbeille, entre des rubans des dentelles, des lambeaux de soie et d'autres objets de toilette, un petit livre proprement relié ; elle mit ses lunettes sur son nez, s'accroupit par terre devant Giacinta, et lut :

« Était-ce sur la rive solitaire d'un ruisseau de la forêt ? était-ce dans un bocage de jasmins odorants ?

» Non ! je me rappelle, c'était dans une petite chambre gaie, illuminée par les rayons du soleil, que je l'aperçus. Elle était assise dans un fauteuil à bras un peu bas, la tête appuyée sur sa main droite, de sorte que les boucles de ses cheveux noirs ondoyaient capricieusement et s'élançaient comme une eau qui coule entre ses doigts blancs. Sa main gauche était placée sur ses genoux, et jouait avec les rubans de soie qui s'étaient dénoués de son corsage élancé qu'ils entouraient. Les mouvements de cette main semblaient suivre involontairement le pied, dont la pointe seule apparaissait parmi les plis nombreux de sa robe, et frappait doucement la terre en se levant et s'abaissant tour à tour.

Je vous le dis, tant de grâce, tant de charmes célestes étaient répandus sur toute sa personne, que mon cœur battait d'une extase indicible. J'aurais voulu posséder l'anneau de Gygès, elle ne m'aurait pas aperçu, car je craignais qu'à ma vue elle ne s'évanouît dans les airs comme l'image d'un rêve.

Un doux et bienveillant sourire jouait sur sa bouche et ses joues, de légers soupirs s'échappaient de ses lèvres d'un rouge de rubis, et me frappaient comme de brûlantes flèches d'amour.

J'eus un moment d'effroi. Je crus dans l'éclair douloureux de ma brûlante joie avoir prononcé tout haut son nom. Mais elle ne faisait pas attention à moi, elle ne me voyait pas. Alors je me hasardai à regarder fixement ses yeux, qui semblaient dirigés sur moi, et dans le reflet de ce charmant miroir, s'ouvrit devant moi ce jardin magique dont l'image angélique était partie.

De brillants châteaux en l'air m'ouvrirent leurs portes, et de ces portes s'élançait un peuple joyeux et varié, qui dans ses cris de joie apportait les plus beaux, les plus riches dons. Mais ces dons c'étaient toutes les espérances, tous les désirs ardents qui venaient agiter son cœur, partis du plus profond de son âme. Toujours plus haut et plus violemment, se levaient, semblables à des vagues de la blancheur du lis, les dentelles qui couvraient sa poitrine éblouissante, et un incarnat pâle brillait sur ses joues ; alors seulement s'éveilla le secret de la musique et la belle des belles parla avec des accents célestes.

Croyez-moi, au reflet de cet admirable et étrange miroir, je me trouvais au milieu d'un parc enchanté.

— Tout cela est très-joli et très-bien dit, dit la vieille en fermant bruyamment le livre et en ôtant ses lunettes ; mais que de phrases diffuses, mon Dieu ! pour dire seulement que pour un homme de sens et d'esprit rien n'est plus gracieux et plus séduisant que de contempler une jeune fille qui est assise recueillie et bâtit des châteaux en l'air !

Et cela se rapporte admirablement à toi, ma chère Giacinta, comme je te le disais tout à l'heure, et tout ce que tu m'as bavardé du prince et de ses tours magiques n'est rien autre chose que le rêve dans lequel tu es tombée, raconté à voix haute.

— Et lors même que cela ne serait pas vrai, répondit Giacinta en se levant de son siège, et frappant dans ses mains comme un enfant joyeux, ne serais-je pas d'autant plus ressemblante à la gracieuse et enchanteresse image dont parlait le livre que vous lisiez ?

Et sachez bien que c'étaient les paroles du prince qui s'échappaient involontairement de vos lèvres lorsque vous vouliez me lire un passage du volume de Giglio.

VII.

Comment d'affreuses choses furent exigées d'un charmant jeune homme au café Grec, comment un impresario eut du repentir, et comment un modèle des comédiens mourut des tragédies de l'abbé Chiari. — Dualisme chronique, et le double prince qui pensait de travers. — Comment quelqu'un, à cause d'un mal d'yeux, devint à moitié fou, perdit son pays et n'alla pas promener. — Dispute, combat et séparation.

Il est impossible que le bienveillant lecteur se plaigne de ce que l'auteur le fatigue dans cette histoire par de trop grands détours. Dans un petit espace de quelques centaines de pas a jeune tout se trouve agréablement réuni. Le Corso, le palais Pistoja, le café Grec, etc., et en exceptant la petite excursion dans le pays d'Urdargarten, il reste toujours dans un cercle étroit et facile à parcourir. En quelques pas donc, le lecteur bienveillant se retrouve au café Grec où, il y a de cela quatre chapitres, le charlatan Celionati racontait l'histoire merveilleuse du roi Ophioch et de la reine Liris.

Donc, dans le café Grec était assis à l'écart un jeune homme beau et bien mis, et il paraissait plongé dans des réflexions profondes, de sorte que lorsque deux personnes qui étaient entrées pendant ce temps s'étaient approchées de lui l'eurent appelé deux ou trois fois de suite : — Signor ! mon cher signor ! il parut sortir d'un songe et demanda avec l'exquise politesse d'une personne du meilleur ton ce que lui voulaient ces messieurs.

L'abbé Chiari (il est bon que vous sachiez que ces deux hommes n'étaient autres que l'abbé Chiari, le fameux auteur du *Maure blanc*, plus fameux encore, et cet impresario qui mêlait la farce à la tragédie), l'abbé Chiari donc commença ainsi :

— Mon excellent signor Giglio ! comment se fait-il que l'on ne vous voie plus nulle part, et qu'il faille vous chercher péniblement dans toute la ville de Rome ?

Vous voyez ici un pêcheur repentant, que la force et la puissance de mes paroles ont converti, qui veut réparer tout le mal qu'il vous a fait, et vous payer richement de tout ce que vous avez souffert.

— Oui, signor Giglio ! reprit l'impresario, j'avoue mon ineptie et mon aveuglement. Comment ai-je pu méconnaître votre génie et douter de vous un seul moment que vous seul étiez mon plus puissant soutien ? Revenez à moi, venez retrouver sur mon théâtre l'admiration et les bruyantes et impétueux bravos du monde.

— Je ne sais pas ce que vous demandez de moi, reprit le jeune homme charmant, tandis que l'abbé et l'impresario restaient frappés de stupeur. Vous me donnez un nom qui n'est pas le mien, vous me parlez de choses qui me sont pleinement inconnues. Vous agissez comme si vous me connaissiez, bien que je ne me rappelle pas vous avoir jamais vus dans ma vie.

— Tu as tort, mon cher Giglio de me recevoir aussi mal, et de feindre de ne pas me connaître, dit l'impresario, auquel des larmes vinrent dans les yeux. J'ai agi comme un niais en te renvoyant de mon théâtre. Pourtant, Giglio, je ne suis pas implacable, mon enfant. donne-moi la main.

— Pensez à moi, au Maure blanc, bon seigneur Giglio, dit l'abbé en interrompant l'impresario, et pensez que vous ne recueillerez jamais d'une autre manière une aussi grande réputation, une aussi grande gloire, que sur le théâtre de ce brave homme, qui a envoyé au diable les arlequins avec tout leur bel attirail, a eu de nouveau le bonheur de recevoir des tragédies de moi, et de les monter.

— Signor Giglio, ajouta encore l'impresario, vous fixerez vous-même le chiffre de vos appointements ; vous serez même libre de régler à votre gré le costume du Maure blanc, et nous ne regardons pas à quelques aunes de tresses, ou à quelques paquets de paillettes de plus ou de moins.

— Je vous répète, s'écria le jeune homme, que tout ce que vous me dites est et demeure pour moi une énigme inexplicable.

— Ah ! voilà, mon cher signor Giglio Fava, s'écria l'impresario furieux, je vous comprends tout à fait ; maintenant je sais tout. Le damné satan de... (bon ! je ne veux pas dire son nom, pour qu'il ne me vienne pas de poison aux lèvres) vous a pris dans ses filets et vous tient dans ses griffes. Vous êtes engagé, vous êtes engagé ! Mais, ah ! ah ! ah ! vous vous en repentirez, mais trop tard, lorsque avec ce misérable, ce ridicule maître tailleur, quelque folie enragée pousse dans une ridicule obscurité, lorsque avec ce...

— Je vous prie, mon cher monsieur, en interrompant l'impresario ; restez calme, dit le jeune homme en interrompant l'impresario ; je devine votre méprise ; n'est-il pas vrai, vous me prenez pour un jeune homme nommé Giglio Fava, qui, d'après ce que j'en ai entendu dire, a brillé à Rome comme un excellent acteur, bien que dans le fond il ait toujours été détestable ?

L'abbé et l'impresario regardèrent le jeune homme avec les yeux effarés, comme s'ils eussent vu un spectre.

— Probablement, messieurs, continua le jeune homme, vous vous êtes absentés de Rome, et vous y rentrez en ce moment ; car autrement je serais grandement étonné que vous n'eussiez pas entendu parler de ce dont Rome tout entière s'occupe en ce moment. Je serais désolé d'être le premier à vous apprendre que ce monsieur que vous appelez Giglio Fava, que vous cherchez et que vous paraissez avoir si en grande estime a été tué hier dans un duel dans le Corso. Je ne suis moi-même que trop certain de sa mort.

— Oh ! voilà qui surpasse tout ce que l'on peut imaginer de plus admirable, s'écria l'abbé ; ainsi c'était le célèbre comédien Giglio Fava qu'un fou déguisé a tué hier ? Vraiment, mon cher monsieur, vous devez être étranger à Rome ou bien peu au fait des plaisanteries de notre carnaval ; autrement vous sauriez que les gens, lorsqu'ils emportent ainsi un cadavre supposé, n'ont dans les mains qu'une belle poupée de carton, ce qui fait pousser au peuple d'immenses éclats de rire.

— Je ne sais, reprit le jeune homme, jusqu'à quel point l'acteur tragique Giglio Fava était formé de chair et de sang, ou s'il n'était seulement fait que de carton ; il n'en est pas moins certain que l'intérieur de son corps, lorsqu'on l'ouvrit, fut trouvé plein de vers ; que les tragédies d'un certain abbé Chiari, et que le médecin a attribué l'effet mortel de la blessure que Giglio Fava avait reçue de son adversaire à un affreux désordre des principes digestifs du corps causé par l'usage immodéré de cette nourriture sans force et sans suc.

Ces paroles du jeune homme firent partir de tous les côtés de la salle un rire retentissant.

Le café Greco s'était insensiblement rempli, pendant ce merveilleux entretien, de ses habitués ordinaires, et les artistes allemands avaient formé un cercle spécial autour des interlocuteurs.

Si l'impresario s'était d'abord emporté, la colère de l'abbé fut encore bien plus forte.

— Ah ! Giglio Fava, s'écria-t-il, étaient-ce là vos desseins ? C'est à vous que je dois tout le scandale dans le Corso. Attendez, ma vengeance vous atteindra et saura vous écraser.

Mais comme le poëte offensé s'emportait en invectives insultantes, et faisait mine de se jeter, en compagnie de l'impresario, sur le jeune homme élégant, alors les artistes allemands les saisirent et les jetèrent à la porte assez durement tous les deux, de sorte qu'ils passèrent ainsi avec la rapidité de l'éclair devant le vieux Celionati, qui entrait dans le même moment, et leur cria : — Bon voyage !

Aussitôt que le gentil jeune homme aperçut le charlatan, il s'avança rapidement vers lui, le conduisit dans un coin de la chambre, et lui dit :

— Pourquoi n'êtes-vous pas venu plus tôt, mon cher monsieur Celionati, pour me délivrer de deux importuns qui me prenaient absolument pour le comédien Giglio Fava, que, vous le savez, dans mon malheureux paroxysme, je tuai hier sur le Corso ? Ces gens supposaient de moi les choses les plus affreuses. Dites-moi, suis-je donc en effet tellement semblable à ce Fava, que l'on puisse me prendre pour lui ?

— Ne doutez pas, Excellence, répondit poliment Celionati en faisant un salut presque respectueux, que, quant à ce qui regarde les traits agréables de votre visage, vous ne ressembliez en effet beaucoup à ce comédien, et ce fut une chose sage que de vous débarrasser de votre double vous-même, ce que vous fîtes avec une grande adresse. Quant à ce qui est de l'abbé Chiari et de l'impresario, comptez sur moi, prince ; j'écarterai de vous toutes les attaques qui pourraient retarder votre guérison complète. Rien n'est plus facile que de souffler la discorde entre un poëte de théâtre et un directeur de troupe de comédiens, de telle façon qu'ils se jettent l'un sur l'autre, et se dévorent à belles dents dans leurs combats, semblables à ces deux lions dont les deux queues seules restèrent sur le champ de bataille, comme un monument terrible de leur meurtre mutuel. Ne vous attristez donc pas de votre ressemblance avec ce tragédien de carton ; car aussi bien je sais que ces jeunes gens qui vous délivrèrent des violences de ceux qui vous attaquaient sont aussi convaincus que vous n'êtes personne autre que Giglio Fava.

— O mon cher monsieur Celionati ! dit le jeune homme à voix basse, ne dites pas qui je suis, au nom du ciel ! Vous savez que je dois rester caché jusqu'à ce que je sois tout à fait guéri.

— Soyez sans inquiétude, mon prince, répondit le charlatan ; sans trahir votre incognito, je dirai ce qui sera strictement nécessaire pour vous gagner l'estime et l'amitié de ces jeunes gens, sans qu'il vienne à aucun d'eux l'idée de demander quel est votre nom et quelle est votre position dans le monde. Feignez d'abord de ne pas vous occuper de nous, regardez par la fenêtre, ou lisez des journaux, afin de pouvoir plus tard vous mêler à notre conversation. Pour que vous ne soyez pas gêné de ce que je dirai, je parlerai dans un langage qui convient aux choses mêmes qui se rapportent à vous et à votre maladie, et que vous ne comprenez pas maintenant.

Celionati prit place, comme à l'ordinaire, parmi les jeunes Allemands, qui parlaient encore, avec de grands éclats de rire, de la manière dont ils avaient en toute hâte jeté à la porte l'abbé et l'impresario. Plusieurs d'entre eux demandèrent au vieillard si ce n'était véritablement pas le comédien connu, Giglio Fava, qui s'appuyait en ce moment sur le bord de la fenêtre.

— En aucune façon, répondit Celionati, c'est un jeune étranger d'une haute naissance.

— Je ne comprends pas, dit le peintre Franz Reinhold, que nos lecteurs connaissent déjà, que l'on trouve une ressemblance aussi parfaite entre cet étranger et Giglio Fava. La bouche, le nez, le front, la taille, sont exactement semblables ; mais l'expression du visage, qui fait la ressemblance véritable, et que la plupart des peintres de portraits ne peuvent saisir, est si différente chez ces deux jeunes gens, que moi, pour ma part, je n'ai jamais pris un seul instant ce jeune homme pour Giglio Fava. Ce dernier avait une figure tout à fait insignifiante, tandis qu'il y a sur le visage de cet étranger quelque chose de singulier, dont moi-même je ne puis deviner la signification.

— Vous pensez, dit le charlatan, qu'en ce qui regarde de la médecine, je veuds, sans avoir fait d'études suffisantes, des remèdes de bonne femme comme une panacée universelle. Le temps est venu de vous désabuser.

Un jeune homme très-distingué est venu d'un pays situé si loin qu'il faudrait à Pierre Schlemil courir une année avec les bottes de sept lieues pour y arriver, et le jeune homme est venu pour avoir recours à mes talents secourables, pour être guéri d'une maladie, que l'on peut nommer à la fois la plus étrange et la plus dangereuse des maladies, et qui ne peut être guérie que par un spécifique dont la façon demande des préparations magiques. Le jeune homme est affecté du *dualisme chronique*.

— Comment ! que dites-vous là ? a-t-on jamais rien entendu de pareil ? s'écrièrent-ils tous en riant.

— Je vois, dit Reinhold, que vous allez nous raconter quelque chose d'extraordinaire et de fantasque que vous ne terminerez pas encore.

— Eh ! mon fils Reinhold, ce n'est pas à toi surtout de me faire de semblables reproches, répondit le charlatan, car pour toi j'ai toujours suivi le droit chemin, et si tu as bien compris, comme je le crois, l'histoire du roi Ophioch, et si tu as jeté toi-même un regard dans le miroir des eaux de la source de l'Urdar, alors...

Mais, avant de vous en dire plus long sur la maladie, sachez, messieurs, que le malade dont j'ai entrepris la guérison est justement le jeune homme qui regarde en dehors de la fenêtre et que vous avez pris pour le comédien Giglio Fava.

Tous les regards curieux se portèrent sur l'étranger, et tous s'accordèrent à trouver qu'il y avait sur ses traits, d'ailleurs d'une expression très-spirituelle, cet état incertain et confus qui suit toute maladie dangereuse qui égare momentanément la raison.

— Je crois, dit Reinhold, que vous n'entendez rien autre chose, avec votre *dualisme chronique*, que cette singulière folie dans laquelle se partage en deux, et dans laquelle aussi la personnalité doit succomber.

— Ce n'est pas mal tiré, mon fils, mais c'est manquer le but, répondit le charlatan. Toutefois, en cherchant à vous apprendre la maladie de mon patient, je crains de ne pouvoir être assez clair dans mes définitions, surtout parce que vous n'êtes pas médecin et que je devrai m'abstenir des termes scientifiques. Je vais l'essayer comme je pourrai.

Une princesse se trouva en couches. Le peuple espérait et attendait un prince. La princesse surpassa les espérances ; elle donna, elle mit au monde deux princes charmants qui, bien que jumeaux, pouvaient ne faire qu'un seul être, parce qu'ils se trouvaient unis vers la partie du corps qui sert à s'asseoir. Malgré ce que put dire le poëte de la cour, qui prétendit que la nature n'avait pas trouvé assez d'espace dans un seul homme pour y contenir toutes les vertus qu'elle réservait à l'héritier du trône ; malgré l'avis des ministres, qui consolèrent le prince, un peu désolé de cette double bénédiction, en disant que quatre mains tiendraient plus fortement que deux le sceptre et l'épée, il se trouvait en ce fait assez de sujets de méditations sérieuses. Ce qui parut le plus embarrassant fut la complète différence de sentiments qui se faisait remarquer de jour en jour entre les deux jumeaux. L'un prince était triste, l'autre était gai ; si l'un voulait s'asseoir, l'autre voulait marcher ; en un mot, ils ne se trouvaient jamais d'accord. Et l'on ne pouvait pas dire que c'était tel caractère et celui-ci tel autre, car le naturel de l'un semblait assez dans l'autre dans un changement continuel, ce qui devait venir de ce que leur esprit était aussi étroitement lié ensemble que leurs corps. Et c'était une cause de discorde, ainsi qu'il était organisé, aucun d'eux ne savait au juste si ce qu'il pensait était son idée à lui ou celle de son frère jumeau. Et si ce n'était pas là de la confusion, la confusion n'a jamais existé.

Admettez maintenant qu'un homme ait dans le corps un double prince qui partage sa pensée comme *materia peccans*, et vous connaissez la maladie dont je parle, et dont l'effet consiste principalement en ce que le malade est incapable de raisonner lui-même.

Pendant ce temps le jeune homme s'était insensiblement rapproché de la société, et comme tout le monde regardait le charlatan en silence, attendant qu'il continuât, il les salua poliment, et dit :

— Je ne sais, messieurs, si je vous suis agréable en me mêlant à votre société, l'on me voit partout avec assez de plaisir lorsque je suis gai et bien portant. Mais certainement maître Celionati vous a raconté tant de choses étranges de ma maladie, que vous craignez que ne vous cause quelque gêne.

— Vous êtes le bienvenu, et je parle ici au nom de tout le monde, répondit Reinhold, et le jeune homme prit place au milieu d'eux.

Le charlatan s'éloigna, après avoir recommandé à son malade d'observer la diète la plus rigide.

Il arriva ce qui arrive toujours, c'est-à-dire que l'on se mit à parler sur celui qui venait de quitter la chambre, et l'on questionna le jeune homme sur son médecin aventureux.

— Maître Celionati, répondit celui-ci, possède des connaissances très-étendues ; il a suivi les cours de Halle et de Jéna avec distinction, et l'on peut avoir en lui pleine confiance. Il a dans son temps un fort bon homme. Je ne lui connais qu'un défaut, et il est grand à la vérité, c'est de tomber toujours dans l'allégorie, et il a dû raconter de ma maladie des choses bien singulières.

— Il prétend, répondit Reinhold, que vous avez dans le corps un double héritier présomptif.

— Vous le voyez, messieurs, dit l'étranger en souriant avec grâce, c'est encore une pure allégorie, et cependant maître Celionati connaît parfaitement ma maladie, et il sait que je souffre d'un mal d'yeux que je me suis causé en portant des lunettes de trop bonne vue. Il s'est dérangé quelque chose dans ma prunelle : car je vois assez ordinairement tout à l'envers, et de là vient que je trouve souvent plaisantes les choses les plus tristes, et tristes les choses les plus plaisantes. Mais cela me cause souvent un tel effroi et un si grand étourdissement, que je puis à peine me tenir debout. Maître Celionati me recommande principalement de faire de violents exercices ; mais, au nom du ciel ! par où commencer ?

— Eh bien ! cher signor, dit un jeune homme du cercle, puisque je vous vois bien portant sur vos jambes, je sais...

Au même moment entra une personne déjà connue du lecteur, le célèbre tailleur Bescapi.

Bescapi s'avança en hâte vers le jeune homme, et s'inclina fort bas en disant : — Cher prince!

— Prince! s'écria la société tout entière en fixant sur le jeune homme des yeux étonnés.

Celui-ci répondit d'un ton calme :

— Le hasard a malgré moi trahi mon secret ; oui, messieurs, je suis prince, et un prince malheureux, car j'aspire en ce moment au magnifique et puissant royaume qui est mon héritage. Je vous disais tout à l'heure qu'il ne m'était pas possible de faire l'exercice qu'il faudrait, et cela parce que c'est le pays qui me manque, et l'espace pour y arriver. Et par cela même que je suis circonscrit dans de si étroites limites, toutes ces figures vont se mêlant si confusément entre elles dans une danse et des jeux bizarres, qu'il m'est impossible de rien concevoir de lucide. Par les soins du médecin, comme aussi par les efforts de ce ministre le plus digne de tous les ministres, je

Lorsque Celionati frappa, un petit Polichinelle très-agréable...

retrouverai, je crois, dans une alliance avec la plus belle des princesses, la santé et la puissance qui devraient être mon partage. Je vous invite tous solennellement, messieurs, à venir me rendre visite dans mes États et dans ma capitale. Vous serez là comme chez vous, et vous ne voudrez plus me quitter, vous serez libres de mener auprès de moi une véritable existence d'artiste. Ne croyez pas, messieurs, que je veuille seulement vous faire de belles phrases et de vaines promesses. Que je retrouve seulement la santé, et, quelle que soit votre manière d'être, vous verrez combien mes intentions sont bonnes à votre égard. Je vous tiendrai parole aussi vrai que je m'appelle le prince assyrien Cornelio Chiapperi. Vous apprendrez plus tard mon nom et ma patrie ; pour le moment je dois vous les taire. Maintenant il me faut m'entretenir un moment avec cet excellent ministre sur quelques questions d'État, et voir en me promenant dans la cour si quelques bons mots ont germé sur les couches.

— Que dites-vous de tout ceci, messieurs? dit Reinhold ; on dirait qu'une folle et féerique mascarade jette des apparitions diverses dans une danse en rond, qui tourne toujours de plus fort en plus fort, de telle sorte qu'il est impossible de rien distinguer et de rien reconnaître. Toutefois masquons-nous, et allons au Corso. Je pressens que le capitan Pantalon, qui soutint hier un si terrible combat singulier, se montrera encore aujourd'hui, et fera quelque nouvelle folie.

Reinhold avait raison. Le capitan Pantalon parcourait d'un pas grave le Corso, comme rayonnant encore de la gloire de sa victoire de la veille, mais sans entreprendre de nouvelles extravagances comme les autres jours, bien que son immense gravité lui donnât encore un aspect plus comique qu'il ne le pensait lui-même. Le bienveillant lecteur avait déjà deviné plus récemment, et sait maintenant avec certitude, que la personne qui est cachée sous le masque n'est autre que le prince Cornelio Chiapperi, l'heureux fiancé de la princesse Brambilla.

Et la princesse Brambilla était sans doute aussi la belle dame qui, un masque de cire sur le visage, se promenait majestueusement dans le Corso sous les plus riches vêtements. La dame paraissait avoir des vues sur le capitan Pantalon, car elle sut si habilement diriger sa marche, qu'il sembla qu'il lui était impossible de l'éviter. Mais lui se détourna et continua gravement sa promenade. Mais à la fin, lorsqu'il s'apprêtait à marcher plus rapidement en avant, la dame le saisit par le bras, et lui dit d'une douce et aimable voix :

— C'est vous, mon prince? votre tournure et votre costume digne de votre rang vous ont trahi. Dites-moi pourquoi vous me fuyez. Ne suis-je donc plus votre vie, votre espoir?

— Je ne sais pas bien au juste qui vous êtes, belle dame, dit le capitan Pantalon, ou plutôt après avoir été le jouet de tant d'erreurs, je n'essayerai pas de le deviner. Des princesses, à mes yeux, se sont changées en modistes, des comédiens en poupées de carton, et par cela même, j'ai résolu de ne plus supporter aucune illusion, aucune apparition fantastique, mais de les anéantir les unes et les autres partout où je les rencontrerai.

— Commencez donc par vous-même, s'écria la dame irritée. Car vous-même, estimable signor, vous n'êtes qu'une illusion ! et pourtant non ! Bien-aimé Cornelio, reprit-elle plus doucement et avec tendresse, tu sais quelle princesse t'aime, tu sais qu'elle est venue pour te chercher des plus lointains pays, et n'as-tu pas juré d'être mon chevalier? Parle, bien-aimé de mon cœur!

La dame avait de nouveau saisi le bras de Pantalon, mais celui-ci étendit vers elle son chapeau pointu, tira son large sabre, et dit :

— Voyez! j'ai abattu le signe de ma chevalerie, j'ai jeté de mon casque les plumes de coq ; j'ai renoncé au service des dames, car toutes récompensent avec l'ingratitude et le manque de foi.

— Que dites-vous? s'écria la dame en courroux, avez-vous perdu la raison ?

— Dirigez vers moi le feu du diamant de votre front, éventez-moi avec la plume que vous avez arrachée à l'oiseau du plumage vert, reprit le capitan Pantalon. Je saurai résister à tous vos enchantements, et je sais, j'en reste convaincu, que le vieillard en bonnet de zibeline a raison, lorsqu'il dit que mon ministre est un âne et que la princesse Brambilla court après un misérable comédien.

— Oh ! oh ! s'écria la dame, dont la colère augmentait ; osez-vous me parler ainsi ? Eh bien ! je vous dirai que, puisque vous voulez être un triste prince, ce comédien que vous appelez misérable me paraît beaucoup plus estimable que vous. Allez trouver votre modiste, la petite Giacinta Soardi, après laquelle vous avez été courir, et mettez-la sur votre trône quand vous aurez trouvé un coin de terre pour l'y placer. Pour le moment, adieu !

Et la dame s'éloigna d'un pas précipité, pendant que le capitan Pantalon lui criait d'une voix perçante :

— Orgueilleuse ! — Infidèle ! — Est-ce ainsi que tu récompenses mon ardent amour ? mais je saurai me consoler.

VIII.

Comment le prince Cornelio Chiapperi ne put se consoler et baisa la pantoufle de velours de la princesse Brambilla. — Comment tous deux furent pris dans un filet. — Nouveaux prodiges du palais Pistoja. — Comment deux enchanteurs caracolèrent sur deux autruches sur le lac Urdar, et prirent place dans la fleur du lotus. — La reine Mystilis. — Comment des gens connus se présentent de nouveau, et comment se termine également le caprice nommé la princesse Brambilla.

Il paraît cependant que le capitan Pantalon, notre ami, ne put se consoler. Le jour suivant, il remplit le Corso de ses plaintes, en disant qu'il avait perdu la plus belle des princesses, et que, s'il ne la retrouvait pas, il se passerait, de désespoir, son sabre de bois au travers du corps. Mais comme, au milieu de son immense douleur, ses gestes étaient des plus burlesques que l'on pût imaginer, il était immanquablement entouré de masques de toute espèce, qui s'amusaient beaucoup à le voir.

— Où est-elle, ma noble fiancée, ma douce vie ? s'écriait-il d'une voix lamentable. Ai-je donc fait arracher pour cela ma plus belle molaire par maître Celionati ? n'ai-je pas couru après moi d'un coin à l'autre pour me trouver moi-même, et me suis-je retrouvé véritablement pour mener ma vie languissante, privé de mes biens en amour, en plaisir et en possessions territoriales ? Mes amis ! si l'un de vous sait où niche la princesse, qu'il ouvre la mâchoire et me le dise, sans me laisser lamenter inutilement ainsi ; qu'il coure à cette belle, et qu'il lui dise que le plus fidèle des chevaliers, le plus charmant des fiancés est assez dévoré de désirs et d'aspirations d'amour, et que Rome, comme une seconde Troie, pourrait disparaître embrasée par les feux de son chagrin d'amour, si elle ne vient pas venir éteindre la flamme avec les humides rayons de la lune de ses beaux yeux.

Le peuple poussa de violents éclats de rire ; mais une voix retentissante dit en dominant tout ce bruit :

— Croyez-vous donc que la princesse Brambilla doive courir à votre rencontre, et avez-vous oublié le palais Pistoja ?
— Oh! oh! s'écria le prince, taisez-vous bec jaune indiscret, réjouissez-vous de vous être sauvé de la cage. Regardez-moi bien, mes amis, et dites-moi si je ne suis pas l'oiseau au plumage varié, qui doit être pris dans le filet ?

Le peuple fit entendre une seconde fois des rires frénétiques, mais tout à coup le capitan Pantalon tomba à genoux comme hors de lui, car devant lui se tenait la belle des belles, dans tout l'éclat de sa grâce et de sa beauté, et sous le même costume qu'elle avait eu la première fois dans le Corso. Seulement, sur son front un diamant magnifique, d'où partait un bouquet de plumes variées, avait remplacé le petit chapeau.

— Je me donne à toi tout entier, s'écria le prince plein de ravissement; vois ces plumes sur mon casque, c'est le blanc étendard que j'ai déployé, c'est le signe que j'arbore pour me rendre à toi sans conditions, être céleste.

C'est vous, mon prince !

— Cela devait être, répondit la princesse. Tu devais te soumettre à moi, ta reine; car autrement tu n'aurais pas eu de patrie, et tu serais resté un prince misérable. Ainsi donc, jure-moi fidélité éternelle par ce symbole de ma domination absolue.

Et en même temps la princesse tira une charmante petite pantoufle et la présenta au prince, qui, après avoir fait le serment qu'on lui demandait, la baisa trois fois.

Aussitôt un bruit de voix perçantes s'écria :
— Brambure bil bal. — Alamonsa kiki burra son-ton !

Et le couple fut entouré des dames voilées que l'on a vues au premier chapitre entrer dans le palais Pistoja, et derrière lesquelles se tenaient onze Maures brillamment costumés qui, en place de leurs longues piques, tenaient dans les mains des plumes de paon d'un éblouissant éclat et qui se balançaient çà et là dans les airs. Les dames jetèrent sur le couple des voiles-filets qui, devenant de plus en plus épais et serrés, l'enveloppèrent d'une obscurité profonde.

Mais au bruit retentissant des cors, des cymbales et des petites cloches argentines, les nuages des filets tombèrent, et le couple se trouva dans le palais Pistoja, dans la salle même dans laquelle l'imprudent comédien Giglio Fava était entré.

Mais cette salle était plus resplendissante, beaucoup plus resplendissante qu'elle ne l'avait été. Car, à la place de l'unique lustre qui l'éclairait, plus d'une centaine de lustres pareils se trouvaient suspendus de tous côtés, et donnaient une lumière qui égalait l'éclat du feu.

Les colonnes de marbre qui supportaient la coupole étaient entourées de ravissantes couronnes de fleurs. On ne savait, en regardant le feuillage étrange qui courait sur le plafond, si c'étaient tantôt des enfants gracieux, tantôt des oiseaux au riche plumage, tantôt des figures d'animaux bizarres, qui se trouvaient comme mêlés dans les tresses de verdure, et qui paraissaient s'y mouvoir, et entre les plis des draperies d'or du baldaquin du trône, brillaient, tantôt ici, tantôt là, des visages riants de belles jeunes filles. Les dames étaient là encore, mais plus splendidement vêtues, elles formaient un cercle ; elles ne faisaient plus de filet; mais tantôt elles répandaient dans la salle des fleurs contenues dans des vases d'or, et tantôt agitaient des encensoirs, d'où s'élançaient des flots de parfums odorants.

Et sur le trône se tenaient tendrement embrassés l'enchanteur Ruffiamonte et le prince Bastianello de Pistoja.

Il est inutile de dire que celui-ci n'était nul autre que le charlatan Celionati. Derrière le couple princier, c'est-à-dire derrière Cornelio Chiapperi et la princesse Brambilla, était un petit homme entouré d'une tunique de diverses couleurs, et il tenait dans les mains une charmante petite boîte d'ivoire, dont le couvercle était ouvert, et qui ne renfermait qu'une étincelante aiguille, qu'il regardait fixement avec un joyeux sourire.

L'enchanteur Ruffiamonte et le prince Bastianello cessèrent leurs embrassements et se tinrent seulement les mains entrelacées; mais le prince cria aux autruches d'une voix forte :
— Eh là ! bonnes gens, apportez ici le grand livre, pour que mon bon ami, l'honorable Ruffiamonte, lise ce qui reste à lire.

Les autruches s'éloignèrent en battant des ailes et rapportèrent le gros livre, qu'elles posèrent sur le dos d'un Maure agenouillé, et elles l'ouvrirent.

Magnus, qui, malgré sa longue barbe blanche, paraissait jeune et beau, s'avança, toussa un peu, et lut les vers suivants :

« Italie! pays dont le gai ciel rayonnant de lumière allume les plaisirs de la terre dans sa plus riche fleur! O belle Rome, où

Béatrice.

le joyeux tourbillon des masques détache le sérieux du sérieux! les fantômes de la fantaisie badinent joyeux sur la scène variée, petite et ronde comme l'œuf. C'est le monde, empire des revenants gracieux. Le Génie peut enfanter de son moi le non-moi; il peut se déchirer lui-même sans propre sein. La douleur de l'existence est changée en un vif plaisir. Le pays, la ville, le monde, le moi, tout est trouvé maintenant. Déjà se répandent les flots d'une douce harmonie, tout se tait pour l'écouter. Les sources et les bois soupirent et murmurent dans les lointains : » Ouvre-toi ! pays enchanté, embelli » par mille joies ! Ouvre-toi pour changer un désir contre un nou» veau désir, quand il se contemple lui-même dans les fontaines » d'amour ! Les vagues s'élèvent : partez, jetez-vous dans les flots » avec le courant; bientôt vous atteindrez la rive, et une immense » extase brillera dans les ardeurs du feu. »

Magnus ferma le livre avec bruit, et au même instant une vapeur ardente s'éleva de l'entonnoir d'argent qu'il portait sur la tête, et remplit la salle de plus en plus. Et au son harmonieux des cloches et des harpes, et au bruit des trompettes, tout commença à se mouvoir et à flotter en se séparant l'un de l'autre.

La coupole s'éleva et forma un bel arc-en-ciel, les colonnes s'élevèrent et devinrent de grands palmiers, l'étoffe d'or tomba et forma un tapis de fleurs brillantes, et le grand miroir de cristal se fondit en un lac brillant.

La vapeur ardente qui s'était élevée de la coiffure de Magnus s'était entièrement dissipée, et de fraîches brises balsamiques parcouraient l'immense jardin enchanté, rempli des buissons et des arbres les plus gracieux et les plus magnifiques. La musique résonnait plus fort; on entendait de joyeux cris de joie, et mille voix chantaient :

« Sois béni, sois béni, beau pays de l'Urdar ! Ses sources sont épurées et brillent comme le cristal. Les chaînes des démons sont brisées. »

Alors tout se tut : musique, chants et cris joyeux.

Au milieu d'un profond silence, Magnus Ruffamonte et le prince Bastianello de Pistoja montèrent sur deux autruches, et nagèrent vers la fleur de lotus, qui s'élevait du milieu du lac comme une île éblouissante. Ils montèrent dans le calice de la fleur, et les gens doués d'une bonne vue, parmi les personnes qui se trouvaient autour du lac, remarquèrent très distinctement que les enchanteurs tiraient d'une petite cassette une très-petite mais très-jolie poupée de porcelaine, et la posaient dans le calice de la fleur.

Il arriva que le couple sortit de l'état de torpeur dans lequel il était plongé, et se mira involontairement dans les eaux du lac, au bord duquel ils se trouvaient; et lorsqu'ils virent leur reflet, ils se reconnurent eux-mêmes, s'envisagèrent l'un l'autre, poussèrent un grand éclat de rire, qui, par son étrangeté même, ressemblait au rire du roi Ophioch et de la reine Liris, et, transportés de ravissement, tombèrent dans les bras de Fretfu; et comme ils riaient ainsi, alors, ô prodige admirable, une céleste figure de femme s'éleva de la fleur de lotus et grandit toujours de plus en plus jusqu'à ce que sa tête atteignit le bleu du ciel, tandis que ses pieds s'enracinaient dans les plus grandes profondeurs du lac.

Sur la couronne étincelante qui ornait sa tête étaient assis Magnus et le prince, et de là ils jetaient des regards sur le peuple assemblé, qui, ivre d'enthousiasme, criait avec l'accent de la joie :

« Vive notre reine Mystilis ! »

Et pendant ce temps, la musique du jardin enchanté faisait entendre de puissants accords.

Et mille voix chantaient encore :

« Oui ! des profondeurs s'élèvent d'ineffables joies, et elles volent en éclairant les espaces des cieux. La reine qui nous est donnée apparaît ! de doux songes environnent sa tête divine; les plus riches mines s'ouvrent sous ses pas.

Ceux qui se reconnaissaient comprenaient la véritable existence dans le plus beau germe de la vie, et ils riaient.

Minuit était passé, le peuple se précipitait des théâtres; la vieille Béatrice ferma la fenêtre d'où elle venait de jeter un coup d'œil au dehors, et elle dit :

— Il est temps que je prépare tout maintenant, car bientôt les maîtres vont venir, et ils nous amèneront le bon M. Bescapi.

La vieille avait apporté de quoi composer un dîner délicat, comme au jour où Giglio avait porté la corbeille chargée de mets choisis. Mais elle n'avait plus à se tourmenter du coin étroit qui devait représenter une cuisine dans la misérable petite chambre de la maison du sieur Pasquale. Elle possédait un vaste foyer et une belle chambre; et ses maîtres avaient un joli appartement, composé de trois ou quatre jolies pièces, pas trop grandes, mais où pouvaient trouver place de jolis meubles et tout un attirail des plus convenables.

Pendant que la vieille étalait une fine nappe sur la table placée au milieu de la chambre, elle murmurait d'un ton câlin :

— Hein ! C'est très-aimable de la part de M. Bescapi, non-seulement de nous avoir donné un charmant logement, mais de l'avoir garni en même temps de tout ce que l'on peut désirer. Maintenant la gêne nous a quittés.

La porte s'ouvrit, et Giglio Fava entra avec sa Giacinta.

— Laisse-moi t'embrasser, ma douce, ma charmante femme, dit Giglio, laisse-moi te dire du plus profond de mon âme que depuis le moment que je me suis uni à toi le pur, le plus délicieux plaisir de la vie a rempli mon cœur. Chaque fois que je te vois remplir le rôle de Smeraldine, ou tant d'autres encore qui appartiennent au véritable comique, et que je remplis à tes côtés le rôle de Brighella, de Trufaldin, ou quelque autre caractère humoristique, mon âme est remplie de tout un monde de l'ironie la plus hardie et la plus vraie qui vient enflammer mon jeu. Mais, dis-moi, ma vie, quel esprit singulier s'était aujourd'hui emparé de toi ! Jamais tu n'as lancé des éclairs de la plus gracieuse gaieté féminine, jamais tu n'as été plus charmante et au delà de toute expression dans tes caprices fantastiques.

— Je pourrais t'en dire autant de toi-même, mon cher ami, répondit Giacinta en appuyant un baiser sur les lèvres de Giglio; jamais tu n'as été plus magnifique qu'aujourd'hui ! et peut-être aussi n'as-tu pas remarqué que nous avons improvisé, pendant une demi-heure, notre scène principale, au milieu des rires continuels des spectateurs enchantés. Mais ne te rappelles-tu donc pas quel est le jour où nous sommes ? N'as-tu pas pressenti dans quelles heures, pleines d'événements cet enthousiasme étrange nous a saisis ? ne te rappelles-tu donc pas qu'il y a juste un an à cette époque que nous nous sommes regardés et reconnus dans les magnifiques ondes du lac de l'Urdar ?

— Giacinta ! que dis-tu ? s'écria Giglio dans un joyeux étonnement, le pays de l'Urdar, le lac de l'Urdar s'étendent derrière moi comme un beau songe; mais non ! ce n'était pas un songe — nous sommes reconnus, ô ma chère princesse !

— O mon cher prince, répondit Giacinta ! et ils s'embrassèrent de nouveau, éclatèrent de rire et se dirent dans les intervalles : — Voici la Perse ! là est l'Inde; mais ici se trouve Bergame, ici Frascati ! Nos royaumes se touchent. Non, non, c'est un seul et même royaume, où nous commandons en maîtres, comme deux puissants princes; c'est le beau, le magnifique pays de l'Urdar lui-même ! Ah ! quel plaisir !

Et alors ils se mirent à pousser des cris de joie dans la chambre et ils se jetèrent de nouveau dans les bras l'un de l'autre, et ils s'embrassaient et riaient tour à tour.

— Vous êtes comme des enfants en vacances, murmurait la vieille Béatrice ; au bout d'un an de ménage s'aimer encore, se becqueter et sauter de tous côtés. — O mon Dieu, vous allez jeter les verres de la table. Oh ! oh ! signor Giglio, prenez garde de fourrer le bout de votre manteau dans ce ragoût; signora Giacinta, prenez pitié de cette porcelaine, laissez-la vivre.

On ne lui faisaient guère attention à la vieille et continuaient leurs jeux. Giacinta saisit enfin Giglio par le bras, le regarda fixement dans les yeux et dit :

— Mais dis-moi, Giglio ! n'as-tu pas reconnu derrière nous le petit homme à la tunique de diverses couleurs, avec la boîte d'ivoire ?

— Allons donc, ma chère Giacinta, s'écria Giglio, c'était le bon signor Bescapi avec son aiguille créatrice, notre fidèle instituteur actuel, qui nous avait d'abord amenés sur la scène. Et qui aurait pu penser à cet œuf de charlatan ?...

— Oui, le vieux Celionati avec son manteau déchiré et son chapeau percé, dit Giacinta interrompant Giglio.

— Qui devait être le vieux et fantastique prince Bastianello de Pistoja ? dit un homme brillamment costumé qui venait d'entrer dans la chambre.

— Ah ! Excellence, c'est vous ? dit Giacinta, dont les yeux étincelaient de joie; combien nous sommes heureux, mon Giglio et moi, de recevoir votre visite dans notre petite chambre ! Si vous ne dédaignez pas de prendre place à notre table mesquine, vous pourrez nous expliquer quels sont les rapports entre la reine Mystilis, pays d'Urdar et notre ami l'enchanteur Hermod ou Ruffamonte. Je ne suis pas encore bien au fait de tout ceci.

— La seule explication à te donner, ma belle et douce enfant, dit le prince de Pistoja avec un doux sourire, est que tu es devenue intelligente par toi-même, et que tu as rendu raisonnable ce bon patron, qui a le bonheur d'être ton époux. Écoute. Je pourrais, me rappelant mon ancien métier de charlatan, faire rayonner autour de moi des mots pleins de mystère et en même temps bruyamment sonores; je pourrais te dire que tu es la fantaisie dont les ailes ont besoin du caprice pour se déployer; car, sans le corps du caprice, je ne serais rien que des ailes, et tu flotterais dans les airs, devenue un jouet des vents.

Mais je ne le ferai pas, sans toutefois être porté à y renoncer, par la raison que je tomberais trop dans l'allégorie, défaut que déjà le prince Cornelio Chiapperi reprochait avec quelque raison au vieux Celionati dans le café Grec. Je dirai seulement qu'il y a un méchant démon qui porte des bonnets fourrés et des robes de chambre noires et qui, se donnant pour le grand Magnus, est capable de tourmenter non-seulement de bonnes gens ordinaires, mais aussi des esprits comme Mystilis. C'était une mauvaise chose que ce démon eût mis au désenchantement de la princesse la condition d'un prodige qu'il regardait comme impossible.

Il fallait trouver dans le petit monde du théâtre un couple qui non-seulement animé d'une véritable fantaisie, d'un véritable caprice intérieur, mais qui fût encore en état de reproduire, comme dans un miroir cette objective disposition de l'esprit, et de la produire au jour dans la vie extérieure, de manière à opérer comme un charme puissant sur le grand monde, dans lequel le petit monde est enfermé. Ainsi le théâtre, si vous voulez, devait représenter, sous un certain point de vue, la fontaine de l'Urdar, dans laquelle peuvent regarder les gens.

Je crus reconnaître en vous, mes chers enfants, ce qu'il fallait pour opérer ce désenchantement de la princesse, et j'écrivis aussitôt à mon ami Magnus Hermod. Vous savez maintenant comment il se rendit dans mon palais; vous connaissez aussi toute la peine que vous nous a donnée, et si maître Callot ne se fût pas mêlé de la partie et ne vous avait pas fait sortir de votre costume de héros...

— Oui, Excellence, dit maître Bescapi en interrompant au

ostume de héros le prince, qu'il avait suivi pas à pas. Rappelez aussi à ce couple charmant ce que j'ai fait dans toute cette œuvre.
— C'est juste, reprit le prince, et cela parce que vous fûtes aussi un homme étonnant, un tailleur qui désirait des hommes fantastiques pour les habits fantastiques qu'il savait faire; votre secours m'a été très-utile, vu qu'il a fini la fin impresario du vrai théâtre où règnent l'ironie et la véritable humeur.
— Je me suis toujours conduit, dit maître Bescapi en riant avec une grande gaieté, comme un homme qui veille attentivement à ce que rien ne soit gâté dans la coupe, la forme ou le style.
— Très-bien dit, maître Bescapi! s'écria le prince de Pistoja.
Pendant que le prince, Giglio et Bescapi s'entretenaient entre eux de diverses choses, Giacinta, dans une gracieuse activité, ornait la chambre et la table de fleurs, que la vieille Béatrice avait dû aller chercher en grande hâte; puis elle alluma des bougies, et lorsque tout eut un brillant aspect de fête, elle fit asseoir le prince dans un fauteuil qu'elle avait si bien paré de riches étoffes et de tapis, qu'il avait l'apparence d'un trône.
— Une personne que nous avons surtout à craindre, dit le prince avant de s'asseoir, parce qu'elle peut former sur nous une critique sévère, et même nous disputer l'existence, pourrait peut-être dire ce je suis venu ici au milieu de vous, sans plus de façons, exprès pour elle, et cela pour lui dire le rôle que vous aviez dans l'enchantement de la reine Mystilis, qui après tout n'est autre que la princesse Brambilla.
Cette personne aurait tort, car je vous dis que je suis venu, et que je reviendrai chaque fois à l'heure mystérieuse où vous vous êtes connus, pour me complaire avec vous à l'idée que nous devons regarder comme riches et heureux nous et tous ceux auxquels il a été donné de voir et de reconnaître dans l'étrange miroir brillant du soleil de l'Urdar la vie, leur personne et tout leur être.
Ici se ferme tout à coup, ô bienveillant lecteur, la source où l'éditeur de ces feuilles a posé jusqu'à présent.
Seulement une obscure légende ajoute que le macaroni et le vin de Syracuse furent très-goûtés du prince de Pistoja, de l'impresario Bescapi et des deux époux. Il est à supposer que ce soir même, et aussi après, il sera arrivé aux deux heureux comédiens époux, alors qu'ils se trouvaient en rapport direct avec la reine Mystilis et ses bandes enchanteurs, bien d'autres choses merveilleuses.
Maître Callot serait le seul qui pourrait plus tard nous donner des indications à ce sujet [1].

CASSE-NOISETTE
ET
LE ROI DES SOURIS.

LE JOUR DE NOËL.

Au vingt-quatre décembre, la chambre du milieu et bien encore le salon qui y donnait furent formellement interdits aux enfants du médecin consultant Stahlbaum. Fritz et Marie se tenaient assis l'un près de l'autre dans un coin de la chambre du fond. Le crépuscule du soir était déjà descendu, et ils éprouvaient une certaine crainte en ne voyant pas apporter de la lumière comme cela se faisait d'habitude à cette heure du jour. Fritz racontait en parlant tout bas à sa jeune sœur (elle était âgée de sept ans), qu'il avait entendu frapper et crier dans la chambre fermée, et aussi qu'il n'y avait pas bien longtemps qu'un petit homme, tenant une cassette sous le bras, s'était glissé dans l'escalier.
— Pour sûr, ajouta-t-il, ce petit homme est le parrain Drosselmeier.
Alors la petite Marie frappa ses petites mains l'une contre l'autre et s'écria toute joyeuse:
— Ah! le parrain Drosselmeier aura fait pour nous quelque belle chose!
Le conseiller de la haute cour de justice, Drosselmeier, n'était pas beau. Il était petit et maigre, avait un visage sillonné de rides; il avait un grand emplâtre noir sur l'œil droit, et il était chauve, ce qui l'obligeait à porter une jolie perruque blanche, mais faite en verre avec un art merveilleux.
En outre, le parrain était un homme très-habile, qui s'entendait très-bien en horlogerie, et faisait lui-même des montres au besoin. Aussi, quand une des belles pendules de la maison de Stahlbaum était malade et ne voulait plus chanter, alors le parrain Drosselmeier arrivait. Il ôtait sa perruque de verre, retirait son habit jaunâtre, ceignait un tablier bleu, et plongeait dans les ressorts des instruments fatigués qui faisaient mal à la petite Marie; mais il ne faisait aucun

[1] Le lecteur aura deviné sans doute par ce conte, un peu trop mystérieux peut-être, Hoffmann a voulu protester contre le mauvais goût de son époque, et le combattre par le ridicule. (Note du traducteur.)

mal à la pendule; bien au contraire, elle recommençait à s'animer, et aussitôt elle se mettait à gronder, à battre et à chanter toute joyeuse, ce qui causait un grand plaisir.
Quand il venait, le parrain apportait toujours quelque jolie chose dans sa poche pour les enfants, tantôt un pantin qui tournait les yeux et faisait des courbettes bien comiques, tantôt une tabatière d'où s'élançait un petit oiseau ou quelque autre chose du même genre. Mais au jour de Noël c'était toujours quelque bel ouvrage artistement exécuté par lui, et qui lui avait coûté beaucoup de travail, et que les parents conservaient avec soin après qu'il en avait fait le don.
— Ah! le parrain Drosselmeier aura fait quelque belle chose pour nous! répéta la petite Marie.
Mais Fritz dit:
— Ce sera une citadelle dans laquelle de jolis soldats marchent et font l'exercice, et alors d'autres soldats doivent venir y entrer de force, et ceux de l'intérieur tirent bravement des coups de canon, ce qui fait un grand tapage.
— Non! non! interrompit Marie; le parrain Drosselmeier m'a parlé d'un grand jardin où il y a un grand lac, et dans ce lac nagent des cygnes magnifiques, avec des colliers d'or, et ils chantent les plus belles chansons. Alors une petite fille sort du jardin, et elle appelle sur le lac les cygnes, et leur donne de la bonne frangipane à manger.
— Les cygnes ne mangent pas de frangipane, reprit Fritz un peu durement; et le parrain Drosselmeier ne peut pourtant pas faire tout un grand jardin. Nous gardons peu ses joujoux; on nous les reprend toujours; j'aime mieux ceux que nous donnent papa et maman: on nous les laisse, et nous en faisons ce que nous voulons.
Puis les enfants se demandèrent ce que l'on pourrait bien leur donner cette fois.
— Mademoiselle Trudchen (sa grande poupée), dit Marie, est bien changée; elle est d'une maladresse... A chaque moment elle tombe sur le plancher, ce qui lui fait de vilaines taches sur le visage, et il est impossible maintenant de penser à nettoyer sa robe. J'ai beau la gronder, c'est du temps perdu!
— Mon écurie, reprit Fritz, a besoin d'un beau cheval, et mes troupes manquent complètement de cavalerie; et papa le sait bien.
Les enfants n'ignoraient pas que leurs parents avaient acheté pour eux de jolis cadeaux, et leur sœur aînée, Louise, leur avait dit que c'était le Christ lui-même qui donnait par les mains de leurs bons parents, ce qui peut leur causer une véritable joie; qu'il savait mieux qu'eux ce qui pouvait leur convenir, et que pour cela il ne fallait ni espérer ni former des désirs, mais attendre pieusement et tranquillement les cadeaux qui devaient leur être distribués.
La petite Marie était restée toute pensive, mais Fritz murmurait tout bas:
— Je voudrais pourtant bien avoir un cheval et des hussards!
L'obscurité était tout à fait venue. Fritz et Marie, serrés l'un contre l'autre, n'osaient plus parler. Il leur semblait entendre un léger frôlement d'ailes autour d'eux, et aussi une belle musique qui retentissait dans le lointain. Une lueur brillante vint rayer le mur, et alors Fritz et Marie comprirent que le Christ venait de s'envoler sur des nuages éclatants de lumière pour aller visiter d'autres enfants heureux. Au même instant, on entendit résonner un timbre argentin.
Klingling! klingling! Les portes s'ouvrirent, et il s'élança de la grande chambre une telle lumière, que les enfants restèrent immobiles sur le seuil en poussant un cri d'admiration. Mais papa et maman s'avancèrent vers la porte, et prirent leurs enfants par la main en leur disant:
— Venez, venez, chers enfants, et voyez ce que le Christ saint vous a donné.

LES DONS.

Je m'adresse à toi, bon lecteur, pour te prier de te remettre en mémoire les derniers beaux cadeaux qui resplendissaient pour toi sur la table de Noël, et alors tu comprendras comment les enfants restèrent muets et immobiles, la joie dans les yeux, et comment après une petite pause Marie s'écria:
— Ah! que c'est beau! que c'est beau!
Et comment Fritz essaya quelques cabrioles, qu'il réussit à merveille.
Mais les enfants devaient avoir été bien gentils et bien sages pendant l'année entière, car jamais leurs cadeaux n'avaient été aussi magnifiques que cette fois. Le grand pin au milieu de la table portait une foule de pommes d'or et d'argent; des pralines et des bonbons de toute sorte ne représentaient les boutons et les fleurs, et de beaux et nombreux joujoux étaient suspendus à toutes les branches. Mais ce qu'il y avait de plus beau dans l'arbre merveilleux, c'était une centaine de petites bougies, qui brillaient comme des étoiles dans son sombre feuillage, et tandis qu'il semblait avec ses lumières au dedans et au dehors, inviter les enfants à cueillir ses fleurs et ses fruits. Tout resplendissait riche et varié. Que de belles choses se trouvaient là, et qui pourrait essayer de les décrire? Marie regardait les plus belles poupées, toutes sortes de charmants petits ustensiles de ménage; et ce qui attirait le plus les yeux de la petite Marie, c'était

une petite robe de soie qui pendait sur un petit piédestal élégamment orné de délicieux rubans. Elle la regardait de tous côtés, et s'écriait à chaque instant :

— Ah! que c'est beau! ah! la jolie, la jolie robe! Et je pourrais la mettre! bien vrai! bien vrai!

Fritz, pendant ce temps, avait déjà fait trois ou quatre fois le tour de la table au galop sur le nouveau cheval, qu'il avait trouvé tout bridé.

En mettant pied à terre il dit :

— C'est une bête fougueuse, mais peu importe; je la dompterai.

Et il mit en rang les nouveaux escadrons de hussards, magnifiquement habillés de rouge galonné d'or. Ils avaient en main des sabres d'argent, et leurs chevaux blancs avaient un tel éclat, que l'on aurait pu croire qu'ils étaient d'argent aussi.

Les enfants voulaient, devenus déjà plus tranquilles, feuilleter les merveilleux livres d'images qui étaient ouverts, et où se trouvaient peints toutes sortes d'hommes, toutes sortes de fleurs, et aussi de charmants enfants qui jouaient ensemble, et qui étaient si bien faits, qu'on aurait pu croire qu'ils vivaient réellement et se parlaient entre eux.

Ils voulaient de nouveau regarder ces livres, lorsqu'on sonna encore une fois.

Ils savaient que le parrain Drosselmeier devait faire aussi ses cadeaux, et ils coururent vers la table placée contre le mur.

Le paravent qui l'avait si longtemps cachée se replia tout à coup.

Sur une prairie émaillée de fleurs de toute façon s'élevait un château magnifique avec de nombreuses fenêtres à vitres et des tours d'or. Un concert de cloches se fit entendre; les portes et les fenêtres s'ouvrirent, et l'on vit des messieurs de très-petite taille se promener dans les salles, avec de petites dames aux longues robes traînantes et aux chapeaux chargés de fleurs. Dans la salle du milieu, si bien éclairée, qu'elle paraissait en feu tant il s'y trouvait de bougies, dansaient des enfants en pourpoint court et en petite veste, au son des cloches. Un monsieur, couvert d'un manteau d'un vert d'émeraude, regardait souvent par la fenêtre, faisait des signes et s'éloignait, et aussi le parrain Drosselmeier, grand comme le pouce du papa, se montrait de temps en temps sur le seuil de la porte du château et rentrait en dedans.

Fritz, les bras accoudés sur la table, regardait le beau château et les promeneurs, et dit :

— Parrain Drosselmeier, laisse-moi entrer dans ton château.

Le conseiller de la cour de justice lui répondit que cela n'était pas possible.

Et il avait raison, car il était déraisonnable à Fritz de vouloir entrer dans un château qui, même avec ses tours d'or, n'était pas si haut que lui-même.

Fritz comprit cela. Au bout d'un instant, comme les messieurs et les dames se promenaient sans cesse de la même façon, que les enfants dansaient, que l'homme émeraude regardait par la fenêtre, et que le parrain Drosselmeier se montrait sous la porte, Fritz impatienté dit :

— Parrain Drosselmeier, sors donc par la porte en haut.

— Cela ne se peut, mon cher petit Fritz, répondit le parrain.

— Eh bien, fais promener avec les autres le petit homme émeraude qui regarde si souvent par la fenêtre.

— Cela ne se peut pas non plus, répondit encore le parrain.

— Alors, reprit Fritz, fais descendre les enfants, je veux les voir de plus près.

— Mais cela n'est pas possible, reprit le parrain contrarié. Une mécanique doit rester comme elle a été faite.

— Ah! reprit Fritz en traînant le ton, rien de tout cela ne se peut. Ecoute, parrain, si tes petits hommes habillés ne peuvent faire dans ce château que toujours une seule et même chose, alors ils ne valent pas grand'chose, et je ne les désire pas beaucoup. Non, j'aime mieux mes hussards qui manœuvrent en avant, en arrière, à ma volonté, et ne sont pas enfermés dans une maison.

Et en disant cela il s'en alla en sautant vers la table de Noël, et fit trotter les escadrons sur leurs chevaux d'argent et les fit charger selon son bon plaisir avec force coups de sabres et coups de feu, d'après son caprice.

La petite Marie s'était aussi doucement éclipsée, car elle s'était bientôt aussi lassée des allées et venues et des danses des poupées; mais, comme elle était bonne et très-gentille, elle ne l'avait pas laissé voir comme son frère Fritz.

Le conseiller de la cour de justice dit, d'un ton désappointé :

— Ce travail artistique n'est pas fait pour des enfants, qui peuvent le comprendre; je vais serrer mon château.

Mais la mère s'avança, se fit montrer tout le mécanisme intérieur et les rouages ingénieux qui mettaient les poupées en mouvement. Le conseiller démonta tout et le remonta de nouveau. Cela lui rendit sa bonne humeur, et il donna encore aux enfants quelques petits hommes bruns et des femmes avec les visages, les mains et les jambes dorés. Ces figures étaient d'argile, et avaient l'odeur douce et agréable de pain d'épice, ce qui réjouit beaucoup Fritz et Marie. La sœur Louise, sur l'ordre de sa mère, avait mis la belle robe qu'on lui avait donnée, et elle était charmante avec. Mais Marie, avant de mettre sienne, comme on le lui disait, demanda à la regarder encore peu. Cela lui fut accordé très-volontiers.

LE PROTÉGÉ.

La petite Marie ne voulait surtout pas s'éloigner encore de la table de Noël, parce qu'elle n'avait rien vu qui eût attiré spécialement attention. En enlevant les hussards de Fritz qui se tenaient en ligne de parade tout près de l'arbre des joujoux, un petit homme avait mis à découvert, et il attendait là, tranquille et discret, que son tour arrivât. Il y avait certainement beaucoup à objecter contre l'élégance de ses formes: car outre que son gros ventre ne fût nullement en rapport avec ses petites jambes grêles, sa tête paraissait aussi beaucoup trop grosse; mais son habillement parlait en sa faveur, car il faisait supposer un homme de goût. Ainsi, il portait une très-jolie veste de hussard, d'une belle et brillante couleur violette, avec une foule de gances et de boutons blancs; des pantalons du même genre et de ces très-jolies petites bottes qui étaient autrefois de mode parmi les étudiants et même les officiers; elles étaient si bien ajustées aux jambes, qu'on aurait pu croire qu'elles étaient peintes. Ce qui faisait un effet comique dans son arrangement, c'était un étroit et laid manteau placé par derrière, et qui paraissait être de bois; et il portait en outre un bonnet de mineur. Et Marie se rappela aussitôt que le parrain Drosselmeier avait aussi une cape assez laide et une bien vilaine casquette, ce qui ne l'empêchait pas pourtant d'être un parrain bien-aimé. Et tout en regardant de plus en plus le gentil petit homme qui lui avait plu dès le premier coup d'œil, Marie remarqua la bonne humeur empreinte sur sa figure. Ses yeux, d'un vert clair et un peu saillants, n'exprimaient que de la bienveillance et l'amitié, et la barbe bien frisée et de laine blanche qui ornait son menton faisait ressortir le doux sourire de sa bouche bien vermeille.

— Ah! dit enfin Marie, mon cher papa, quel est le charmant petit homme placé là tout près de l'arbre?

— Celui-là, dit le père, travaillera vaillamment pour vous tous, ma chère enfant; il mordra pour vous la dure écorce des noix, et il t'appartient aussi bien qu'à Louise et à Fritz.

Et en même temps le père se prit doucement de la table, leva le manteau en l'air, et le petit homme ouvrit une énorme bouche et montra une double rangée de dents blanches et pointues. Marie, à l'invitation de son père, y mit une noix, et, — knak — le petit homme la brisa de telle sorte que les coquilles tombèrent en morceaux, et que Marie reçut la douce amande dans sa main. Et tout le monde apprit, et Marie avec les autres, que le joli petit homme descendait en droite ligne des Casse-Noisette, et continuait la profession de ses ancêtres.

Marie poussa des cris de joie, et le père lui dit alors :

— Puisque l'ami Casse-Noisette te plaît tant, ma chère Marie, prends-en, si tu veux, un soin tout particulier, à la condition toutefois que Louise et Fritz pourront s'en servir comme toi.

Marie le prit aussitôt dans ses bras, et lui fit casser des noix; mais elle choisit les plus petites, pour que les dents ne fussent pas ouvertes trop la bouche, ce qui, dans le fond, ne lui seyait pas bien. Louise se joignit à elle, et l'ami Casse-Noisette dut aussi lui rendre de pareils offices, et il parut le faire avec plaisir, car il ne cessa de rire amicalement. Fritz, pendant ce temps-là, fatigué de ses cavalcades et de ses exercices, sauta auprès de ses sœurs en entendant joyeusement craquer des noix, et se mit à rire de tout son cœur du drôle petit homme; et, comme il voulait aussi manger des noix, le Casse-Noisette ne cessait d'ouvrir et de fermer la bouche, et comme il y jetait les noix les plus grosses et les plus dures, trois dents tombèrent de la bouche de Casse-Noisette, et son menton devint chancelant et mobile.

— Ah! mon pauvre cher Casse-Noisette! s'écria Marie.

Et elle l'arracha des mains de Fritz.

— Voilà un sot animal, dit celui-ci; il veut être Casse-Noisette et n'a pas la mâchoire solide. Il ne connaît pas non plus son métier; donne-le-moi, Marie, je lui ferai casser des noix à en perdre toutes les dents, et par-dessus le marché son menton si mal attaché.

— Non! non! s'écria Marie en pleurant, tu n'auras pas mon pauvre Casse-Noisette; vois un peu comme il me regarde mélancoliquement en montrant les blessures de sa bouche. Mais toi! tu es un cœur dur, et tu fais même fusiller un soldat!

— Cela doit être ainsi, s'écria Fritz. Mais le Casse-Noisette n'appartient pas aussi bien qu'à toi; donne-le-moi.

Marie se mit à pleurer violemment et enveloppa vite le Casse-Noisette dans la poche de son tablier. Les parents vinrent avec le parrain Drosselmeier, et celui-ci prit part aux chagrins de Marie. Mais le père dit :

— J'ai mis spécialement le Casse-Noisette sous la protection de Marie, et comme je vois qu'elle lui devient nécessaire, je lui donne plein pouvoir sur lui, sans que personne puisse y trouver à redire. Au reste, je m'étonne de voir Fritz exiger de quelqu'un blessé dans un service la continuation de ce service. Il devrait savoir, en militaire, que l'on ne remet plus les blessés dans les rangs de bataille.

Fritz fut fort confus, et se glissa, sans plus s'occuper de noix et de Casse-Noisette, de l'autre côté de la table, où ses hussards avaient établi leur bivouac, après avoir convenablement posé leurs sentinelles avancées.

Marie recueillit les dents brisées du Casse-Noisette, elle lui enveloppa un menton malade avec un beau ruban blanc qu'elle détacha de sa robe, et enveloppa le pauvre petit, qui paraissait encore pâle et effrayé, dans son mouchoir, avec un plus grand soin qu'auparavant. Et puis, tout en le berçant dans ses bras comme un enfant, elle se mit à parcourir le nouveau cahier d'images qui faisait partie des cadeaux du jour. Et contre sa coutume, elle se fâchait très-fort lorsque le parrain Drosselmeier lui demandait en riant bien haut :

— Mais pourquoi prends-tu tant de soin d'un être aussi affreux ?

La comparaison étrange avec Drosselmeier qui lui était survenue lorsqu'elle avait vu le petit pour la première fois lui revint en mémoire, et elle dit très-sérieusement :

— Qui sait, cher parrain, si tu faisais toilette comme mon Casse-Noisette, et si tu avais de belles bottes aussi brillantes, qui sait si tu n'aurais pas aussi bon air que lui ?

Marie ne comprit pas pourquoi ses parents se mirent à rire aussi fort, et pourquoi le conseiller de haute justice devint rouge jusqu'aux oreilles, et rit un peu moins fort qu'auparavant. Il pouvait avoir ses raisons pour cela.

PRODIGES.

Il y a à gauche, en entrant dans la chambre où l'on se tient d'habitude, chez le médecin consultant, une haute armoire vitrée placée contre le mur. C'est là où les enfants serrent tous les cadeaux qui leur sont faits chaque année. Louise était encore bien petite lorsque son père fit fabriquer cette armoire par un très-habile ouvrier. Dans le haut, où Fritz et Marie ne pouvaient atteindre, étaient placés les œuvres d'art du parrain Drosselmeier; après venaient des rayons de livres, et les deux derniers rayons appartenaient en commun aux petits enfants. Toutefois Marie se réservait celui du bas pour ses poupées, et Fritz avait fait de celui placé au-dessus le quartier général de ses troupes. Ce soir Marie avait mis de côté mademoiselle Trudchen et avait placé la nouvelle poupée, parée avec élégance, dans sa petite chambre si bien meublée, et l'avait invitée à partager les bonbons. Mademoiselle Claire, c'était son nom, devait se trouver merveille dans une chambre pareille.

Il était déjà tard; minuit allait sonner, le parrain Drosselmeier était déjà parti depuis longtemps, et les enfants ne pouvaient se décider à quitter l'armoire vitrée, bien que leur mère leur eût répété plus d'une fois qu'il était grand temps d'aller au lit.

— C'est vrai, s'écria Fritz, les pauvres diables (les hussards) voudraient se reposer, et tant que je suis là aucun d'eux n'osera fermer l'œil, je le sais bien.

Et il partit.

Mais Marie priait sa mère :

— Petite mère chérie ! laisse-moi ici encore un moment, un seul petit moment ! J'ai encore quelques petites choses à arranger, et après j'irai me coucher de suite.

Marie était une enfant bien raisonnable, et sa bonne mère pouvait sans crainte la laisser seule avec ses joujoux. Seulement la mère éteignit toutes les lumières, à l'exception d'une lampe suspendue au plafond, qui répandait une douce lueur.

— Dépêche-toi de venir, chère Marie, lui dit la mère, autrement tu ne pourrais pas demain te lever à temps.

Et elle entra dans sa chambre à coucher.

Aussitôt que Marie se trouva seule, elle s'avança rapidement en portant encore sur ses bras le Casse-Noisette malade, enveloppé dans son mouchoir. Elle le posa sur la table avec précaution, déroula le mouchoir et regarda le blessé.

Casse-Noisette était très-pâle; mais il lui fit un sourire mélancolique et si aimant, que Marie en fut touchée jusqu'au fond du cœur.

— Ah! Casse-Noisette, dit-elle très-bas, ne sois pas fâché contre mon frère Fritz, qui t'a fait tant de mal; il n'avait pas de mauvaises intentions. Seulement il est devenu un peu brutal en vivant avec ces gens de soldats, mais c'est un très-bon enfant, je t'assure. Moi je te soignerai bien tendrement jusqu'à ce que tu sois devenu gai et bien portant. Le parrain Drosselmeier, qui s'y entend, te remettra tes dents et rassurera tes épaules.

Mais Marie s'arrêta tout à coup; car, lorsqu'elle prononça le nom de Drosselmeier, l'ami Casse-Noisette fit une terrible grimace, et il sortit de ses yeux comme des pointes brillantes.

Au moment où Marie allait s'effrayer, le visage de l'honnête Casse-Noisette était redevenu mélancolique et souriant, et elle comprit qu'un courant d'air, en agitant la flamme de la lampe, avait ainsi figuré son visage.

— Suis-je donc folle, dit-elle, de m'effrayer aussi facilement et de croire qu'une poupée de bois peut me faire des grimaces ! Mais j'aime Casse-Noisette, parce qu'il est comique et en même temps d'un si bon caractère, et pour cela il mérite d'être soigné comme il faut.

Puis elle prit Casse-Noisette dans ses bras, s'approcha de l'armoire vitrée, et dit à la nouvelle poupée :

— Je t'en prie, mademoiselle Claire, cède ton lit à Casse-Noisette, et contente-toi du sofa; tu te portes bien, car autrement tu n'aurais pas de si belles couleurs. Réfléchis qu'il y a peu de poupées qui possèdent un sofa aussi moelleux.

Mademoiselle Claire, dans sa belle toilette, parut assez mécontente, prit un air dédaigneux et ne répondit rien.

— Qu'ai-je besoin de tant de façons ? continua Marie.

Et elle tira le lit, y posa doucement Casse-Noisette, enveloppa encore avec un nouveau ruban ses épaules malades et le couvrit jusqu'au nez.

— Tu ne resteras pas auprès de cette boudeuse de Claire, dit-elle.

Et elle prit le lit avec Casse-Noisette, et le mit dans le rayon supérieur, près du beau village où étaient campés les hussards de Fritz.

Elle ferma l'armoire, et voulut se rendre dans la chambre à coucher. Alors on entendit tout autour un murmure, un chuchotement, un léger bruit, tout bas, tout bas, derrière le poêle, derrière les chaises, derrière l'armoire. La pendule gronda toujours de plus en plus fort; mais elle ne pouvait pas sonner.

Marie leva les yeux vers l'horloge. Le grand hibou qui la dominait avait abaissé ses ailes, qui couvraient tout le cadran, et il avait allongé sa vilaine tête de chat au bec crochu; le grondement continuait, et l'on y distinguait ces mots :

— Heures, heures, heures, heures ! murmurez doucement : le roi des souris a l'oreille fine. Purpurr, poum, poum ! chantez seulement, chantez vos vieilles chansons ! Purpurr, poum, poum ! frappez, clochettes, frappez, c'est bientôt fait !

Et la clochette, sourde et enrouée, fit douze fois poum, poum !

Marie commença à avoir le frisson, et elle allait se sauver d'effroi, lorsqu'elle vit le parrain Drosselmeier. Il se tenait assis sur la pendule à la place du hibou, et il avait laissé tomber des deux côtés comme des ailes les pans de son habit jaune. Elle reprit donc courage, et s'écria d'une voix plaintive :

— Parrain Drosselmeier, parrain Drosselmeier, que fais-tu là-haut ? Descends, et ne me fais pas peur comme cela, méchant parrain Drosselmeier !

Mais alors il s'éleva de tous côtés un bruit de fous rires et de sifflements, et l'on entendit bientôt trotter et courir derrière les murailles comme des milliers de petits pieds, et mille petites lumières brillèrent à travers les fentes du parquet. Mais ce n'étaient pas des lumières : c'étaient de petits yeux flamboyants, et Marie remarqua que des souris paraissaient de tous côtés. Bientôt tout autour de la chambre on courait au trot, au trot, au galop, au galop !

Des amas de souris de plus en plus distinctes couraient çà et là, ventre à terre, et se plaçaient à la fin en rang et par compagnie, comme Fritz le faisait faire à ses soldats quand ils devaient aller à la bataille.

Cela parut très-amusant à Marie; et comme elle n'éprouvait pas contre les souris l'espèce d'horreur qu'elles inspirent aux enfants, elle commençait à reprendre courage, lorsque tout à coup elle entendit des sifflements si effroyables et si aigus, qu'elle sentit un frisson lui parcourir le corps.

Mais qu'aperçut-elle ?

Juste à ses pieds tourbillonnèrent, comme mus par un pouvoir souterrain, du sable, de la chaux et des éclats de briques, et sept têtes de souris, ornées chacune d'une couronne étincelante, sortirent du plancher en poussant des sifflements affreux. Bientôt un corps, auquel appartenaient les sept têtes, s'agita avec violence et parvint à s'élancer dans la chambre.

Toute l'armée salua trois fois d'acclamations violentes la grosse souris ornée de sept couronnes, et se mit aussitôt en mouvement au trot, au trot, au galop, au galop ! vers l'armoire et vers Marie, qui se tenait encore placée près du vitrage.

Le cœur de Marie battit si fort, qu'elle crut qu'il allait s'échapper de sa poitrine, et qu'alors elle mourrait; mais il lui sembla que son sang se figeait dans ses veines, et, à demi évanouie, elle chancela en reculant.

Et alors Klirr, klirr, prr!...

La vitre de l'armoire tomba brisée en morceaux sous la pression de son coude. Elle éprouva un moment une poignante douleur au bras gauche; mais en même temps elle se sentit le cœur moins oppressé. Elle n'entendit plus ni cris ni sifflements; tout était devenu tranquille, et elle crut que les souris, effrayées du bruit de la vitre brisée, s'étaient réfugiées dans leurs trous. Mais tout à coup des rumeurs étranges s'élevèrent de l'armoire placée derrière elle, et de petites voix disaient :

— Éveillons-nous, éveillons-nous ! Au combat, au combat cette nuit ! Éveillons-nous, au combat !

Et alors un doux et gracieux bruit de clochettes résonna harmonieusement.

— Ah ! c'est mon jeu de cloches ! s'écria Marie toute joyeuse.

Et elle sauta de côté.

Elle vit que l'armoire s'éclairait et se remplissait de mouvement. De petites poupées couraient l'une sur l'autre et faisaient de l'escrime avec leurs bras.

Tout à coup Casse-Noisette se leva, jeta sa couverture loin de lui, se dressa sur le lit à pieds joints, et s'écria d'une voix retentissante :

— Knack, knack, knack! souris au bivouac vaut à peine une claque! Quel micmac dans le sac! Cric crac!...

Puis il tira son petit sabre, l'agita en l'air et s'écria :

— Chers vassaux, frères et amis! voulez-vous me venir en aide dans la bataille acharnée?

Aussitôt trois Scaramouches, un Pantalon, quatre ramoneurs, deux joueurs de guitare et un tambour s'écrièrent :

— Oui, maître, nous vous viendrons fidèlement en aide; avec vous nous marcherons au combat, à la victoire ou à la mort!

Et ils se précipitèrent au-devant de Casse-Noisette, qui se lança hardiment du rayon en bas.

Les autres avaient pu se jeter sans péril, car, outre que leurs riches habits étaient de drap et de soie, leur corps était rembourré de coton; mais le pauvre Casse-Noisette se serait cassé bras et jambes, car il tombait de deux pieds de haut, et son corps était délicat comme s'il eût été de bois de tilleul, si mademoiselle Claire ne s'était élancée du canapé et n'avait reçu dans ses bras tendres le héros tenant son glaive à la main.

— Ah! bonne Claire, dit Marie émue, comme je t'ai méconnue! Sans doute tu aurais cédé ton lit de bonne grâce à l'ami Casse-Noisette!

Mais mademoiselle Claire dit en serrant le jeune héros contre sa poitrine de soie :

— Voulez-vous, malade et blessé comme vous l'êtes, aller au-devant des dangers? Voyez comme vos vassaux valeureux s'assemblent dans leur impatience du combat et leur certitude de la victoire. Scaramouche, Pantalon, le ramoneur, le joueur de cythare et le tambour sont en bas, et les figures qui se trouvent sur mon rayon s'agitent et s'émeuvent. Veuillez, prince, reposer ici, et applaudir d'ici à la victoire.

A ces mots de Claire, Casse-Noisette frappa si fort du pied et fit des gestes si violents, que Claire fut obligée de le descendre sur le parquet; mais alors il se mit à genoux et murmura :

— O dame! je me rappellerai toujours dans le combat votre grâce et votre bienveillance envers moi!

Claire alors se baissa assez pour pouvoir le saisir par le bras, défit rapidement sa ceinture, et voulut en ceindre le petit homme; mais celui-ci recula de deux pas, mit la main sur son cœur et dit solennellement :

— Que ceci ne soit pas le gage de votre bienveillance pour moi, car...

Il hésita, soupira, défit rapidement de ses épaules le ruban dont Marie les avait enveloppées, le pressa sur ses lèvres, s'en ceignit comme d'une écharpe de bataille, et s'élança en agitant sa brillante épée, rapide et agile comme un oiseau, du bord de l'armoire sur le parquet.

Aussitôt les cris et les sifflements redoublèrent.

Sous la table se tenaient assemblés les innombrables bataillons des souris, et au-dessus d'elles s'élevait l'affreuse souris aux sept têtes.

Que va-t-il arriver?

LA BATAILLE.

— Battez la générale, tambour, vassal fidèle!... s'écria Casse-Noisette.

Et aussitôt le tambour fit résonner son instrument de guerre avec tant d'adresse, que les vitres de l'armoire tremblèrent, et dans l'armoire même un bruit et un mouvement furent remarqués de Marie; les couvercles des boîtes où étaient enfermés les soldats de Fritz sautèrent, et les soldats s'élancèrent dans le rayon inférieur et s'y rassemblèrent en blancs bataillons.

— Aucun trompette ne bouge! s'écria Casse-Noisette irrité.

Et il se tourna vers Pantalon, qui était devenu très-pâle, dont le grand menton tremblotait, et il lui dit d'une voix solennelle :

— Général, je connais votre expérience et votre courage; il faut ici un coup d'œil rapide pour savoir profiter du moment. Je vous confie le commandement de toute la cavalerie et de l'artillerie; vous n'avez pas besoin de cheval, vos jambes sont longues, et avec elles vous galopez parfaitement. Faites votre devoir!

Aussitôt Pantalon appuya fortement sur le mur ses longs doigts et le gratta avec tant de bruit, qu'on aurait pu croire que cent trompettes joyeuses résonnaient à la fois.

Aussitôt on entendit des piétinements de chevaux et des hennissements dans l'armoire; tout d'un coup les cuirassiers et les dragons de Fritz, et avant tous les autres les brillants hussards, s'élancèrent et furent bientôt sur le plancher.

Alors, l'un après l'autre, tous les régiments défilèrent, enseignes déployées, devant Casse-Noisette, et se rangèrent en files serrées sur le parquet de la chambre. Mais les canons roulaient avec bruit en avant, et bientôt ils s'envoyèrent avec un terrible vacarme une pluie de dragées dans les rangs pressés des souris, qui étaient blanchies de leur poussière et en paraissaient toutes confuses. Une batterie surtout, placée sur le tabouret de maman, leur faisait un mal immense, et les boules de pain d'épice qu'elle lançait sur les souris faisaient dans leurs rangs un affreux ravage.

Les souris parvinrent à s'en approcher, et s'emparèrent de plusieurs pièces; mais à cet endroit de la chambre la fumée et la poussière s'élevèrent en tourbillons si épais, que Marie pouvait à peine distinguer ce qui s'y passait. Mais il était évident que chaque corps combattait avec acharnement et que la victoire était indécise. Les souris développaient à chaque instant des masses nouvelles, et il serait difficile de se faire une idée du spectacle qui se passait; c'étaient des bruits dans l'armoire.

Claire et Trudchen couraient çà et là en se tordant les mains avec désespoir.

— Me faut-il donc mourir à la fleur de l'âge, moi la plus belle des poupées? s'écriait Claire.

— Me suis-je donc si bien conservée pour mourir ici entre quatre murs? exclamait Trudchen.

Et elles se tinrent embrassées et gémirent si haut, que leurs lamentations dominaient tout le bruit qui se faisait au dehors; c'étaient des bruits :

— Prr! prr! pouff! piff! Schnetterdeng! schnetterdeng! Boum! bouroum! boum!

En en même temps les souris et leur roi criaient et piaillaient, l'on entendait la puissante voix de Casse-Noisette, qui distribuait des ordres; on le voyait marcher au milieu des bataillons en feu. Pantalon avait exécuté une brillante charge de cavalerie, et s'était couvert de gloire; mais les hussards de Fritz étaient exposés à l'artillerie des souris, qui leur lançaient des boules laides et puantes qui faisaient de vilaines taches sur leurs vestes rouges, ce qui jetait du désordre dans leurs rangs. Pantalon leur commanda par le flanc gauche, et, dans la chaleur du commandement, donna le même ordre aux cuirassiers et aux dragons, c'est-à-dire que tous firent par file à gauche en retournant chez eux.

La batterie du banc de pied se trouva par ce mouvement découverte et en danger, et presque aussitôt les souris s'avancèrent en masses serrées avec tant de violence, que le banc fut renversé avec les batteries et toute l'artillerie. Casse-Noisette parut abattu, et donna à l'aile droite un mouvement rétrograde.

Pendant l'ardeur du combat, la cavalerie légère des souris avait débouché en masse de dessous la commode et s'était jetée avec des cris effroyables sur l'aile gauche de l'armée de Casse-Noisette.

Mais le corps des devises s'était avancé sous la conduite des empereurs chinois, avec la circonspection qu'exigeaient les difficultés du terrain, puisqu'il y avait à passer le bord de l'armoire, et s'était formé en bataillon carré. Ces braves troupes, formées de frises d'arlequins, de cupidons, de jardiniers, de tyroliens, de lions, de tigres, de singes, combattirent avec sang-froid et courage. La valeur digne des Spartiates de ce bataillon d'élite aurait arraché la victoire aux souris, si un maudit capitaine ennemi, s'élançant avec furie, n'eût d'un coup de dent abattu la tête d'un des empereurs chinois et mis en pièces deux chats et un singe, en faisant ainsi un vide par lequel l'ennemi s'élança et massacra le bataillon.

Mais ce carnage profita peu à l'ennemi.

Toutes les fois qu'un de ces courageux antagonistes coupait en deux le bec d'un de ces courageux antagonistes, il avalait en même temps un petit morceau de papier qui l'étouffait à l'instant. Pas un secours pour l'armée de Casse-Noisette, qui, une fois les premiers pas en arrière faits, fut bientôt en pleine retraite, et perdait du monde de plus en plus, de sorte que Casse-Noisette arriva devant l'armoire un petit nombre de soldats.

— Faites avancer la réserve! Pantalon, Scaramouche, tambour, où êtes-vous? s'écria Casse-Noisette, qui espérait recevoir de l'armoire de nouvelles troupes.

Il vint en effet quelques hommes et quelques femmes d'argile, des visages d'or surmontés de casques et de chapeaux; mais ils se battirent avec tant de maladresse, qu'ils n'atteignirent aucun ennemi et firent tomber de sa tête le bonnet même de leur général Casse-Noisette. Les chasseurs ennemis leur brisèrent les jambes de leurs dents, de sorte qu'ils tombèrent et tuèrent dans leur chute plusieurs frères d'armes de Casse-Noisette. Celui-ci voulait franchir le bord de l'armoire, mais ses jambes étaient trop courtes, et Claire et Trudchen, évanouies, ne pouvaient lui offrir leur aide.

Les hussards et les dragons y sautèrent facilement au moyen de leurs chevaux; alors il s'écria dans son désespoir :

— Un cheval! un cheval! un royaume pour un cheval!

Alors deux tirailleurs ennemis le saisirent par son manteau de bois et le roi des souris s'élança triomphant en poussant des cris de ses sept têtes à la fois.

— O mon pauvre Casse-Noisette! s'écria Marie en sanglotant.

Et involontairement elle prit son soulier gauche et le jeta de toutes ses forces sur le roi des souris, au beau milieu de son armée.

Au même instant tout disparut et tout bruit cessa. Marie sentit au bras gauche une douleur plus vive qu'auparavant, et tomba évanouie sur le plancher.

LA MALADIE.

Lorsque Marie s'éveilla de son profond sommeil de mort, elle dans son petit lit, et le soleil brillait dans la chambre en travers les vitres recouvertes de glace. Près d'elle était assis un homme qu'elle reconnut bientôt pour le chirurgien Wandelstern.

Celui-ci dit tout bas :

— La voici qui s'éveille !

Alors sa mère s'avança et la regarda avec des yeux remplis d'inquiétude.

— Ah ! chère mère, murmura la petite Marie, toutes ces vilaines souris sont-elles parties ? le bon Casse-Noisette est-il sauvé ?

— Ne dis pas de folies, chère Marie, répondit la mère ; quel rapport y a-t-il entre Casse-Noisette et les souris ? mais tu nous rendis bien inquiets : voilà ce qui arrive quand les enfants sont volontaires et ne veulent pas écouter leurs parents. Hier tu as joué bien tard avec tes poupées ; tu as eu sommeil, et, si se peut que tu aies été effrayée par une souris, bien qu'elles soient assez rares ici, et alors tu as cassé avec ton coude une vitre de l'armoire, et tu t'es tellement coupée que M. Wandelstern t'a extrait du bras des morceaux de verre, et, selon lui, si une veine s'était trouvée coupée, tu aurais eu le bras toujours roide, ou tu aurais pu mourir de la perte de ton sang. Grâce Dieu, je me suis éveillée, et ne te voyant pas là, j'ai été dans ta chambre. Je t'ai trouvée étendue sur le plancher, et tout autour de toi la terre était jonchée de débris des soldats de plomb de Fritz, de poupées d'hommes de pain d'épice. Casse-Noisette était placé sur ton bras ensanglanté, et ton soulier gauche était à terre à quelque distance de toi.

— Ah! petite mère, tu vois bien, c'étaient les traces du combat des poupées et les souris ; et ce qui m'a tant effrayée, c'est que les souris voulaient faire prisonnier le général Casse-Noisette. Alors j'ai été mon possible pour les en empêcher, et me rappelle plus ce qui s'est passé.

Le chirurgien fit un signe de l'œil à la mère, et celle-ci dit :

— Calme-toi, ma chère enfant, toutes les souris sont parties, et Casse-Noisette est sain et sauf dans l'armoire vitrée.

Alors le médecin consultant entra dans la chambre, tâta le pouls de sa fille et parla avec le chirurgien, et Marie entendit qu'ils disaient que sa blessure lui avait donné la fièvre.

Il fallut rester ici quelques jours, bien qu'elle n'éprouvât aucun malaise, excepté une légère douleur au bras. Elle savait que Casse-Noisette était bien portant du combat, et elle le vit bien dans songe qui lui disait d'une voix distincte mais plaintive :

— Marie, excellente dame, vous avez fait beaucoup pour moi, et vous pouvez faire encore beaucoup plus.

Et Marie chercha, mais sans pouvoir y réussir, ce qu'elle pouvait encore faire pour lui.

Marie ne pouvait ni trop se remuer, à cause de son bras, ni lire, ni feuilleter des gravures ; elle commençait à trouver le temps long, et elle attendait le soir avec impatience, parce qu'alors sa mère venait s'asseoir auprès de son lit, et lui racontait ou lui lisait toutes sortes de belles choses. Celle-ci venait de commencer l'histoire du prince Fakardin, lorsque la porte s'ouvrit. Le parrain Drosselmeier entra en disant :

— Je viens voir comment se porte la petite malade.

Aussitôt que Marie l'aperçut avec son habit jaune, elle se rappela qu'elle avait vu le jour de la bataille, et involontairement elle dit au conseiller de haute justice :

— O parrain Drosselmeier, je t'ai bien vu, et tu étais bien laid, lorsque tu étais assis sur la pendule, et que tu la couvrais avec tes ailes pour l'empêcher de sonner haut, ce qui aurait effrayé les souris et appeler leur roi. Pourquoi ne nous es-tu pas venu en aide, au Casse-Noisette à moi ? Vilain méchant, tu es cause que je suis maintenant dans mon lit, blessée et malade.

La mère s'écria :

— Qu'as-tu, ma chère Marie ?

Mais le parrain Drosselmeier fit une singulière grimace, et dit d'une voix roulante et monotone :

— Le balancier doit gronder, piquer n'est pas son affaire ! Les heures ! les heures ! la pendule doit les murmurer, les murmurer tout bas ! Les cloches résonnent : Kling ! klang ! hink ! honk ! bink ! bonk ! Jeune poupée, ne sois point inquiète, les cloches sonnent, elles ont sonné. Le hibou vient tire-d'aile pour chasser le roi souris, elles pik et pouk ! pik et pouk ! Les petites cloches, bim ! bim ! L'heure doit gronder, crécelle et bruit sourd ! pirr et pour !

Marie regardait les yeux tout grands ouverts le parrain Drosselmeier, qui lui semblait encore plus laid que d'habitude, et agitait son bras çà et là, comme s'il eût été tiré par la ficelle des marionnettes. Elle aurait eu grand peur du parrain si sa mère n'avait pas été là, et si Fritz, qui s'était glissé dans la chambre, n'eût éclaté de rire.

— Eh ! parrain Drosselmeier, s'écria-t-il, comme tu es drôle aujourd'hui ! tu gesticules comme le pantin que j'ai jeté derrière le poêle.

La mère resta sérieuse, et dit :

— Cher monsieur le conseiller, voici une singulière plaisanterie ! quel est votre but ?

— Mon Dieu, reprit Drosselmeier en riant, ne reconnaissez-vous donc pas ma chanson de l'horloger ? Je la chante d'ordinaire auprès des malades comme Marie.

Puis il s'assit aussitôt près du lit de la jeune fille, et dit :

— Ne me garde pas rancune de ne pas avoir arraché ses quatorze yeux au roi des souris ; mais cela ne pouvait se faire, je veux en place de cela te faire une grande joie.

Et puis il fouilla dans sa poche, et en sortit le Casse-Noisette, auquel il avait fort adroitement remis les dents qui manquaient, et dont il avait consolidé le menton.

Marie poussa un cri de joie, et sa mère lui dit en riant :

— Vois-tu que le parrain Drosselmeier ne veut que du bien à ton Casse-Noisette ?

— Tu m'avoueras pourtant, Marie, interrompit le conseiller, que le Casse-Noisette n'est pas des mieux faits, et que l'on ne peut pas précisément lui donner un certificat de beauté. Si tu veux m'écouter, je te raconterai comment cette laideur est devenue héréditaire dans sa famille ; mais tu connais déjà peut-être l'histoire de la princesse Pirlipat, de la sorcière de Mauserinks et de l'habile horloger.

— Ecoute donc, parrain, interrompit étourdiment Fritz, tu as bien remis les dents de Casse-Noisette et son menton ne vacille plus ; mais pourquoi n'a-t-il plus son sabre ? pourquoi ne lui en as-tu pas mis un au côté ?

— Eh ! dit brusquement le conseiller, il faut, jeune homme, que tu trouves à critiquer sur tout. Est-ce que le sabre de Casse-Noisette me regarde ; je l'ai guéri, c'est à lui de se procurer un sabre où il voudra.

— C'est vrai, répondit Fritz ; si c'est un vrai luron, il saura bien en trouver un.

— Ainsi, Marie, continua le conseiller, connais-tu l'histoire de la princesse Pirlipat ?

— Ah ! non, répondit Marie, cher parrain ! raconte.

— J'espère, dit la mère, que cette histoire ne sera pas si effrayante que celles que vous racontez d'habitude.

— Elle ne le sera pas du tout, répondit le conseiller ; tout au contraire, elle est très-drôle.

— Raconte, oh ! raconte, s'écrièrent les deux enfants, et le conseiller commença ainsi :

CONTE DE LA NOIX DURE.

La mère de Pirlipat était l'épouse d'un roi, c'était une reine par conséquent, et Pirlipat fut princesse au moment même où elle vint au monde. Le roi fut transporté de joie, et il disait :

— A-t-on jamais vu une fille plus jolie ?

Et tous les ministres, les généraux, les présidents et les officiers de l'Etat criaient :

— Non, jamais !

Et, en effet, il était impossible de dire qu'enfant, depuis que le monde est monde, eût égalé la petite princesse Pirlipat en beauté. Son teint était de lis et de rose, ses yeux resplendissaient d'une belle couleur d'azur, et les boucles blondes de ses cheveux formaient des tresses ondoyantes semblables à de l'or ; une chose remarquable, la petite Pirlipat avait apporté en venant au monde une rangée de petites perles avec le secours desquelles elle mordit le chancelier de la dernière manière à lui faire jeter les hauts cris.

Tout le monde était enchanté de l'enfant ; la reine seule paraissait inquiète, et personne n'en devinait la cause. On remarquait seulement qu'elle faisait activement surveiller le berceau de l'enfant. Outre que les portes étaient garnies de soldats, il devait, avec les deux nourrices placées près du berceau, s'en trouver encore chaque nuit six autres dans la chambre ; mais ce qui paraissait singulier et incompréhensible, c'est que chaque nourrice devait avoir un chat sur ses genoux, qu'elle devait caresser toute la nuit pour le tenir constamment éveillé, et c'est la cause de tout ceci :

Il arriva un jour qu'à la cour de Pirlipat le père se trouvèrent assemblés des grands rois et de très-charmants princes, ce qui occasionna des jeux chevaleresques, des comédies et des bals. Le roi, pour faire parade de ses richesses, voulut puiser assez profondément dans le trésor de la couronne, et faire exécuter quelque chose de remarquable. Il fit donc préparer un grand repas de saucisses, car il avait appris de son maître d'hôtel que l'astronome avait dit que le temps de la tuerie était venu ; puis il se jeta dans son carrosse et invita les rois et les princes à venir goûter chez lui une cuillerée de soupe, pour se réjouir de leur surprise à la vue d'un pareil repas, et il dit très-amicalement à la reine son épouse :

— Tu sais, ma bonne amie, à quel point j'aime les saucisses.

La reine comprit parfaitement ce que cela voulait dire, et cela signifiait qu'elle devait, comme en diverses autres occasions, diriger elle-même en personne la confection de ces mets. Le grand maître du trésor dut aussitôt apporter à la cuisine le grand chaudron d'or et les casseroles d'argent. On alluma un grand feu de bois de sandal, la reine se ceignit d'un tablier de cuisine de damas, et bientôt les délicieuses exhalaisons de la soupe aux saucisses s'élancèrent du chaudron.

L'agréable parfum pénétra jusque dans la chambre des conférences du conseil d'Etat. Le roi enthousiasmé ne put se contenir.

— Avec votre permission, messieurs... s'écria-t-il.

Et il s'élança dans la cuisine, embrassa la reine, retourna un peu ce qui se trouvait dans le chaudron avec le sceptre royal, et revint au conseil d'État.

On en était arrivé au moment important où le lard devait être découpé en morceaux pour être rôti sur un gril d'argent. Les dames de la cour se retirèrent, parce que la reine, par attachement et par respect pour son royal époux, voulait seule entreprendre cette œuvre.

Mais lorsque le lard commençait à rôtir, une voix qui murmurait tout bas dit :

— Sœur! donnez-moi aussi ma part de ce rôti.

La reine savait parfaitement que c'était la dame Mauserinks qui parlait ainsi.

La dame Mauserinks demeurait depuis bien des années dans le palais royal. Elle prétendait être parente de la famille du roi, et être elle-même la reine du royaume de Mausolien, et pour cela, elle

Casse-Noisette.

tenait maison à la cour. La reine était une femme pleine de bienveillance, et elle ne traitait pas la femme Mauserinks comme une reine, mais comme une sœur ; elle la voyait de grand cœur partager les splendeurs gastronomiques du jour, et elle lui cria :

— Venez, dame Mauserinks, venez goûter de mon lard !

Alors la dame accourut très-vite et sautant de joie, monta d'un bond sur le foyer, et mangea à la file les morceaux que la reine lui présentait, et qu'elle prenait avec sa jolie petite patte.

Mais alors vinrent aussi ses compères et ses commères, et même aussi ses sept fils, race assez peu aimable. Ils se jetèrent sur le lard, et la reine décontenancée ne pouvait les en empêcher. Heureusement la dame d'honneur de la cour arriva et chassa ces hôtes importuns, de sorte qu'il resta encore un peu de lard qui, grâce aux instructions données par le professeur de mathématiques de la cour, fut si artistement découpé, que toutes les saucisses en eurent un morceau.

Les trompettes et les cymbales retentirent. Tous les potentats et les princes présents arrivèrent pour le repas, dans leurs habits de gala, les uns sur des palanquins blancs, les autres dans des voitures de cristal.

Le roi les reçut avec beaucoup de déférence et d'amabilité, et s'assit, comme roi du pays, couronne en tête et sceptre à la main au bout de la table.

Déjà, au service des saucissons de foie, on avait remarqué que le roi avait pâli de plus en plus, qu'il avait levé les yeux au ciel, et que de légers soupirs s'échappaient de sa poitrine. Il paraissait éprouver une violente douleur intérieure ; mais au service des boudins, il tomba en arrière sur son fauteuil, avec des gémissements et des sanglots, se cacha le visage dans ses deux mains, et poussa des cris lamentables.

Tout le monde s'élança de table, le médecin s'efforça en vain de saisir le pouls du malheureux roi, il paraissait déchiré par une inexprimable douleur.

Enfin, enfin, après beaucoup de consultations, après l'emploi des plus forts remèdes, il parut revenir à lui-même, et murmura ces mots d'une façon à peine intelligible :

— Trop peu de lard !

Alors la reine se jeta inconsolable à ses pieds et sanglota :

— O mon malheureux époux! oh! quelle douleur vous avez dû éprouver! Mais la coupable est à vos pieds, punissez-la! La dame Mauserinks, avec ses compères, ses commères et ses sept fils, a dévoré le lard, et.... La reine ne put en dire davantage, et elle s'évanouit.

Mais le roi courroucé se leva et cria très-haut :

— Grande camérière, comment cela s'est-il fait ?

La grande camérière raconta tout ce qu'elle savait, et le roi résolut de prendre un parti à l'égard de la dame Mauserinks et de sa famille, qui avaient dévoré le lard des saucisses.

Le conseiller intime fut appelé, et l'on résolut de faire un procès à la femme Mauserinks et de confisquer ses biens. Mais comme le roi pensa que dans cet intervalle elle pourrait encore manger son lard, l'affaire fut confiée à l'horloger de la cour.

Cet homme, qui s'appelait Christian-Elias Drosselmeier, promit de chasser pour toujours du palais par une sage mesure la femme Mauserinks et sa famille. Il inventa une machine petite, mais très-ingénieuse, dans laquelle il suspendit un morceau de lard à une ficelle, et qu'il plaça dans le voisinage de la demeure de la dame mangeuse de lard.

La dame Mauserinks était trop fine pour ne pas entrevoir le piège tendu par Drosselmeier, mais tous ses avis, toutes ses remontrances furent inutiles, et, alléchés par l'odeur attrayante du lard rôti, ses sept fils et une foule de compères et de commères entrèrent dans la machine de Drosselmeier, et furent pris, lorsqu'ils voulurent mordre le lard, par une grille qui tomba tout à coup.

— La voici qui s'éveille!

Dame Mauserinks quitta avec le reste peu nombreux de sa famille le lieu d'effroi. Le chagrin, le désespoir et la vengeance emplissaient son cœur.

La cour fut en fêtes, mais la reine fut inquiète, parce qu'elle connaissait le caractère de la dame Mauserinks, et savait parfaitement qu'elle se vengerait de la mort de ses fils et de ses parents. Et en effet la dame Mauserinks apparut à la reine lorsqu'elle préparait pour le roi son époux un mou de veau qu'il aimait beaucoup, et elle parla ainsi :

— Mes enfants, mes compères et mes commères ont été tués; prends garde, reine, que la reine des souris ne déchire ton enfant en deux à coups de dents; prends garde !

Et aussitôt elle disparut et on ne la vit plus; mais la reine fut si effrayée qu'elle laissa tomber le mou de veau dans le feu, et dame Mauserinks gâta pour la seconde fois le dîner du roi, ce dont il fut très-irrité.

Ici le conteur s'arrêta et remit le reste de l'histoire au lendemain, et comme il s'apprêtait à sortir, Fritz lui demanda :
— Dis-moi, parrain Drosselmeier, est-ce vrai que tu as inventé les souricières ?
— Quelle folie ! dit la mère.
Mais Drosselmeier répondit tout bas, en riant d'une façon singulière : — Ne suis-je donc pas un habile horloger, et ne suis-je pas capable de les inventer ?

SUITE DE L'HISTOIRE DE LA NOIX DURE.

— Vous savez, mes enfants, reprit le conseiller dans la soirée suivante, pourquoi la reine faisait si activement surveiller la princesse Pirlipat. Elle était trop sage pour se laisser prendre par les machines de Drosselmeier, et l'astronome particulier de la cour prétendait savoir que la famille du matou Schnurr était capable d'éloigner la dame Mauserink du berceau, et voici pourquoi chaque nourrice tenait sur ses genoux un membre de cette famille, qui du reste était attaché à la cour comme conseiller secrète des légations, et l'on cherchait à adoucir leur pénible service par des caresses convenables.

Il était déjà minuit, lorsqu'une des nourrices particulières, placée tout près du berceau, s'éveilla comme d'un profond sommeil ; tout autour d'elle on dormait. Aucun bruit, un silence de mort si profond qu'il permettait d'entendre le travail du ver dans le bois ; mais que devint la surveillante lorsqu'elle aperçut juste devant elle une grosse souris, très-laide, qui, dressée sur ses pattes de derrière, avait placé sa tête près du visage de la princesse ! Elle se leva avec un cri terrible ; tout le monde s'éveilla, et la souris (c'était dame Mauserink) s'élança vers un coin de la chambre. Les conseillers de légation se précipitèrent à sa poursuite, mais trop tard ; elle disparut dans une fente du plancher. La petite Pirlipat se réveilla à tout ce bruit et se mit à crier très-fort.

— Grâce au ciel, elle vit ! s'écrièrent les surveillantes.
Mais quel ne fut pas leur effroi en regardant l'enfant : à la place d'une tête blanche et rose, aux boucles d'or, on vit une tête épaisse et sans forme, sur un petit corps rapetissé et racorni. Les yeux bleus étaient devenus des yeux fixes, verts et sans regard, et la bouche s'étendait d'une oreille à l'autre. La reine était prête à mourir de chagrin et à suffoquer de sanglots, et il fallut garnir de tapis les murs du cabinet de travail du roi, parce qu'il s'y frappait la tête en criant : — Malheureux monarque que je suis !

Il aurait pu se convaincre qu'il eût été mieux pour lui de manger les saucisses sans lard, et de laisser la dame Mauserink vivre en paix sous son foyer avec sa lignée ; mais cela ne lui vint pas en idée, et il rejeta toute la faute sur l'horloger mécanicien de la cour, Christian-Elias Drosselmeier de Nuremberg, et il rendit le suivant arrêt :
« Drosselmeier devra, dans l'espace de quatre semaines, rendre à la princesse Pirlipat sa première figure, ou indiquer un moyen efficace d'exécuter cette œuvre, faute de quoi il devra mourir misérablement par la hache du bourreau. »

Drosselmeier ne fut peu effrayé ; toutefois il eut confiance en son adresse et en son étoile, et commença de suite la première opération nécessaire. Il démonta entièrement la princesse Pirlipat, détissa ses pieds mignons et ses petites mains, examina leur structure intérieure. Mais il vit que plus la princesse grandissait, plus elle serait laide, et il ne savait comment y remédier. Il la remonta soigneusement, et retomba auprès de son berceau, qu'il ne devait pas quitter, dans une profonde tristesse.

Déjà la quatrième semaine commençait, lorsque le roi jeta dans la chambre un regard plein de courroux, et dit en le menaçant de son sceptre :
— Christian-Elias Drosselmeier, guéris la princesse, ou tu mourras !
Drosselmeier se mit à pleurer amèrement ; mais la princesse Pirlipat se mit joyeuse à casser des noix. Pour la première fois, le mécanicien remarqua pour les noix l'appétit de Pirlipat, et il se rappela qu'elle était venue au monde avec des dents. Et dans le fait après sa transformation elle avait crié jusqu'à ce qu'on lui eût donné par hasard une noix ; alors elle l'avait brisée, en avait mangé l'intérieur et s'était tenue tranquille. Depuis ce temps, les nourrices ne trouvaient rien de mieux que de lui apporter des noix.
— O saint instinct de la nature ! éternelle et inépuisable sympathie de tous les êtres ! s'écria Drosselmeier, tu me montres la porte de tes mystères ; je vais frapper, et elle s'ouvrira.

Il demanda aussitôt la faveur d'un entretien avec l'astronome de la cour, et fut conduit près de lui avec une nombreuse escorte. Ces deux messieurs s'embrassèrent en pleurant, car ils étaient amis intimes, s'enfermèrent dans un cabinet secret, e feuilletèrent une foule de livres qui traitaient de l'instinct, des sympathies, des antipathies et d'autres choses mystérieuses.

— Où suis-je ?

La nuit vint ; l'astronome regarda les étoiles, et tira avec l'aide de Drosselmeier, aussi très-versé dans ces sortes de choses, l'horoscope de la princesse Pirlipat.

Ce fut un difficile ouvrage, car les lignes s'embrouillaient de plus en plus ; mais quelle joie plus grande que la leur quand ils virent clairement que la princesse Pirlipat n'avait rien autre chose à faire, pour rompre le charme de sa laideur et redevenir belle, que de manger la douce amande de la noix krakatuk !

La noix krakatuk avait une si dure écaille, qu'un boulet de canon d'une pièce de quarante-huit pouvait l'atteindre sans la briser. Cette noix dure devait être cassée en présence de la princesse par un homme qui n'aurait pas été rasé et n'aurait jamais porté de bottes, et l'amande devait lui en être présentée les yeux fermés par ce même homme ; et lorsque celui-ci aurait fait sans broncher sept pas en arrière, il ne serait permis d'ouvrir les yeux. Drosselmeier avait travaillé avec l'astronome trois jours et trois nuits ; mais le samedi soir, au moment où le roi s'occupait de son dîner, Drosselmeier, qui devait être décapité le matin à la pointe du jour, s'élança dans l'appartement royal, et, plein de joie, annonça au monarque le moyen par lequel la princesse Pirlipat sa beauté perdue.

Le roi l'embrassa avec une excessive bienveillance, et lui promit une épée ornée de diamants, quatre décorations et deux habillements neufs pour le dimanche.
— Il faut de suite après le dîner se mettre à l'œuvre, ajouta-t-il plein de joie ; chargez-vous, cher mécanicien, de nous procurer le jeune homme non rasé et en souliers, avec la noix krakatuk, et ne lui laissez pas boire de vin, pour qu'il n'aille pas trébucher quand il marchera en arrière comme une écrevisse ; après quoi, il pourra s'enivrer à son aise.

Drosselmeier fut consterné de ces paroles du roi, e il dit, non sans hésitation et sans crainte, que le moyen était trouvé, mais que la noix krakatuk et le jeune homme qui devait la briser ne l'étaient pas encore, et qu'il était même douteux qu'ils le fussent jamais.
Alors le roi, courroucé, agita son sceptre en l'air en criant d'une voix de lion rugissant :
— Alors nous reprendrons la tête !

Toutefois Drosselmeier, consterné, fut assez heureux ainsi que roi eût ce jour-là trouvé son dîner à son goût, et qu'il fût, par cela même, mis en assez bonne humeur pour être capable d'entendre les observations r.isonnables de la reine, touchée du sort de Drosselmeier. Celui-ci reprit courage, et fit observer qu'il avait indiqué, comme l'arrêt le portait, un moyen de guérir la princesse, et que sa vie devait être sauve. Le roi traita cela de balivernes et de bavardages; toutefois il ordonna, lorsqu'il eut pris un petit verre de liqueur stomachique, que l'horloger et l'astronome se missent en route, avec la condition expresse de ne revenir que portant en poche, selon l'avis de la reine, la noix krakatuk, l'homme pour la briser devant se trouver au moyen d'insertions dans les gazettes du pays et de l'étranger.

FIN DE L'HISTOIRE DE LA NOIX DURE.

Drosselmeier et l'astronome restèrent quinze ans en route sans avoir pu découvrir la noix krakatuk, et Drosselmeier éprouva un jour un vif désir de revoir Nuremberg, sa patrie. Ce désir lui vint justement au moment où il fumait, en Asie, dans une grande forêt, une pipe de tabac.

— O belle patrie! Nuremberg! belle ville, dit-il, qui ne t'a pas vue, lors même qu'il aurait été à Londres, à Paris et à Peter-vardein, n'a pas encore vu le cœur navré, et vait toujours soupirer vers toi, Nuremberg, aux belles maisons garnies de fenêtres!

Pendant que Drosselmeier se plaignait ainsi dans sa mélancolie, l'astronome fut saisi d'une pitié profonde, et se mit à gémir si haut, qu'on l'entendait en long et en large dans l'Asie entière. Mais il se calma, s'essuya les yeux, et dit :

— Mais, cher collègue! pourquoi rester ici à brailler de la sorte? Allons à Nuremberg; peu importe l'endroit, pourvu que nous cherchions la noix fatale, cela suffit.

— C'est vrai, répondit Drosselmeier consolé.

Et tous deux se levèrent, secouèrent leurs pipes, et allèrent tout droit, d'une traite, du milieu de la forêt à Nuremberg.

A peine arrivés, Drosselmeier courut chez son cousin, Zacharias Drosselmeier, doreur, vernisseur et fabricant de joujoux. Il lui raconta toute l'histoire de la princesse Pirlipat, de la dame Mauserink et de la noix krakatuk, si bien que celui-ci lui dit, plein d'étonnement en joignant les mains :

— Eh! cousin, quelles choses étranges!

Drosselmeier lui raconta les aventures de son voyage; comme quoi il avait été deux ans chez le roi des dattes, comme quoi le prince des amandes l'avait éconduit honteusement, et comme quoi il avait demandé vainement des instructions à la société d'histoire naturelle d'Écureuil-la-Ville. Partout il avait échoué, et n'avait pas même pu trouver la trace de la noix krakatuk.

Pendant ce récit, Christophe-Zacharias avait souvent fait craquer ses doigts; il avait tourné sur un pied, fait claquer la langue, et dit :

— Hem! hem! eh! eh! ce serait bien le diable!

Enfin il jeta en l'air son bonnet et sa perruque, embrassa le cousin avec véhémence, et s'écria :

— Cousin! cousin! vous êtes sauvé, sauvé vous êtes! Ou je me trompe fort, ou je possède, moi, la noix krakatuk.

Et il alla chercher une boîte, d'où il sortit une noix dorée d'une moyenne grosseur.

— Voyez, dit-il en la montrant au cousin, cette noix a des propriétés singulières. Il y a plusieurs années, au temps de Noël, un étranger vint ici avec un plein sac de noix qu'il offrait à très-bon marché. Il eut une dispute juste devant ma boutique, et mon sac jeté à terre pour mieux se défendre contre les marchands de noix du pays, qui ne voulaient pas souffrir qu'un étranger en vendît dans leur ville. Dans le même instant une charrette lourdement chargée passa sur le sac. Toutes les noix furent brisées, à l'exception d'une seule, que l'étranger m'offrit en souriant d'une manière étrange, pour un zwanzig de l'année 1720.

Cela me parut singulier; je trouvai justement dans ma poche un zwanzig de l'année que demandait l'homme; j'achetai la noix et la dorai, sans savoir pourquoi j'achetais cette noix si cher.

Mais tout doute sur l'authenticité de la noix trouvée par le cousin disparut lorsque l'astronome de la cour, en écaillant la dorure, trouva le mot *krakatuk* gravé en lettres chinoises sur la coquille de la noix. La joie des voyageurs fut grande, et le cousin fut enchanté lorsque Drosselmeier lui assura que sa fortune était faite, et que, outre une pension, il recevrait gratuitement tout l'or qu'il lui faudrait pour ses dorures. Le mécanicien et l'astronome avaient déjà mis leur bonnet de nuit pour aller se mettre au lit, lorsque le dernier dit :

— Mon excellent collègue, un bonheur ne vient jamais seul. Croyez-moi, nous avons non-seulement trouvé la noix krakatuk, mais aussi le jeune homme qui doit briser la noix et présenter à la princesse l'amande de beauté : c'est, d'après mon avis, le fils de notre cousin. Non! ajoutez-t-il plein d'enthousiasme, je ne veux pas dormir, mais tirer cette nuit même l'horoscope de ce jeune garçon.

En disant cela il jeta son bonnet de nuit, et se mit à observer les planètes.

Le fils du cousin en effet était un joli jeune homme, bien bâti, qui n'avait pas encore été rasé et n'avait jamais porté de bottes. Dans les jours de Noël il mettait un bel habit rouge avec de l'or, et puis avec l'épée au côté, le chapeau sous le bras et une belle frisure avec une bourse à cheveux, il se tenait dans cette tenue brillante dans la boutique de son père, et cassait, par l'effet d'une galanterie naturelle en lui, les noix des jeunes filles, qui à cause de cela l'appelaient le beau Casse-Noisette.

Le matin suivant, l'astrologue se jeta au cou du mécanicien et lui dit :

— C'est lui! c'est bien lui! nous l'avons trouvé! Seulement il faudra bien observer deux choses : en premier, nous devons arranger à votre excellent neveu une robuste queue de bois, qui se tiendra en liaison avec sa mâchoire inférieure, de manière que celle-ci puisse être fortement tendue, pour comprimer davantage, et puis il nous faut aussi, en arrivant à la résidence, ne pas dire que nous avons rencontré le jeune homme qui doit briser la noix. Il doit se trouver longtemps après notre retour.

Je lis dans l'horoscope que le roi, après qu'il se sera brisé quelques dents sans résultat, offrira la main de la princesse et la succession au trône à celui qui cassera la noix sous ses dents, et rendra à la princesse sa beauté primitive. Le cousin tourneur de poupées fut au comble du ravissement de savoir que son fils devait épouser la princesse Pirlipat, et devenir prince et roi; et il se cousin entièrement aux ambassadeurs.

La queue de bois que Drosselmeier adapta à la tête du jeune homme réussit si parfaitement, qu'il fit les plus brillants essais de morsure sur les plus durs noyaux de pêches.

Lorsque Drosselmeier et l'astrologue eurent annoncé à la résidence qu'ils avaient trouvé la noix krakatuk, on fit proclamer sur-le-champ les annonces nécessaires. Les voyageurs avaient fait leurs moyens de rendre la beauté, et ils s'y trouva des beaux garçons en assez grand nombre, et même des princes garnis de noix, qui, confiants dans la belle et saine disposition de leur râtelier, voulurent essayer de détruire l'enchantement de la princesse. Les ambassadeurs furent as ez effrayés lorsqu'ils aperçurent celle-ci. Le petit corps, avec ses mains et ses petits mignons, pouvait à peine supporter sa tête informe, et la laideur de son visage était encore augmentée par une barbe de laine blanche qu'elle portait autour de la bouche et du menton.

Il arriva ce que l'astrologue avait lu dans l'horoscope.

Les blancs-becs en souliers se brisèrent les dents et se démontèrent la mâchoire avec la noix krakatuk, sans aider en rien la princesse à rompre le charme; et lorsqu'ils étaient emportés presque sans connaissance par les dentistes commandés à cet effet, ils soupiraient en disant : — C'est une noix bien dure!

Mais lorsque le roi, dans l'angoisse de son cœur, eut promis sa fille et le royaume à celui qui détruirait l'enchantement de la princesse, le joli et doux jeune homme Drosselmeier se fit annoncer et demanda à tenter aussi l'épreuve.

Aucun des prétendants n'avait plu autant à la princesse Pirlipat que le jeune Drosselmeier; elle plaça sa petite main sur son cœur et dit en soupirant :

— Ah! si celui-ci pouvait véritablement briser la noix krakatuk et devenir mon époux!

Après que le jeune Drosselmeier eut salué poliment le roi, la reine et la princesse Pirlipat, il reçut des mains du grand maître des cérémonies la noix krakatuk, la prit sans plus long préambule entre ses dents, tira fortement la queue, et crac! crac! la coquille tomba en plusieurs morceaux.

Il nettoya adroitement l'amande des filaments qui y adhéraient encore, et la présenta avec un grand salut à la princesse, et en même temps il ferma les yeux et commença à marcher en arrière.

La princesse avala aussitôt l'amande, et, ô prodige! le monstre avait disparu, et à sa place était là un ange de beauté, avec un teint blanc comme le lis, ayant l'éclat d'un satin rosé, les yeux d'un brillant azur, et les cheveux tombant en boucles pleines comme des tresses d'or.

Des éclats de trompettes et de cymbales se mêlèrent aux cris de joie du peuple. Le roi et toute sa cour sautaient sur une jambe comme à la naissance de Pirlipat, et il fallut de l'eau de Cologne pour ranimer la reine, qui s'était évanouie de ravissement et d'extase.

Le grand tumulte troubla un peu le jeune Drosselmeier, qui n'avait pas encore terminé ses sept pas; cependant il se remit et posa le pied pour le septième pas lorsque tout à coup la dame Mauserink sortit du plancher en sifflant et en criant. Et Drosselmeier, en posant le pied, marcha sur elle et chancela de telle sorte, qu'il fut sur le point de tomber.

Mais, ô malheur! le jeune homme prit à l'instant le masque de laideur de la princesse Pirlipat. Son corps se racornit et put à peine supporter sa tête d'une grosseur démesurée, ses yeux gros sous la bouche horriblement fendue. En place de la queue un écrou manquant se déroula derrière lui, et il s'en servit pour diriger son menton. L'horloger et l'astronome étaient éperdus d'horreur et d'effroi; mais ils virent sur le plancher la dame Mauserink baignée dans son sang. Sa méchanceté n'était pas restée impunie, car le jeune Drosselmeier l'avait si fort comprimée sous le talon pointu de son soulier, qu'elle était sur le point de mourir. Mais en sentant les angoisses de la mort, elle s'écriait d'une voix lamentable :

— O krakatuk ! noix dure! c'est toi qui causes ma mort. Hi hi ! pi pi ! le petit Casse-Noisette mourra aussi bientôt ; mon petit-fils aux sept têtes le récompensera ; il vengera la mort de sa mère sur toi, Casse-Noisette joli ! O vie si fraîche et si rose, il faut te quitter ! ô mort terrible ! — Couic !

La dame Mauserink expira en jetant ce dernier cri, et fut emportée par l'allumeur des poêles du roi.

Personne ne s'inquiétait du jeune Drosselmeier. La princesse rappela au roi sa promesse, et celui-ci ordonna d'amener aussitôt le jeune héros devant lui. Mais lorsque le malheureux apparut sous sa forme épouvantable, la princesse se cacha le visage de ses deux mains et s'écria :

— Éloignez cet affreux Casse-Noisette !

Aussitôt le maréchal de la cour le saisit par les deux épaules et le jeta à la porte. Le roi, furieux qu'on eût pensé à lui imposer un Casse-Noisette pour gendre, rejeta toute la faute sur l'horloger et l'astronome, et les bannit à jamais de l'une et l'autre de sa résidence.

Cela ne se trouvait pas dans l'horoscope que l'astronome avait consulté à Nuremberg, cependant il en fit une nouvelle épreuve, et il crut lire dans les étoiles que le jeune Drosselmeier se rendrait si remarquable dans sa nouvelle position, qu'il deviendrait prince et roi malgré son horrible figure; mais qu'il ne se débarrasserait de sa laideur que lorsque le fils de la dame Mauserink, qui était né avec sept têtes après la mort de ses sept enfants, aurait été tué de sa main, et qu'une dame se serait éprise de lui, malgré ses difformités.

L'on a vu, en effet, le jeune Drosselmeier dans la boutique de son père, aux jours de Noël, sous la forme d'un Casse-Noisette, mais avec le costume d'un prince.

Tel est, mes enfants, le conte de la noix dure, et maintenant vous savez pourquoi les Casse-Noisette sont si laids.

Le conseiller termina ainsi son conte :

Marie prétendit que la princesse Pirlipat n'était, après tout, qu'une vilaine ingrate; Fritz assura, de son côté, que si le Casse-Noisette voulait ne pas ménager le roi des souris et se montrer un brave garçon, il reprendrait les jolies formes qu'il avait perçues.

ONCLE ET NEVEU.

Si l'un de mes très-honorés lecteurs s'est une fois seulement coupé avec du verre, il saura combien cela fait souffrir, et quel temps long exige la guérison complète. La petite Marie avait dû rester au lit plus d'une semaine, parce qu'il lui prenait des faiblesses aussitôt qu'elle voulait se lever. Enfin elle guérit tout à fait et put, comme par le passé, sauter dans la chambre. L'armoire vitrée avait une charmante apparence, car on y voyait des arbres, des fleurs, des maisons toutes neuves et de belles poupées brillantes. Avant toutes choses, Marie retrouva son cher Casse-Noisette qui, placé au second rayon, lui souriait de toutes ses dents en bon état; mais en regardant son favori avec un cordial plaisir, elle se sentit le cœur oppressé en songeant que ce que Drosselmeier lui avait raconté était l'histoire du Casse-Noisette et l'origine de sa mésintelligence avec la dame Mauserink et son fils. Elle savait maintenant que son Casse-Noisette n'était autre que le jeune Drosselmeier de Nuremberg, neveu du parrain Drosselmeier, et ensorcelé par la dame Mauserink : car l'habile horloger de la cour du père de Pirlipat ne pouvait être que le conseiller de justice Drosselmeier lui-même ; et de cela Marie n'avait pas douté un seul instant pendant tout le temps du conte.

— Mais pourquoi ton oncle ne t'est-il pas venu en aide? disait Marie en réfléchissant que dans cette bataille, où ils étaient l'un et l'autre comme spectateurs, il s'agissait de la couronne et du royaume de Casse-Noisette. Toutes les autres poupées ne lui étaient-elles pas soumises, et n'était-il pas certain que la prophétie de l'astronome de la cour s'était réalisée, et que le jeune Drosselmeier était devenu roi du royaume des poupées?

Tandis que la petite Marie faisait ces réflexions, elle croyait aussi que Casse-Noisette et ses vassaux allaient s'animer et se mouvoir, par qu'elle leur reconnaissait le mouvement et la vie. Mais cela ne fut pas ainsi; tout, au contraire, restait immobile dans l'armoire. Mais Marie, loin d'abandonner sa conviction intérieure, rejeta tout sur les enchantements de la dame Mauserink et de son fils aux sept têtes.

— Pourtant, dit-elle au Casse-Noisette, cher monsieur Drosselmeier, bien que vous ne puissiez ni vous mouvoir ni parler avec moi, je sais que vous me comprenez et que vous connaissez tout l'intérêt que je vous porte. Comptez sur mon appui quand il vous sera nécessaire; et en tout cas, je prierai votre oncle de se rendre auprès de vous quand vous auriez besoin de son habileté.

Casse-Noisette resta silencieux et tranquille; mais il sembla à Marie qu'un léger soupir partit de l'armoire vitrée faisait retentir les vitres d'une manière presque insensible, et elle crut entendre une petite voix argentine comme celle des cloches qui disait :

Petite Marie! mon ange gardien! je serai à toi Marie sera à moi!

Marie sentit un frisson glacé parcourir son corps, et cependant elle éprouvait en même temps un certain bien-être.

Le crépuscule était arrivé, le médecin consultant entra avec le parrain Drosselmeier, et presque aussitôt Louise avait dressé la table de thé, et la famille y était déjà réunie, parlant de toutes sortes de choses joyeuses. Marie avait été chercher tranquillement son petit fauteuil, et elle s'était assise aux pieds du parrain Drosselmeier. Dans un moment de silence, Marie regarda bien en face, de ses grands yeux bleus, le conseiller de justice, et dit :

— Je sais maintenant, mon bon parrain Drosselmeier, que Casse-Noisette est ton neveu le jeune Drosselmeier de Nuremberg. Il est devenu prince ou même roi, comme l'avait prédit ton ami l'astrologue; mais tu sais qu'il est en guerre ouverte avec le fils de dame Mauserink, l'affreux roi des souris. Pourquoi ne lui viens-tu pas en aide ?

Marie raconta encore une fois la bataille qu'elle avait vue, et fut souvent interrompue par les éclats de rire de sa mère et de Louise. Fritz et Drosselmeier conservèrent l'un et l'autre leur sérieux.

— Mais où cette petite fille va-t-elle chercher toutes ces folies? dit le médecin consultant.

— Eh ! répondit la mère, elle a une imagination très-active, et ce sont des rêves que la fièvre de sa blessure a causés.

— Tout n'est pas vrai, dit Fritz ; mes hussards rouges sont plus braves que cela.

Le parrain Drosselmeier prit la petite Marie sur ses genoux avec un sourire étrange, et lui dit d'une voix plus douce que jamais :

— Eh ! ma chère Marie, tu es mieux douée que moi et que nous tous ensemble. Comme Pirlipat, tu es née princesse, et ton empire est bien beau; mais tu auras beaucoup à souffrir si tu veux prendre la défense du pauvre et difforme Casse-Noisette, car le roi des souris le poursuivra par monts et par vaux. Mais je ne puis rien pour lui ; sois fidèle et constante, toi seule peux le sauver.

Marie, ni personne des assistants, ne comprit ce que Drosselmeier voulait dire par ces paroles; bien plus, elles parurent si étranges au médecin consultant, qu'il tâta le pouls du conseiller de justice et lui dit :

— Vous avez, mon cher ami, de fortes congestions sanguines qui se portent à la tête, je vous ferai une ordonnance.

Seule, la mère secoua la tête d'un air pensif et dit :

— Je presse ce que veut dire le conseiller, mais je ne peux pas l'expliquer clairement.

LA VICTOIRE.

Peu de temps après Marie fut éveillée, par une belle nuit de lune, par un bruit étrange, qui semblait partir d'un des coins de la chambre; on aurait dit qu'on jetait et que l'on roulait çà et là de petites pierres, et l'on entendait en outre des cris et des sifflements terribles.

— Ah! voici les souris, les souris, s'écria Marie effrayée, et elle voulut éveiller sa mère; mais la voix lui manqua, tout à fait, et il lui fut impossible de faire un seul mouvement, lorsqu'elle vit le roi des souris se faire jour par un trou du mur, et, après avoir parcouru la chambre, ses yeux flamboyants et la couronne sur la tête, sauter sur une petite table placée près du lit de Marie.

— Hi ! hi ! donne-moi tes dragées, donne-moi ta frangipane, ou je te brise ton Casse-Noisette, ton Casse-Noisette! disait-il en sifflant et en faisant claquer affreusement ses dents ensemble, et il disparut dans un trou du mur.

Marie fut si tourmentée de cette horrible apparition, qu'elle en fut toute pâle le matin suivant, et si impressionnée, qu'elle pouvait à peine dire un mot. Cent fois elle fut sur le point de raconter à sa mère, à Louise ou tout au moins à Fritz, ce qu'elle avait vu.

— Mais personne ne me croira, pensait-elle, et on se moquera de moi par-dessus le marché. Ce qui me lui paraissait pas douteux, c'était qu'elle devait céder, pour sauver Casse-Noisette, ses dragées et sa frangipane, et elle plaça tout ce qu'elle en avait le soir suivant sur le bord de l'armoire. Le lendemain, la mère lui dit :

— Je ne sais pas d'où viennent toutes les souris de notre chambre; mais vois, ma pauvre Marie, elles ont mangé toutes les sucreries.

C'était la vérité; le gourmand roi des souris n'ayant pas trouvé la frangipane à son goût, mais il y avait imprimé ses dents aiguës, de manière qu'il fallut la jeter. Marie regrettait peu ses sucreries, mais elle se réjouissait dans son cœur en croyant avoir sauvé Casse-Noisette. Que n'éprouva-t-elle donc pas lorsque, la nuit suivante, elle entendit crier, et siffler derrière le petit lit ! Le roi des souris était encore là, plus affreux que la nuit précédente, et il dit en sifflant plus joyeusement encore entre ses dents :

— Il faut que tu me donnes tes bonshommes de sucre et de sucre d'orge, ou sinon je le dévorerai Casse-Noisette.

Et il disparut de nouveau.

Marie fut très-consternée; elle alla le matin suivant à l'armoire, et elle jeta un regard de regret sur les bonshommes de sucre et de sucre d'orge, et son chagrin était motivé, car ses bonshommes de sucre étaient en fonte; il y avait un berger avec sa bergère, et son petit troupeau blanc, et son petit chien; et il y avait aussi deux facteurs tenant leurs lettres à la main, et quatre jeunes garçons bien vêtus avec des jeunes filles bien mises, dans une balançoire. Derrière quelques danseurs, se tenaient un fermier avec la Pucelle d'Orléans, et dans un coin était un petit enfant aux joues roses, que Marie aimait beaucoup.

Elle avait les larmes aux yeux.

— Ah ! dit-elle en pleurant à demi et en se tournant vers Casse-Noisette, je ferai tout pour vous sauver : mais c'est bien dur.

Casse-Noisette avait une figure si attristée, que Marie, croyant voir déjà les sept bouches du roi des souris ouvertes pour dévorer le malheureux jeune homme, n'hésita pas à tout sacrifier, et le soir elle mit, comme avant, toutes ses figures de sucre sur le bord de l'armoire. Elle embrassa le berger, la bergère, le petit mouton, et elle alla chercher en dernier son favori, le petit enfant aux joues roses, qu'elle mit toutefois derrière tout le reste : le fermier et la Pucelle d'Orléans furent mis au premier rang.

— Non, c'est trop fort, dit le lendemain la mère ; il faut qu'il y ait une grosse souris cachée dans l'armoire, car toutes les jolies figures de sucre de Marie sont rongées.

Marie ne put retenir ses larmes ; mais elle se mit bientôt à sourire de nouveau en pensant : — Qu'importe ! Casse-Noisette est sauvé.

Le médecin consultant dit le soir, lorsque sa femme lui raconta tout le dégât fait dans l'armoire par une souris : — C'est terrible de ne pouvoir détruire la souris qui ronge dans l'armoire toutes les sucreries de Marie !

— Eh ! dit Fritz tout joyeux, le boulanger, en bas, a un excellent conseiller de légation, je vais l'aller chercher, il terminera tout cela et mangera la souris, quand ce serait dame Mauserink elle-même, ou son fils le roi des rats.

— Oui, dit la mère, et en même temps il sautera sur les tables et sur les chaises, et brisera des verres, des tasses et mille autres objets.

— Ah ! non, dit Fritz, le conseiller de légation du boulanger est un être habile ; je voudrais pouvoir me promener aussi légèrement que lui sur les toits les plus pointus.

— Non, non, pas de chat ici la nuit, dit Louise, qui ne pouvait pas les souffrir.

— Dans le fond, dit la mère, Fritz a raison ; en tout cas nous pouvons tendre une souricière. N'y en a-t-il pas ici ?

— Le parrain Drosselmeier peut nous en faire une, puisqu'il les a inventées, dit Fritz.

Tous se mirent à rire, et comme la mère prétendit qu'il n'y avait pas de souricière à la maison, le conseiller de justice dit qu'il en avait plusieurs chez lui, et en envoya chercher une sur l'heure. Le conte du parrain se retraça vivement à la mémoire de Fritz et de Marie. Lorsque la cuisinière fit rôtir le lard, Marie trembla et dit, toute remplie des merveilles du conte, ces paroles qui s'y trouvaient :

— Ah ! reine, gardez-vous de la dame Mauserink et de sa famille.

Fritz tira son sabre et s'écria : — Qu'elles viennent seulement !

Mais tout demeura immobile dessus et dessous le foyer ; mais lorsque le conseiller lia le lard à un fil délié, et posa doucement, tout doucement, le piége dans l'armoire, Fritz s'écria :

— Prends garde, parrain horloger, que les souris ne te jouent quelque tour.

Ah ! combien la pauvre Marie fut tourmentée la nuit suivante ! elle sentait sur ses bras quelque chose de froid comme la glace, et puis cet objet dégoûtant venait toucher sa joue. L'affreux roi des souris se plaçait sur son épaule, et il bavait de ses sept bouches d'un rouge de sang, et grinçant des dents et les serrant avec bruit, il sifflait dans l'oreille de Marie, immobile de peur.

— Siffle, siffle ! Ne va pas dans la maison ! Ne va pas manger ! Ne sois pas prise ! Siffle, siffle ! Donne-moi tous tes livres d'images, ta petite robe aussi, sinon pas de repos, ton Casse-Noisette périra ; il sera rongé ! Hi ! hi ! pi ! pi ! couic ! couic !

Marie était pleine de chagrin ; elle paraissait au matin toute pâle ; lorsque sa mère lui dit :

— La vilaine souris n'a pas été prise !

Et la voyant ainsi défaite, sa mère ajouta, croyant qu'elle regrettait ses sucreries et qu'elle craignait les souris :

— Sois tranquille, mon enfant, nous l'attraperons. Si les souricières sont insuffisantes, Fritz ira chercher le conseiller de légation.

A peine Marie se trouva-t-elle seule dans la chambre, qu'elle dit au Casse-Noisette en ouvrant l'armoire, d'une voix entrecoupée par les sanglots :

— Ah ! mon cher monsieur Drosselmeier, que puis-je faire pour vous, moi, pauvre fille ? Quand j'aurai livré tous mes livres d'images et cette même ma belle robe neuve que le Christ saint m'a donnée à ronger à l'affreux roi des souris, ne me demandera-t-il pas toujours davantage, de sorte qu'à la fin il ne me restera plus rien ? et si je voudra me manger moi-même à votre place ? O pauvre enfant que je suis ! que faut-il que je fasse ?

Tout en gémissant ainsi, la petite Marie remarqua que depuis la nuit dernière une grosse tache de sang était restée au cou de Casse-Noisette.

Depuis que Marie savait que son Casse-Noisette était le neveu du conseiller de justice, elle ne le prenait plus dans ses bras, elle ne le berçait plus et ne l'embrassait plus ; elle n'osait plus même presque le toucher, par une espèce de sentiment de crainte ; mais alors elle le prit de son rayon avec une précaution très-grande, et se mit à essuyer avec son mouchoir la tache de sang qui se voyait à son cou.

Mais il lui sembla que Casse-Noisette s'échauffait dans ses mains et qu'il commençait à se mouvoir.

Elle le remit aussitôt sur son rayon, et alors sa bouche trembla et il murmura péniblement ces paroles :

— Ah ! très-estimable demoiselle Stahlbaüm, excellente amie, ne sacrifiez pour moi ni livres d'images ni robe de Noël ; donnez-moi une épée ! une épée ! le reste me regarde ! quand il faudrait....

Ici la voix manqua au Casse-Noisette, et ses yeux, tout à l'heure animés de l'expression de la plus profonde mélancolie, redevinrent fixes et sans vie.

Marie n'éprouva aucune crainte ; bien au contraire, car elle sauta de joie de connaître un moyen de sauver Casse-Noisette sans faire de si douloureux sacrifices.

Mais où prendre une épée pour le petit homme ?

Marie résolut de consulter Fritz à cet égard, et le soir, comme leurs parents étaient sortis et qu'ils étaient assis tout seuls dans la chambre, auprès de l'armoire vitrée, elle lui raconta tout ce qui s'était passé entre Casse-Noisette et le roi des souris, et elle lui demanda ce qu'il fallait faire pour sauver son protégé.

Rien n'impressionna plus Fritz que la nouvelle que lui donnait Marie que ses hussards s'étaient mal comportés dans la bataille. Il lui demanda de nouveau très-sérieusement si c'était là l'exacte vérité, et lorsque Marie lui en eut donné sa parole, il alla rapidement à l'armoire vitrée, fit à ses hussards un discours pathétique, et en punition de leur lâche égoïsme, il leur abattit à tous leur plumet de bataille du shako, et défendit à leur musique de jouer pendant un an la marche des hussards de la garde. Lorsqu'il eut terminé ces punitions exemplaires, il se retourna vers Marie, et lui dit :

— Pour ce qui est du sabre, je peux venir en aide à Casse-Noisette. J'ai mis hier à la retraite un vieux colonel de cuirassiers, et son sabre, bien affilé, lui devient par conséquent inutile.

L'officier susnommé mangeait tranquillement la pension accordée par Fritz dans le coin le plus sombre du treizième rayon.

On alla le chercher là, on lui prit son beau sabre d'argent et on le suspendit à la ceinture de Casse-Noisette.

La nuit suivante, Marie, pleine de terribles angoisses, ne pouvait fermer l'œil. Alors elle entendit dans la chambre d'habitation un étrange cliquetis, et tout d'un coup retentit ce cri : — Couic !

— Le roi des rats ! le roi des rats ! s'écria Marie, et elle s'élança hors du lit tout effrayée. Tout était tranquille, mais bientôt elle entendit frapper doucement, tout doucement à la porte, et une petite voix fit entendre ces mots :

— Bonne demoiselle Stahlbaüm, levez-vous sans hésiter ! Une bonne nouvelle !

Marie reconnut la voix du jeune Casse-Noisette, passa rapidement sa robe, et ouvrit vite la porte. Casse-Noisette était au dehors, son sabre sanglant dans la main droite, une bougie dans l'autre.

Aussitôt qu'il aperçut Marie, il fléchit le genou et dit :

— O dame ! c'est vous seule qui m'avez enflammé d'un courage chevaleresque et avez donné la force à mon bras pour combattre le superbe qui voulait vous braver. Le roi des souris vaincu est baigné dans son sang ! Ne refusez pas, ô dame ! le gage de la victoire offert par votre chevalier dévoué jusqu'à la mort !

Alors Casse-Noisette sortit très-adroitement de son bras gauche, où elles étaient passées comme des anneaux, les sept couronnes du roi des souris, et les présenta à Marie, qui les reçut avec joie. Casse-Noisette se releva et continua de la sorte :

— Ah ! chère demoiselle Stahlbaüm ! je pourrais vous montrer, maintenant que mon ennemi est vaincu, des choses bien merveilleuses, si vous m'accordiez la faveur de me suivre quelques pas seulement. Oh ! faites-le, faites-le ! bonne demoiselle !

L'EMPIRE DES POUPÉES.

Je crois, chers enfants qui lisez ce conte, qu'aucun de vous n'eût hésité un seul instant à suivre le bon et honnête Casse-Noisette, ne pouvant avoir que d'excellentes intentions. Marie le fit d'autant plus volontiers, qu'elle savait qu'elle pouvait compter sur la reconnaissance de son protégé, et qu'elle était persuadée qu'il lui tiendrait parole et lui montrerait des choses magnifiques.

Elle lui dit :

— Je viens avec vous, monsieur Drosselmeier, mais j'espère que ne faudra pas aller bien loin et que cela ne durera pas longtemps ; car j'ai encore besoin de sommeil.

— C'est pour cela même, répondit Casse-Noisette, que j'ai choisi le chemin le plus court, bien qu'un peu difficile.

Il la précéda, et Marie le suivit jusqu'à ce qu'ils fussent arrivés devant l'armoire aux habits de la chambre du rez-de-chaussée ; là, ils s'arrêtèrent.

Marie fut étonnée de voir ouverts les battants de cette armoire, ordinairement toujours fermée. Elle aperçut en premier la pelisse de voyage de son père, faite en peau de renard, et qui était accrochée sur le devant. Casse-Noisette se servit du bord de l'armoire et des ornements comme d'escaliers pour atteindre un gros gland qui, fixé à une forte ganse, tombait le long du dos de cette pelisse. Aussitôt qu'il eut fortement tiré cette ganse, un charmant escalier de bois de cèdre descendit d'une des manches de la pelisse.

— Montez, s'il vous plait, belle demoiselle, s'écria Casse-Noisette.

Marie monta; mais à peine avait-elle atteint le haut de la manche et avait-elle dépassé le collet, qu'une lumière éclatante vint éblouir ses yeux et qu'elle se trouva tout d'un coup dans des prairies embaumées de mille délicieux parfums, d'où s'élançaient en gerbes de lumière des millions d'étincelles avec l'éclat des diamants.

— Nous sommes sur la prairie de Candie, dit Casse-Noisette, mais nous allons bientôt passer cette porte.

Et alors Marie, en levant la tête, aperçut la belle porte qui s'élevait sur la prairie, à quelques pas devant elle.

Elle semblait faite de marbres nuancés de blanc, de brun et de rose. Mais Marie vit, en s'approchant, que tout cet édifice était composé de dragées et de raisins de Corinthe cuits ensemble, et Casse-Noisette lui apprit que cette sorte de porte qu'ils passaient alors était appelée porte de Dragées-Raisins-Secs. Les gens du peuple l'appellent fort mal à propos porte de la Nourriture des étudiants.

Sur une galerie en saillie sur cette porte, et qui paraissait faite de sucre d'orge, six petits singes couverts de pourpoints rouges exécutaient la plus belle musique de janissaires que l'on pût entendre : de sorte que Marie s'aperçut à peine qu'elle s'avançait toujours plus loin sur des dalles de marbre de toutes couleurs, qui n'étaient autre chose que des tablettes de chocolat bien travaillées. Bientôt elle fut enveloppée des plus douces odeurs, qui se répandaient d'un arbre étrange qui s'élançait de deux côtés différents. Dans son feuillage sombre on voyait étinceler, avec tant d'éclat que l'on pouvait tout d'abord les apercevoir, comme des fruits d'or et d'argent suspendus aux branches de mille couleurs, et le tronc et les rameaux étaient ornés de tresses et de bouquets de fleurs, comme le seraient de nouveaux mariés et leurs joyeux convives un jour de noces. Et quand les parfums des oranges couraient comme des zéphyrs qui volent, alors on entendait bruire les rameaux et les feuilles, et le grincement du clinquant qui s'agitait résonnait comme une musique joyeuse aux accords de laquelle dansaient les petites lumières brillantes.

— Ah! comme tout est beau ici! s'écria Marie, heureuse et enchantée.

— Nous sommes dans la forêt de Noël, bonne demoiselle, dit Casse-Noisette.

— Ah! continua Marie, si je pouvais rester un peu ici; tout est si beau!

Casse-Noisette frappa des mains, et aussitôt accoururent de petits bergers et de petites bergères, des chasseurs et des chasseresses, si blancs et si tendres qu'ils paraissaient être de sucre, et que Marie ne les avait pas encore remarqués, bien qu'ils se promenassent dans la forêt. Ils apportèrent un charmant fauteuil d'or, posèrent dessus un moelleux coussin de réglisse, et invitèrent très-poliment Marie à s'y asseoir. Et à peine eut-elle pris place que les bergers et les bergères commencèrent à danser un charmant ballet accompagné du cor des chasseurs, et puis tous disparurent dans l'épaisseur du bois.

— Pardonnez, estimable demoiselle Stahlbaum, si la danse se termine d'une manière si peu brillante; mais ces gens appartiennent à notre ballet de marionnettes, et ne peuvent que répéter toujours la même chose; mais il n'y a pas de raison que les chasseurs et les chasseresses de s'être montrés si paresseux. Mais ne voulez-vous pas poursuivre votre promenade?

— Ah! tout était bien beau et m'a bien plu! répliqua Marie en se levant et en suivant Casse-Noisette, qui lui montrait le chemin.

Ils suivirent les bords d'un ruisseau qui murmurait doucement, et d'où semblaient partir les senteurs délicieuses qui parfumaient toute la forêt.

— C'est le ruisseau des Oranges, dit Casse-Noisette sur la demande de Marie; mais, à part son doux parfum, il ne peut être comparé, pour la beauté et l'étendue, au torrent des Limonades, qui se jette comme lui dans le fleuve du Lait d'amandes.

Et dans le fait Marie entendit bientôt un murmure et un clapotement de vagues, et elle aperçut le large fleuve des Limonades, qui roulait ses fières ondes de couleur isabelle sous des buissons tout flamboyants d'un vert émeraude. Une fraîcheur fortifiante pour la poitrine et le cœur s'élançait de ces admirables eaux.

Non loin de là se traînait lourdement une eau d'un jaune sombre qui répandait de charmantes odeurs, et sur les rives de laquelle étaient assis de beaux petits enfants qui pêchaient à l'hameçon de petits poissons qu'ils mangeaient aussitôt, et que Marie, en approchant, reconnut pour être des morues.

A une petite distance était situé un joli village, au bord de ce torrent; les maisons, les églises, le presbytère, les granges, tout était d'une couleur brun-sombre, et les toits étaient dorés, et plusieurs murailles étaient peintes de telle sorte qu'on eût dit qu'il s'y trouvait collés des morceaux de citrons et d'amandes.

C'est Pain-d'Epice, ville qui se trouve située sur le fleuve de Miel; il y a là une fort jolie population, mais elle est généralement assez maussade, à cause des maux de dents qu'elle éprouve, et nous pouvons nous dispenser d'y entrer.

Au même instant Marie remarqua une ville dont toutes les maisons étaient transparentes, et qui avait un charmant aspect. Casse-Noisette se dirigea de ce côté, et alors Marie entendit un bruit très-gai, et vit des milliers de petits bonshommes occupés à déballer et à visiter des voitures chargées de bagages, arrêtées sur le marché. Mais ce qu'ils en tiraient ressemblait à du papier peint de toutes couleurs et à des tablettes de chocolat.

— Nous sommes à Bonbons-Village, dit Casse-Noisette, et il est arrivé un convoi du pays du Papier et du royaume du Chocolat. Les pauvres habitants de Bonbons-Village ont été dernièrement sérieusement menacés par l'armée de l'amiral des Moustiques, et c'est pourquoi ils couvrent leurs maisons avec les envois du pays du Papier, et élèvent des fortifications avec les puissantes pierres de taille que le roi des Chocolats leur a envoyées.

Mais, chère demoiselle, ne visitons pas seulement les villes et les villages de ce pays, allons à la capitale.

Et Casse-Noisette doubla le pas, et Marie le suivit toute curieuse.

Peu de temps après il s'éleva un doux parfum de roses, et tout paraissait entouré d'une lueur rosée qui montait doucement, comme portée par les zéphyrs. Marie vit que cela était causé par le reflet d'une brillante eau rose qui bruissait et babillait en petites vagues d'une couleur rose-argenté dans les plus charmantes mélodies.

Et cette eau gracieuse s'étendait de plus en plus, et prenait la forme d'un lac où nageaient de magnifiques cygnes au plumage argenté et portant des rubans d'or, et ces cygnes chantaient à l'envi les plus belles chansons, tandis que des petits poissons de diamants tantôt plongeaient dans cette eau et tantôt s'en élançaient comme dans une danse joyeuse.

— Ah! s'écria Marie, c'est un lac comme le parrain Drosselmeier voulait m'en faire un, et je suis la jeune fille qui doit être caressée par les petits cygnes.

Casse-Noisette sourit avec un air de raillerie que Marie n'avait jamais remarqué en lui jusqu'alors, et il dit:

— L'oncle n'est pas capable de faire jamais quelque chose qui ressemble à tout ceci, et vous-même encore moins, chère demoiselle Stahlbaum; mais ne nous étendons pas là-dessus, embarquons-nous plutôt sur le lac Rose pour la capitale qui nous fait face.

LA CAPITALE.

Casse-Noisette frappa encore ses petites mains l'une contre l'autre, le lac Rose se mit à faire un plus fort mugissement, et ses vagues bruyantes s'élevèrent plus haut. Marie aperçut, comme venant des lointains, une coquille en forme de char faite de pierres précieuses de toutes sortes, brillant au soleil, et traînée par deux dauphins aux écailles d'or. Douze charmants petits Maures, avec des toques et des tuniques tressées avec des plumes de colibri, sautèrent tout d'abord à la rive, et portèrent Marie en premier et ensuite Casse-Noisette dans le char, qui aussitôt s'avança sur le lac.

Ah! comme c'était beau lorsque Marie, dans cette conque marine, entourée d'une vapeur de roses et portée par les vagues roses, quitta la rive!

Les deux dauphins aux écailles d'or jetaient en l'air de leurs naseaux des gerbes de cristal, qui retombaient en flamboyants et brillants arcs-en-ciel, et on croyait entendre comme deux voix douces et charmantes qui chantaient:

— Qui nage sur le lac Rose? La fée! Muklein! bim! bim! Petits poissons! sim! sim! Cygnes! schwa! schwa! Oiseaux d'or! trarah! Vagues! agitez-vous! sonnez! chantez! soufflez! guettez! Petites fées! petites fées! venez! Vagues roses, ondoyez, respirez, rafraîchissez l'air! En avant! en avant!

Mais les douze petits Maures, qui avaient sauté derrière la conque, paraissaient prendre en très-mauvaise part ces chants des gerbes d'eau; car ils secouèrent si fort leurs éventails, que les feuilles de dattier dont ils étaient formés se fendirent, et en même temps ils frappaient du pied dans une mesure étrange, et ils chantaient :

— Klapp et klipp! klipp et klapp! en hant, en bas!

— Les Maures sont des êtres très-gais, dit Casse-Noisette un peu contrarié; mais ils vont me rendre les eaux rebelles.

Et en effet on entendit bientôt un bruit assourdissant de voix confuses qui paraissaient nager dans les airs et dans les eaux; mais Marie n'y fit pas attention, elle ne regardait les vagues roses embaumées, et chacune de ces vagues lui montrait une figure gracieuse de jeune fille qui lui souriait.

— Ah! s'écria-t-elle joyeuse en frappant ensemble ses petites mains, regardez donc, mon cher monsieur Drosselmeier, voici la princesse Pirlipat qui me sourit, merveilleusement belle. Ah! regardez! regardez! mon cher monsieur Drosselmeier!

Casse-Noisette soupira d'une façon presque plaintive, et dit:

— O chère demoiselle Stahlbaum! ce n'est pas la princesse Pirlipat, c'est vous, c'est votre gracieuse image qui vous sourit charmante, reflétée par chaque vague rose.

Alors Marie rejeta sa tête en arrière, ferma les yeux et fut toute honteuse. Au même instant les douze Maures la prirent dans leurs bras, et la descendirent de la conque marine sur la rive.

Elle se trouva dans un petit bois qui était peut-être encore plus charmant que le bosquet de Noël; là, tout brillait, tout étincelait à l'envi. Ce qu'il y avait surtout d'admirable, c'étaient les fruits étranges qui pendaient aux arbres et qui non-seulement avaient une couleur singulière, mais aussi un parfum merveilleux.

— Nous sommes dans le bois des Confitures, dit Casse-Noisette, mais voici la capitale.

Comment raconter les beautés de la ville qui s'offrit tout d'un coup aux yeux de Marie au-dessus d'un champ de fleurs? Non-seulement les murs et les tours brillaient dans les couleurs les plus charmantes, mais l'on ne pourrait, quant à leur forme, trouver sur terre rien qui pût leur être comparé. Les maisons, au lieu de toits, étaient couvées de tresses de fleurs, et les tours étaient ornées du feuillage le plus admirable et le plus varié que l'on pût voir.

Lorsqu'ils passèrent sous la porte, qui paraissait être de macarons et de fruits confits, des soldats d'argent présentèrent les armes, et un petit homme enveloppé dans une robe de brocart se jeta au cou de Casse-Noisette en disant :

— Cher prince, soyez bienvenu dans la ville des *Pâtes confites!*

L'étonnement de Marie fut grand lorsqu'elle vit un personnage de distinction reconnaître et appeler roi le jeune Drosselmeier. Elle entendit tant de petites voix retentir et un tel bruit de jeux, de chants, de cris de joie et d'éclats de rire, qu'elle demanda à Casse-Noisette ce qu'il devait en penser.

— Oh! chère demoiselle Stahlbaüm, répondit Casse-Noisette, c'est une chose toute naturelle. La ville des *Pâtes confites* est un lieu de plaisir, et la population y est grande; c'est ainsi tous les jours. Mais donnez-vous la peine d'y entrer.

Au bout de quelques pas, ils se trouvèrent sur la grande place qui offrait le plus admirable spectacle. Toutes les maisons qui l'entouraient étaient de sucre travaillé à jour. Des galeries s'élevaient sur des galeries; au milieu se dressait un grand arbre-gâteau praliné ayant la forme d'un obélisque, et autour de lui quatre fontaines d'un grand art lançaient en l'air des jets de limonades, d'orgeat et d'autres boissons agréables, et dans leurs bassins s'amoncelait de la pure crème que l'on aurait pu manger à la cuillère. Mais ce qui était plus charmant que tout cela, c'étaient les charmantes petites gens qui se pressaient par milliers tête contre tête, et riaient, plaisantaient, chantaient, enfin faisaient tout le bruit joyeux que Marie avait déjà entendu de loin. Il y avait là des messieurs et des dames en belle toilette, des Arméniens, des Grecs, des Juifs et des Tyroliens, des officiers et des soldats, des prédicateurs, des bergers, des pierrots, enfin tout ce que l'on peut rencontrer sur la surface du globe. Dans un coin il s'élevait un grand tumulte, et le peuple s'y précipitait en foule, car le Grand Mogol se faisait porter là en palanquin, accompagné de quatre-vingts grands du royaume et de sept cents esclaves. Dans un autre coin arrivait aussi la corporation des pêcheurs, composée de cinq cents personnes; et pendant qu'ils s'avançaient en cortège, le Grand Turc, aussi à cheval, suivi de trois mille janissaires, traversait le marché où se rendait aussi le chœur de l'opéra de la *Fête interrompue*, qui chantait avec accompagnement d'orchestre.

— Levez-vous et remerciez le soleil puissant!

Et il se dirigeait vers l'arbre-gâteau.

Alors ce fut une foule, un tohubohu de gens qui se poussaient. Bientôt des cris retentirent, car un pêcheur avait dans la foule coupé la tête d'un brame, et le Grand Mogol avait été jeté à terre par un pierrot. Le bruit devenait de plus en plus fort, et l'on commençait à se bousculer et à se battre, lorsque l'homme en robe de brocart, qui à la porte avait salué Casse-Noisette du nom de prince, monta sur l'arbre-gâteau, et, après avoir tiré par trois fois la corde d'une cloche très-sonore, s'écria trois fois :

— Confiseur! confiseur! confiseur!

Aussitôt le tumulte s'apaisa: chacun chercha à se débarrasser de son mieux, et, après que tous ces cortèges mêlés ensemble se furent débrouillés, on brossa le costume sali du Grand Mogol et l'on remit la tête du brame. Alors le joyeux bruit recommença de plus belle.

— Que signifie cette invocation au confiseur, mon bon monsieur Drosselmeier? demanda Marie.

— Ah! ma chère demoiselle Stahlbaüm, répondit Casse-Noisette, le confiseur est un être inconnu ici; mais il est regardé comme exerçant une puissance effroyable, car l'on est persuadé qu'il peut faire des hommes ce que bon lui semble ; c'est le *Destin!* il gouverne ainsi ce peuple, et il en est tellement redouté, que son nom seul pour apaiser le plus grand tumulte, comme le bourgmestre vous en donne ici la preuve. Personne ne pense plus aux affaires terrestres, à ses côtes fondues ou à ses bosses à la tête; mais on se recueille en disant : Quel est cet homme, et que peut-il faire?

Marie ne put retenir un cri d'étonnement lorsqu'elle se trouva tout à coup devant un château tout resplendissant d'un reflet rose, flanqué de cent hautes tours. Partout de riches bosquets de violettes, de narcisses, de tulipes, de giroflées, étaient répandus sur les murailles, dont la couleur chaude et sombre rehaussait l'éclat du terrain

d'un ton blanc rosé. La grande coupole qui s'élevait au milieu de l'édifice, comme aussi les toits des tours, d'une forme pyramidale, étaient semés de mille petites étoiles brillantes d'or et d'argent.

— Voici le palais *Frangipane*, dit Casse-Noisette.

Marie était toute concentrée dans la contemplation de ce palais merveilleux; cependant elle remarqua que le toit d'une grande tour manquait tout à fait, et que des petits bonshommes, placés sur un échafaudage de zinc, semblaient vouloir le rétablir. Avant qu'elle eût eu le temps d'interroger Casse-Noisette à ce sujet, celui-ci continua ainsi :

— Il y a peu de temps ce beau château fut menacé d'une affreuse dévastation, sinon d'une destruction complète. Le géant *Gourmet* passa par ici, mangea d'un seul coup le toit de cette tour, et rongea un peu de la grosse coupole; les bourgeois lui abandonnèrent un quartier de la ville et une partie assez considérable du bois *Confiture* en tribut, et, son appétit étant apaisé, il s'en alla.

Au même moment on entendit une douce musique, les portes du château s'ouvrirent, et douze pages en sortirent tenant en main des tiges d'œillets aromatisées, allumées, qu'ils portaient en guise de torches. Leurs têtes étaient formées d'une perle, leurs corps étaient des rubis et des émeraudes, et leurs pieds étaient d'or admirablement travaillé. Derrière eux marchaient quatre dames presque aussi grandes que la Claire de Marie, mais couvertes de costumes d'une telle magnificence, que Marie reconnut aussitôt en elles les princesses du sang. Elles embrassèrent Casse-Noisette de la manière la plus tendre, et elles criaient en même temps d'une voix attendrie :

— O mon prince, mon cher prince! ô mon frère!

Casse-Noisette paraissait très-ému, et il s'essuyait souvent les yeux; puis il prit la main de Marie et dit d'un ton pathétique :

— Voici mademoiselle Stahlbaüm, fille d'un estimable médecin consultant. Elle m'a sauvé la vie. Si elle n'avait pas jeté sa pantoufle en temps opportun, et si elle ne m'avait pas procuré le sabre du colonel en retraite, je serais descendu dans la tombe, mis à mort par les dents maudites du roi des souris. O Pirlipat, bien qu'elle soit née princesse, égale-t-elle en beauté, en bonté et en vertus mademoiselle Marie?... Non, dis-je, non!

Toutes les dames répétèrent à la fois non!

Elles tombèrent en sanglotant aux pieds de Marie et s'écrièrent :

— O noble protectrice de notre frère bien-aimé, excellente demoiselle Stahlbaüm!...

Et les demoiselles conduisirent Marie et Casse-Noisette dans l'intérieur du château, et dans une salle dont les murs étaient de cristal étincelant coloré de toutes nuances. Mais ce qui plut là surtout à Marie, ce furent les charmantes petites chaises, les commodes, les secrétaires, etc., placés tout autour, et qui étaient de bois de cèdre ou du Brésil incrustés de fleurs d'or. Les princesses forcèrent Casse-Noisette et Marie à s'asseoir, et leur dirent qu'elles voulaient leur préparer un festin à l'instant même. Elles allèrent chercher une multitude de petits plats et de petites assiettes de la plus fine porcelaine du Japon, et des couteaux, des fourchettes, des râpes, des casseroles, et une foule d'ustensiles de cuisine d'or et d'argent; puis elles apportèrent les plus beaux fruits et les sucreries les plus délicates, comme Marie n'en avait jamais vus, et commencèrent aussitôt, avec leurs mains délicates et blanches comme la neige, à presser les fruits, à écraser les épices, à râper les dragées, et enfin à s'occuper des soins du ménage.

Marie vit comment les princesses s'entendaient à la cuisine; elle devinait qu'elle allait faire un charmant repas, et elle désirait secrètement prendre aussi part aux occupations des princesses. La plus belle des sœurs de Casse-Noisette, comme si elle avait dans l'esprit de Marie et deviné son intention secrète, lui dit en lui présentant un mortier d'or :

— O douce amie, vous qui nous avez conservé notre frère, soyez assez aimable pour piler ce sucre candi!

Lorsque Marie se mit à l'œuvre pleine de joie, le mortier résonnait sous ses coups comme une agréable chanson. Alors Casse-Noisette commença à raconter en détail ce qui s'était passé dans l'effroyable bataille entre son armée et celle du roi des rats, comment il avait été à moitié battu par la lâcheté de ses troupes, et comment enfin, lorsque l'affreux roi des souris voulait le mettre à mort, Marie avait pour le sauver sacrifié plusieurs de ses sujets qui étaient passés à son service. Il raconta bien d'autres choses encore.

Il semblait pendant ce temps à Marie que les paroles de Casse-Noisette se perdaient pour ainsi dire dans les lointains, comme aussi ses coups dans le mortier, et bientôt elle vit des gazes d'argent s'élever comme de légers nuages dans lesquels les princesses, les pages, Casse-Noisette et elle-même planaient. Puis un chant et un murmure de chants et de bruits confus se fit entendre, qui résonnait dans l'espace, et Marie, sur les nuages, s'envolaient, montait haut, plus haut, toujours plus haut, plus haut encore!

DÉNOUEMENT.

Prr! paff!... Marie tomba d'une hauteur immense; ce fut une secousse.

Mais aussitôt elle ouvrit les yeux; elle était couchée dans son lit. Il était grand jour; sa mère était devant elle, et elle disait :
— Mais comment peut-on dormir ainsi? Le déjeuner est là depuis longtemps!

Le lecteur honorable devinera sans doute que Marie, fatiguée de tant de merveilles, s'était endormie dans la salle des frangipanes, et que les Maures, les pages, ou peut-être bien les princesses elles-mêmes l'avaient emportée chez elle et placée dans son lit.

— O mère, dit Marie, chère mère, que de belles choses j'ai vues là où le jeune Drosselmeier m'a menée cette nuit!

Alors elle lui raconta tout exactement comme je vous l'ai raconté moi-même, et la mère la regarda tout étonnée et lui dit lorsqu'elle eut fini de parler :

— Tu as fait un beau et long rêve, chère Marie; mais chasse toutes ces choses de ta tête.

Marie soutint opiniâtrément qu'elle n'avait pas rêvé, et qu'elle avait tout vu en réalité. Alors sa mère la conduisit devant l'armoire vitrée, en sortit Casse-Noisette de son rayon, qui était ordinairement le troisième, et dit :

— Comment peux-tu croire, petite niaise, que cette poupée de bois faite à Nuremberg peut vivre et se mouvoir?

— Mais, chère mère, dit Marie, je suis bien certaine que le petit Casse-Noisette, le jeune Drosselmeier, de Nuremberg, est le neveu du parrain Drosselmeier.

Alors le médecin consultant et sa femme se mirent à rire bruyamment tous les deux à la fois.

— Ah! dit Marie presque en pleurant, pourquoi, cher père, te moques-tu de mon bon Casse-Noisette? Il m'a dit tant de bien de toi lorsque nous sommes entrés dans le château Frangipane, et même, lorsqu'il m'a présenté aux princesses ses sœurs, il a dit que tu étais un médecin consultant de premier mérite.

Le rire redoubla; et cette fois Fritz et Louise firent chorus avec les parents.

Alors Marie alla dans la chambre voisine chercher les sept couronnes placées dans une petite boîte, et les présenta à sa mère en disant :

— Regarde, chère mère, voici les sept couronnes du roi des rats, que le jeune Drosselmeier m'a présentées en gage de sa victoire.

La mère stupéfaite examina les petites couronnes, qui, d'un métal très-brillant, étaient si artistement travaillées, qu'il était impossible qu'elles eussent été faites par des mains humaines.

Le médecin consultant ne pouvait lui-même se lasser de considérer ces couronnes, et tous deux demandèrent très-sérieusement à Marie d'où elle les tenait.

— Je vous l'ai dit déjà, répondit Marie. Que me demandez-vous de plus?

— Marie, vous êtes une petite menteuse, dit assez rudement le médecin consultant.

Alors Marie s'écria en sanglotant :

— Pauvre enfant que je suis, pauvre enfant que je suis! Que faut-il donc que je dise?

Au même moment la porte s'ouvrit.

Le conseiller de justice entra et dit :

— Qu'y a-t-il? qu'y a-t-il? Ma filleule Marie pleure et sanglote! Qu'y a-t-il?

Le médecin consultant lui raconta le tout en lui montrant les couronnes.

— Bagatelles, bagatelles! ce sont les petites couronnes que je portais, il y a quelques années, à ma chaîne de montre, et que je donnai à la petite Marie à son deuxième anniversaire de naissance, lorsqu'elle avait deux ans. L'avez-vous donc oublié?

Ni le médecin consultant et cette femme ne se rappelaient rien de pareil. Lorsque Marie s'aperçut que les visages de ses parents étaient devenus plus affables, elle se jeta sur son parrain Drosselmeier et lui dit :

— Ah! tu sais tout, toi, parrain! Dis-leur donc toi-même que mon Casse-Noisette est ton neveu, et que le jeune Drosselmeier de Nuremberg est celui qu'il m'a donné les couronnes!

Le conseiller de justice prit une figure sérieuse et sombre, et dit à voix basse :

— Quelle sotte plaisanterie!

Alors le médecin consultant prit la petite Marie devant lui, et lui dit :

— Écoute, Marie, laisse là tous tes rêves; et si tu dis une seule fois encore que le sot et affreux Casse-Noisette est le neveu du conseiller de justice, je jette Casse-Noisette par la fenêtre et toutes les poupées avec lui, mademoiselle Claire comme les autres.

Alors la pauvre Marie n'osa plus dire tout ce qu'elle avait dans le cœur; car vous pensez bien qu'on n'oublie pas facilement des choses aussi belles, aussi magnifiques que celles qu'elle avait vues.

Fritz Stahlbaum lui-même tournait le dos à sa sœur aussitôt qu'elle voulait lui parler du merveilleux royaume où elle avait été si heureuse. On prétend même qu'il murmurait entre ses dents :

— Petite imbécile!

Je ne veux rien croire de pareil, vu son excellent caractère; mais,

ce qu'il y a de certain, c'est qu'il ne croyait plus un seul mot de tout ce que lui racontait Marie, et que, dans une grande parade, il reconnut ses torts devant ses hussards, et leur attacha au shako, pour remplacer le plumet de bataille qu'ils avaient perdu, de bien plus hauts panaches de plumes d'oie, et il leur permit de jouer de nouveau la marche des hussards des gardes.

Mais nous savons ce que nous devons penser du courage des hussards, lorsqu'ils reçurent ces vilaines boulettes qui cachaient leurs vestes rouges.

Marie n'osait plus parler de son aventure; mais les images de ces royaumes féeriques la berçaient de leurs délicieux murmures et de leurs doux et agréables accords. Elle revoyait tout lorsqu'elle y concentrait toutes ses pensées, et de là vint qu'elle restait silencieuse et tranquille, profondément concentrée en elle-même, au lieu de jouer comme autrefois; ce qui faisait que tout le monde l'appelait la petite rêveuse.

Il arriva une fois que le conseiller de justice réparait une pendule dans la maison du médecin consultant. Marie était assise près de l'armoire vitrée et regardait, plongée dans ses songes le Casse-Noisette, et alors elle dit, comme par une impulsion involontaire :

— Ah! cher monsieur Drosselmeier, si vous viviez véritablement, je ne ferais pas comme la princesse Pirlipat, et je ne vous refuserais pas parce que, pour moi, vous auriez cessé d'être un beau jeune homme!...

— Ah! quelle bêtise! s'écria le conseiller de justice.

Mais au même instant il se fit un tel bruit et une si grande secousse, que Marie tomba évanouie de sa chaise.

Lorsqu'elle revint à elle, sa mère était occupée d'elle et disait :

— Mais comment une si grande fille comme toi peut-elle tomber de sa chaise? Voici le neveu de M. le conseiller de justice qui vient de Nuremberg; sois bien gentille.

Elle leva les yeux : le conseiller de justice avait remis sa perruque de verre, passé son habit jaune, et il souriait. Il tenait par la main un jeune homme de très-petite taille, mais très-bien bâti. Son visage avait la fraîcheur du lis et de la rose. Il avait un magnifique habit rouge brodé d'or, des bas de soie blancs et des souliers, un jabot si joliment frisé et poudré, et il tenait un magnifique bouquet de fleurs à la main.

Derrière son dos descendait une queue magnifique. La petite épée qu'il avait à côté de lui semblait, qu'elle paraissait faite de bijoux assemblés, et le chapeau qu'il portait sous son bras semblait être fait avec des flocons de soie.

Le jeune homme montra de suite qu'elle était l'élégance de ses manières en présentant à Marie une foule de magnifiques jouets d'enfants, principalement de la frangipane de toute beauté, et ces mêmes petites figures que le roi des souris avait brisées. Il avait aussi apporté à Fritz un sabre magnifique.

À table, il cassa complaisamment les noix de toute la société; les plus dures ne pouvaient lui résister; il les mettait dans sa bouche avec la main droite, avec la gauche il tirait sa queue.

— Crac!

La noix tombait en morceaux.

Marie était devenue rouge lorsqu'elle aperçut le charmant jeune homme, et elle devint bien plus rouge encore lorsqu'au sortir de table le jeune Drosselmeier l'invita à passer avec lui dans la chambre où l'on se tenait d'habitude et à s'avancer vers l'armoire.

— Jouez gentiment ensemble, mes enfants, dit le conseiller de justice; puisque toutes mes pendules marchent bien, je ne m'oppose en rien à cela.

À peine le jeune Drosselmeier fut-il seul avec Marie, qu'il plia les genoux devant elle, et lui dit :

— O bonne, excellente demoiselle Stahlbaum! vous voyez à vos pieds l'heureux Drosselmeier à qui, à cette place même, vous avez sauvé la vie. Vous avez eu la bonté de dire que vous ne me repousseriez pas, comme la méchante princesse Pirlipat, si j'étais devenu laid à cause de vous. À l'instant j'ai cessé d'être Casse-Noisette, et j'ai repris mon ancienne forme, qui peut-être n'est pas désagréable. Estimable demoiselle, faites mon bonheur par le don de votre main; partagez avec moi empire et couronne, commandez avec moi dans le château de Frangipane, car la je suis roi!

Marie releva le jeune homme et dit à voix basse :

— Cher monsieur Drosselmeier, vous êtes un doux et bon jeune homme, et puisque vous joignez à cela le titre de roi d'un pays agréable, habité par de très-charmants sujets, je vous accepte pour mon fiancé!

Et Marie devint aussitôt la fiancée de Drosselmeier.

On prétend qu'au bout de l'année il vint la chercher dans une voiture d'or tirée par des chevaux d'argent. À sa noce dansèrent vingt-deux mille personnages ornés des plus belles perles et des diamants les plus magnifiques, et Marie doit encore, à l'heure présente, être reine d'un pays où l'on peut voir partout des forêts d'arbres de Noël tout étincelants, des châteaux transparents en frangipane, en un mot les choses les plus admirables et les plus magnifiques, quand on a les yeux qu'il faut pour voir tout cela.

Ainsi finit le conte de Casse-Noisette et du roi des souris.

L'ENCHAINEMENT DES CHOSES.

I.

Une chute causée par une racine d'arbre. — Conséquence du système du monde. — Mignon et le bohémien de Lorca avec le général Palafox. — Paradis ouvert chez le comte Walter Puch.

— Non, dit Ludovic à son ami Euchar, non, il n'y a pas de hasard. Je n'en démordrai pas! tout le système du monde et tout ce qu'il contient ressemble aux rouages artistement rassemblés d'une pendule qui s'arrêterait à l'instant, aussitôt qu'il serait permis à un principe étranger de toucher seulement la plus petite roue.

— Je ne sais pas, répondit Euchar en riant, mon cher Ludovic, comment tu en viens une fois à cette fatale idée du mécanisme, déjà passée de mode, et comment tu oses défigurer cette belle idée de Goine, d'un fil rouge qui traverse notre vie et que nous reconnaissons en le regardant attentivement pour un esprit supérieur placé dans nous ou sur nous pour nous diriger.

— Bagatelles! bagatelles!

— Non! non! mon cher ami, reprit Ludovic. Tout ce qui arrive, par cela même que cela arrive, était une condition nécessaire dès l'origine, et cela est l'enchaînement des choses sur lequel est basé tout le système de la vie. Car il le faut observer...

Dans le moment...

Il est toutefois nécessaire d'informer le lecteur que Ludovic et Euchar, tout en conversant ainsi, se promenaient dans une allée du beau parc de V....

C'était un dimanche. Le crépuscule commençait à descendre, le vent du soir courait doucement en murmurant à travers les bosquets qui, se reposant de la chaleur du jour, respiraient avec de légers soupirs. Par toute la forêt on entendait retentir les voix joyeuses des bourgeois sortis de la ville en habits de fête; les uns, campés sur le gazon couvert de fleurs, prenaient leur repas du soir, d'autres, dans les diverses auberges remplies de monde, se divertissaient à leur guise, selon le gain plus ou moins grand de la semaine.

Au moment où Ludovic allait terminer son discours, il heurta du pied une forte racine d'arbre qu'il n'avait pas vue, malgré les lunettes dont il était armé, et tomba tout de son long dans l'allée.

— Cela vient de l'enchaînement des choses, et si tu n'étais pas tombé justement ici, le monde se serait probablement écroulé aussitôt, dit froidement Euchar en ramassant la canne et le chapeau de son ami, qui, dans la chute, s'étaient envolés assez loin, et il lui tendit la main pour le relever.

Ludovic se sentit le genou tellement endolori, qu'il fut contraint de boiter. De plus il saignait au nez assez violemment. Il suivit donc le conseil que lui donnait son ami d'entrer dans la plus prochaine auberge.

Sur un banc de gazon entouré d'arbres, placé devant cette auberge, des voyageurs avaient formé un cercle épais, du milieu duquel on entendait sortir les sons d'une guitare et d'un tambourin.

Et en s'approchant de ce cercle on apercevait un spectacle à la fois étrange et gracieux.

Dans le beau milieu de l'espace laissé par les spectateurs, une jeune fille, les yeux bandés, dansait le fandango entre neuf œufs placés trois par trois sur le plancher, tout en s'accompagnant du tambourin. A ses côtés se tenait un petit homme mal bâti porteur d'une laide figure de bohémien. Cet homme jouait de la guitare.

La danseuse paraissait âgée de seize ans à peine; son costume était singulier; elle avait un corset rouge garni d'or et une petite robe courte. Toute sa personne était pleine d'une grâce qui brillait dans le moindre de ses mouvements. Elle savait tirer des sons étrangement variés du tambourin, qu'elle levait tantôt au-dessus de sa tête, tantôt en étendant les bras dans une pose artistique; elle l'agitait parfois aussi derrière son dos.

Quelquefois on croyait entendre le son sourd des cymbales frappées dans le lointain, tantôt le roucoulement plaintif de la colombe, ou bien aussi le mugissement de l'orage lorsqu'il est proche, et alors retentissait comme le bruit clair de cloches harmonieuses.

Le petit guitariste ne cédait en rien à la jeune fille dans l'habileté de son jeu; il savait manier son instrument avec un art particulier, et tout en conservant claire et distincte la mélodie de la danse, il le faisait résonner quelquefois en promenant toute sa main sur les cordes à la manière espagnole, d'autres fois il en tirait des accords pleins et sonores.

Le tambourin mugissait avec une force et une puissance qui allaient en s'augmentant toujours; la guitare retentissait plus éclatante, et les mouvements et les bonds de la jeune fille devenaient aussi plus hardis; elle posait souvent le pied à la distance d'un cheveu des œufs mis par terre, avec une telle justesse que les spectateurs ne pouvaient s'empêcher de pousser des cris, persuadés que l'un d'eux était brisé. Les boucles des noirs cheveux de la jeune fille s'étaient détachées, et dans sa danse sauvage elles flottaient au-dessus de sa tête et la faisaient ressembler à une ménade.

— Finis, lui cria le petit homme en langue espagnole.

Alors, toujours en dansant, elle toucha chaque œuf l'un après l'autre, de manière qu'ils vinrent en roulant se réunir en un seul tas, et avec un coup fortement frappé sur le tambourin et accompagné d'un énergique accord de la guitare, elle s'arrêta tout à coup comme par un pouvoir magique. La danse était terminée.

Le petit homme s'approcha d'elle et ôta le bandeau qui lui couvrait les yeux; elle remit ses cheveux en ordre, prit le tambourin, et, les yeux baissés, fit le tour du cercle pour demander à la ronde. Personne ne s'était éloigné, et chacun mit d'un air satisfait une pièce de monnaie dans le tambourin. Elle passa près d'Euchar sans s'arrêter devant lui, et elle s'en alla lorsque celui-ci fit un pas vers elle.

— Pourquoi ne veux-tu rien accepter de moi? lui demanda-t-il.

— Le vieux, répondit-elle d'une voix assurée et avec un accent étranger, a dit que vous étiez arrivé lorsque ma danse était près de finir, et que par conséquent je ne devais rien accepter de vous.

Et en disant ces paroles elle leva les yeux, et leur brûlant regard brilla à travers la nuit de ses paupières noires; puis, après un charmant salut, elle se retourna vers le petit homme, auquel elle ôta sa guitare des mains et qu'elle conduisit à une table plus éloignée.

En la suivant des yeux, Euchar aperçut Ludovic assis à une table un peu plus loin, entre deux bourgeois, et il alla lui raconter la gracieuse danse des œufs de la jeune Espagnole.

— C'est Mignon! s'écria Ludovic enchanté, la céleste, la divine Mignon!

Le guitariste comptait l'argent de la quête sur une table, tandis que la jeune fille, se tenant debout, exprimait le verre le suc d'une pomme de Chine. Le vieillard rassembla enfin son argent, sourit à la jeune fille d'un œil brillant de joie, et celle-ci lui présenta le breuvage préparé, en caressant doucement ses joues ridées.

Le petit homme jeta un éclat de rire désagréable à entendre et but avidement. La jeune fille vint s'asseoir auprès de lui et toucha les cordes de la guitare.

— O Mignon! céleste, angélique Mignon! répéta encore Ludovic. Oui, je veux, second maître Vilhelm, te sauver des mains d'un monstre hypocrite qui t'exploite.

— Où as-tu vu, interrompit froidement Euchar, que ce petit bossu est un scélérat hypocrite?

— Homme froid, répondit Ludovic, qui ne comprends rien, ne vois rien, qui n'as aucun sentiment pour tout ce qui est fantaisie, ne vois-tu pas, ne remarques-tu pas comme la méchanceté, l'envie, la malice, l'esprit le plus bas enfin, se lisent dans les petits yeux verts, les petits yeux de chat de ce bohémien difforme? Oui, je la sauverai, cette charmante enfant, des griffes diaboliques de ce monstre basané. Si je pouvais seulement lui parler, à cette gracieuse créature!

— Rien n'est plus facile, répondit Euchar, et il fit signe à l'enfant de venir auprès d'eux.

L'ENCHAINEMENT DES CHOSES.

Aussitôt celle-ci posa l'instrument sur la table, s'approcha et les salua en baissant les yeux.
— Mignon! s'écria Ludovic, charmante, adorable Mignon!
— Je me nomme Manuela, reprit la jeune fille.
— Et cet affreux misérable, continua Ludovic, où t'a-t-il volée, pauvre petite, où t'a-t-il entourée de ses lacets maudits?
— Je ne vous comprends pas, monsieur, dit-elle en levant les yeux et en pénétrant Ludovic de son brillant regard. Je ne sais ce que vous me demandez.
— Tu es Espagnole, mon enfant? interrompit Euchar.
— Oui, répondit la jeune fille d'une voix tremblante, vous le voyez, vous l'entendez, et je ne puis dire le contraire.
— Ainsi, continua Euchar, tu sais jouer de la guitare et chanter?
La jeune fille mit la main devant ses yeux et répondit d'une voix qu'on entendait à peine :
— Ah! messieurs! je pourrais chanter, mais mes chansons sont brûlantes, et il fait si froid, si froid ici!

Une jeune fille dansait entre des œufs.

— Connais-tu, lui dit Euchar en espagnol et avec une voix plus éclatante, connais-tu la chanson : *Laurel inmortal*.
La jeune fille joignit les mains, leva son regard vers le ciel; des larmes brillèrent dans ses yeux; elle s'élança pr la guitare sur la table, et revint plutôt en volant qu'en courant aupiès des amis et commença en se plaçant devant Euchar :
« Laurier immortel au grand Palafox, gloire de l'Espagne, terreur » de la France, etc. »
Il est impossible de dépeindre l'expression avec laquelle chanta la jeune fille. Un enthousiasme brûlant tirait sa flamme d'une douleur mortelle. Chaque son semblait être un éclair qui faisait voler en éclats la glace qui oppressait sa poitrine. Ludovic était électrisé. Il interrompit le chant de la jeune fille par ses retentissants bravo! bravissima! et mille autres semblables cris d'approbation.
— Fais-moi le plaisir de te taire un peu, mon très-cher ami, lui dit Euchar.
— Je sais répondit Ludovic de mauvaise humeur, que la musique ne fait aucun effet sur un homme aussi peu impressionnable que toi. Toutefois il se tut.
La jeune fille, épuisée, s'appuya, lorsqu'elle eut terminé sa chanson, contre un arbre voisin, et tout en touchant négligemment des accords qui se perdirent en pianissimo, elle couvrit l'instrument de larmes.
— Tu es, lui dit Euchar d'une voix qui sortait évidemment d'une poitrine émue, tu es pauvre, ma chère enfant, et si je n'ai pas vu la danse depuis le commencement, j'en ai été amplement dédommagé par ton chant, et tu ne peux plus refuser mon cadeau.
Euchar avait tiré une petite bourse où brillaient de beaux ducats, et il la donna à la jeune fille, qui s'était approchée de lui. Celle-ci attacha ses yeux sur la main d'Euchar, la prit dans les siennes et la couvrit de baisers, en se précipitant devant lui à genoux et en s'écriant : — Ah! Dios!
— Oui! s'écria Ludovic plein d'enthousiasme; l'or l'or seul peut être touché par des petites mains si douces ! Et il demanda à Euchar s'il ne pouvait pas lui changer un thaler, parce qu'il n'avait pas sur lui de petite monnaie.
Pendant ce temps le petit bossu s'était approché, il ramassa la guitare que Manuela avait laissée tomber à terre et se courba sur l'autre main d'Euchar, qui avait sans doute généreusemen récompensé la jeune fille, puisqu'elle paraissait si émue.
— Scélérat! voleur! s'écria Ludovic d'une voix grondante.
Le petit homme effrayé se rejeta en arrière, et dit d'une voix larmoyante :
— Ah! monsieur! pourquoi êtes-vous si irrité? Ne condamnez pas ainsi le pauvre et bonnête Viagio Cubas, ne vous laissez pas influencer par ma couleur et par mon visage difforme, je ne le sais que trop ! Je suis né à Lorca, et aussi bon chrétien que vous pouvez l'être vous-même.
La jeune fille se leva rapidement et dit au vieillard en espagnol :
— Vite! vite! éloignons-nous, mon petit père.
Et tous les deux partirent; et pendant que Cubas faisait quelques saluts assez étranges, elle jeta à Euchar le regard le plus expressif que pouvaient lancer ses beaux yeux.
Lorsque la forêt eut caché ces personnages singuliers, Euchar dit :
— Tu vois, Ludovic, que tu t'es trop hâté de juger ce petit monstre. Il est vrai que l'homme a quelque chose du bohémien. Il est de Lorca, comme il nous l'a dit lui-même.
— Non! s'écria Ludovic, je maintiens ce que j'ai avancé; cet homme est un affreux scélérat, et je ferai tout ce qui dépendra de moi pour tirer ma charmante Mignon de ses griffes.

Victorine s'approcha de moi.

— Si tu regardes, reprit Euchar, le petit homme comme un voleur, pour ma part je cesserai d'avoir une idée bien favorable de ta douce et charmante Mignon!
— Que dis-tu? s'écria Ludovic, ne pas avoir confiance dans cette céleste enfant, dont les yeux brillent de l'innocence la plus pure ! C'est bien là ce qu'il faut attendre d'un homme prosaïque qui ne sait pas ce que c'est que le sentiment et se méfie de tout ce qui est en dehors de son commerce de chaque jour.
— Allons! ne t'échauffe pas tant, reprit Euchar, mon cher enthousiaste. Mes soupçons, que tu ne crois pas assez fondés, viennent de ce que la petite, en me prenant la main, a ôté de mon doigt la bague ornée d'une pierre rare que je portais sans cesse, comme tu le sais très-bien. C'est un souvenir bien cher d'un temps qui n'est plus, et qu'il me serait pénible d'oublier.
— Est-ce possible? au nom du ciel! s'écria Ludovic à demi-voix. Mais non, cela ne se peut pas. Une telle figure, de tels yeux, un re-

g'rd pareil, ne peuvent appartenir à une créature trompeuse. Tu as laissé tomber, tu as perdu l'anneau.

— Nous verrons, reprit Euchar, mais la nuit commence à devenir plus épaisse, retournons à la ville.

Devant la porte de la demeure de Ludovic se trouvait un domestique couvert d'une riche livrée; il s'avança vers lui en tenant une carte à la main. A peine Ludovic y eut-il jeté un coup d'œil qu'il embrassa son ami avec autant de véhémence qu'il l'avait fait sous la porte de la ville.

— Appele-moi, s'écria-t-il, le plus heureux des mortels. Comprends mon bonheur, cher ami, mêle tes larmes aux miennes.

— Eh bien! qu'est-ce? dit Euchar, que peut donc apporter une simple carte de si magnifiquement sublime?

— Ne t'éblouis pas, répondit Ludovic, du paradis que je vais ouvrir devant tes yeux.

— Voyons, dit Euchar, quel est l'immense bonheur qui t'attend?

— Sache-le donc, et doute, crie, mugis si tu veux. Je suis, demain, invité à un bal, et à un souper chez le comte Walter Puck! Victorine! Victorine! adorable Victorine!

— Eh bien! et l'adorable Mignon? reprit Euchar.

Mais Ludovic, tout en répétant d'une voix dolente: — Victorine! Marie! s'élança dans la maison.

II.

Les amis La ville et Euchar. — Vilain rêve de la perte de deux jambes au piquet. — Souffrances d'un danseur enthousiaste. — Consolation, espérance, et M. Cochenille.

Il nous semble nécessaire, avant tout, de dire au bienveillant lecteur quelques mots sur nos deux amis, afin qu'il soit de la maison et sache à quoi s'en tenir sur le compte de l'un et de l'autre.

Tous deux avaient une position que l'on pourrait appeler justement chimérique, attendu qu'elle n'appartient à aucun homme sur la terre. Ils étaient *hommes libres;* élevés ensemble, ils avaient grandi dans une étroite amitié et ne pouvaient se quitter, bien qu'avec les années leur différence de caractère devint de plus en plus sensible. Euchar appartenait dans son enfance à cette classe de jeunes garçons que l'on appelle par l'ordinaire des enfants charmants, parce qu'en société ils se tiennent des heures entières à la même place sans dire un seul mot, sans rien demander, sans exprimer un seul désir, et ont par cela même toute l'apparence d'imbéciles; mais Euchar avait des instincts tout autres. Quand, tout enfant encore qu'il était, on lui adressait la parole, lorsqu'il était la tête basse, les yeux fixés vers la terre, il se réveillait en sursaut, tressaillait, pleurait même quelquefois, et paraissait sortir d'un songe profond.

S'il était seul, sa manière d'être était toute différente, on l'avait surpris parlant avec force, comme avec plusieurs personnes, et mettant en scène, comme un comédien, les histoires qu'il avait lues ou entendu raconter. Alors les tables, les chaises, les commodes qui se trouvaient dans la chambre représentaient des villes, des forêts, des villages et des personnages à l'occasion. Un enthousiasme singulier s'emparait surtout de lui quand il trouvait l'occasion d'errer solitaire dans la campagne. Alors il sautait, poussait des cris de joie à travers la forêt, embrassait les arbres, se jetait sur le gazon et couvrait les fleurs de baisers.

Il se déplaisait dans la société des garçons de son âge, et passait parmi eux pour un être craintif, parce qu'il ne voulait jamais tenter avec eux un saut difficile, une entreprise dangereuse, une ascension hardie. Mais si cela de particulier que lorsqu'à la fin nous avions manqué de courage pour achever l'entreprise, Euchar restait tranquillement en arrière, et exécutait avec adresse ce que les autres avaient projeté. Par exemple, s'il fallait escalader un arbre haut et mince où aucun des autres n'avait pu réussir à monter, Euchar, aussitôt qu'il ne voyait plus personne, était en un instant assis au sommet. Froid et insensible en apparence, l'enfant saisissait tout avec le sentiment et l'énergie qui appartiennent aux âmes fortes, et si parfois ce qu'il trouvait dans son cœur se faisait jour, c'était avec une énergie si irrésistible, que tous ceux qui devinaient la puissance nerveuse de sa tendre organisation en restaient saisis d'étonnement. Plusieurs maîtres des plus académiquement habiles perdaient leurs peines avec cet élève, et un seul, (le dernier de tous) assura que l'enfant était poète, ce qui effraya beaucoup le père, et lui donna à croire qu'il avait le caractère de sa mère, qui dans les cours les plus brillants éprouvait une espèce de dégoût et des migraines. Mais l'ami intime du papa, un charlatan et élégant chambellan, prétendit que le précepteur était un âne, et que, puisqu'un sang noble coulait dans les veines du baron, il devait être gentilhomme et non pas poète. Le vieillard, par cette remarque, fut considérablement consolé.

On peut deviner, d'après l'enfant, ce que devait être le jeune homme. La nature avait imprimé sur la figure d'Euchar cette marque distinctive dont elle pare ses favoris.

L'arrivée de ce qu'Euchar ne fut pas compris du vulgaire, on le jugea froid, indifférent, incapable d'une extase convenable pour une tragédie nouvelle, et par conséquent prosaïque au dernier degré.

Le cercle entier des femmes les plus pénétrantes et du plus grand monde, auxquelles l'on doit se fier d'ordinaire pour les choses de ce genre, ne pouvait absolument pas comprendre comment il se faisait qu'avec ce front d'Apollon, ces sourcils fermes et tracés en arc, ces yeux pleins d'un feu sombre, ces lèvres doucement projetées en avant, appartinssent à une froide statue. Et cela paraissait ainsi, parce que Euchar ne comprenait en rien l'art de dire aux jolies femmes des riens sur des choses qui ne disaient rien, et de prendre la pose de Rinaldo dans les fers.

Il en était tout autrement de Ludovic. Celui-ci appartenait à cette classe d'enfants sauvages et sans retenue dont on a coutume de dire prophétiquement que le monde sera un jour trop petit pour eux. C'était lui, et toujours lui, qui encourageait les autres à entreprendre les choses les plus folles, et l'on aurait été porté à croire qu'il aurait pu en être la victime; mais il s'en sortait toujours sans brûlure, car il savait, pendant que la chose s'exécutait, se tenir derrière eux ou s'esquiver tout à fait. Il saisissait tout avec le plus grand enthousiasme; mais cet enthousiasme durait peu: de là vint qu'il aperçut beaucoup de choses, mais seulement de tout un peu. Devenu jeune homme, il faisait des vers très-gentils, jouait d'une manière passable de plusieurs instruments, peignait très-joliment, parlait assez facilement plusieurs langues, et était à côté de tout cela un véritable modèle d'éducation. Il pouvait se pâmer d'admiration devant les choses les moins merveilleuses, et il savait trouver des paroles pour l'exprimer.

Ludovic appartenait aux gens que l'on entend dire partout et sans cesse: Je voudrais! et qui ne mettent jamais leur volonté en pratique; et comme, dans ce monde, les gens qui crient bien haut qu'ils veulent faire telle ou telle chose sont beaucoup plus estimés que ceux qui ne disent rien et exécutent véritablement, il arriva tout naturellement que Ludovic fut regardé comme un homme très-capable, et qu'il fut généralement admiré, sans qu'il vint à l'idée de qui que ce fût de se demander s'il avait fait ce qu'il avait annoncé si pompeusement. Toutefois, il se trouvait quelques personnes qui, ayant pleinement confiance en ses paroles, lui demandaient avec empressement s'il avait terminé telle ou telle chose. Cela le chagrinait d'autant plus qu'il était obligé de s'avouer quelquefois à lui-même qu'il était seul, que plusieurs de ses faits sont siens. Ainsi cela arriva pour un livre prôné bien haut d'avance et qui devait traiter de l'enchaînement des choses. Il saisit avidement de tout qui excusait sa conduite ou plutôt son désir inexécuté auprès des autres et auprès de lui-même. Car s'il se faisait pas ce qu'il avait promis, il ne fallait pas s'en prendre à lui, mais à l'enchaînement des choses, qui n'avait pas permis qu'il en fût suivi.

Mais comme Ludovic, au demeurant, était un beau jeune homme, avec des joues fraîches et roses, il serait devenu, à cause de ses qualités, l'idole du monde élégant, si sa vue basse ne l'avait entraîné dans plus d'un étrange quiproquo dont il était survenu pour lui des conséquences désagréables. Il se consolait de tout cela en pensant à l'incroyable impression qu'il s'imaginait faire sur le cœur des femmes, et s'il y avait joint à cela, à cause de sa mauvaise vue, de prendre trop souvent mais dans de grands embarras, l'habitude de parler de très-près, même aux dames, et plus qu'il n'était convenable même au sans-façon d'un homme de génie. Le jour qui suivit celui où Ludovic avait été au bal chez le comte de Puck, Euchar reçut de très-bonne heure un billet de lui ainsi conçu:

« Cher! très-cher ami! je suis malheureux, ruiné, perdu, précipité du sommet fleuri des plus belles espérances dans le noir et profond abîme du désespoir. Ce qui devait préparer mon ineffable bonheur est la cause de mon infortune. Viens, hâte-toi, console-moi si tu peux!»

Euchar trouva son ami la tête enveloppée, étendu sur un sofa, pâle et fatigué d'une nuit sans sommeil.

— Te voilà! lui cria Ludovic d'une voix faible et les bras étendus, te voilà, mon noble ami! Oui, tu as un cœur capable de comprendre mes souffrances; écoute ce qui m'est arrivé, et dis-moi si tu penses que tout est fini pour moi.

— Il paraît, dit Euchar en souriant, que tu n'as pas eu au bal tout le plaisir que tu te promettais!

Ludovic poussa un grand soupir.

— La belle Victorine, reprit Euchar, t'aurait-elle regardé de travers? n'aurait-elle pas fait attention à toi?

Ludovic reprit d'un ton sombre:

— Je l'ai offensée d'une manière impardonnable.

— Mon Dieu! comment cela est-il arrivé? reprit Euchar.

Ludovic soupira encore une fois, gémit quelque peu, et dit tout bas, mais avec une certaine emphase: — Euchar! comme le mystérieux bruit de chaînes de l'horloge annonce l'heure qui va sonner, ainsi si de pressentiments précurseurs annoncent le malheur qui va venir. Déjà dans la nuit qui précéda le bal j'avais eu un songe terrible. Il me semblait que j'étais chez le comte, et qu'au moment de danser il m'était impossible de mouvoir mes jambes. Je vis, à mon grand regret, dans la glace, qu'en place des jambes élégantes que m'a données la nature, j'avais celles du vieux président goutteux du consistoire,

Et pendant que je restais sans bouger à la même place, le vieux président valsait avec la légèreté d'un oiseau, tenant Victorine dans ses bras, et tout cela en me regardant d'un air moqueur. Et à la fin il prétendit qu'il m'avait gagné mes jambes au piquet. Je m'éveillai, tu peux m'en croire, couvert d'une sueur d'angoisse. Encore tout préoccupé de ces tristes images de la nuit, je porte à mes lèvres une tasse pleine d'un chocolat bouillant, et je me fais une brûlure dont tu peux encore voir les traces. Mais comme je sais que tu prends une médiocre part aux douleurs des autres, je passe tous les événements dont le sort remplit cette journée pour te dire seulement qu'en m'habillant le soir une boutonnière de mes bas de soie se rompit, deux boutons de mon gilet sautèrent; au moment de monter en voiture mon surtout tomba dans la rue, et lorsque je voulus serrer la boucle de mes souliers, je m'aperçus que mon âne de valet de chambre m'avait mis deux boucles inégales, et il me fallut rester chez moi, ce qui me retarda d'une bonne demi-heure.

Victorine vint au-devant de moi dans tout l'éclat de ses charmes. Je l'invitai pour la prochaine danse. Nous valsâmes : j'étais dans le ciel ; mais j'éprouvai bientôt à coup la malignité du sort contraire.

— L'enchaînement des choses sans doute? reprit Euchar.

— Nomme-le comme tu voudras; tout cela m'est égal aujourd'hui. En un mot, c'était une malice du sort qui, avant-hier, me fit tomber sur une racine d'arbre. Je sentis en dansant se renouveler ma douleur de genou. Elle augmentait à chaque instant, et devint d'une violence extrême. Mais dans l'instant même Victorine dit assez haut pour être entendue des autres danseurs :

« C'est un temps de valse à endormir. »

On fait signe aux musiciens, on les excite, et la danse devient de plus en plus rapide.

Je combats la douleur infernale avec toute la puissance de ma volonté, je m'élance élégamment le sourire sur les lèvres. Et pourtant Victorine vole de plus en plus rapide en me disant :

« Mais pourquoi êtes-vous si lourd aujourd'hui, cher baron? vous n'êtes plus le même. »

Je sens mon cœur traversé de brûlants coups de poignard.

— Pauvre ami! dit Euchar en souriant, je comprends toutes tes souffrances.

— Ce pendant, continua Ludovic, ceci ne fut que le prélude de mes aventures. Tu connais mon habileté dans la danse à seize ans. Tu sais combien de porcelaines, combien de tasses j'ai renversées dans les essais faits dans ma chambre pour y arriver à la perfection. Une des figures de cette danse est une des plus admirables que l'on puisse imaginer. Quatre couples sont groupés dans des positions gracieuses. Le danseur, se balançant sur la pointe du pied droit, soutient sa danseuse à la taille d'une main, tandis que l'autre est délicieusement recourbée au-dessus de sa tête; et les autres, pendant ce temps, tournent en rond autour de lui. Aucun illustre danseur n'a trouvé rien de pareil. J'avais tenu en réserve pour l'anniversaire du comte Walter Puck. Je voulais, tout en dansant, dire à Victorine : Adorable comtesse, je vous aime! je vous adore! Soyez mon ange de lumière!

Et voilà la cause de mon ravissement, lorsque je reçus l'invitation du comte de Puck.

La malencontreuse valse était terminée; je me retirai dans une chambre voisine, où le bon Cochenille vint me verser aussitôt du champagne. Le vin me donna de nouvelles forces et ma douleur disparut.

La danse allait commencer; je me précipitai dans la salle, emparai de Victorine en lui baisant ardemment la main, et je pris ma place dans la ronde. Mon tour venait, je me surpasse moi-même, je vole, je me balance comme le dieu des danseurs, j'étreins ma danseuse tout en murmurant à demi-voix : Divine comtesse!...

L'aveu de mon amour s'échappe de mes lèvres; je regarde ma danseuse fixement dans les yeux.

Dieu du ciel! ce n'est pas Victorine, c'est une dame qui m'est absolument inconnue, seulement semblable à Victorine par la taille et le costume. Je reste comme frappé de la foudre, un chaos se forme autour de moi, je n'entends plus la musique, je m'élance en bonds sauvages à travers la foule, d'où j'entends partir ça et là des cris de douleur, jusqu'à ce que je me sente arrêté de bras et qu'une voix me crie, semblable à un éclat de tonnerre :

« Je crois, baron, que vous avez le diable dans les jambes. »

C'était le malencontreux président du consistoire que déjà j'avais vu en rêve, qui me retenait dans un coin de la salle en ajoutant :

« À peine venais-je de quitter la salle de jeu, que vous êtes venu vous jeter sur mes pieds comme un possédé, et je me faire crier comme un taureau : « je n'avais été si un homme de monde. Voyez quel désordre vous avez causé ici! »

Et en effet la musique avait cessé, les danseurs s'étaient dispersés çà et là, et plusieurs d'entre eux, j'en fis la remarque, s'en allaient en boitant, tandis que les dames se faisaient reconduire à leurs places et respiraient les sels. J'avais exécuté sur les pieds des danseurs le galop du désespoir jusqu'au moment où le président, fort comme un chêne, avait arrêté ma course folle.

Victorine s'approcha de moi; ses yeux jetaient des éclairs.

« Voici, me dit-elle, monsieur le baron, une politesse sans pareille. Vous m'invitez à danser, vous en choisissez une autre et vous troublez tout le bal! »

Tu comprends mon trouble.

« Ces mystifications, ajouta-t-elle hors d'elle-même, sont assez dans vos habitudes, monsieur le baron; mais je vous prie, à l'avenir, de ne pas me choisir pour en être le but. »

Et elle s'éloigna.

Puis vint ma danseuse, la bonté, l'indulgence même. La pauvre enfant, je le comprends, avait pris feu; mais est-ce de ma faute? Ô Victorine! Victorine! ô danse malencontreuse! danse des furies qui me précipite dans l'enfer!

Ludovic ferma les yeux et se mit à gémir, et son ami fut assez généreux pour ne pas rire aux éclats.

Ludovic, toutefois, s'efforça de prendre héroïquement son infortune.

— Mais, dit-il à Euchar, tu étais aussi invité?

— Sans doute, reprit Euchar en feuilletant un livre et sans en détacher les yeux.

— Et tu n'y es pas venu? et tu ne m'as pas dit un seul mot de cette invitation!

— J'avais, reprit Euchar, d'autres occupations plus importantes, et j'aurais refusé même l'invitation de l'empereur de la Chine.

— La comtesse, continua Ludovic, a demandé instamment pourquoi tu n'étais pas venu. Elle paraissait inquiète et regardait souvent vers la porte. Et j'aurais été jaloux si, pour la première fois, tu étais parvenu à toucher le cœur d'une femme; mais elle m'a bientôt donné une explication bien claire.

« C'est, a-t-elle dit, un original au cœur froid aux manières tranquilles; sa présence au milieu du plaisir gêne souvent, et j'ai craint un moment qu'il ne vint se troubler notre joie. »

En vérité, je ne peux pas comprendre que toi, mon cher Euchar, si bien doué par la nature du côté du corps et du côté de l'esprit, tu sois si peu heureux auprès des dames, et je ne sais pourquoi je te suis toujours préféré par elles. Je crois, homme de glace! que tu n'éprouves aucun goût pour le bonheur que donne l'amour, et c'est pour cela sans doute que tu n'es pas aimé. Crois-moi, même la colère de Victorine n'a pu se faire jour à travers les flammes de l'amour qui brûlent pour moi dans son cœur.

La porte s'ouvrit, et un petit homme étrange entra dans la chambre. Il portait un habit rouge garni de larges boutons d'acier; sa coiffure haute était poudrée et ornée d'une petite bourse ronde.

— Excellent Cochenille! s'écria Ludovic en allant à sa rencontre. Cher monsieur Cochenille! Comment se fait-il que j'aie le rare plaisir...

Euchar prétendit que des affaires importantes l'appelaient au dehors, et il laissa son ami seul avec le valet de chambre du comte Walter Puck. Cochenille assura à celui-ci, en soutenant, les yeux baissés, que son gracieux maître était persuadé que le très-honoré baron avait été attaqué d'une maladie dont le nom en latin a quelque ressemblance avec le mot raptus, et il lui dit qu'il était venu, lui Cochenille, pour s'informer des nouvelles de sa santé.

Ludovic raconta alors au valet comment la chose s'était passée, et il apprit alors que sa danseuse était une cousine de la comtesse Victorine, qui était venue de la campagne pour assister à la fête de l'anniversaire du comte; qu'elle était intimement liée avec la comtesse, et qu'elles s'habillaient souvent de même l'une et l'autre pour montrer, comme cela arrive quelquefois aux jeunes dames, l'accord parfait de leurs cœurs, même dans le choix de la soie et des gazes de leurs parures.

Cochenille donna à entendre que la colère de la comtesse Victorine n'avait rien de bien sérieux. Il avait remarqué à la fin du bal, lorsqu'il avait offert des glaces aux deux cousines, qu'elles avaient chuchoté tout bas et ri de grand cœur tout en prononçant plusieurs fois le nom du baron. Il avait cru s'apercevoir aussi que la cousine était d'une complexion fort amoureuse et serait enchantée de le voir continuer ce qu'il avait commencé en lui faisant la cour.

Enfin Cochenille conseilla au baron de voir Victorine le plus tôt possible, et lui dit qu'il s'en présentait une occasion le jour même, le président du consistoire Webs donnant le soir une esthétique.

III.

L'histoire prend une tournure tragique, et parle de batailles sanglantes, de suicides, etc.

À peine étaient-ils arrivés que la présidente prétendit qu'Euchar devait raconter quelque histoire.

Euchar répondit modestement qu'il était d'abord un très-pauvre conteur, et que ce qu'il aurait de mieux à narrer serait peut-être trop effroyable pour procurer à la société un grand plaisir. Mais alors quatre toutes jeunes demoiselles s'écrièrent à l'unisson :

— Oh! le l'effroyable! du très-effroyable! J'ai tant de plaisir à trembler de peur!

Euchar prit dans le fauteuil du conteur et commença ainsi :

— Nous avons vu un temps qui, semblable à un ouragan terrible, vint dévaster la terre. Alors tout ce que peuvent le courage, la haine, la vengeance et le désespoir fut déployé dans la guerre que soutint l'Espagne pour sa liberté. Permettez-moi de vous raconter l'histoire de mon aventureux ami, que nous appellerons Edgard. Il avait combattu sous les étendards de Wellington. Edgard avait, tout affligé des malheurs de sa patrie allemande, abandonné sa ville natale et s'était retiré à Hambourg, dans une petite chambre louée dans un quartier retiré. Il vivait là solitaire.

Il savait seulement du voisin, dont il n'était séparé que par un mur, que celui-ci était malade et vieux, et ne sortait jamais. Il l'entendait souvent gémir et se plaindre dans quelques paroles dont il ne distinguait pas le sens. Plus tard le voisin se promenait presque continuellement dans sa chambre, et un signe de retour à la santé fut le son d'une guitare qu'il l'entendit accorder un jour en essayant ensuite une chansonnette qu'Edgard reconnut pour une romance espagnole.

L'hôtesse, à sa demande, lui confia que le vieillard était un officier espagnol, du corps de Romana, resté dans le pays pour cause de maladie, et qu'il n'osait pas sortir, car il était certainement épié en secret.

Au milieu de la nuit, Edgard entendit l'Espagnol faire résonner la guitare plus fort que de coutume. Il commença, dans une puissante mélodie étrangement variée de changements de tons, la *Prophetia del Pyreneo*, de don Arrianza, et chanta les strophes suivantes :

« Ecoute ! de grands rugissements résonnent comme le tonnerre dans les champs de la Castille ; c'est le rugissement des fils de l'Asturie ; c'est le cri de vengeance des habitants de Séville. La foudre fait retentir Valence, tandis que la terre tremble avec un bruit terrible à Moosago. Vois ! jusqu'aux frontières les flots rouge des reflets des combats ; les tambours résonnent ; le bronze retentit ; les clairons éclatent et aussi les lances anciennes ! vois-les secouant leur poussière pour le jour de la vengeance ! »

Le feu de l'enthousiasme qui jaillissait des chants du vieillard avait pénétré le cœur d'Edgard. Un nouveau monde s'ouvrait devant lui. Il savait maintenant comment il pouvait sortir de son état de langueur, comment il pouvait, enflammé par de nobles actions, utiliser l'ardeur guerrière qui dévorait chez lui.

— Oui, en Espagne, en Espagne ! s'écria-t-il à demi-voix ; mais au même instant, la guitare du vieillard cessa de retentir.

Edgard ne put résister au désir de connaître celui qui avait renouvelé sa vie. La porte céda sous la pression de sa main. Mais au moment où il passait le seuil de la chambre, le vieillard s'élança de son lit sur Edgard, un poignard à la main, en s'écriant :

— Traidor ! (traître !)

Celui-ci, par un habile mouvement, parvint à détourner le coup bien porté et à saisir le vieillard, qu'il tint renversé sur son lit.

Et pendant qu'il tenait son adversaire sans force, il le conjura, avec les expressions les plus touchantes, de lui pardonner sa brusque manière d'entrer chez lui.

— Je ne suis pas un traître, lui dit-il, au contraire, je prends part à vos douleurs, et votre chant a changé le chagrin qui dévorait mon âme en un ardent enthousiasme pour les combats. Je veux aller en Espagne et combattre avec joie pour la liberté du pays.

Le vieillard le regarda fixement et dit à voix basse :

— Serait-ce possible ?

Et il se précipita avec violence dans les bras d'Edgard, en jetant loin de lui son poignard, qu'il tenait encore à la main.

Edgard apprit alors que le vieillard se nommait Baldassare de Luna, et descendait de la plus haute noblesse de l'Espagne.

Sans secours, sans amis, sans soutien, au milieu du plus profond dénûment, il avait devant lui la triste perspective de traîner une vie misérable loin de son pays ; mais lorsque Edgard lui eut juré sur tout ce qu'il avait de plus sacré de faciliter sa fuite en Angleterre, alors un feu nouveau sembla ranimer tous les membres du vieillard. Ce n'était plus l'homme maladif et chargé d'années ; c'était un jeune homme enthousiaste, qui méprisait la haine impuissante de ses oppresseurs.

Edgard fut fidèle à ses promesses. Il réussit à tromper la vigilance des espions et à s'enfuir en Angleterre avec Baldassare de la Luna. Mais le sort n'accorda pas au pauvre vieillard poursuivi par le malheur la faveur de revoir son pays. Il tomba de nouveau malade et mourut entre les bras de son compagnon de voyage. Un esprit prophétique lui fit entrevoir la glorieuse délivrance de son pays. Dans les derniers soupirs de la prière qui s'échappa péniblement de ses lèvres, Edgard discerna le mot : Victoire !

Il arriva seul en Espagne, combattit à Tarragone, où il fut blessé et fait prisonnier, et délivré par les guérillas. Il se retira à Valence. Un jour il remarqua un vieillard d'une haute stature qui se promenait lentement çà et là, et ce vieillard s'arrêtait chaque fois un moment en passant devant lui et le regardait attentivement dans les yeux.

Edgard s'avança vers lui et lui demanda poliment ce qui pouvait exciter ainsi son attention.

— Je ne me suis donc pas trompé, dit le vieillard, tandis qu'un feu sombre s'échappait de dessous ses épais sourcils. Vous n'êtes pas Espagnol, et cependant, si votre costume ne ment pas, vous combattez avec nous. Cela m'étonne beaucoup.

Edgard, un peu blessé, lui raconta, toutefois avec assez de sang-froid, les événements qui l'avaient appelé en Espagne.

Mais à peine avait-il prononcé le nom de Baldassare de Luna, que le vieillard s'écria plein d'enthousiasme :

— Que dites-vous ? Baldassare de Luna, mon digne cousin, le seul ami qui me fût resté au monde !

Edgard lui répéta tout ce qui était arrivé, et n'oublia pas de lui dire avec quelle espérance céleste Baldassare de Luna avait quitté la vie.

Le vieillard joignit ses mains, et leva vers le ciel ses yeux remplis de larmes ; ses lèvres tremblèrent, et il paraissait parler à son ami mort.

— Pardonnez-moi, dit-il à Edgard, si un soupçon injuste m'a conduit à tenir envers vous un langage qui n'est pas dans mes habitudes. On prétendait, il y a peu de temps, que la ruse maudite de nos ennemis allait jusqu'à introduire dans les rangs de notre armée des officiers étrangers pour la trahir.

Don Joachim Blake a cependant déclaré qu'il avait absolument besoin d'ingénieurs étrangers, mais en s'engageant à faire fusiller publiquement et à l'instant même tout homme non Espagnol sur lequel planerait le plus léger soupçon. Mais si vous êtes réellement un ami de mon Baldassare, vous ne pouvez avoir que de nobles et honnêtes intentions.

Je vous ai tout dit ; faites-y attention maintenant.

Et le vieillard s'éloigna.

Valence fut étroitement bloquée, Edgard fut blessé en faisant une sortie et perdit connaissance. Quand il se réveilla, il était dans un lieu étrange.

Le lit moelleux et orné de riches tentures de soie ne se trouvait nullement en rapport avec la petite chambre basse, voûtée comme une prison et garnie de pierres rouges où il était dressé. Edgard souleva péniblement, et il aperçut un franciscain assis sur une chaise dans un coin de la chambre.

Il paraissait dormir.

— Où suis-je ? s'écria-t-il en donnant à sa voix toute la force qu'il put rassembler.

Le moine se réveilla en sursaut, attisa la mèche de la lampe, la prit, en dirigea la clarté sur le visage d'Edgard, tâta son pouls, et murmura quelques paroles que le malade n'entendit pas.

Edgard était sur le point d'interroger le moine sur tout ce qui lui était arrivé, lorsque le mur parut s'ouvrir tout à coup sans bruit, et un homme entra. Edgard le reconnut à l'instant même pour le vieillard qui lui avait parlé peu de jours auparavant.

Le moine apprit à celui-ci que la crise était passée.

— Tout ira bien maintenant, lui dit-il.

— Dieu soit loué ! répondit le vieillard.

Et il s'approcha du lit d'Edgard.

Edgard voulait parler ; mais le vieillard le pria de garder le silence, parce que le moindre effort pourrait maintenant lui être fatal. On doit penser combien il lui semblait inexplicable de se trouver dans de pareilles circonstances ; mais peu de mots suffirent non-seulement pour le tranquilliser complètement, mais aussi pour le convaincre de la nécessité de rester couché dans cette triste prison.

Lorsqu'il eut été renversé atteint d'une balle dans la poitrine, ses intrépides frères d'armes le relevèrent malgré la violence du feu, et le portèrent dans la ville.

Rafael Marchez (c'était le nom du vieillard) prit soin du blessé, et, au lieu de le faire porter à l'hôpital, le fit transporter dans sa maison pour donner tous les soins possibles à l'ami de Baldassare. Lorsque la ville fut prise, don Rafael Marchez ne voulut pas qu'Edgard, mortellement malade, tombât dans les mains des ennemis. Et aussitôt que la capitulation eut été signée et que l'ennemi fit son entrée dans les murs de Valence, il fit transporter son hôte dans une chambre voûtée, éloignée et inaccessible aux recherches d'un étranger.

— L'ami de mon Baldassare, ajouta don Rafael en terminant son récit, devient aussi le mien : le sang de l'un et de l'autre a coulé pour la patrie ; l'ardeur que les Espagnols portent dans la haine, ils la portent aussi dans l'amitié, et ils sont capables de tous les sacrifices pour ceux qu'ils ont adoptés pour amis. Les ennemis sont dans ma maison ; mais vous êtes ici en sûreté, car je vous jure, s'il arrive quelque malheur, de me laisser plutôt écraser sous les ruines de Valence que de vous trahir. Croyez-le bien.

Pendant le jour, un silence de mort régnait autour de la chambre cachée d'Edgard ; la nuit, au contraire, il lui semblait entendre dans le lointain l'écho de pas légers, le sourd murmure de plusieurs voix, un bruit d'armes, de portes qui s'ouvraient et se fermaient. Un mouvement souterrain semblait s'éveiller aux heures du sommeil. Il consulta à ce sujet le franciscain, qui le quittait rarement et le soignait avec un zèle infatigable. Celui-ci lui répondit qu'il en serait informé par don Rafael lui-même, mais qu'il fallait pour cela que sa guérison fût complète.

Et, en effet, aussitôt qu'Edgard eut repris assez de force pour pouvoir se lever de son lit, Rafael vint une nuit, tenant une torche à la main, et invita Edgard à s'habiller et à le suivre ainsi que le père Eusebio.

C'était le nom du franciscain qui lui servait à la fois de médecin et de surveillant.

Don Rafael le conduisit à travers un assez long corridor jusqu'à une porte fermée.

Don Rafael l'ouvrit.

Quel ne fut pas l'étonnement d'Edgard en se trouvant dans une vaste salle bien éclairée, au milieu d'une nombreuse société, composée en grande partie de gens d'un aspect assez repoussant et sauvage!

Il était au milieu de conspirateurs, présidés par le fameux Empecinado.

Empecinado tendit la main à Edgard et lui parla dans des termes remplis d'enthousiasme. Et puis le père Eusebio ramena Edgard dans sa cellule.

Quelques semaines après, Rafael crut pouvoir laisser sortir son ami sans danger du caveau dans lequel il ne pouvait guérir. Il le conduisit pendant la nuit dans une chambre solitaire, dont les fenêtres donnaient sur une rue assez déserte, et l'avertit de ne pas sortir, au moins pendant le jour, à cause des Français qui demeuraient dans la maison.

Edgard, par un désir qu'il ne put comprendre, sortit un jour pour se promener dans le corridor.

À l'instant où il ouvrait sa porte, celle de la chambre en face s'ouvrit aussi, et un officier français se trouva devant lui.

— Cher Edgard, quel heureux événement vous conduit ici? Soyez mille fois le bienvenu! s'écria le Français, qui l'embrassa tout joyeux.

Edgard reconnut aussitôt le colonel Lacombe, de la garde impériale. Le hasard avait justement conduit cet officier dans la maison de l'oncle d'Edgard au moment où celui-ci, à la suite de l'abaissement de la patrie allemande, s'était retiré dans la maison de son parent, après avoir été contraint de déposer les armes. Lacombe était né dans le Midi. Par sa franche bienveillance, par une discrétion assez peu naturelle à sa nation, et qui lui dictait les plus grands égards pour ménager les susceptibilités des offensés, il parvint à surmonter l'aversion, et même la haine implacable enracinée dans le cœur d'Edgard contre un orgueilleux ennemi. Lacombe parvint même, par quelques traits qui témoignaient sans aucun doute d'une noble nature, à gagner son amitié.

Cet officier voulut absolument qu'il vînt partager sa chambre. Edgard accepta pour éloigner les soupçons, et il devint suspect aux conspirateurs espagnols. Il entendit un jour dire derrière lui à demi-voix:

— Aqui esta el traidor! (Voici le traître!)

Don Rafael devint de plus en plus froid et avare de ses paroles avec Edgard. Il finit par ne plus le voir, et lui fit dire qu'il pouvait, à partir de cet instant, dîner avec le colonel Lacombe et cesser de manger avec lui, comme il l'avait fait précédemment.

Un jour que le colonel était absent pour son service et qu'Edgard se trouvait seul, on frappa doucement à la porte de la chambre, et le père Eusebio entra. Il l'avertit qu'il était soupçonné et lui conseilla de quitter Valence. Il partit, trouva au dehors les premières lignes de guérillas et se joignit à eux.

Quelques jours après, le vieux Rafael Marches s'échappa de Valence et vint aussi rejoindre les guérillas. Il attendait de la ville des mulets chargés d'or.

Il était minuit, la lune brillait claire dans la montagne, lorsqu'on entendit les détonations d'armes à feu parties d'un ravin. Bientôt après, un guérillero blessé et se traînant à peine apparut; il annonça que la troupe qui conduisait les mulets de don Rafael avait été attaquée à l'improviste par des chasseurs français; presque tous les camarades avaient été tués, et les mulets étaient tombés au pouvoir des assaillants.

— Grand Dieu! mon enfant, ma pauvre enfant! s'écria Rafael, et il tomba sur la terre sans connaissance.

— Que faut-il faire? s'écria Edgard. Allons, frères, descendons dans le ravin pour venger ces braves et reconquérir le butin.

— Le brave Allemand a raison, s'écrièrent-ils tous.

Il appela son monde, et l'on se précipita dans le ravin comme un vent d'orage.

Quelques guérilleros se défendaient encore. Edgard se précipita au plus fort de la mêlée en criant :

— Valencia!

Et les guérilleros le suivirent comme des tigres altérés de sang, employant tour à tour le poignard et l'espingole. D'un autre côté des coups de fusil retentirent. Les Valenciens que les ennemis avaient arrêtés dans leur marche se jetèrent sur eux, le poignard en main, avant qu'ils fussent en défiance, et se saisirent de leurs armes et de leurs chevaux.

Lorsque l'affaire fut terminée, Edgard entendit retentir un cri perçant venu d'un épais taillis. Il y courut aussitôt, et il vit un petit homme qui tenait entre les dents la bride de son mulet et combattait avec un chasseur. Au même instant le petit homme tomba, et le vainqueur voulut emmener l'animal plus loin dans le fourré, lorsque Edgard poussa un grand cri. Le soldat se retourna et fit feu; mais il manqua Edgard, qui le perça de sa baïonnette. Le petit homme poussait des gémissements. Edgard alla à lui, lui ôta des dents la bride

qu'il serrait convulsivement, et en voulant le placer sur le mulet, il s'aperçut qu'il s'y trouvait une espèce de figure enveloppée qui se tenait courbée sur le cou de l'animal, qu'elle embrassait en pleurant tout bas. La voix était celle d'une jeune fille. Edouard plaça l'homme blessé derrière elle, prit la bride du mulet, et le conduisit sur les hauteurs où le chef des guérillas, après avoir perdu les traces de l'ennemi, se trouvait déjà entouré de ses compagnons.

On descendit de cheval le petit homme, qui était tombé sans connaissance par suite de son sang, la blessure n'était pas mortelle, et puis on descendit aussi la jeune fille.

Mais au même instant Rafael, tout hors de lui, s'élança en criant :

— Mon enfant, ma chère enfant!

Il voulait prendre dans ses bras la jeune fille, qui paraissait âgée de huit à dix ans; mais aussitôt qu'il reconnut le visage d'Edgard à la lueur des torches, il se précipita à ses pieds.

— Don Edgard, don Edgard! lui dit-il, je n'ai jamais fléchi le genou devant un mortel; mais vous n'êtes pas un homme, vous êtes un ange de lumière envoyé pour me préserver d'un chagrin mortel et d'un incurable désespoir. Un soupçon injuste s'était emparé de mon esprit porté au mal, et j'ai conçu l'affreuse idée de vous livrer à la mort, vous le plus noble des hommes, vous un modèle de fidélité et de courage! Tuez-moi, Edgard! tires de moi une sanglante vengeance, car jamais vous ne me pardonnerez ce que j'ai fait!

Edgard, dans sa profonde conviction de n'avoir fait que ce que lui ordonnaient rigoureusement son devoir et l'honneur, se sentit vivement peiné de cette manière d'agir de don Rafael. Il chercha à le calmer par tous les moyens possibles, mais sans pouvoir y parvenir.

Rafael raconta que le colonel Lacombe, exaspéré de la disparition d'Edgard, et soupçonnant un crime, fit visiter toute la maison, et ordonna d'emprisonner don Rafael. Celui-ci fut contraint de s'enfuir, et, grâce à l'activité officieuse du franciscain, sa fille et son domestique avaient pu sortir de Valence, emportant avec eux les choses de première nécessité.

Pendant ce récit on avait envoyé en avant la fille de Rafael et son serviteur blessé. Rafael, trop âgé pour prendre part aux coups de main hardis des guérilleros, devait les suivre. En faisant à Edgard un mélancolique adieu, il lui mit dans les mains un bouquet, talisman qui devait le protéger contre tous les dangers.

Ainsi se termina le récit d'Euchar, qui semblait avoir intéressé la société tout entière.

— Cette histoire espagnole, dit un poète, offre l'étoffe de plusieurs excellentes tragédies, il n'y manque seulement qu'un peu d'amour, et pour dénoûment un beau meurtre, un peu de folie ou quelque chose de pareil.

— Ah! oui! de l'amour! dit une jeune fille en rougissant très-fort; une histoire d'amour manque à votre charmant récit, mon cher baron!

— Aussi, mademoiselle, répondit Euchar, n'ai-je pas voulu raconter un roman, mais tout simplement les aventures de mon ami Edgard, qui par malheur n'a rien trouvé dans les montagnes sauvages de l'Espagne qui fût semblable à ce que vous désirez.

— Pour moi, murmura Victorine à demi-voix, je crois connaître cet Edgard, et je sais qu'il est resté pauvre, parce qu'il a dédaigné des occasions de s'enrichir.

Mais l'enthousiasme de Ludovic était au comble, il s'écriait de toutes ses forces :

— Oui, je la connais, cette mystérieuse Profecia de los Pirineos du divin don Juan-Batista del Ariaga. Oh! elle m'enflamma le cœur, et je voulais partir pour l'Espagne; je voulais me jeter au milieu des plus terribles combats, si l'enchaînement des choses l'eût permis; et si je m'étais trouvé à la place d'Edgard à Valence, dans les caves des franciscains, voici ce que j'aurais dit au terrible Empecinado :

Et entonnant une tirade pathétique, il stupéfia toute la société, qui ne pouvait assez admirer son courage héroïque et sa résolution.

— Oui, interrompit la présidente; mais malheureusement l'enchaînement des choses ne l'a pas permis! Toutefois, ce qui est tout à fait de circonstance et se présente ici par l'enchaînement des choses, c'est le divertissement que j'ai préparé à mes chers hôtes, et qui donne au récit de notre Edgard un dénoûment aussi agréable que caractéristique.

Et au même instant les portes s'ouvrirent, et Manuela entra, suivie du petit Bazio Cubas, qui, la guitare dans les mains, fit un salut étrange à la ronde.

Manuela, avec cette grâce indescriptible qui avait déjà étonné dans le parc nos amis Euchar et Ludovic, s'inclina devant tout le monde, et dit avec une voix du timbre le plus doux qu'elle était venue pour leur donner une idée de son talent, qui pourrait peut-être plaire par son étrangeté.

La jeune fille paraissait, depuis le peu de temps que nos amis ne l'avait vue, plus grande et plus belle. Sa taille semblait avoir dans ses formes une perfection plus complète; elle était aussi plus élégamment, presque richement habillée.

— Maintenant, murmura Ludovic à l'oreille d'Euchar, pendant que Cubas faisait, avec mille gestes comiques, les dispositions pour le fandango dansé entre neuf œufs, maintenant tu peux lui demander ton amour.

— Nous que tu es, répondit celui-ci, ne le vois-tu pas à mon petit doigt? je l'avais laissé dans mon gant en le retirant, et je l'y ai retrouvé le soir même.

Mais la danse de Manuela captiva toute son attention. Jamais on n'avait vu rien de pareil. Pendant qu'Euchar, un peu tourné, attachait sur la danseuse un profond regard, Ludovic se laissait aller à l'élan de son enthousiasme, qu'il exprimait par de bruyantes exclamations. Alors Victorine, placée près de lui, lui dit tout bas :

— Hypocrite! vous osez me parler d'amour, et vous vous amourachez de cette petite drôlesse, une danseuse de corde espagnole! Ne vous hasardez pas à la regarder plus longtemps.

Ludovic ne fut pas peu embarrassé de cet immense amour de Victorine pour lui, amour qui lui inspirait une jalousie si déraisonnable.

— Je suis très-heureux, se dit-il à lui-même, mais c'est gênant.

Aussitôt que la danse fut terminée, Manuela prit la guitare, et commença à chanter des romances espagnoles très-gaies. Ludovic lui demanda de chanter de nouveau ce bel hymne qu'elle lui avait fait entendre, et Manuela commença aussitôt :

« *Laurel inmortal al gran Palafox*, etc. »

Son enthousiasme allait croissant, sa voix résonnait de plus en plus, les accords retentissaient avec une force toujours plus grande. Enfin vint la strophe qui annonce la délivrance de la patrie; alors son regard s'attacha brillant sur Euchar, elle versa un torrent de larmes et tomba sur un genou. La présidente courut aussitôt vers elle, et la releva en disant :

— Restons en là, ma charmante enfant.

Puis elle la conduisit sur un sofa, l'embrassa sur le front et lui caressa les joues.

— Elle est folle! dit Victorine à l'oreille de Ludovic! Tu n'aimes pas une folle! non! Dis-moi à l'instant même que tu ne peux pas aimer une folle!

— Ah! mon Dieu, non! répondit Ludovic tout effrayé et sans pouvoir se rendre compte de cette explosion du violent amour de Victorine.

Tandis que la présidente forçait Manuela à prendre du vin doux et des biscuits, le brave guitariste Biago Cubas, qui s'était agenouillé en pleurant dans un coin de la chambre, fut aussi gratifié d'un verre de vin de Xérès, qu'il vida jusqu'à la dernière goutte en criant d'une voix joyeuse : « *Doña, viva usted mil años.* »

On peut se figurer que les femmes se précipitèrent à l'envi autour de Manuela pour l'accabler de questions sur sa famille, etc. La présidente comprit trop la position pénible de la jeune fille, pour ne pas chercher à la délivrer, et pour cela elle fit faire tourner tout ce cercle si immobile de telle sorte que tout le monde y fût entraîné, même les joueurs de piquet.

Pendant tout ceci Manuela avait disparu avec son Cubas.

Au moment où la société se séparait, la présidente dit :

— Mon cher Euchar, je parierais que vous savez encore bien des choses intéressantes sur le comte Edgard. Votre récit n'était qu'un fragment d'une histoire qui nous a si vivement préoccupés, que nous ne pourrons pas dormir. De vous donne seulement jusqu'à demain soir pour vous recueillir. Il nous faut en savoir plus au long sur don Rafael Empecinado et les guérillas; et s'il est possible qu'Edgard devienne amoureux, ne nous le cachez pas, je vous prie.

— Cela serait charmant, s'écria-t-on de tous côtés; et Euchar fut forcé de promettre de revenir le lendemain armé de tout le matériel nécessaire pour terminer son histoire.

Ludovic en s'en retournant avec lui ne cessait de lui parler de l'amour de Victorine, poussé jusqu'à la folie.

— Mais, ajouta-t-il, sa jalousie m'a fait lire en mon âme, et j'ai vu que j'aime éperdument Manuela. Je veux aller la voir et lui déclarer mon amour, la presser sur mon cœur.

— Fais-le donc, lui répondit froidement Euchar.

Lorsque la société se trouva de nouveau réunie le lendemain soir chez la présidente, celle-ci annonça avec regret que le baron Euchar lui avait écrit qu'un événement inattendu l'avait contraint de partir sub tempo, ce qui le forçait à remettre à son retour le reste de son récit.

IV.

Retour d'Euchar. — Scènes d'un mariage parfaitement heureux. — Conclusion de l'histoire.

Deux années pouvaient s'être écoulées, lorsqu'une belle voiture de voyage, lourdement chargée de paquets de tout genre, s'arrêta devant la porte de l'Ange d'or, le premier hôtel de la ville de W.

Un jeune homme, une dame voilée et un monsieur assez âgé en descendirent. Ludovic passait dans la rue, et il ne put s'empêcher de s'arrêter pour braquer son lorgnon sur les voyageurs.

En un instant le jeune homme se détourna, et se jeta dans ses bras.

— Ah! mon cher Ludovic! Mille bonjours!

Celui-ci ne fut pas peu surpris de retrouver ainsi à l'improviste son ami Euchar; car c'était lui qui venait de descendre de la voiture.

— Mon cher! lui dit Ludovic, quelle est la dame voilée et quel est aussi le vieillard qui sont arrivés avec toi? Tout cela me paraît si étrange... Et vois-tu! il entre encore une voiture, et il s'y trouve... Dieu! — ai-je bien vu?

Euchar prit Ludovic sous le bras, fit quelques pas avec lui dans la rue, et lui dit :

— Tu apprendras tout, mon cher ami, quand il en sera temps; mais, pour le moment, dis-moi ce qui a pu t'arriver. Tu es pâle comme un mort, tes yeux ont perdu leur éclat, et, s'il faut te l'avouer, franchement, tu es vieilli de dix années. Es-tu tombé gravement malade? es-tu sous le poids d'un lourd chagrin?

— Non, répondit Ludovic, je suis toujours l'homme le plus heureux du monde, et je meurs, au sein de l'amour et des plaisirs, une véritable existence de fainéant. Apprends que depuis plus d'une année la céleste Victorine m'a offert sa douce main. La belle maison là-bas, avec les glaces qui brillent aux fenêtres, est ma résidence, et tu ne pourrais rien faire de plus raisonnable que de venir à l'instant avec moi pour visiter mon paradis terrestre. Comme ma bonne femme va être enchantée de te revoir! Allons la surprendre!

Euchar lui demanda le temps nécessaire pour changer de costume, et lui promit de se rendre aussitôt chez lui pour apprendre de sa bouche comment tout s'était réuni pour assurer son bonheur.

Ludovic reçut Euchar au bas des escaliers, et le pria de monter avec la plus grande précaution, parce que Victorine, très-fréquemment, et justement dans le moment même, était tourmentée de douleurs de tête nerveuses, qui la jetaient dans un tel état d'irritabilité, qu'elle entendait alors les pas même les plus légers dans la pièce, quoique leurs appartements fussent situés dans l'aile la plus éloignée du château. Tous les deux se glissèrent à pas de loup le long des escaliers garnis de tapis, et par un corridor atteignirent la chambre de Ludovic.

Après l'expansion cordiale de la joie de se revoir, Ludovic tira le cordon d'une sonnette et s'écria tout à coup :

— Dieu! Dieu! qu'ai-je fait! malheureux que je suis! et se cacha la figure dans ses mains.

Presque au même instant une espèce de servante renfrognée s'élança dans la chambre, et dit à Ludovic avec un accent criard :

— Que faites-vous donc, monsieur le baron? voulez-vous tuer madame, qui a déjà des attaques de crampes?

— Ah! Dieu! dit en se lamentant Ludovic, ma chère Annette, dans ma joie j'ai oublié. — Vois-tu, le baron mon cher ami de cœur est arrivé. — Il y a bien des années que nous ne nous sommes vus; c'est un vieil ami intime de madame, prie-la, supplie-la de me permettre de le conduire chez elle; fais cela, ma bonne Annette, et il lui mit une pièce d'argent dans la main.

La servante partit avec un air dédaigneux en disant :

— Je vais voir ce qui peut se faire.

Euchar, qui vit ici une scène comme il ne s'en présente que trop dans la vie, scène répétée dans cent romans et dans cent comédies, se fit à l'instant une idée du bonheur intime de son ami. Il sentit comme Ludovic, l'embarras du moment, et commença à s'informer de choses indifférentes; mais Ludovic ne se laissa pas détourner, et voulut absolument lui raconter ce qui lui était arrivé d'extraordinaire depuis leur séparation.

— Tu te rappelles, lui dit-il, la soirée où, chez la présidente Vebs, tu racontais tes aventures avec mon Edgard; tu te rappelles aussi sans doute que Victorine, dans un accès de jalousie, me laissa voir l'amour qu'elle m'entretenait pour moi. Moi, que veux-tu? je te l'avoue, je m'amourachais d'une petite danseuse espagnole, dans les regards de laquelle je lisais que je plaisais, ce qui me rendit fier. Tu auras remarqué que, lorsque, à la fin du fandango, elle rassemblait les œufs en pyramide, à la pointe de cette pyramide était dirigée vers moi, qui me trouvais juste au milieu du cercle, derrière la chaise de la présidente. Dis-moi, pouvais-tu mieux me faire comprendre combien je l'intéressais?

Le jour suivant, je voulus aller lui rendre visite, à cette jeune fille; mais l'enchaînement des choses ne permit pas qu'il en fût ainsi. J'avais presque oublié la petite, lorsque le hasard...

— L'enchaînement des choses? interrompit Euchar.

— Oui, c'est juste, reprit Ludovic. Bref, quelques jours après, je me promenais dans le parc qui se trouve devant l'auberge où nous aperçûmes pour la première fois votre jeune Espagnole. Alors l'hôtesse (tu ne saurais croire combien cette femme, qui m'a donné autrefois de l'eau et du vinaigre pour la blessure de mon genou, s'intéresse à moi), l'hôtesse, dis-je, s'élança vers moi et me demanda avec instance de se trouvaient la danseuse et son accompagnateur, qui, après lui avoir rendu tant de visites, avaient cessé de revenir depuis plusieurs semaines.

Je résolus le jour suivant de me donner toutes les peines possibles pour aller à leur recherche; mais l'enchaînement des choses ne voulut point que cela se fît. Mon cœur ne répondit aussi à la joie que je voulais concevoir, qu'à figurer tout à fait vers la céleste Victorine; mais l'attentat de mon infidélité avait si profondément frappé que son âme impressionnable, qu'elle ne voulait plus me voir ni même entendre parler de moi.

Le cher Cochenille assurait qu'elle était tombée dans une mélancolie profonde, que souvent elle était sur le point d'être suffoquée par ses larmes, et qu'elle s'écriait, au désespoir :
— Je l'ai perdu ! je l'ai perdu !
Tu penses quel effet cela fit sur moi, et quelle douleur j'éprouvai de ce malheureux malentendu.

Au même instant Annette entra et annonça à Ludovic que madame la baronne était tout à toute surprise des attaques de folie qui s'emparaient aujourd'hui du baron.

Presque aussitôt des sonnettes retentirent, comme si le feu était à la maison, et l'on annonça bientôt que madame la baronne, mortellement malade, ne voulait pas être importunée de visites : elle ne pouvait voir personne, et se faisait excuser auprès de monsieur étranger.

Annette regarda Euchar fixement dans les yeux, le toisa de la tête aux pieds, et quitta la chambre. Ludovic regarda par terre devant lui, sans rien dire, et puis reprit à demi-voix son récit.

— Tu ne saurais croire avec quelle froideur presque méprisante Victorine me reçut. Si auparavant des explosions du plus ardent amour ne m'avaient pas donné la conviction que cette froideur était jouée, et avait pour but de me punir, je serais tombé dans le doute. Enfin la dissimulation lui pesa trop, et elle devint de plus en plus confiante et amicale, jusqu'au jour où dans un bal elle me confia son châle.

Alors mon triomphe fut décidé.

J'arrangeai pour la seconde fois cette contredanse aventureuse ; je dansai divinement avec elle, cette créature divine ! et me balançant sur la pointe du pied, et tenant entre mes bras son beau corps, je lui murmurai tout bas : Divine ! céleste comtesse ! je vous aime d'une manière inexprimable, je vous adore ; soyez mon ange de lumière !

Victorine me vit au nez ; mais cela ne m'effraya pas ; et dans la matinée suivante, à l'heure convenable, c'est-à-dire sur les une heure, mon ami Cochenille s'entrôduit auprès d'elle, et j'implorai sa main. Elle me regarda fixement en silence ; je me précipitai à ses pieds, saisis cette main qui devait m'appartenir, et la couvris de baisers. Elle me laissa faire ; mais je fus pénétré d'une impression étrange en remarquant que son regard était froid, fixe et comme privé de la vue ; elle avait l'apparence d'une statue inanimée ; cependant quelques grosses larmes jaillirent enfin de ses paupières.

Elle se leva et, son mouchoir sur ses yeux, quitta la chambre. Mon bonheur était-il pas douteux ; je courus auprès du baron et lui demandai la main de sa fille.

« Très-bien, très-bien, cher baron, dit le comte avec un sourire bienveillant. Mais avez-vous fait votre aveu à la comtesse ? en êtes-vous aimé ? Comme un vrai fou, je suis tout à fait partisan de l'amour. »

Je racontai au baron ce qui s'était passé à la contredanse. Ses yeux brillèrent de joie.

« C'est délicieux ! s'écria-t-il, c'est tout à fait délicieux. Et quelle était la figure de la contredanse, mon cher baron ? »

Je dansai la figure, et il restai dans la pose dont je t'ai parlé.

« Charmant ! tout à fait charmant ! cher ami, s'écria le comte dans le ravissement, et il toussa et alla tout à la fois appeler à la porte : — Cochenille ! Cochenille ! »

Lorsque Cochenille parut, il me fallut lui fredonner la musique de la contredanse que j'avais composée moi-même.

« Prenez votre flageolet, Cochenille, dit le baron, et jouez-nous ce que monsieur vous a chanté. »

Cochenille fit assez passablement ce qui lui était ordonné, et il me fallut danser avec le comte, représenter sa dame, et, ce que je n'aurais pu croire du vieillard, en se tenant sur la pointe du pied, il me murmura à l'oreille :

« Mon très-cher baron, ma fille Victorine est à vous ! »

La belle Victorine minauda comme font toutes les jeunes filles. Elle resta froide et immobile, sans dire ni oui ni non, et se conduisit avec moi d'une manière telle que toutes mes espérances tombèrent de nouveau. J'appris en même temps qu'au trésor, lorsqu'il m'arriva de prendre la cousine de Victorine pour elle dans la contredanse, ces demoiselles s'étaient entendues dans un jeu cruel pour me mystifier de la plus effroyable manière.

Je restai tout anéanti, et j'en vins à penser que ce que j'avais de mieux à faire était de me laisser conduire par le nez dans l'enchaînement des choses. Doutes superflus ! Au moment où je m'y attendais le moins, dans l'instant même où j'étais en proie au chagrin le plus profond, un oui céleste fut prononcé de ses lèvres tremblantes.

Plusieurs de mes amis voulurent me mettre dans la tête une foule de sottes idées ; mais je pour pus prévoir mon mariage devait arracher de mon cœur jusqu'au doute le plus léger.

Je me rendis de très-bonne heure chez ma fiancée ; elle n'était pas dans sa chambre. Quelques papiers étaient épars sur sa table de travail. Je jetai un coup d'œil, et j'y reconnus l'écriture nette et charmante de Victorine. Je vis : c'est un livre de notes de ses pensées de chaque jour. Ô ciel ! ô Dieu ! ce jour me donne une nouvelle preuve de son amour pour moi, depuis longtemps caché. Les plus légers incidents sont notés là.

« Tu ne comprends pas ce cœur, homme insensible ! Dois-je oublier toute pudeur dans le délire du désespoir ? dois-je me jeter à tes pieds ? te dire que sans ton amour la vie me semble la nuit de la tombe ? »

Je lis à la date même de la soirée où je me pris d'amour pour la petite Espagnole :

« Tout est perdu ! Il l'aime, rien n'est plus certain. Insensé, ne sais-tu pas que le regard de la femme qui aime peut pénétrer jusqu'au plus profond du cœur ? »

Je lis haut. Victorine entre au même instant ; le livre dans les mains, je me jette à genoux devant elle en criant :

« Non ! non ! jamais je n'aimai cette fille étrange. Toi, toi seule as toujours été mon idole. »

A ces mots Victorine me regarde fixement, et d'une voix stridente :

« Monsieur eus, dit elle, je n'ai jamais pensé à toi ! » et elle me quitte rapidement et se retire dans la chambre voisine.

Comprend-on que la pruderie d'une femme puisse aller si loin ?

Annette revint dans le moment, et demanda à Ludovic, au nom de sa femme, comment il se faisait que le baron n'eût pas conduit très d'ici le monsieur étranger, puisqu'elle attendait sa visite depuis une demi-heure.

— Une charmante, excellente femme, dit le baron tout ému ; elle se sacrifie pour se conformer à mes désirs.

Euchar ne fut pas médiocrement surpris de voir la baronne tout à fait habillée, presque en grande toilette.

— Je vous amène notre cher Euchar. Le voici de retour, dit Ludovic ; mais lorsque Euchar s'approcha de la baronne et lui prit la main, elle fut saisie d'un tremblement très-fort, et s'écria d'une voix faible :
— Ô Dieu ! et tomba évanouie dans son fauteuil. Euchar, incapable de supporter ce pénible spectacle, se retira rapidement.

— Malheureux, se disait-il à lui-même, tu ne le croyais pas ! Et alors il réfléchit aux changes sans bornes dans lesquels le malentendu d'une inexplicable volée avait jeté sa vie. Il savait maintenant à qui Victorine avait donné son amour, et il se sentait étrangement ému. Bien des circonstances auxquelles, dans sa simple loyauté, il n'avait pas donné d'importance lui paraissaient alors clairement expliquées. Il comprenait le caractère passionné de Victorine, et s'étonnait de ne pas avoir compris son amour. L'instant où Victorine avait laissé voir si clairement sa passion avait jeté un jour nouveau dans son cœur, et il sentait une espèce de regret d'avoir justement éprouvé contre cette belle jeune fille comme une répugnance involontaire qui le tenait toujours auprès d'elle dans les dispositions défavorables. Il s'en voulait de cette mauvaise humeur, en pensait avec une compassion profonde aux malheurs qu'un mauvais esprit avait jetés sur la tête de cette pauvre fille.

Le soir même, la présidente avait rassemblé la même société devant laquelle Euchar avait, deux ans auparavant, raconté les aventures d'Edgard en Espagne. Le conteur fut reçu avec des acclamations joyeuses, mais il se sentit comme frappé d'un coup électrique lorsqu'il aperçut Victorine, qu'il était loin d'attendre là. Elle ne conservait pas la moindre trace de sa maladie ; ses yeux brillaient pleins de feu comme autrefois, et une toilette exquise et du meilleur goût rehaussait sa grâce et sa beauté. Euchar parut affligé de sa présence, et, contre son ordinaire, il resta embarrassé et comme gêné.

Victorine s'approcha adroitement de lui, lui prit la main, le tira à part et lui dit d'une voix tranquille et sérieuse :

— Vous connaissez le système de mon mari sur l'enchaînement des choses. Selon moi, nos folies composent la véritable chaîne de notre être. Nous les commettons, nous en éprouvons du repentir, et nous les commettons encore ; de sorte que notre vie semble être une folle apparition qui poursuit sans relâche notre moi extérieur, jusqu'à ce qu'elle le conduise, en le fascinant, vers la mort. Euchar, je sais tout, je sais qui je vais voir encore ce soir. Je sais que vous ne m'avez comprise qu'aujourd'hui seulement. Ce n'est pas vous, non ! c'est un mauvais esprit qui a répandu sur moi d'amères douleurs, sans espoir. Le démon s'est éloigné du moment où je vous ai revu. Paix et repos sur vous, Euchar !

— Oui, répondit Euchar touché, oui, paix et repos sur nous ! Le pouvoir suprême ne laisse jamais sans consolation une existence mal comprise.

— Tout est passé, et c'est bien, dit Victorine.

Puis elle essuya une larme et retourna vers la société.

La présidente lui avait observés tous les deux, et elle dit tout bas à Euchar : — Je lui ai tout dit : ai-je bien fait ?

— Ne faut-il pas, répondit Euchar, nous résigner à tout ?

La société, comme c'est son habitude, trouva dans le retour inespéré d'Euchar un nouveau motif d'étonnement et de plaisir, et l'accabla de demandes sur ce qu'il était devenu, sur ce qu'il avait fait pendant son absence.

— Je suis revenu, dit Euchar, pour tenir ma parole donnée il y a deux ans, c'est-à-dire raconter de nouvelles aventures de mon ami Edgard, et donner à cette narration un peu plus de rondeur et un dénoûment qui manquait.

Plus tard je me joignis aux troupes anglaises. Les balles me respectèrent, et, après la fin de la guerre, il retourna sain et sauf dans son pays. Il n'avait pas revu don Rafael, et n'avait même reçu de lui aucune nouvelle.

Il était déjà depuis longtemps de retour dans sa ville natale, lorsqu'un jour la petite bague de don Rafael, qu'il portait toujours au doigt, lui fut prise d'une façon étrange.

Le matin du jour suivant, un petit homme aux manières singulières se présenta devant lui, et lui montra l'anneau qu'il avait perdu.

— Cet anneau est-il à vous ? lui demanda-t-il.
— Sans aucun doute, lui répondit notre ami.
Alors l'homme, hors de lui, s'écria en espagnol :
— Don Edgard, c'est vous, n'est-ce pas ?... Il n'y a pas de doute possible.

Les traits du petit homme revinrent à la mémoire d'Edgard : c'était le fidèle serviteur de Rafael, le même qui, avec le courage du désespoir, avait défendu la fille de son maître.

Empecinado, chef des guérillas.

— Au nom de tous les saints ! s'écria-t-il, vous êtes le serviteur de don Rafael Marchez ! Je vous reconnais. Où est-il ? Ah ! un singulier présage va se vérifier.
— Venez avec moi, lui dit le vieillard.

Et il conduisit Edgard dans un faubourg retiré, et lui fit monter les escaliers d'une maison misérable.

Quel spectacle s'offrit alors !

Malade, épuisé, portant sur son visage, pâle comme celui d'un cadavre, les traces d'un chagrin mortel, don Rafael était couché sur un lit de paille, et devant lui une jeune fille, une enfant du ciel, était à genoux.

Aussitôt qu'Edgard entra, la jeune fille se précipita vers lui, le conduisit vers le vieillard, et s'écria avec le ton du plus ardent enthousiasme :
— Mon père, mon père, c'est lui ! N'est-ce pas que c'est lui ?
— Oui ! dit le vieillard, dont les yeux étincelèrent.
Et il ajouta en levant ses mains jointes vers le ciel :
— C'est notre sauveur ! O don Edgard ! qui aurait pu penser que la flamme qui brûlait en moi pour la patrie et la liberté se tournerait vers moi-même pour me dévorer ?...

Après le premier épanchement du ravissement le plus vif et de la plus profonde douleur, Edgard apprit que la méchanceté des ennemis de don Rafael avait réussi, lorsque le calme fut rétabli, à le rendre suspect au gouvernement, qui prononça sur lui la peine du bannissement et confisqua ses biens. Il tomba dans la plus profonde misère. Sa pieuse fille et son serviteur fidèle le nourrissaient du produit de leur chant et de leur jeu.

— C'est Manuela, c'est Bloggio Cubas ! s'écria Ludovic.
Et toute la société s'écria :
— Oui, ce sont eux !
— C'est la vérité, reprit Euchar, tandis qu'une légère rougeur couvrait son visage. Déjà auparavant, lorsqu'il avait aperçu cette enfant remarquable, de doux pressentiments avaient oppressé sa poitrine, et le sentiment d'un ardent amour jusque alors inconnu enflamma tout son être.

Edgard devait et pouvait apporter des secours. Il fit transporter don Rafael chez son oncle ; le fidèle Cubas et Manuela y entrèrent avec lui.

L'heureuse étoile de Rafael semblait vouloir briller de nouveau : car peu de temps après il reçut une lettre du bon père Eusebio, qui lui apprenait que les frères de son couvent, au fait des mystères de sa maison, avaient caché dans leur cloître une quantité d'or, de pierreries et d'objets précieux montant à une somme considérable, qu'ils avaient fait murer dans une cloison avant son départ ; et qu'il lui suffisait seulement d'envoyer une personne sûre pour que l'on déposât toutes ces richesses entre ses mains.

Edgard se décida à partir aussitôt pour Valence, en compagnie du fidèle Cubas.

Il revit son bon médecin, le père Eusebio, qui lui fit remettre entre les mains le trésor de don Rafael.

Cependant il savait que Rafael Marchez tenait plus encore à son honneur qu'à sa fortune. Il réussit à convaincre le gouvernement de Madrid de la complète innocence de Rafael, et son exil fut annulé.

— Mon père, mon père, c'est lui!

Les portes s'ouvrirent, et une dame magnifiquement habillée entra précédant un vieillard d'une tournure noble et fière. La présidente courut à leur rencontre, les conduisit au milieu du cercle des dames, qui s'étaient toutes levées, et dit :
— Doña Manuela Marchez, épouse de notre ami Euchar ! don Rafael Marchez !
— Oui ! dit Euchar, tandis que son visage rayonnait de bonheur et que ses joues étaient brûlantes.
Il me reste à ajouter que celui que j'appelais Edgard n'est autre que moi-même.

Victorine embrassa tendrement Manuela, resplendissante de beauté et de son amour, et toutes deux semblèrent bientôt se connaître depuis longtemps ; et Ludovic, tout en jetant sur le groupe un triste regard, dit :
— Tout cela est la conséquence de l'enchaînement des choses.

FIN DES CONTES MYSTÉRIEUX.

— Imp. Charles Noblet, rue Soufflot, 18.